Katja Riemann

Zeit der Zäune
Orte der Flucht

S. FISCHER

Erschienen bei S. FISCHER

© 2024 S. Fischer Verlag GmbH,
Hedderichstraße 114, 60596 Frankfurt am Main
Die Nutzung unserer Werke für Text- und Data-Mining
im Sinne von § 44 b UrhG behalten wir uns explizit vor.

Typografie und Satz: Farnschläder & Mahlstedt, Hamburg
Druck und Bindung: CPI books GmbH, Leck
ISBN 978-3-10-397541-3

Für meine Tochter

Inhalt

Vorweg

Den Bildern, die von oben herab auf Geflüchtetenlager aufgenommen werden, über Reihen weißer UNHCR-Zelte hinwegfliegend, durch die eine Distanz hergestellt und kein Gefühl für die dort Lebenden entwickelt wird, möchte ich eine Alternative anbieten. Denn es ist wohl komplizierter, differenzierter und vulnerabler, als man es wünschte.

Ich verstehe, dass gefragt wird: Wer spricht, bzw. wer darf sprechen? Wer hat eine Stimme und wird sie gehört? Ich sehe mich als Botschafterin, als Schallverstärker und spreche mit Menschen statt über sie. Erzähle von Landschaften, Lagern und Lebenssituationen, von denen ich auf all meinen Reisen lernte, und jede Reise hatte ein anderes Thema, jedes Mal bin ich zu anderen Personen oder Organisationen gefahren.

Fast drei Jahre bin ich immer wieder losgefahren, währenddessen ist viel passiert, was ich partiell inkludierte, um Bezüge, auch geschichtliche, herzustellen.

Ein Merkmal, überall, waren die Zäune, vor denen sich Menschen wiederfanden. Zäune, die wie große Metallgebisse in der Landschaft stehen und Schönheit und Lebendigkeit verschlingen. Und manchmal die Menschen fressen. Ich habe sie beschrieben, in einer Zeit, die in Bilderflut ertrinkt. Worte sind langsamer als Bilder, sie lassen das eigene Bild entstehen, das sich in der jeweiligen Vorstellung verpersönlicht und so im besten Fall einen emotionalen Bezug herstellt.

Ich erzähle von Personen, die auch in den Zeiten der Not, oder vielleicht gerade dann besonders intensiv, gestalten. Die Zeit bleibt nicht stehen, auch hinter Zäunen nicht, auch in Zeiten der Flucht nicht.

Und richtig, hier geht es nicht um die vollständige Abbildung aller existierenden Geflüchtetenlager oder um ein Angebot politischer Rat- und Lösungsvorschläge für deutsche oder EU-Politik zum Thema der sogenannten Flüchtlingskrise, nein, es sind keine Texte über das Ankommen, sondern über das Interim.

Ich bin an Schmerzpunkte der Welt gefahren. Allein. Ohne ein Team an meiner Seite oder zu Hause in Berlin. Ohne eine Organisation, Institution oder Redaktion im Rücken, die mir die Wirbelsäule stärken würde.

Vor Ort war ich jedoch niemals allein. Dort waren Menschen, die sich Zeit nahmen, mich herzlich empfingen, mir ihre Arbeit erläuterten, von denen ich lernte und die ich für eine Weile nah begleiten durfte. Sie waren Teil internationaler Nichtregierungsorganisationen oder lokaler Vereine, waren einzelne Personen, Künstler.innen, Filmschaffende, Theaterleute, Schriftsteller, Lehrerinnen, Traumatolog*innen, Ärzte, Humanitäre, Aktivistinnen, Volontäre, Jesuiten, Buddhisten, Fliehende oder ehemalige Flüchtlinge.

Nur jene, die sowieso in der Öffentlichkeit stehen, nenne ich bei ihrem Klarnamen, allen anderen habe ich einen anderen Vornamen gegeben, aus Respekts- und Sicherheitsgründen. Doch sie sind nicht erfunden, es gibt sie, sie leben. Sie haben überlebt.

Katja Riemann, November 2023.

PS: Ich verwende im Folgenden sowohl das generische Femininum als auch das generische Maskulinum als auch den Genderstern oder -punkt. Und immer sind alle mitgemeint. Auch Sie. Und du.

Dinner in der Nachbarschaft

Es war mein erster Tag in Moria. Der erste Tag auf der Insel Lesbos, auf der ich am 15. August 2020 mit der Fähre aus Chios ankam. Drei Stunden auf einem schwimmenden Riesengefährt aus Eisen, das an allen Ecken und Enden krachte und wo am Eingang dicke bewegliche Eisenplatten mit Nieten übereinander lagen, um Autos und auch Fußgänger wie mich ins Innere zu leiten. Die Augustsonne brannte und potenzierte sich in der Hitze des Metalls. Ich hatte ein Tuch um den Kopf geschlungen, trug Sonnenbrille, Ohrringe und Corona-Schutzmaske. Die Ohren waren kurz davor, unter den Requisiten, mit denen sie behängt waren, zu kollabieren.

Aufs Deck! Vorn über dem Bug sitzen wollte ich, dort, wo die Ägäis sich dunkelblau vor aller Passagiere Augen wie ein Wunder ausbreitete. Mein Kindheitstraum, als Mädchen aus dem Norden, war, blinde Passagierin auf einem Frachtschiff zu sein. Das Ziel: Afrika. Was wusste ich von Afrika, die Vorstellungen einer Fünfjährigen über den Kontinent waren verschwommen. Ich dachte, wenn sie mich erst auf hoher See erwischen, die Matrosen mit blauen Mützen auf dem Kopf und verwischenden Anker-Tätowierungen auf den Armen, dann würden sie es nicht übers Herz bringen, ein so kleines Kind ins Wasser zu werfen. Ich könnte mich nützlich machen, das Deck schrubben, das geht schon irgendwie mit den noch nicht fertig ausgewachsenen Händen. Niemals träumte ich von einer Yacht, einem Segelboot oder einem Passagierschiff. Es musste das nach Schweröl riechende Eisenschiff sein, das mit den übereinandergestapelten Containern, in denen geheimnisvolle unbekann-

11

te Fracht geladen war, Gewürze, Tee oder aufgeschüttete Haufen dunklen Kies. Der Traum hat sich nicht erfüllt, ich wusste nicht, wo so ein Schiff zu finden sei, aber Autofähren kamen immer nah an die Vorstellung heran, so wie diese, auch wenn die Destination Lesbos hieß und nicht Gambia.

Drei Stunden Wasser, Sonne, Bewegung, Weitsicht. Unterwegs ins Unbekannte. Statt Erwartungshaltungen trug ich offene Räume in mir, die gefüllt werden wollten, wie leere Festplatten. (Ein paar Tage später war die Festplatte bereits voll.) Auf dieser Insel wollte ich nun acht Tage bleiben, um über drei Geflüchtetenlager vor Ort zu lernen und anschließend nach Athen zu MSF und UNHCR zu fahren und von dort zurück nach Berlin. Ich blieb vier Wochen.

Wir schwammen in den Hafen von Mytilini ein und Nik, meine Kontaktperson von »Mission Lifeline«, holte mich freundlicherweise ab. Es wäre nicht nötig gewesen, meine Unterkunft war gleich ums Eck, doch abgeholt zu werden an einem Ort, der unbekannt ist, das ist top. Wie erkennt man jemanden, den man nicht kennt? Es war eindeutig: Da stand einer und wartete auf mich, fertig. Umarmung.

Nachdem wir eine halbe Stunde zur Besprechung in einem Café gesessen hatten, unter einer Decke aus wuchernden knallgrünen Schlingpflanzen, in denen eine Grille metallene Geräusche machte, die den Lautstärkepegel der 2000-Tonnen-Eisenfähre bei weitem übertrumpfte, sagte er: »Wollen wir los?«

»Wohin?«

»Nach Moria?!«

Nik ist aus Kiel, war zum ersten Mal im humanitären Einsatz und kannte Moria inzwischen wie seine Westentasche.

Wir fuhren los zum bekanntesten Geflüchtetencamp Europas. Auf der staubigen Straße, vor dem Eingang des Camps, empfing uns Niks Kumpel Yaser. Ein afghanischer sechzehnjähriger Junge in knielangen, modisch zerrissenen Jeans und einem dunklen T-Shirt. Offensichtlich ein Überflieger in akademischen Angelegenheiten.

Sein Englisch war flüssig und eloquent.

»Woher sprichst du so gut Englisch?«

»I watch movies. Every night. I want to become a film director.«
(Ich schaue jede Nacht Filme. Ich möchte Filmregisseur werden.)

Nik, Yaser und ich gehen durch den Eingang des Camps einen steil ansteigenden, gerölligen Weg hinauf. Hinein in den Dschungel, der keinerlei Überschneidungsmenge mit der grünen fruchtbaren Vorstellung zu diesem Wort hat, bei dem manche an Lianen und Tarzan denken mögen. Nik grüßt jeden dritten Menschen, alle grüßen zurück, lächeln, sehen mich freundlich an, nehmen mir das Unwohlsein, hierhergekommen zu sein.

»Mit wem fährst du denn nach Griechenland?«, war ich vor meiner Abreise gefragt worden.

»Ich fahr' allein.«

»Was?!«

»Vor Ort sind Menschen, mit denen ich unbekannterweise verabredet bin, die mir Projekte zeigen und von denen ich lernen kann.«

»Oha, pass bloß gut auf dich auf.«

»Mach' ich«, antwortete ich, ohne eine genaue Vorstellung zu haben, was das heißen soll und wie man das eigentlich macht. Wie nur passen die Menschen auf sich auf, die ihr Zuhause und ihre Heimat verlassen mussten?

Moria liegt am Hang. Das Gelände ist fast baumlos. Im Winter regnet es viel, dann rutscht alles runter.

Das offizielle Camp, »Registration and Identification Service Center«, kurz RIC genannt, wird vom inoffiziellen Dschungel umschlossen. Er wuchert in alle Richtungen in die Berge hinein. Die Konstruktionen, in denen die Menschen leben, sind selbst gebaut, das Baumaterial dafür muss man kaufen, je nach Auftragslage erhöhen sich die Preise. Aus Paletten wird ein Hüttenboden errichtet, als Fundament, darauf werden diverse Planen und schließlich graue Decken von UNHCR genagelt. Zwischen Nagel und Decke wird ein rundes, zumeist blaues Plastikdings von circa drei Zentimetern Durchmesser geklemmt, platt geschlagene Verschlüsse von Wasserflaschen. So rutschen die Nägel nicht irgendwann durch die Decken durch. Darauf muss man erst mal kommen. In Hochzeiten kostete eine Palette fünf Euro, derzeit sind sie günstiger, weil kaum mehr Menschen kommen und viele auf das Festland transferierten. Die Zahl der Bewohner Morias ist von über 20 000 auf 13 000 gesunken.

Wir gehen am Bottleriver vorbei, ein Fluss ohne Wasser, dafür mit staubigen, leeren Plastikflaschen gefüllt – ohne Schraubverschlüsse!

Es gab eine Aktion im Camp, bei der man für zehn leere Plastikflaschen eine volle gekühlte Flasche erhielt. Vornehmlich die Kinder des Camps wetzten also herum, um Plastikflaschen aufzusammeln und in Säcken, die dafür verteilt wurden, zum point of sale zu bringen. Eine Win-win-Situation, da auf diese Weise das Camp von herumliegendem Plastikmüll befreit wurde, die Kinder Wasser erhielten und die Flaschen abtransportiert und recycelt wurden. Bingo.

Auf der anderen Seite des geschändeten Flussbettes liegt das RIC, umschlossen von Zäunen. Viele Zäune gibt es hier, manche bereits verrostet, verfallen, mehrfach hintereinandergestellt, obendrauf in Schlaufen gewickelter glänzender Natodraht mit Klingen oder dunkel verfärbter Stacheldraht oder beides. Eher beides. Das Gebiet war ein Militärgelände, das mit Maschendraht umzäunt war, an manchen Stellen ist er noch zu sehen und heruntergetreten oder Löcher sind hineingewühlt. Für Bewegungsfreiheit und Abkürzungen.

Auch die Bewohner haben um ihre selbst gebauten Dschungelkonstruktionen Zäune gebaut, aus Draht, aus Ästen. Offensichtlich gab es hier einst mehr Bäume, sie wurden als Bau-, Brenn- oder Zaunmaterial verwendet, und so reduzierte sich ihre Zahl drastisch. Manche shacks werden gewerblich verwendet und haben eine Ausladeklappe, darauf liegen zum Beispiel Eier oder Zigaretten zum Verkauf. (Auch einzeln.) Die Lade kann man in die Öffnung hinein hochklappen, dann ist das Häuschen verrammelt. Manche Kioske sind geschlossen, vielleicht ist der Ladenbesitzer jetzt in Athen. Oder in Detention. Oder auf dem Weg, die geschlossene Balkanroute zu Fuß bis nach Frankreich zu laufen, nach Calais, in einen anderen Dschungel hinein. Wobei man auf diesem Weg in Lipa, Bosnien, hängen bleibt, anderes Kapitel.

Wir biegen ein in die Bakerystreet. Hier haben Bäcker ihre Öfen installiert, einer neben dem anderen, so dass der Name der Straße Gebot war. Die Löcher für die Öfen wurden in das harte Geröll hineingeschlagen. Dafür wurden Schaufeln verwendet, und ich wundere mich, wie eine Schaufel diesen unerbittlichen Boden öffnen soll. Mit einem Spaten vielleicht, aber besser wohl einer Hacke, nein? Gibt es aber nicht. Also die Schaufel. Die Öfen sind ungefähr 80 cm tief und im besten Fall mit Ziegeln ausgekleidet, darin brennt ein Feuer. Daneben hocken die Bäcker, die den Teig auf eine runde Form legen, die wie ein kurzes rundes Ärmelbügelbrett aussieht, mit dem der Teig im Feuer an die Innenwand geklebt wird. Kurz danach bereits holen sie das fertig gebackene Brot wieder heraus.

Wodurch sich die verschiedenen Bäcker unterscheiden, habe ich nicht herausbekommen, vielleicht Gewürz oder unterschiedlich viel Salz? Jedenfalls gibt es hier frisch gebackenes Brot, das war mir neu. Aber ich bin sowieso neu, ich weiß nichts. Hier wird versucht, zu überleben und irgendwie Würde zu behalten. Oder Vertrautes beizubehalten. Ein frisches Brot, wie man es von zu Hause kennt, kann dazu beitragen.

Kleine Rinnen sind überall im Boden zu sehen, die über die staubigen, karstigen Pfade laufen, einer kratzt sie mit einem Stock aus, macht uns Platz, so dass wir vorbeigehen können, grüßt. Rinnen für was? Für Wasser? Für Urin? Beides? Für beides. Es ist gefährlich, in der Nacht auf die Toilette zu gehen, nicht nur aus hygienischen Gründen. Der Weg kann noch so kurz sein, für Frauen und Mädchen kann er dramatisch enden. Daher ist eine Rinne zweckdienlich, so dass man im Zelt sitzend in sie hineinpinkeln kann und die Flüssigkeit so abtransportiert wird. Schön ist das nicht.

15

Wir gehen an einer Reihe Plastikklos vorbei, dem griechischen Äquivalent zu Dixi-Klos. Die Türen stehen offen. Kein Kommentar. Davor durcheinanderwirbelnde leere Plastikflaschen, denn nicht jede Nation ist so auf Klopapier fokussiert wie die, in die ich zufällig hineingeboren wurde.

An der Straße, gleich am Eingang des Camps, stehen Toilettenwagen, die in Isoboxen untergebracht sind, die vergleichbar sind mit Containern, die man von Baustellen kennt. Scheiße und Pisse und schmutziges Wasser rinnen nur so heraus, verfärben sich grün, gelb, braun. Das ganze Ding ist zu Sondermüll geworden, löst sich auf durch zu viel Exkrement, das der Verursacher des Geruchs ist, der einen als Erstes begrüßt, wenn man sich über die Zufahrtsstraße dem Camp nähert. »Fragrance by Moria«, sagt Nik dazu, eine Parfümwerbung zitierend.

Yaser führt uns in seinen hood, seine Nachbarschaft. Hier haben sich vier Familien zusammengetan, deren Konstruktionen sich unter einem Baum, ah, hier steht noch einer, befinden, an den eine kleine Bretterbank genagelt ist. Die vier Konstruktionen sind zu einem gemeinsamen Innenhof hin ausgerichtet, den man durch ein kleines schütteres Türchen neben dem Baum betritt und durch den ein gepflasterter Weg führt. Die Steine dafür haben sie oben vom Hügel geholt und im Boden verankert. Ein Stieg, der in einem schwungvollen Bogen durch den Patio verläuft, von dem aus man in die entsprechenden Unterkünfte gelangt. Es sieht hübsch und professionell aus.

»Wie habt ihr die Steine hierherbekommen?«, frage ich.

»In Plastiktüten«, sagt Yaser und verdreht die Augen, da sein Rücken anschließend im Arsch war, wie er versichert.

Seine Mutter kocht Tee, sein Vater schenkt Wasser aus und erinnert sich, dass Nik beim letzten Besuch ein Milchgetränk namens Mouk gern mochte, bietet es ihm an. Der Vater ist ein dünner sanfter Mann. Er ist Arzt, Doktor der Medizin, und arbeitete wissenschaftlich in einem Labor in Afghanistan, forschte zu Tuberkulose.

Jetzt ist er Englischschüler, und ich habe den Eindruck, es läuft nur langsam, das Englisch-Gelerne.

Er geht, wie auch seine vierzehnjährige Tochter, in die Schule »Wave of Hope for the Future«. Außen an die Konstruktion der Schule wurde der Name als Schriftzug aufgemalt, dabei hat man das Wort »Hoffnung« mit blauer Farbe herausgestellt, der Rest ist schwarz. Leider nur blich die blaue Farbe, im Gegensatz zur schwarzen, aus. Nun steht da: »Wave of ... for the Future«. Leerstellen kreieren sofort Fragen und Mythen. Was ist es, das man für die Zukunft braucht? Wofür wird man in dieser Schule ausgebildet?

Der Direktor und Initiator der Schule ist Abdul. Ein afghanischer Lehrer, der mit Lehrerkollegen, die er im Camp suchte, fand, zusammentrommelte, die Schule gründete. Drei Klassenräume gibt es, sechs Tage die Woche werden 2400 Schüler.innen von 7.30 Uhr bis 20.00 Uhr unterrichtet. In Englisch, Griechisch, Französisch, Mathe, Kunst. Im schmalen Kunstraum ist viel Buntes und Glitzer zu sehen, auf Bügeln hängen von den Schüler.innen künstlerisch gestaltete T-Shirts. Ich kaufe eins mit einem Wolfskopf darauf, unter dem »Moria« steht, und Emblem und Schrift wirken wie der Merch für eine Punkband. Ich bezahle eine höhere Summe als vorgeschlagen und frage den Kunstlehrer, ob er davon ein bisschen rote Farbe kaufen könnte, um die Hoffnung zu erneuern. Im Schriftzug der Schule. Er nickt, stimmt zu, ich bin unsicher, ob mein Vorschlag übergriffig war. Vermutlich. Abdul flüstert dem Kunstlehrer etwas zu, und Yaser lacht in sich hinein. Später übersetzt er mir, was der Direktor gesagt hätte: »Sie ist doch nun wirklich nicht die Erste, die das sagt. Wir müssen endlich den Schriftzug erneuern.«

In der Schule der Hoffnung gibt es verschiedene Unterrichts-Levels. Es wird bei Aufnahme ein Test gemacht, um zu entscheiden, in welches Level die jeweilige Person eingestuft wird. Mädchen und Jungs werden gemeinsam unterrichtet, Erwachsene nach Geschlecht getrennt. Die Räume sind klein, stickig und fensterlos, ein zerdepperter Ventilator steht herum und verwirbelt die Wärme nur mehr wie ein Quirl; Kühlung oder Sauerstoff gibt er nicht her. Man sitzt während des Unterrichts am Boden und lernt, um die Hoffnung im Herzen akademisch zu stabilisieren.

Der Eingangsbereich der Zeltschule ist ausgelegt mit Parkett imitierendem PVC. Das Plastikholz wurde am Paletten-Untergrund festgenagelt, was das Zeug hält. Die Reihen eingeschlagener Nagelköpfe sehen aus wie Zähne, die in das PVC beißen. Hinter der Rezeption stehen Bücher in einem Regal, als wäre es eine Wundertüte. Die Bücher vermitteln etwas Kostbares, geistig Reinigendes zwischen all dem Staub, Geröll und der Hitze, unter der Moria wie ein altes Pferd abmagert und zusammenbricht. Doch die Menschen geben nicht auf, sie machen weiter, sie machen immer weiter.

Abdul erläutert uns, während er hinter der Rezeption aus einem Brett steht und wie eine Mischung aus Bibliothekar und Kneipier wirkt, dass er demnächst Computerkurse anbieten möchte, Problem: Wlan. Ich verstehe, dass man sich auf ein langes Interim einstellt, es wird gebaut, organisiert, gedacht, gelesen, gelernt, geplant, erfunden und gegründet. Hier ist eine Gesellschaft vorzufinden, die einen Schnitt durch diverse Berufs- und Bildungshintergründe vorweist. Eine Parallelwelt, eine Stadt, die nicht sein darf. Immer wieder wird von vorn begonnen, wird etwas gebaut, das andere zerstören, da die Zerstörung so herrlich einfach geht und jeder sie, auch ohne Eignungstest und ungeübt, ausführen kann.

Kurze Zeit später, nachdem ich die »Schule der Hoffnung für die Zukunft« besucht hatte, brannte sie bis auf die Grundmauern, die Paletten waren, nieder und mit ihr alle Bücher, noch bevor die Hoffnung mit roter Farbe hätte erneuert werden können.

Geblieben ist mein Wolf-T-Shirt.

In Yasers Nachbarschaft haben Nik und ich mittlerweile vorsichtig, den Pappbecher mit Tee in der Hand, auf der Kante einer erhöhten Fläche, die mit Decken ausgelegt ist, Platz genommen. Es ist der Aufenthaltsort, auf dem der Alltag stattfindet, von dort geht es in den Raum, in dem geschlafen wird, wie in einer Büchse. Kein Fenster, kein Ventilator. Vier Kinder, zwei Eltern. Eine Topfpflanze, aus der eines Tages Tomaten wachsen könnten, steht ebenfalls in der Ecke der Außenfläche. Über uns baumelt eine Kiste, in der Joghurt trocknet, damit er seinen Aggregatzustand verwandelt, um dann gegessen werden zu können. Oder so ähnlich, denn was weiß ich von afghanischer Kulinarik. Das erste Mal, dass ich in einem afghanischen Restaurant gegessen hatte, war absurderweise in New York gewesen, kurz nachdem die US-Army in eben dieses Land einmarschiert war.

Yasers Mutter lädt uns überraschend zum Dinner ein.

»Nur wenn ihr wollt«, fügt Yaser vorsichtig hinzu. Wir sind etwas sprachlos und bieten an, Essen oder Lebensmittel oder wenigstens Obst mitzubringen. Das wird entschieden abgelehnt. Ich kenne die Regeln nicht, bringen die Eingeladenen trotzdem etwas mit? Was? Nik und ich schauen uns an. Zur Erinnerung: Wir sind in einem Geflüchtetenlager, und die monatliche Unterstützung hat sich gerade von 90 € auf 75 € reduziert.

Warum? Darum.

Bei iranischen Hochzeiten gibt es eine traditionelle Zeremonie zwischen den zukünftigen Eheleuten, in der der Mann die Frau fragt, ob sie ihn heiraten will. Dieses rollenspielgleiche Ritual findet vor der versammelten Hochzeitsgesellschaft statt, die dabei wie ein Publikum zuschaut, no pressure. Die Hochzeitslady erhält also vom Hochzeitsgentleman den Antrag, und sie lehnt, erwartbar, denn so geht das Spiel, ab und lächelt dabei zuckersüß, während sie in ihrem Prinzessinnenhochzeitskleid unter einem Zeltdach sitzt, das vier Mädchen oder Frauen an Stangen über sie halten. Der Mann sagt, sie sei süß wie Zucker, und bietet ihr auch gleich etwas Zucker an, er fragt wieder, sie lehnt erneut ab, errötet ein bisschen, senkt den Blick, und das muss man erst mal alles spielen, Freunde. Der Mann wird verrückt, fragt zum dritten und letzten Mal – und sie bejaht schließlich, nimmt den Antrag an, hebt den Blick. Musik.

19

Nun tanzt die gesamte Hochzeitsgesellschaft um die Eheleute unter dem Zelt herum.

Totale. Die Livemusik geht in Filmmusik über, wir gleiten mit einer Drohne durch das Dach hindurch, fliegen immer weiter nach oben und blicken auf die strahlende, tanzende Hochzeitsgesellschaft, die überstreut ist mit glänzendem Zucker und Glück, und bewegen uns sanft hinein in die Dunkelheit des Nachthimmels, sehen nun in Wahrheit ein Geflüchtetenlager auf einer griechischen Insel, die sich ungefähr dort befindet, wo Orient und Okzident aufeinandertreffen und drum herum das Meer.

Ich war Gast bei einer persischen Hochzeit, daher weiß ich von dieser Zeremonie, und ich kann sagen, bis heute war sie das eindringlichste Hochzeitserlebnis meines Lebens.

Am Tag, als das Dinner stattfinden sollte, kam der Minister für Migration und Asyl, Notis Mitarakis, der griechischen Mitte-Rechts-Partei »Nia Demokratia« (ND) um 12.00 Uhr in das Camp. Mit seiner Entourage, versteht sich. Wir wussten davon und fuhren nach Moria, um dem Event beizuwohnen, als würden wir zu einem Fußballspiel fahren, wobei ich zugeben muss, dass ich keine Ahnung von Fußballspiele-Angucken habe. Moria gegen Kara Tepe, sage ich mal zusammenhangslos.

Doch für Fußballbegeisterte sei gesagt, dass es tatsächlich Fußballmeisterschaften in Moria gab. Die Mannschaften wurden, wie es so üblich ist, nach Nationalitäten formiert, und diese trugen auch dieselben Shirts als Ausdruck ihrer Mannschaftszugehörigkeit. Darauf stand zwar nicht der Club-Name (FC Herat oder so), sondern das Logo irgendeiner Bau- oder Computer- oder Versicherungsfirma. Wurst, Hauptsache corporate identity. Außerdem sind Profifußballer ja auch inzwischen zu Litfaßsäulen für Werbung geworden, insofern unterscheidet es sich nicht wirklich. Mich beeindruckte der Umstand der Initiative, Planung und Durchführung einer Fußballweltmeisterschaft in Camp Moria auf Lesbos. Ja, die Welt ist auf Lesbos zu Hause, mit 20 Nationen, die hier aufeinandertreffen. Die

Aufteilung nach Nationalitäten stimmt allerdings nur so halb, man musste etwas improvisieren. So gab es eine Mannschaft, die sich »Afrika« nannte und in der sich viele Subsahara-Jungs und -Mädchen versammelten, aus dem Kongo, aus Burundi, Eritrea, Somalia. Ob auch Westafrikaner dabei waren, weiß ich nicht. Glaub' nicht. Die sind in Melilla und Ceuta. In der »syrischen« Mannschaft wirkten auch ein paar Kollegen aus anderen Arabisch sprechenden Ländern mit.

Sportlicher Wettbewerb unter Fluchtbedingungen in dem Land, das, neben so vielem anderen, auch die Olympischen Spiele erfunden hat. Die Idee zu der Meisterschaft hatten zwei Frauen, eine Französin und eine Griechin. Sie planen bereits die nächste Sportveranstaltung, die nach dem Lockdown stattfinden wird. Dazu sollte es aber nicht mehr kommen.

Es war Prometheus, der den Göttern das Feuer stahl und es an die Menschen weiterreichte. Seitdem symbolisiert Feuer Vernunft, Freiheit und Erfindungsreichtum, auch das olympische Feuer repräsentiert dies. Andererseits ist es auch Feuer, das Erfindungsreichtum verbrennt oder Unvernunft sichtbar macht, verwirrend, diese Symbole und ihre angebliche Bedeutung. Am Ende kippt der Mensch Benzin in bestehendes Feuer, wirft ein Streichholz in Benzinkanister und Bumm. Oder er lässt unachtsam seine Zigarette in einem ausgedörrten Wald fallen, was Ursache für 90 Prozent der Waldbrände weltweit ist (abgesehen von ein paar Blitzeinschlägen), und weg sind sie, die Bäume, die vielleicht nicht Erfindungsreichtum symbolisieren, aber erfindungsreich, klug und perfekt sind.

Mitarakis sollte also ins Camp kommen. Seltener Besuch. Es ging um die offizielle Übergabe einer Corona-Klinik in Isoboxen, die seitens der holländischen Regierung an die griechische Inselverwaltung gespendet worden war. Sie hätte von MSF (Ärzte ohne Grenzen) verwaltet und geleitet werden sollen, doch die Ärzte bedankten sich freundlich und lehnten ab. So eine Station, zumal hochwertig ausgestattet, ist zwar sehr schön, aber sinnlos, wenn kein Personal vorhanden ist, um sie am Laufen zu halten. Daher: Thank you, but no thank you.

So musste sich die Munizipalität etwas ausdenken, denn auch sie hatte kein Personal, um die Station zu aktivieren. Doch zuerst einmal, nämlich heute, wollte Minister Mitarakis das holländische Präsent gern und offiziell entgegennehmen, samt Entourage und Fotografen. Und wir, Humanitäre und Geflüchtete, wollten dabei zugucken.

Bereits bei der Einfahrt in die Zufahrtsstraße bemerkten Nik und ich den Unterschied: erhöhtes Aufgebot an Polizei. Auf halbem Weg standen dunkelblaue Polizeibusse und Gruppen dunkelblau gekleideter, maskierter und bewaffneter Polizisten in der Sonne davor und schwitzten. Nik fuhr heran, zeigte seinen Presse-Ausweis, plauderte kurz mit den Offiziellen, das kann er super, und wir durften passieren.

Neben dem Eingang zum RIC gab es eine hohe Betonwand, auf der großflächig ein schlichtes Graffiti zu sehen war: »I am so sorry, refugees, this is not Europe!« Davor parkten normalerweise Autos. Doch heute?! Wo waren die PKWs hin?! Das Graffiti war mehr schlecht als recht mit weißer Farbe übertüncht worden. Warum da keine betongraue Farbe genommen wurde, versteht man nicht. Wir drehten das kleine, bereits halb geschrottete Auto, das unter Niks James-Bond-Stunts gelitten hatte, um, denn hier durfte man nicht mehr parken. Die sonst so lebendige und leider auch zugeparkte Straße war gähnend leer und sah aus, als würde sie die vielzitierte Stille vor dem Sturm geradewegs in Teer materialisiert haben. Also parkten wir weit entfernt und latschten erneut an den Polizistenmännern vorbei, war mir peinlich, bis ins Rainbow-Café hinein, das sich gegenüber des Camp-Haupteingangs befindet und wo noch menschliches Leben, trotz Staatsbesuches, zu finden war.

Im Rainbow sitzt man draußen auf kaputtem Mobiliar und quetscht sich unter die zu wenigen Sonnenschirme, denn die

38 Grad hier werden ja im Schatten gemessen. Also bleiben die unbeschatteten Kaffeehausplätze leer, weil: ü50 Grad. An der Theke bekommt man Wasser und Limonade, Hot Dog, Sandwich, Kaffee. Moria-Bewohner hängen dort ab, gibt mal Internet, mal kein Internet, Telefon chargen kann man. MSF-Mitarbeiterinnen, deren Krankenstation gleich nebenan ist, kaufen sich hier ihren Lunch, Journalisten oder Humanitäre sitzen dort und arbeiten was, Hunde liegen herum und warten schlafend darauf, dass es Abend und kühler wird.

Wir setzten uns, um auf Yaser und einen Aktivisten zu warten, die ebenfalls sehen wollten, wie die Übergabe des Isobox-Krankenhauses vonstattengehen würde. Ah, sie kommen schon.

Da rast ein schwarzer SUV einmal über die leere Straße am Café vorbei. Alle, außer mir, springen auf und kommen kurz danach zurück. Fehlalarm. Ich muss lachen, die Jungs suchen das Abenteuer, wo man es nur findet, selbst wenn der Umstand, in einem Camp zu leben, doch eigentlich genug Abenteuer sein sollte. Vielleicht ist es auch nur die Abwechslung vom Alltag, an dem nichts passiert, den man nicht wirklich selbständig gestalten kann. Für die Humanitären und journalistisch Arbeitenden ist die Suche nach Abenteuer auch die Suche nach Evidenz. Da kommen die drei Jungs zurück, und ich habe sie alle sehr lieb, obwohl ich sie doch erst vor kurzem kennengelernt habe.

Als der Konvoi tatsächlich ankam, düsten wir gemeinsam bis ganz auf den obersten Hügel Morias, dort, wo ein Spielplatz ist und die Konstruktionen zu Ende sind, um von dort Sicht auf das Ereignis zu haben.

Ich konnte mit meinen kurzsichtigen Augen nicht sehen, was dort geschah, wo alle hinzeigten, es war zu weit entfernt. Und Nik, mit dem Gimbel in der Hand, auf den sein Telefon gesteckt war, lief immer weiter auf der anderen Seite des Hügels wieder hinab, um näher an das Geschehen, das er filmen wollte, heranzukommen. Weiter und weiter ging er den Hügel hinab, bis er aus meinem

Blickfeld rutschte. Auch Yaser sah ich nicht mehr, um mich herum standen ein paar Dutzend Moriabewohner, alle männlich, kein vertrautes Gesicht. Tja, dachte ich, hier bist du nun, die einzige weiße Frau, und ich fragte mich, ob das vielleicht der Moment sein sollte, an dem ich mich beginnen müsste zu fürchten. Nur: wovor? Vor wem? Den Moriabewohnern? Vor dem Unbekannten? Vor Mitarakis' Entourage?

In meine Überlegung hinein und während ich weiterhin angestrengt den Hügel hinabsah, über den sich inzwischen viele Moriabewohnende verteilt hatten gen Mitarakis' Isobox, hörte ich ein Geräusch wie den Einschlag einer Bombe, so tief in der Frequenz, dass sie durch den Boden als Resonanzraum in mich fühlendes Wesen eindrang. Die um mich herumstehenden und mit ihren Smartphones filmenden Menschen schienen keine Notiz von dem akustischen Ereignis zu nehmen. Entweder hatten sie es nicht gehört, was ausgeschlossen war, oder es war ihnen vertraut und schüchterte sie nicht ein.

Sie riefen »Moria no good«, was ja ein Fakt ist und nicht mal Protest. Was war das für ein Geräusch gewesen, herrje!? Noch mal. Und noch mal. Fünfmal insgesamt wiederholte sich dieser furchteinflößende Sound. Und dann: Schreie. Ein Ruck ging durch die Truppe, in der ich aus Versehen stand.

»The Fascists!«, wurde gerufen, und ich machte mir ein bisschen in die Hose, kein Witz, und rannte mit den Rennenden. Weg. Wohin? Richtung Camp irgendwie. Lauf! »Was ist passiert?« Ob ich diese Frage dachte oder rief, weiß man nicht.

Plötzlich traf mich etwas hart am Rücken, ich stolperte. »Stopp«, rief ein älterer Mann neben mir, machte aufgeregte Gesten, zeigte auf mich, ich blieb stehen, er näherte sich und zupfte einen Meter verrosteten Stacheldrahts von meinem Rücken. »Thank you«, sagte ich. Er lächelte im Chaos. Steine flogen in unsere Richtung. Was hatte diesen Tumult ausgelöst? Und da, wie aus dem Nichts, stand Yaser neben mir und sagte: »Come, Katja, let's go to my family. Run.«

Und wir rannten los, durch die staubigen steinigen steilen Gassen, in das Labyrinth Moria hinein. »Yaser«, rief ich, »lass uns ins Rainbow-Café gehen, um auf Nik zu warten.«

»Okay«, rief er zu mir hinüber, und in einem Affenzahn bewegten wir uns unbeirrt durch das Lager, ich hielt meinen Blick starr auf den Rücken des Jungen vor mir geheftet, der jede Abkürzung, jeden Weg des labyrinthischen Dschungels kannte, und lockerte die Spannung erst, als wir im Rainbow-Café ankamen. Kein Nik.

»Wo ist Nik?«, fragte ich.

»Er war ganz vorn und hat gefilmt, als die Faschisten begannen, Steine auf uns zu werfen«, antwortete er, »ich bin dann zu dir zurückgelaufen.«

Yaser ist 16 Jahre alt, und zusammenfassend kann man sagen: Er hat bereits zu viel erlebt. Er ist in seinem Leben fast täglich mit dieser Art Herausforderungen und Situationen konfrontiert. Er hat eine Flucht hinter sich und vor sich: von Afghanistan nach Iran, von Iran in die Türkei, von dort versuchten seine Familie und er elfmal, über das Meer nach Lesbos zu gelangen. Und davor? Damals in Afghanistan? Was war da? Was ist geschehen, dass sie sich entschlossen, aufzubrechen und ihrem Land zu entfliehen? Yaser hat mir eines Tages die Geschichte erzählt, ich veröffentliche sie nicht. Und ja, sie hat mit Taliban und Folter zu tun.

»Faschisten«, sagen Moriabewohner und Aktivistinnen zu den Wutbürgern und Rechtspopulisten, obwohl es ein falscher Begriff ist, was ich wiederholt und ergebnislos versuchte zu erläutern.

Dann kam Nik. Sein Arm war blutüberströmt, frisches hellrotes Blut rann den Arm hinab und tropfte, über seine Hand laufend, in den Staub. Sah wie Gladiator aus. Er beachtete es nicht, sondern war mit seinem Smartphone beschäftigt, einhändig. Yaser und ich schauten uns an, er verdrehte die Augen, er kannte Nik länger als ich.

»Was ist passiert?!«, fragte ich besorgt.

»Ach, nicht schlimm«, meinte er, »ein Stein hat mich unglücklich getroffen.«

Und dann schrie er übergangslos: »Scheiße! Scheiße scheiße scheiße.«

Seine gesamten Aufnahmen, die er gerade gemacht hatte, waren weg.

Er hatte gefilmt, wie Wutbürger auf Polizisten Steine geworfen hatten, die daraufhin mit Handbomben antworteten. Das war der tiefe Ton gewesen. Handbomben zerstören oder verletzen nicht, sondern ihre Absicht und Existenz dient anscheinend dem Schreck, sie sollen Leute erschrecken, was nur bei mir Wirkung gezeigt hatte, bei sonst niemandem. Dann hatten die Steinewerfer ihren Kurs gewechselt und begonnen, den Hügel hochzulaufen. Weiterhin warfen sie Steine, nun nicht mehr auf Polizisten, sondern auf Moriabewohnende. Es wurde zurückgeworfen. Nik war mittendrin und filmte das Chaos, dabei hatte ihn ein Stein am Ellbogen getroffen und die wütenden Menschen hügelaufwärts kamen ihm gefährlich nahe. So zog er sich zurück, es musste schnell gehen, und das Gelände ist uneben und unübersichtlich, dazu das Getöse der Handbomben, die Schreie »Moria no good«, die fliegenden Steine in beide Richtungen, und er ließ seine Kamera, die nur ein simples Telefon war, einfach laufen. Bei der Rennerei jedoch war er offensichtlich gegen den Bildschirm seines Mobiltelefons gestoßen, so dass sich seine Aufnahmen gelöscht hatten. Keine Ahnung, wie das gehen kann. Geht. Weg sind'se. Waren auch nicht im Papierkorb. Vielleicht dachte er nur, er hätte auf »play« gedrückt, doch stattdessen hatte er die Kamera ausgeschaltet.

Nun schrie er. Man verstand das, aber unser Mitgefühl galt eher seiner Wunde am Arm, aus der immer noch Blut herausprudelte, als den verlorenen Aufnahmen.

Die Wunde jedoch, das stellte sich schnell heraus, war nicht tief, und eine Ärztin, die im RIC arbeitete, schaute drauf und sagte, dass es nicht genäht werden müsste, sondern von allein zusammenwachsen würde. Pflaster.

Wir waren ordentlich durcheinandergeschüttelt, oder, sagen wir mal, mir ging es so. Für die anderen war dies nur ein weiteres Ereignis neben unzähligen anderen. Alltag fast. Harmlos im Vergleich zu dem, was im März 2020 passiert war, als das OHF Community Center abbrannte und gewaltbereite Menschen aus diversen Ländern mit der Absicht nach Lesbos gereist waren, um der Gewaltbereitschaft auch Taten folgen zu lassen. Harmlos im Vergleich zu den Umständen, die der anschließende Lockdown verursacht hatte, harmlos im Vergleich zu dem, was ein paar Wochen später folgen sollte, als das Feuer Moria auffraß und die Bewohner.innen sich auf der Straße wiederfanden.

Am späteren Nachmittag saß ich in Mytilini am Hafen, als ich eine schwarze, sich zügig vergrößernde Rauchwolke aus der Richtung der Hügel, in denen Moria lag, sah und mich schon wieder erschreckte/erschrak. Was war nun wieder? Was ist passiert? Geht's allen gut? Ich textete diversen Leuten und erfuhr, dass ein Feuer im Olivenhain neben dem Dschungel ausgebrochen war. Ein paar Stunden später war das Feuer gelöscht, alle waren unversehrt, und ich verstand, dass der Alltag hier nicht zu bewältigen ist, wenn man sich ständig erschrickt.

An diesem Abend nun sollte das Dinner in der Nachbarschaft stattfinden, zu dem wir nichts mitbringen sollten, was ich nicht gut fand. So erstand ich einen farbenprächtigen Schal und hoffte, ihn Yasers Mutter geben zu dürfen. Mir ist nichts Besseres eingefallen.

Es war bereits dunkel, als wir uns auf den Weg machten, zurück an den Ort des Tumults, der Handbomben, der Steine und der Wut, der Uniformierten, des Feuers, der Stacheldrahtzäune und des »Fragrance by Moria«, zurück ins labyrinthische Moria. Auch das Labyrinth geht zurück auf die Griechen.

Eine Ängstlichkeit vor der fremden Dunkelheit beschlich mich, keine Laternen anwesend, wie dunkel erst muss die Nacht auf dem Meer sein. Wie viele Schattierungen von Dunkel gibt es, bis es schließlich zu der Schwärze wird, die einen einfach verschluckt.

»Ich bitte Yaser, uns abzuholen«, sagte Nik, der irgendwie fühlen konnte, was in mir vorging.

Yaser hat keine Angst vor der Dunkelheit. »Die Nacht ist mein Element«, sagte er mir bei einem unserer Gespräche. »Weißt du, die Nacht und der Film sind miteinander verwandt.«

Und da stand er auch schon, um uns am Eingang abzuholen, in seinen kurzen Hosen, und die wenigen dumpfen Lichter des Camps machten keinen Unterschied. Menschen huschten über die Wege, zweidimensionale Schattenrisse mit Masken im Gesicht. Masken, die in nichtpandemischen Zeiten das Zeichen dafür waren, etwas zu verstecken, das Gesicht oder eine Absicht, nun aber zum Alltag gehörten und korrektes Verhalten symbolisierten, wo sie doch sonst zu Cowboys, Bankräubern oder Dschihadisten gehört hatten. Wir gingen durch eine dunkle Stadt, die aus selbst gezimmerten Konstruktionen bestand, eine an einem Hang gelegene absurde Architektur, Stadtplanung aus Not entstanden. Es war warm und auffallend ruhig, eine Ruhe, geboren aus dem täglichen Tumult.

Erneut betraten wir am Baum vorbei den Patio, zu dem ein paar Stufen hinabführten, die sich aus einem Gewirr aus Wurzeln, Steinen und karstiger Erde gebildet hatten und nur als Stufen erkennbar waren, wenn man sie als solche auch wahrnehmen wollte.

Die erhöhte Plattform war angerichtet für das Dinner. Schüsseln standen auf einem rosafarbenen bedruckten Tuch, das wie eine Tischdecke anmutete und es ja letztlich auch war. Es war festlich, anders könnte ich es nicht beschreiben.

Wir begrüßten die Anwesenden, ich sortierte die Gesichter: Mutter, Vater, zwei jüngere Brüder Yasers, seine jüngere Schwester, die ein gestreiftes Shirt anhatte und ein in die andere Richtung gestreiftes Tuch um den Kopf trug, was sicherlich eine modische Entscheidung war und kein Zufall. Dann ging es Schlag auf Schlag, denn die Gäste (Nik und ich) waren eingetroffen.

Ich sah, wie aus einem auf der Erde stehenden Kochtopf ein Haufen Reis auf ein Tablett bugsiert wurde. Zwei Aluschüsseln mit vegetarischem Gericht wurden aufgetragen, zwei kleinere Schüsseln mit Fleisch bzw. Chicken und duftender Soße und Schüsselchen mit weißem Mousse, keine Ahnung, was das ist. Eine 1,5 Liter gefrorene Colaflasche und Papierbecher wurden hervorgeholt.

»Bitte setzt euch«, wurde wiederholt von Yasers Eltern und Yaser in Englisch und Farsi gesagt, und Arme zeigten in Richtung Plattform. Wir standen herum. Über uns der nachtschwarze Himmel. Die Beleuchtung hier kam aus einer Glühbirne und ein paar Solarlampen. Manchmal gibt es im Dschungel Strom und oftmals nicht.

Wir zogen unsere Schuhe aus und krabbelten auf die Plattform, setzten uns vor die Wand, dort, wo in einem Wohnzimmer die Bank gestanden hätte. Kissen lagen neben dem Tomatenblumentopf.

Nun wurde auch noch ein Teller mit Pfirsich und anderem Obst hingestellt, und allmählich fror mir fast das Blut ein angesichts des reichlich gedeckten Tisches in einer Konstruktion eines Refugee Camps.

»Sie müssen sich finanziell vollständig verausgabt haben«, flüsterte ich Nik zu. Er konnte nicht antworten, sah mich nur an und ich in seine Gedanken hinein. Da stand plötzlich eine Flasche Wasser vor mir, und Yasers Vater entschuldigte sich, dass sie nicht gekühlt sei.

»Ich mag ungekühltes Wasser viel lieber«, sagte ich, was sogar die Wahrheit war und keine unangebrachte Platitude. Yaser übersetzte, der Vater lächelte nicht überzeugt. Ein Mann mit grünen Augen, den ich niemals würde fragen können, was ihm in seiner Biographie widerfahren war, eine Person mit einem Medizinstudium und nun fahrigen Gesten, an denen man ablesen konnte, dass er uns lieber in das großzügige Wohnzimmer seines Hauses mit Garten hätte einladen wollen, in einem Dorf des Landes, das er hatte verlassen müssen, zusammen mit seiner Frau und den vier Kindern. Dort wären wir uns niemals begegnet.

Was er mitgenommen hatte, war, abgesehen von seinen Erinnerungen, eine selbstverständliche Gastfreundschaft, die sich völlig anders darstellt als in europäischen Breitengeraden und die alles zu verkehren schien, weswegen wir dachten, hierher auf die Insel gekommen zu sein.

Nik atmete hörbar neben mir aus und ein und murmelte: »O Mann …«. Ich füsterte, »Jetzt essen wir, Nik, alles andere später.«

Ashak sind mit Porree gefüllte Teigtaschen, dazu Bohnen und Minzsauce, köstlich und ein wenig glitschig. Man wusste, dass ich Vegetarierin bin, und hatte sich im Vorfeld erkundigt, ob es despektierlich wäre, wenn es neben dem Vegetarischen auch etwas Fleisch gäbe, was mich peinlich berührte, dass es überhaupt gefragt wurde.

Der Abend nahm seinen Lauf, und wir entspannten uns, reichten uns gegenseitig Teller, lächelten uns an, wo Sprache nicht möglich war, äußerten expressiv unsere Begeisterung ob dieser exquisiten Kulinarik und erfuhren, dass die kleinen Schüsseln mit der weißen Masse der Nachtisch waren, eine Art Mousse, zuckersüß und würzig.

Ich fragte Yaser aus unerfindlichem Grund, wann er ins Bett gehen würde. Wahrscheinlich versuchte ich, mir vorzustellen, wie es wäre, zu sechst in der Koje zu liegen, wie der Einstieg organisiert wird, wer wann und in welcher Reihenfolge hineinklettert, und ob man sich eine kleine Solarlampe um den Kopf binden kann, um zu lesen, ohne die jüngeren Geschwister zu stören.

Um neun, sagte er zu meiner Überraschung. Ich fand das früh, wir waren ja erst um 21.00 hier angekommen. Also eigentlich schliefen alle längst.

»Aber ich schlafe meistens erst gegen 3.00 Uhr ein.«

»Oh, warum? Kannst du nicht schlafen?«, fragte ich.

»Ich schaue die ganze Nacht Filme, manchmal auch bis 7.00 Uhr morgens.«

»Krass. Auf deinem Handy?«

»Ja«, sagte er, »ich lade sie runter, weil das Netz hier nicht gut ist.«

Er hatte sich auf seinem Mobiltelefon einmal durch die ganze

Weltliteratur an Spielfilmen durchgeschaut. Tagsüber studierte er in der Filmschule Morias, dem »ReFOCUS Media Lab«, von dem noch zu hören sein wird. Er, der zukünftige Filmregisseur, die afghanische Antwort auf Quentin Tarantino.

Ich wusste, dass er ein Tarantino-Fan war, da er sich gewundert hatte, dass ich »Inglourious Basterds« nur einmal gesehen hatte.

»Diesen Film muss man mindestens dreimal sehen, Katja!«, sagte er fast vorwurfsvoll.

»Hast du ›Parasite‹ gesehen?«, fragte ich übergangslos.

Er schaute mich für einige Sekunden unbewegt an und sagte dann: »It's a masterpiece.«

Dann erläuterte er warum. Sprach von den verschiedenen Genres, die der Film bediente, der guten Schauspielerei, konnte sich begeistern über die Location und meinte abschließend, dass man durch Filmkunst eben Einblick erhielte in diverse Kulturen. Und dass er auch die anderen Filme von Bong Joon-ho sehr mochte und empfahl mir gleich noch ein paar andere koreanische Filme und Regisseure, die er kannte, ich hingegen nicht.

»Parasite« hatte im Jahr 2020 geradewegs einen Siegeszug durch die bedeutendsten Filmpreisverleihungen der Welt gemacht und unter anderem vier Oscars erhalten, für Originaldrehbuch und Regie, und gewann sowohl in der Kategorie bester Film als auch »Best International Film«. Diese Kategorie war 76 Jahre lang als »Best Foreign Language Film« (bester fremdsprachiger Film) betitelt worden. Im Jahr 2020 hatte die Academy sich entschieden, das zu ändern, und Bong Joon-ho sagte in seiner Dankesrede, dass er sich freue, als Erster den umbenannten Preis zu erhalten. Bei den Golden Globes, die ein paar Wochen vor den Oscars verliehen werden, hatte er ebenfalls in dieser Kategorie gewonnen. Dort hieß es noch fremdsprachiger Film. Er sagte in Koreanisch: »Sobald Sie die Hürde der Untertitelung überwunden haben, werden Sie mit vielen weiteren phantastischen Filmen bekannt gemacht.«

Ich erzählte das Yaser, und er meinte nur: »True.«

Nach dem Essen wurde abgeräumt und abgewaschen, dazu kamen die Nachbarinnen mit Plastikschüsseln herüber. Wir wollten helfen. Ich aus Interesse an der Abwaschtechnik, Nik, weil er so gern aufräumt. Doch es wurde uns von allen Beteiligten vehement verweigert, daher konnte ich nur zuschauen, wie drei Frauen in afghanischer Sitzposition Wasser aus einer abgeschnittenen Ölbox in die Plastikschüsseln schöpften, lässig mit Lappen abwuschen und das Gewaschene in Plastikobstkisten warfen, während sie sich leise unterhielten. Ab und zu begegnete ich ihrem Blick, und wir lächelten. Die Geschlechterrollen des Heimatlandes waren mit nach Moria gebracht worden, überrascht hat es mich nicht wirklich.

Yaser zeigte mir das Fitness-Studio des Nachbarn: eine selbst gebaute Bank, zum rücklings drauf Liegen, um Gewichte an Stangen zu stemmen. Die Stange, die hier verwendet wurde, war eine Art Vierkantholz, an deren Enden jeweils drei mit Sand gefüllte 1,5 Liter Wasserplastikflaschen gebunden waren.

Ob wir Tee wollten, wurde gerufen.

»O ja«, rief ich und kletterte wieder auf meinen Platz. Zum Tee gab es eine selbst gemachte Süßigkeit, die aus Zucker, Öl, Nüssen und Kardamom bestand. Bitte merken.

Einen Kühlschrank gab es nicht, was mit dem übrig gebliebenen Essen geschehen würde, blieb unklar, lange würde es in diesen Temperaturen nicht überleben.

Alle Nachbarinnen und deren Kinder waren inzwischen zu uns gekommen, sie hatten es nicht weit: Die nächste Hütte war 80 cm entfernt. Wir lagerten alle zusammen auf dem Podest und um das Podest herum, und die Gespräche wurden angeregter, fanden gleichzeitig statt, mit allen Worten, Gesichtsausdrücken und Armen, die zur Verfügung standen.

»Why are you so fat«, wurde ich schließlich von einer Nachbarin gefragt.

»Wie bitte?! Warum ich so fett bin?«, Yaser übersetzte hin und her.

»Neiin«, Yaser und Nik schmissen sich weg vor Lachen. »The women were asking, why are you so fit!«

»Ach so.«

Ich schaute die Frau, die gefragt hatte, an, sie zeigte etwas betrübt auf ihre Knie und Oberarme und fand sich zu stramm. Am Ende reden wir Frauen dann doch übers Abnehmen, über Kleider, Männer, Kinder. Ich wünschte, ich könnte in der Frauengruppe sitzen und mit ihnen quatschen, mir von ihrem Kummer und Alltag erzählen lassen und wie es zu Hause war, in Afghanistan, und wonach sie sich zurücksehnen.

Stattdessen machten wir Fotos: Alle Frauen um die auf dem einzigen Plastikstuhl sitzende Mutter geschart, alle Männer um den auf dem Plastikstuhl sitzenden Vater. Dann alle zusammen, kreuz und quer, neben- und aufeinander. Niemand musste uns auffordern, zu lächeln oder »Ameisenscheiße« zu sagen.

Niks und meine Scham, von einer geflüchteten Familie auf liebevolle, großzügige Weise eingeladen worden zu sein, die uns ihr Haus geöffnet hatte und vielleicht auch ihr Herz, diese Scham hatte uns den gesamten Abend über nicht verlassen. Wir hatten sie nur zur Seite geschoben, um das unvergessliche Dinner nicht zu beschädigen. Der Umstand jedoch war klar und unverrückbar: Wir können nichts an der Situation ändern, in der die Familie, in der alle Familien und Bewohnenden in Moria leben. Wir wurden beschenkt von Menschen, die alles verloren hatten. Scham und Ohnmacht reichten sich die Hand.

Was geben wir? Was tun wir? Gelingt uns hier irgendetwas? Die Zuneigung und Freundschaft, die wir geben, wurden mannigfaltig übertroffen von der selbstverständlichen Gastfreundschaft, die kulturell manifestiert und verinnerlicht ist, als Teil der Persönlichkeiten oder des Menschseins in der afghanischen Gesellschaft. Auf welcher unglaublichen und beschwerlichen Investition und Leistung lag sie?! Wo und wie wurde hier gekocht? Wie lange? Wo wurde eingekauft und womit?

Wir waren eingeladen worden, weil wir Kumpel von Yaser sind. Weil wir nett zu ihm sind. Vor allem jedoch ist *er* zu uns freundlich und respektvoll und humorvoll, ist immer an unserer Seite, übersetzt und erklärt uns unentwegt diese Welt.

Was wir tun können, ist zu ertragen, dass wir nichts zurückgeben können.

Nachdem ich Yasers Mutter mein unerhebliches Gastgeschenk gegeben hatte, kam sie am Ende des Abends mit einem Joghurtbecher mit Henkel zu mir, den sie mit der selbst gemachten Süßigkeit gefüllt hatte.

Als wir schließlich im Auto auf dem Weg nach Mytilini zurück saßen, trieb der Fahrtwind uns die Tränen in die Augen … Nik und ich fuhren schweigend die ganze Strecke und als ich ausstieg, sagten wir: »Bis morgen.« Mehr gab es nicht zu sagen. Bis morgen. Morgen ist wieder ein Tag. Und auch morgen wird es Moria geben und 80 Millionen vertriebene Menschen.

Zwei Wochen später gab es die Nachbarschaft nicht mehr. Kein Podest, keine Bank am Baum, kein Tomatentopf, keine Schlafbüchse. Nichts. Alles verbrannt. Es brannte gut, es war aus trockenem Holz und verwittertem Plastik. Die Interim-Heimat, auch sie war verloren.

1 Photo, 1 Story

August 2020

Nik hat eine Idee, bei der ihn Yaser als Übersetzer und ich als Frauenbeauftragte (wie sich später herausstellen wird) begleiten: Er bittet Moriabewohnende, ein Foto herauszusuchen von ihrem Leben, bevor sie sich auf den Weg machten, und die Geschichte zu dem Foto zu erzählen. Er wird filmen und einen kurzen Zusammenschnitt davon bei »Mission Life Line«, für die Nik hier tätig ist, veröffentlichen. Mit der Erlaubnis der Teilnehmenden selbstredend.

Zum Beispiel gibt es das Foto einer Familie: Mann, Frau, zwei Kinder, das in einem Vergnügungspark im Iran aufgenommen wurde. Der Mann und Vater, mit dem Nik das Gespräch führt und der das Foto herausgesucht hatte, sagt, es wäre ein besonderer Tag nicht nur für die Kinder gewesen, da sie schon lange gehen wollten, aber das liebe Geld … Ein Familienportrait von vier Menschen mit einem Rummel im Hintergrund, ein Bild, das es sicherlich tausendfach gibt auf den Rummelplätzen dieser Welt. Ein Zeitpfeiler für diese vier Personen, eingefangen am Tag der gemeinsamen Freude, als alles super war, obwohl es wohl bewiesen ist, dass es kaum einen Ort gibt, an dem Kinder mehr weinen oder schreien als auf einer derartig überstimulierenden Veranstaltung wie: Karussells-und-Süßigkeiten-auf-engem-Raum. Vielleicht ist es im Iran anders, wer weiß, wir haben nicht danach gefragt.

Auf dem Foto schauen die vier fröhlich oder eher freundlich in die Kamera. Die Eltern sind aus Afghanistan, die Kinder im Iran geboren; nicht nur die Eltern, auch die Kinder werden als Flüchtlinge angesehen und weiterhin als solche definiert werden, das wissen die Eltern, darum sind sie aus dem Iran weggegangen. Für die Kinder. Für die Zukunft. Zwei Jahre später beginnt die Revolution im Iran, und der Slogan »Frau. Leben. Freiheit.« (»Jin, Jiyan, Azadî«) geht einmal um die Welt.

Wir befinden uns für Niks Projekt im oberen Teil des Dschungels, dort wo die holländische Nichtregierungsorganisation »Movement on the Ground«, die ausschließlich in griechischen Camps arbeitet, für die Essensverteilung verantwortlich ist und die von der Schweiz gesponserten Zelte stehen, die irgendwie gut aussehen, in Form (ungewöhnlich) und Farbe (noch frisches Weiß) und außerdem von einem der letzten Bäume Morias überragt und überschattet werden. Pro Zelt sind jeweils vier Familien untergebracht, voneinander durch Tücher getrennt. Das ist eng, sehr sogar, weswegen sich tagsüber, wie überall, das Leben draußen abspielt. Nicht nur das Spielen der Kinder, sondern auch die eigene Essenszubereitung, falls möglich, ebenso das Lernen und Abhängen und Warten, Herumgehen im Camp, Einkaufen im Camp, Lernen im Camp.

Jede Möglichkeit, sich vom Zelt zu entfernen, mit einem Ziel im Kopf, wird bewillkommnet. Beispielsweise zum Englisch- oder Kunstunterricht bei Abdallah in die Schule zu gehen oder bei ReFOCUS zu studieren oder sich auf den Weg zu »Sports and Yoga for Refugees« zu machen, um Klassen in Kickboxen oder Yoga zu nehmen oder an den Geräten zu trainieren. Oder die Zeit bei »One Happy Family« zu verbringen, wo es Internet gibt und den Maker's space, die Fahrradwerkstatt, Sprachunterricht, den Gemüsegarten, Spielplatz oder die Frauenklasse, wo diese unter sich ein paar Dinge besprechen können oder etwas nähen bzw. nähen lernen. Und in die Moschee wird, na klar, gegangen, wenn Gottesdienst ist und man an Allah glaubt, aber vielleicht auch wenn man nicht glaubt, denn so eine Zeremonie ist immer beruhigend, wie gemeinschaftliche Meditation. Es wurden mehrere Moscheen im Dschungel gebaut. Große Zelte, Gemeinschaftsarbeit Geflüchteter.

Diese Möglichkeiten, Aufgaben, Beschäftigungen sind mehr als eine Ablenkung, sondern sie können zum Mittelpunkt des Lebens werden, in der Interimszeit, in der auf das Interview gewartet werden muss oder auf das Resultat desselben oder auf die Bewilligung des Asyls oder auf einen Stempel oder auf den Transfer oder auf die Abschiebung oder oder oder. Es wird viel gewartet in einem Camp. Die Zeit, man kann sie nutzen, wenn man die innere Stärke und die äußeren Angebote hat.

Aber nicht jeder oder jede hat den Mut oder die innere Stärke dafür.

Auf Lesbos gibt es Angebote, das kann ich sagen, ich war oft genug dort. In Lipa, ein Camp in Bosnien an der kroatischen Grenze, sieht es anders aus. Warum liegt der öffentliche Fokus so auf Moria, habe ich mich gefragt und dazu die Kolumnistin, Autorin und Schauspielerin Samira El Ouassil gefragt:

»Im Falle des griechischen Flüchtlingslagers Moria kommen verschiedene Gründe zusammen, weshalb sich die Öffentlichkeit mehr dafür interessiert als für andere Camps. Zum einen sind da journalistische Dynamiken, wie der sogenannte Nachrichtenwert und das Vorhandensein der Bilder, insbesondere von dem Brand im März 2020, als ein sechsjähriges Mädchen ums Leben kam. Zum anderen gibt es gesellschaftliche Dynamiken wie das Vermögen, mehrere Schrecken gleichzeitig verarbeiten zu können, ohne in eine sogenannte ›Mitgefühlsmüdigkeit‹ zu verfallen, wie es in der Psychologie beschrieben wird.

Ein klassischer Faktor, der zu einer Fokussierung der Aufmerksamkeit auf eine bestimmte humanitäre Katastrophe führen kann, ist der Effekt, dass der Nachrichtenwert ›Neuigkeit‹ im Verlauf einer Berichterstattung schwindet – und gegebenenfalls ganz verschwinden kann.

Und wenn wir eine echte Information als einen Unterschied definieren, der einen Unterschied macht, dann erfüllt eine ausbleibende Veränderung der anhaltend schlechten Situation im Flüchtlingslager in Lipa an der EU-Außengrenze in Bosnien und Herzegowina diese formale, berichterstatterische Notwendigkeit nicht mehr.

Susan Sontag schrieb dazu: ›Wo es um das Betrachten des Leidens anderer geht, sollte man kein *Wir* als selbstverständlich voraussetzen.‹«

Im Innenraum der Schweizer Familien-Zelte sind, wie immer und in allen Camps, die ich kennenlernte, hauptsächlich die Matten aufbewahrt, die tagsüber gestapelt sind und am Abend nebeneinanderlegt werden für die Nachtruhe, um zu schlafen. Vielleicht sind da auch Decken aufbewahrt. Je nach Jahreszeit und Klima – zu heiß: besser keine Decke, zu kalt: Decke ist nicht ausreichend. Wie unter diesen Umständen ständig Babys gezeugt werden, ist mir ein Rätsel, es liegen doch alle nebeneinander, dicht an dicht: Kinder, Eltern, Söhne, Töchter, Kleinkinder, Mutter, Vater, vielleicht noch eine Tante, Schwester, Bruder, wer weiß das schon, die Familien sind groß und werden größer, weil hier in dem Schweizer Zelt, und nicht nur dort, die Menschen sich quetschen in der Nacht und hin und wieder und immer wieder mal und warum überhaupt, da sind doch schon drei Kinder oder fünf Kinder und kein Zuhause, weitere Babys zeugen. Zehn Neugeborene gibt es pro Woche in Camp Moria! Der Boden hier oben ist mit weißen Steinen bedeckt, die Sonne reflektiert das Weiß, und alles wird daher lichter, wirkt sauberer und aufgeräumter als weiter unten im Dschungel, wo die Wege zwischen den Konstruktionen eng sind und steil und ständig Abbiegungen nehmen und alles staubig ist. Hier ist der Weg breiter, daher wirkt das Viertel geräumiger, die weißen Steine tun ein Übriges und verändern die gesamte Stimmung. Ich nehme einen der Kiesel zur Hand und stelle als ehemalige Bildhauerfrau fest, dass es Marmor ist! Vielleicht hat ein griechischer Steinbruchbesitzer hier dem Team von »Movement on the Ground« ausgeholfen mit einer Sachspende, ich konnte es nicht recherchieren.

Während Yaser und Nik den Mann mit dem Rummelfoto vor seinem Zelt interviewen und dessen Frau Tee kredenzt, setze ich mich ein paar Meter abseits auf einen großen Stein (kein Marmor) und schaue auf das Treiben um mich herum.

Ein kleines Kind geht mit der älteren Schwester, ich vermute, es ist die ältere Schwester, den ganzen langen Weg und hält dabei unerschütterlich ein Stück Fladenbrot in der Hand fest, bleibt zwischendurch immer wieder mal stehen, um daran zu lutschen oder zu kauen (die Zähnchen sind partiell vorhanden und noch nicht ganz funktionsfähig) oder weil es abgelenkt wird von einer Plastiktüte, die ihm entgegenweht, oder einem alten Flip-Flop, der am Boden liegt und den es aufheben will, die Schwester das aber zügig zu verhindern weiß. Dass Kleinkinder immer irgendetwas in der Hand halten müssen, stundenlang irgendein Brötchen umklammern, das sich durch die Babyspucke schließlich selbst auflöst, finde ich wahnsinnig lustig. Wahrscheinlich finden wir alle so ein Foto von uns, auf dem wir etwas zu essen in der Hand halten, was niemand außer uns Kleinkindern noch essen möchte, und wir könnten eine Geschichte dazu erzählen, die wir wahrscheinlich erfinden müssten, weil man sich an das Dasein als zweijährige Person nur schwer erinnert. Macht nichts, wir haben ja das Foto, es gab uns schon, bevor wir uns an uns erinnern konnten. So wie es ein Leben vor Moria gab, an das sich allerdings erinnert werden kann.

Und während ich dem Kind noch hinterhersehe, stehen plötzlich zwei junge Frauen, eine mit Puschen an den Füßen, wie aus dem Boden gewachsen vor mir und sprechen mich an: »What you do?«, fragt die eine, wahrscheinlich ruppiger gesagt als gemeint.

Ich erschrecke mich, denke, dass ich eventuell verbotenerweise auf ihrem Stein oder zu nah am Zelt sitze oder mich hier oben überhaupt nicht aufhalten sollte.

Doch dann bemerke ich das Lächeln im Gesicht und die Neugierde in ihren Augen. Ich schaue zu ihr hoch und sage: »Meine Freunde da drüben machen ein Interview, ich habe sie begleitet. Darf ich hier sitzen?«

»Yes«, sagen die Frauen, mit Hosen unter dem Kleid, Schal und Hausschuhen bzw. Plastiklatschen im Dresscode des Wanderlebens angezogen, und starren mich an.

Ich stehe von dem Stein auf, starre lächelnd zurück und realisiere, dass Nik bislang keine einzige Frau für sein Projekt befragt hat. Kein Foto einer Frau oder eines Mädchens, keine Geschichte aus der weiblichen Perspektive, das darf doch nicht wahr sein. Ich erzähle den beiden Frauen von Niks Projekt. Eine übersetzt für die andere.

»Könntet ihr euch vorstellen mitzumachen? Und habt ihr vielleicht ein Foto auf eurem Smartphone von irgendeinem Ereignis, das besonders war und über das ihr Lust habt, etwas zu erzählen?«

»Sie hat kein Smartphone.« Sagt die eine.

»Aber sie hat eins.« Ergänzt die andere.

Beide grinsen.

Die eine holt also das Telefon und bringt gleich den Vater mit, der wohl aufpassen muss, mit wem seine Tochter da spricht. Auch andere Familienmitglieder und Nachbarn haben sich dazugesellt. Die Runde wird größer. Man ist interessiert.

»Wärest du bereit, das Gespräch mit Kamera zu führen?«, frage ich.

»Ja, aber ich kann nicht so gut Englisch.«

»Das macht nichts«, sage ich, »wir haben einen Übersetzer.«

Sie nickt. »Ok.«

So wurde ich zur Frauenbeauftragten, weil Frauen eben Frauen ansprechen, das trauen sie sich, das trauen wir uns. Vermutlich hätten die beiden Nik nicht angesprochen, hätte *er* auf dem Stein gesessen. So ist es hier, so ist es oft, vor mir haben sie keine Angst, begründeterweise haben junge Frauen vor Männern nun mal eher Angst. Vielleicht umso mehr, wenn man aus Ländern kommt, in denen Gleichberechtigung und Geschlechtergerechtigkeit noch einen langen Weg vor sich haben und in denen Frauen und Männer gesellschaftlich getrennt voneinander leben. Aber auch ich habe als junge Frau jede Baustelle mit Männern auf Gerüsten vermieden und bin lieber einen Umweg gegangen.

Aus der Ukraine flohen nach dem Angriffskrieg durch Russland innerhalb weniger Monate eine Million Menschen nach Deutschland (laut statista.com). Fast 90 % der geflüchteten Ankommenden waren Frauen, Kinder und Haustiere!

Sie bildeten energetisch betrachtet eine Gruppe Mensch, die man nicht fürchtete. Vermutlich weil sie weiß waren und aus Europa und jene unter ihnen, die an Gott glaubten, zumeist Christinnen waren. Sie waren aber vor allem übernächtigte, erschöpfte, oft weinende Frauen, die ihre Kinder und Koffer und Katzen und Hunde schleppten und mit ihren zurückgelassenen Männern telefonierten.

Was, wenn die Ankommenden aus Afghanistan und Syrien und Irak zu 90 % allein reisende Frauen und Kinder gewesen wären? Ob mit oder ohne Kopftuch, mit oder ohne Lesekenntnisse. Diffizile Vorstellung, oder?

In den Geschichten über Gewalt, Krieg, Konflikt spielen zumeist Männer die Hauptrollen. Und wenn sie später verfilmt werden, spielen meine Kollegen nochmals die Hauptrollen. In dem wirklich brillanten Dokumentarfilm »Of Fathers and Sons« des syrisch-deutschen Regisseurs Talal Derki über das Kalifat der IS sieht man keine einzige Frau, obwohl ein großer Teil des Films in den Häusern der Kalifatmitglieder spielt. Würden wir sozusagen den weiblichen Yin-Teil des Films drehen, blieben wir in der Küche und im Hinterhof des Hauses, bei den Kindern und den teekochenden Frauen; vielleicht wäre das ein langweiliger Film, aber die portraitierten Menschen wären vermutlich nicht bedrohlich, obwohl sie eventuell dieselben Parolen äußern würden, die man von ihren Ehepartnern kennt, wie: »Tötet die Ungläubigen« oder Vergleichbares. Dennoch sind Frauen weniger bedrohlich, man muss keinen Umweg machen, wenn man an ihnen vorbeigeht.

Wären 90 % der Ankommenden in Deutschland weiblich und Kinder gewesen, hätte es die Silvesternacht 2015/16 in Köln, in der männliche Flüchtlinge deutsche Frauen am Bahnhof sexuell angegriffen haben, so nicht gegeben.

Dass Gewalt eher männlich als weiblich konnotiert ist, wurde in diesem Zusammenhang nicht benannt. Auch sieben Jahre später nicht, als erneut an Silvester, diesmal in Berlin-Neukölln, Gewalt gegen Einsatzkräfte, sogar gegen Sanitäter, in ungeahntem Ausmaß sich Bahn brach. Man benannte die Zahl der teilnehmenden Geflüchteten, der Migranten, der Personen mit doppelter Staatsbürgerschaft.

Dass (laut Berliner Polizei vom 1. 1. 2023) von 103 festgenommenen Personen (»Brandstiftungsdelikte, Verstöße gegen das Sprengstoffgesetz, Landfriedensbruch, tätlicher Angriff auf Vollstreckungsbeamte«) 98 Männer und 5 Frauen waren und (laut Berliner Polizei vom 16. 1. 2023) von 39 Tatverdächtigen nur eine Person weiblich war, war anscheinend niemandem eine ernst zu nehmende Schlagzeile wert.

In der folgenden Debatte ging es um »Biodeutsche« und »Ausländer« statt um Männer und Frauen. Wir reden über Nationalitäten und Herkünfte statt über Gender, weil das anscheinend allen zum Hals raushängt.

98 Prozent aller Mass-Shootings werden von Männern verübt (laut »The violence project«, laut Jackson Katz). Ob jung, alt, mittelalt, amerikanisch, asiatisch, australisch, deutsch, marokkanisch, französisch, christlich, muslimisch, ich sag's noch mal: 98 Prozent der Attentate wurden von Männern ausgeführt.

Ich frage die Soziologin Prof. Dr. Teresa Koloma Beck, die zum Thema Gewalt forscht, was Gewalt überhaupt ist. Das Gespräch dazu war so interessant und aufschlussreich, dass ich es in vollständiger Länge im Anschluss an diesen Text anhänge.

»Es gibt eine Gewalttheorie, die ich produktiv finde, da sie fast einfühlsam gebaut ist. Sie besagt, dass Gewalt etwas ist, das mit einer Dynamik von ›Antun und Erleiden‹ zu tun hat. Sie macht die Erfahrung des Leidens zum Ausgangspunkt der Gewaltdefinition. Gewalt findet demzufolge dann statt, wenn erstens jemand leidet, und zweitens dieses Leiden von der Person selbst oder von Zuschauenden als Folge von etwas wahrgenommen wird, was jemand anderes dieser Person absichtlich antut.«

»Dieser Ansatz ist ein Plädoyer dafür, Gewalt aus der Perspektive der Person zu denken, die Leid erfährt. Denn würde man sie von der Perspektive der Person abhängig machen, die antut, müsste diese nur sagen ›Das war keine Absicht!‹, und schon wäre die Gewaltdefinition nicht mehr erfüllt.«

»Gewalttätigkeit ist kein Naturphänomen, sondern es ist etwas, das sich Menschen aneignen, ihnen beigebracht wird oder in das sie sozialisiert werden.«

»Eine wichtige Grundannahme ist, dass Gewalt grundsätzlich schwierig ist.«

»Die größten Produzenten von Gewalt in der Gegenwart sind Staaten. Gewaltfähigkeit und Gewaltkompetenz wird zentral in staatlichen Institutionen aufgebaut, denn das Gewaltmonopol gilt als zentrales Merkmal von Staatlichkeit.«

»Zusammengefasst kann man sagen, dass Gewalt gelernt und auch gelehrt wird.«

Zu meiner Ukrainerinnen-These sagte sie:

»Wenn viele Frauen ins Land kommen, ist die Wahrscheinlichkeit geringer, dass sie sich unangemessen im Zug verhalten oder im öffentlichen Raum Schlägereien beginnen. Die Statistik ist hier klar. Entscheidend ist dabei aber der Unterschied zwischen Frauen und Männern im Allgemeinen. Ob sie Ukrainer oder Afghanen oder Deutsche sind, ist völlig unerheblich.

Es gab in Forschungszirkeln interessante Diskussionen, welche Reflexe anspringen, wenn man Frauen und Kinder sieht oder Männer, bzw. Familien. Frauen werden warmherziger aufgenommen, weil man sie selbstverständlicher als Opfer sieht.

Doch hat dieser Impuls auch eine dunkle Seite, er bedeutet nämlich auch, dass Männer ihren legitimen Opferstatus, ihren legitimen Anspruch auf Schutz, eher beweisen müssen. Sie stehen unter einem größeren Rechtfertigungsdruck. Insbesondere wenn sie aus südlichen Ländern kommen. Mit größerer Selbstverständlichkeit werden sie als Täter wahrgenommen.

Die fraglose solidarische Unterstützung für Frauen ist im Grunde selbst eine patriarchale Geste, denn sie reproduziert die Vorstellung von Frauen als schwachen und schutzbedürftigen Wesen.

Im Fall der Ukraine werden die Männer oft als heldenhaft gesehen, da sie für ihr Land kämpfen würden. Männliche Geflüchtete aus Syrien, Afghanistan oder afrikanischen Ländern sind dann das Gegenbild, man unterstellt ihnen Feigheit, weil sie, anders als die Ukrainer, weglaufen würden. Dabei wird unterschlagen, dass in der Ukraine Wehrpflicht herrscht. Männer fliehen auch deshalb nicht, weil es verboten ist.«

Zurück nach Moria.

Ich erzähle Nik und Yaser von der Möglichkeit, mit der jungen Frau zu sprechen.

»Ja, das ist gut«, sagt er, »ich habe mich nicht getraut, Frauen anzusprechen.«

»Verstehe«, sage ich.

»Ja …«, sagt er ratlos.

Also stelle ich den beiden Schwestern, ja, sie sind Schwestern (21 und 22 Jahre alt und seit 9 Monaten in Moria), und somit auch dem Vater und der immer größer werdenden Familien- und Nachbarschaftscrowd Nik und Yaser vor. Und frage die junge Frau und deren Vater, ob es in Ordnung wäre, wenn mein Kumpel Nik hier das Gespräch führen würde.

»Yes.«

Wir bitten die Zuschauenden, ein bisschen Platz zu machen, was nur so halb gelingt, sie rutschen immer wieder dicht an uns ran und ins Bild hinein. Schweigend, lächelnd, stehend, miteinander tuschelnd. Kinder laufen herum. Und dann zeigt uns das Mädchen auf ihrem Telefon das Foto, für das sie sich entschieden hat. Nik sieht es als Erster, schweigt kurz und fragt erstaunt: »Bist du das?«

»Ja«, lacht sie und hält sich ihren Schal vor den Mund.

Wir können kaum glauben, was für ein Foto wir da sehen: eine Frau, geschminkt wie für einen Bollywoodfilm, strahlend schön, mit glänzend gelbem Schal um den Kopf, darauf die typisch viereckige Kappe mit Bommeln, die man bei Graduations trägt (hier in Rot), wie wir sie aus England oder Amerika kennen. Sie trägt ein Kostüm und High Heels, darüber den Umhang und steht in der Aula einer Universität. Es ist der Tag ihrer Graduation in Finanz- und Rechnungswesen an einer afghanischen Universität. Die intellektuelle Bollywoodschönheit, die wir auf dem Foto sehen, ist das Mädchen, das hier vor uns mit Hauspuschen in Moria steht. Wir sprechen mit einer ausgebildeten Bankerin!

Sie erzählt, dass sie das Foto ausgesucht hat, weil sie so gern studiert hat, weil sie Zahlen liebt, und ja, sie hat ihr Studium mit »Ausgezeichnet« bestanden. Sie hatte einen Job, den sie mochte; wir sehen weitere Fotos und auch ein Video, wie sie aufgerufen wird am Tag der Graduation und nach vorn auf die Bühne geht, wie sie aufsteht und noch die Kappe festhält, die ja auf dem Kopftuch geradewegs thront und manchmal droht herabzufallen.

»Wer hat das Make-up gemacht?«, fragt die Schauspielerin in mir.

»Meine Freundin. Siehst du die Wimpern?«

»Ja.«

»Angeklebt.«

»I know. Sieht super aus.«

Ich erkenne sie unter dem Make-up wieder. Es ist nicht die Schminke, die sie so verwandelt hat, es ist das Strahlen, das Selbstbewusstsein und die Freude am Tag des Universitätsabschlusses.

Aber dann kam alles anders. Dieselbe Geschichte. Die Taliban. Die Flucht. Nun sind sie in Moria. Der Job ist perdu. Und seit 2022 sind Frauen in Afghanistan sowieso raus aus Schule und Uni.

Was wird für sie kommen? Wird sie irgendwo ankommen?

Die Filme von Nik wurden nie veröffentlicht.

Gespräch mit
Teresa Koloma Beck

Teresa über Teresa

Ich bin Soziologin und beschäftige mich mit Konflikten, Krisen und gesellschaftlicher Transformation, mit Gewalt und Globalisierung. Mich interessieren Alltagsdynamiken und die post-/dekoloniale Dimension der Gegenwart. Studiert habe ich am I.E.P. Paris und an der Universität Witten/Herdecke. Im Jahr 2010 schloss ich an der Humboldt-Universität zu Berlin meine Promotion über Veralltäglichungsprozesse im Bürgerkrieg ab. Ehe ich Anfang 2021 an die Helmut-Schmidt-Universität kam, war ich unter anderem Professorin für Soziologie der Globalisierung an der Universität der Bundeswehr München und Senior Fellow am Hamburger Institut für Sozialforschung.

Neben meiner akademischen Lehr- und Forschungstätigkeit bin ich als Vortragende, Beraterin oder Autorin immer wieder auch außerhalb des akademischen Elfenbeinturms in verschiedenen politischen und künstlerischen Praxisfeldern unterwegs.

Vorab

In der Öffentlichkeit tritt Wissenschaft oft auf, als sei ihr Wissen automatisch allem anderen Wissen überlegen, was ich schwierig finde. Es gibt ein anderes Wissenschaftsverständnis, dem ich mich eher verpflichtet fühle, das besagt, dass Wissenschaft eine besondere Art von Wissen produziert. Was uns Wissenschaftler.innen von Nicht-Wissenschaftler.innen unterscheidet, ist, dass wir mehr Zeit haben, um uns Gedanken zu machen, wir werden quasi dafür bezahlt, dass wir nachdenken. Es ist eine großartige Entscheidung

47

von Gesellschaften, sich solche Orte des Nachdenkens überhaupt zu leisten. Interessant wird es dann, wenn wissenschaftliches Wissen mit anderen Formen des Wissens ins Gespräch kommt, was insbesondere bei Geistes-, Sozial- und Kulturwissenschaften der Fall ist.

Katja
Was ist Gewalt?

Teresa
Es gibt eine Gewalttheorie, die ich produktiv finde, da sie fast einfühlsam gebaut ist. Sie besagt, dass Gewalt etwas ist, das mit einer Dynamik von »Antun und Erleiden« zu tun hat. Sie macht die Erfahrung des Leidens zum Ausgangspunkt der Gewaltdefinition. Gewalt findet demzufolge dann statt, wenn erstens jemand leidet, und zweitens dieses Leiden von der Person selbst oder von Zuschauenden als Folge von etwas wahrgenommen wird, was jemand anderes dieser Person absichtlich antut.

Dieser Ansatz ist ein Plädoyer dafür, Gewalt aus der Perspektive der Person zu denken, die Leid erfährt. Denn würde man sie von der Perspektive der Person abhängig machen, die antut, müsste diese nur sagen »Das war keine Absicht!« und schon wäre die Gewaltdefinition nicht mehr erfüllt.

Das Besondere dieser Perspektive auf Gewalt besteht meiner Ansicht nach darin, dass sie sich nicht auf Diskussionen einlässt, ob eine verletzende Handlung auch verletzend gemeint war, sondern mit der Anerkennung der Leidenserfahrung beginnt. Mit so einer Erfahrung kann man nicht diskutieren. Das ist etwas Subjektives, es ereignet sich im Inneren der Person und steht für sich.

Das bedeutet auch, dass es Erfahrungen des Gewalt-Erleidens geben kann, denen keine Erfahrung des Gewalt-Ausübens, das heißt, keine Tätererfahrung gegenübersteht. Zum Beispiel: Als das Schlagen von Kindern noch als legitim galt, erlebten die Kinder sich durchaus als Opfer von Gewalt, während die Schläge für die Erwachsenen einen notwendigen Teil von »Erziehung« darstellten. Der eben beschriebene Ansatz würde hier von Gewalt sprechen, da er von der Opfererfahrung ausgeht. Das ist nicht unproblematisch, widerspricht rechtlichen Gewaltdefinitionen, deckt sich aber mit empirischen Beobachtungen und sollte deshalb anerkannt werden.

Ein eindringliches Beispiel hierfür sind sexuelle Übergriffe. Da kann das Erleben der Beteiligten völlig auseinanderfallen. Für die eine Person ist es eine Gewalterfahrung und für die andere etwas komplett anderes. Nicht selten verändert sich die Wahrnehmung auch im Zeitverlauf, gerade bei Opfern. Denn es kann sein, dass der Schock sich erst im Nachhinein entfaltet. Während des Geschehens oder unmittelbar danach können Schutzmechanismen anspringen, Coping genannt.

In einem Forschungsprojekt haben US-amerikanische Kolleg.innen Studierende befragt, die sexuelle Gewalt erlebt hatten, diese aber nicht zur Anzeige brachten. Sie wollten verstehen warum: »Ich wollte kein Opfer sein«, war oftmals das Argument. »Die Anzeige hätte mich für längere Zeit in der Identität des Opfers gefangen gehalten.« Die Betroffenen haben sich eine andere Geschichte um das Erlebnis gebaut, beispielsweise, dass sie daran gewachsen seien, dass es ihnen so nicht wieder passieren würde etc.

Soziologisch sind nicht nur die Erfahrungen des Gewalt-Erleidens und des Gewalt-Antuns von Bedeutung, sondern auch die Erfahrung von Beobachter.innen. Damit sind nicht nur Leute gemeint, die direkt dabeistehen, sondern die, die mit Abstand das Geschehen verfolgen, wie beispielsweise Wissenschaftler.innen, Journalist.innen oder Soziolog.innen.

Interessant ist, dass auch das Beobachten von Gewalt eine Gewalterfahrung darstellt. Das gilt auch für Menschen, die sich beruflich mit Gewalt befassen. Wissenschaftler.innen in der Holocaustforschung zum Beispiel. Bei der Polizei ist es so geregelt, dass Beamt.innen, die Kinderpornographie verfolgen, diese Arbeit nur für einen begrenzten Zeitraum machen.

Wenn man Gewalt in dieser Triade aus Opfern, Tätern und Beobachtenden versteht, dann wird klar, dass Gewalt gar nicht so eindeutig ist, wie der Alltagsverstand uns glauben macht. Opfer von Verletzungshandeln nehmen sich manchmal gar nicht als Opfer war, weil Coping-Mechanismen sie vor der Leidenserfahrung schützen. Täter können versuchen, ihr Verletzungshandeln als etwas anderes auszugeben. Und Beobachtende geben Geschehnissen einen Sinn, der sich nicht notwendig mit den Erfahrungen der direkt Beteiligten deckt.

Katja

Gibt es eine Historie der Gewalt? Würdest du sagen, dass sie dem Menschen eigen ist?

Teresa

Gewalt ist etwas, das Menschen grundsätzlich können. Der Soziologe Heinrich Popitz, schon verstorben, sagte dazu: Wir sind »verletzungsoffen«. Es ist nicht schwer, einem anderen physischen Schaden zuzufügen, im Gegensatz beispielsweise zu Tieren, die vielleicht durch eine dicke Haut oder einen Panzer geschützt sind oder durch ihre Geschwindigkeit oder weil sie fliegen können. Um einen Menschen lebensgefährlich zu verletzen, braucht es nicht viel, kann man im Prinzip mit einem Brieföffner machen. Und da wir verletzungsoffen sind, sind wir auch »verletzungsmächtig«.

Was kann man mit dieser Verletzungsmächtigkeit anstellen? Man kann eine Asymmetrie herstellen und wenn sie sich stabilisiert, Verhältnisse von Über- und Unterordnung erzeugen. Es ist also ein Mechanismus, der sich zur Herstellung von Ordnung nutzen lässt. Das gilt bei häuslicher Gewalt genauso wie bei staatlicher Ordnung durch Polizei und Militär.

Mit Gewalt kann man also tatsächlich einiges erreichen. Nicht nur Chaos und Zerstörung, sondern auch Ordnung.

Katja

Was ist Gewalt unter Menschen? Befähigt die Natur uns dazu?

Teresa

Die Verletzungsoffenheit des Menschen hat etwas mit biologischen Bedingungen zu tun. Und es gibt Forschungen darüber, was Gewalt mit Hormonen, dem Gehirn oder dem Nervensystem zu tun hat. Für die soziologische Perspektive, die ich hier vorgestellt habe, sind diese Fragen jedoch unerheblich. Denn die Fähigkeit zur Gewalt erzeugt ja keinen Zwang zur Gewalt. Menschen sind keine Automaten, sondern treffen Entscheidungen. Gewalt ist diesem Verständnis nach etwas, das nicht durch Natur, sondern durch gesellschaftliche Verhältnisse erzeugt wird.

Das gilt übrigens auch mit Blick auf die Frage, warum physische Gewalt häufiger von Männern als von Frauen ausgeübt wird. Es wäre zu einfach, es auf die *Natur* des Mannes oder der Frau zurückzuführen. Die Frage ist vielmehr: Was machen wir mit Jungen und Mädchen, dass dieses divergierende Verhältnis am Ende dabei rauskommt? Welche Rolle spielt Gewalt in gesellschaftlichen Vorstellungen von Männlichkeit? Mit welchen Bildern und Erwartungen sind junge Menschen konfrontiert?

Ich mag diesen Blick, weil er uns in der Verantwortung hält. Wenn man sagt: »Es liegt in der Natur«, dann ist das schicksalsergeben. Tja, was soll man machen? Aber patriarchale Strukturen sind kein Naturphänomen, sondern ein Gesellschaftsmodell, eines, das sehr weit auf diesem Planeten verbreitet ist.

Katja

Warum ist Gewalt faszinierend?

Teresa

Dazu gibt es vermutlich verschiedene Antworten, je nach Konsumenten. Für einige ist es interessant, über Gewaltdarstellungen zu reflektieren, weil das dabei hilft, eigene Gewalterfahrungen zu verarbeiten. Studierende an meiner Universität, der Helmut-Schmidt-Universität, die die Universität der Bundeswehr Hamburg ist, haben beispielsweise eine Faszination für Filme wie »American Sniper«. Leute, die mit Militär und Krieg wenig zu tun haben, sehen darin oft bloß Gewaltverherrlichung. Doch für die Studierenden ist es auch ein Anlass, über schwierige Situationen nachzudenken, in die sie in zukünftigen Bundeswehreinsätzen geraten könnten. Und jene, die schon im Einsatz sind, begegnen vielleicht sogar Situationen, die sie kennen. Sie schauen es an, um damit klarzukommen, was sie selbst erlebt haben oder vielleicht erleben werden, es hat sozusagen etwas Kathartisches. Vielleicht vergleichbar mit griechischen Tragödien ... obwohl, nein, wahrscheinlich nicht.

Es gibt aber noch eine ganz andere Faszination der Gewalt, die in der körperlichen Grenzerfahrung liegt, im Überschreiten von Körpergrenzen. Das einzige Phänomen, das diesbezüglich mit Gewalt vergleichbar ist, ist Sexualität. So lässt sich auch erklären, warum die Grenzen zwischen beidem manchmal verschwimmen, da es lustvolles Erleben geben kann, in dem Schmerz eine Rolle spielt.

Es gibt Forschungen, die der Frage nachgehen, wie sich die Bedeutung von Gewaltdarstellungen verändert, je weniger Menschen physische Gewalt in ihrem Alltag erleben. Natürlich gibt es nach wie vor viel Gewalt, aber im alltäglichen zwischenmenschlichen Umgang ist sie unselbstverständlicher geworden, wie das Verprügeln von Kindern in der Schule oder Familie. Manche argumentieren, dass die Darstellung von Gewalt in Filmen oder die Inszenierung von Gewalt in manchen Sportarten eine Art Ersatzfunktion darstellen kann und an die Stelle der eigenen Grenzerfahrung tritt.

Katja

Wie, aus soziologischer Sicht, werden Menschen gewalttätig?

Teresa

Gewalttätigkeit ist kein Naturphänomen, sondern es ist etwas, das sich Menschen aneignen, ihnen beigebracht wird oder in das sie sozialisiert werden.

Aus der natürlich gegebenen Gewalt*fähigkeit* entsteht kein Zwang zur Gewalt*tätigkeit*. Stattdessen ist es so, dass beispielsweise durch wiederholte Gewaltausübung Gewalt zu einer leiblichen Gewohnheitsstruktur werden kann. So ähnlich wie beim Fahrradfahren, das man ja auch durch Wiederholung einübt. Das kann ganz gezielt durch Training erfolgen, beispielsweise in Polizei oder Militär. Es passiert aber auch in informelleren Settings, etwa in Familien, in denen physische Gewalt noch eine Rolle spielt.

Eine wichtige Grundannahme für viele heutige Gewaltsoziolog.innen ist, dass Gewalt grundsätzlich schwierig ist.

Der amerikanische Soziologe Randall Collins beispielsweise hat sich viel mit der Frage beschäftigt, wie in konkreten Situationen die Schwelle zur Gewaltausübung überwunden wird. Ja, der Mensch ist gewaltfähig, aber es gibt alle möglichen Mechanismen, die verhindern, dass Gewalt ständig stattfindet. Wenn das nicht so wäre, würden wir beim Bäcker nicht für das Brot bezahlen, sondern ihm einfach eins aufs Dach geben und uns davonmachen.

(Autorin über die Forschung Randall Collins: »Obwohl es Zeiten gibt, in denen uns Gewalt allgegenwärtig erscheint, hält Randall Collins den tatsächlichen Ausbruch von gewalttätigen Handlungen für eine Ausnahme. In seiner Analyse der Dynamik der Gewalt legt er den Fokus auf die situative Interaktion zwischen den Kontrahenten. Ob eine spannungsgeladene Situation zu gewalttätigen Handlungen führt, hängt seiner Untersuchung zufolge nicht in erster Linie von der sozialen Herkunft, der Ethnie oder dem kulturellen Hintergrund der Beteiligten ab, sondern häufig von der Situation, in der sie stattfindet.«)

Katja
Wie also ist Gewalt möglich, wenn sie doch so schwierig ist?

Teresa
Ein großer Teil des Gewaltpotenzials und der Gewalttätigkeit, die wir beobachten können, wird in Organisationen erzeugt: in der Ausbildung von Soldaten, bei bewaffneten Gruppen oder Rebellen oder auch in Kontexten der organisierten Kriminalität wie etwa in Drogenkartellen oder Mafiastrukturen. Auch Jugendgangs haben manchmal formalisierte Formen der Einübung in Gewalt.

Ein anderer wichtiger Ort der »Herstellung von Gewalt« (soziologischer Begriff) auch in unserem Teil der Welt war lange Zeit die Familie, wo Eltern und insbesondere Väter selbstverständlich als Gewalthandelnde auftraten. Und auch die Schule gehörte oder gehört zu den Orten, an denen Gewalt eingeübt wurde oder wird.

Die größten Produzenten von Gewalt in der Gegenwart sind jedoch Staaten. Gewaltfähigkeit und Gewaltkompetenz wird zentral in staatlichen Institutionen aufgebaut, denn das Gewaltmonopol gilt als zentrales Merkmal von Staatlichkeit.

Zusammengefasst kann man sagen, dass Gewalt gelernt und auch gelehrt wird. Von den Menschen, mit denen man zusammenlebt oder die anderweitig Einfluss im Leben haben.

Im globalen Maßstab ist man bereits in einer privilegierten Position, wenn man in einem Umfeld aufwächst, in dem einem nicht Gewalthandeln als Teil des Alltags vorgelebt wird.

Katja

Wenn Jungen und Mädchen in derselben Familie und Schule sozialisiert werden und in derselben Gewaltstruktur aufwachsen, wie kann es sein, dass später Männer gewalttätiger sind als Frauen?

Teresa

Die kurze Antwort lautet: Patriarchat. Also eine gesellschaftliche Ordnung, in der Vorstellungen von Zweigeschlechtlichkeit und der Unterschied zwischen Mann und Frau eine zentrale Rolle spielen. Mädchen und Jungen wachsen zwar zumeist miteinander auf, aber nicht auf dieselbe Weise, denn Aufwachsen heißt auch, die jeweilige Geschlechterrolle zu lernen. Gewalt auszuüben hat in Vorstellungen vom Mann-Sein einen anderen Platz als in Vorstellungen vom Frau-Sein, und das spiegelt sich auch in der Kindererziehung wider. Je nachdem, ob die Kinder als künftige Männer oder Frauen gelesen werden, werden unterschiedliche Erwartungen oder Forderungen an sie herangetragen.

Auch wenn sich diesbezüglich schon viel geändert hat, lernen Jungs noch immer eher, sich durch körperliches Durchsetzungsvermögen handlungsmächtig zu fühlen, sie dürfen auch mal aggressiv sein. Mädchen hingegen lernen noch immer vielfach, dass sich das für sie nicht gehört, dass sie aushalten oder ausweichen müssen. Diese klassische Rollensozialisation funktioniert nicht mehr ganz bruchlos, und in der jungen Generation entwickelt sich diesbezüglich gerade viel, dennoch sehe ich derzeit nicht, dass Mädchen ebenso wie Jungen in der Vorstellung zu Hause sind, man könne das eigene Selbst durch Gewalt vergrößern oder sich behaupten, indem man gewalttätig ist. Und ich bin mir auch nicht sicher, ob wir uns das wünschen sollten.

Katja

Es ist also nicht so, dass Gewalttätigkeit oder die Vergrößerung des Selbst durch Gewalt bei Mädchen überhaupt nicht vorkäme, sondern dass es kein regelmäßiges Handlungsmuster ist, wie es bei Jungs in ihrer Sozialisierung sichtbar wird?

Teresa

Ja, genau. Mädchen lernen heutzutage im besten Fall, dass sie keine Opfer sein müssen, aber dass sie sich als handlungsmächtig erleben, als eine Person, die einem anderen eins aufs Dach gibt, das ist nicht, was wir ihnen beibringen. Selbst in Familien mit progressiven Erziehungsvorstellungen wird diese Art des Verhaltens bei Mädchen anders sanktioniert. Auf der einen Seite: »Lass die Jungs mal raufen« (*Anmerkung der Autorin: In den USA gibt es dazu die Redewendung: »Boys will be boys.« »Jungs halt!«*) und »Jetzt führ dich nicht so auf!« auf der anderen Seite. Es beginnt mit diesen unterschiedlichen Erwartungen.

Katja

Und was sind deine Gedanken zu der Silvesternacht 2022/23 in Neukölln, als Menschen mit Silvesterböllern, mit Feuerwerkskörpern auf Sanitäter schossen? Von den 39 Tatverdächtigen waren 38 männlich und eine weiblich. Warum reden wir über Geflüchtete und Migranten und Doppelstaatsbürger versus Biodeutsche und nicht darüber, dass, egal, woher die männliche Person kommt, sie offensichtlich ein Gewaltproblem hat bzw. die Gewalt leicht und unbekümmert, empathielos geradewegs von der Hand geht. Leider war nicht ersichtlich, welche Herkunft die eine weibliche Person hatte. Ich persönlich finde es auch völlig unerheblich, aber vermutlich wollen das alle wissen.

Teresa

Teenagerjungs, die Böller auf Autos oder vor Straßenbahnen warfen, gab es in dieser Nacht nicht nur in den traditionell migrantischen Stadtteilen Berlins, sondern auch in anderen.

Katja

Siehste …

Teresa

Da du eben das Thema Empathie erwähntest. In der öffentlichen Diskussion wird häufig übersehen, dass hier auch Gruppendynamiken eine Rolle spielen. Die Gewalttäter waren ja nicht allein unterwegs, sondern gemeinsam mit anderen. Gewaltsoziologisch spricht man in so einer Situation davon, dass ihr Handeln in zwei Richtungen eingebettet ist: zum einen in Bezug auf die Opfer, zum anderen in Bezug auf eine tatsächlich oder auch imaginär anwesende Peergroup.

(Anmerkung der Autorin: Eine Peergroup ist eine soziale Gruppe mit großem Einfluss, der sich ein Individuum, vor allem Jugendliche, zugehörig fühlt. Das Gefühl der Zugehörigkeit ergibt sich oft durch eine Altersgleichheit. Peer = der/die Gleichaltrige, Ebenbürtige, Mitschüler, Fachkollege)

Teresa

Und nicht selten steht bei der Gewalttat im Vordergrund, wie sich das Gruppengefüge dadurch verändern lässt. Empathie mit dem Opfer kommt nicht vor, weil das Opfer sozusagen lediglich als Vehikel dient, um etwas in der Gruppe zu regeln. Ein besonders drastisches Beispiel hierfür sind Gruppenvergewaltigungen, zu denen meine Kollegin Laura Wolters intensiv geforscht hat. Und auch bei der Böllerei ging es vor allem um die gemeinsame Aktion der Jungs, um die Stabilisierung oder die Rekonfiguration der Verhältnisse in der Gruppe.

Katja

Warte, es gibt diese Art von Gruppenverhalten, Rekonfiguration der Verhältnisse in der Gruppe, bei Frauen oder Mädchen so nicht? Oder doch?

Teresa *(lächelt)*

Eher selten, weil uns beigebracht wurde, dass sich das nicht gehört, wenn wir uns so zusammenrotten. *(Jetzt lacht sie.)*

Katja

Haben wir *(Frauen und Mädchen meinend)* kein Bedürfnis nach dieser Art aggressiven Handelns? Oder haben wir das Bedürfnis nicht, weil es uns so nicht beigebracht wurde? Ist ein bisschen die Frage nach Huhn und Ei, oder? Andererseits ist die Stimmung im Stadion bei Frauenfußball auch eine andere, als wenn die Männer spielen, oder? Und das sind ja sehr gute Fußballerinnen. Fußballer auch. Beide. Ich hab' keine Ahnung von Fußball.

Teresa

Fußball ist aber ein guter Vergleich. Überhaupt finde ich, dass man über die soziale Logik der Gewalt viel lernen kann, wenn man nach Parallelen und Bezügen zu anderen gesellschaftlichen Bereichen schaut. Wenn man ausschließlich den Vorgang der Gewalt selbst fokussiert, besteht die Gefahr, dass man betriebsblind wird.

Jetzt haben wir viel über die Probleme des Patriarchats gesprochen und darüber, wie die Gruppendynamik insbesondere in männlich dominierten Gruppen Empathielosigkeit produzieren kann. Aber das heißt natürlich nicht, dass Männer nicht empathisch oder offen sein können. Es geht, wie gesagt, nicht um Natur, sondern um Kultur und Gesellschaft. Und auch Männer leiden oft an patriarchalen Verhältnissen, wenn auch aus anderen Gründen als Frauen und selbst wenn sie in der eigentlich mächtigen Position sind. Das ist ja kein erfülltes Leben, eine mächtige Position im Patriarchat innezuhaben.

Katja lacht. Teresa auch.

Katja

Das schreib' ich mir auf. *(Schreibt:)* »Das ist ja kein erfülltes Leben, eine mächtige Position im Patriarchat innezuhaben.«

Die beiden sind kurz vor dem Ende ihres Gesprächs, das sie über Videocall geführt haben. Katja hat ganz rote Backen bekommen vom vielen Nachdenken. Teresa is on fire. Sie verfertigt ihre Gedanken im guten Kleist'schen Sinne während des Sprechens. Oftmals bleiben ihre Sätze unbeendet in der Luft hängen, bis sie sich an den Satz herangedacht und herangeredet hat. Und dann, wumms, da ist er. Immer verständlich, eingehend, nachvollziehbar, sinnstiftend. Mit Fremdworten.

Katja

Ich danke dir Teresa, ich habe so viel von dir gelernt. Du hast meine Gedanken gestärkt, verstärkt, gepolstert und konkret gemacht. Vielen Dank, dass ich mit dir sprechen durfte.

Teresa

Danke, es war mir eine Freude, Katja.

Ausschalten.

ReFOCUS Media Labs

Die griechische Lyrikerin Sappho lebte auf Lesbos, dem kulturellen Zentrum Griechenlands im vorchristlichen 7. Jahrhundert. Sie schrieb über die Schönheit ihrer Freundinnen, Schülerinnen und ihrer Tochter. Der Name der Insel wurde wegen Sapphos sinnlicher Gedichte Namensgeberin für die lesbische Liebe, der Liebe zwischen Frauen.

I tell you
someone will remember us in the future.
Now I shall sing these songs beautifully
for my companions.
Ich sage euch,
jemand wird sich an uns erinnern in der Zukunft.

Vielleicht wird sich in der Zukunft jemand erinnern an jene, die im 21. nachchristlichen Jahrhundert von weit her über das Meer kamen und auf dieser Insel strandeten – und auch an jene, die ihre Freundinnen und Mentoren wurden, wie beispielsweise Sonia Nandzik und Douglas Herman.

Im Sommer 2020 begegneten wir uns zum ersten Mal. In Mytilini, der Hauptstadt von Lesbos. Nik hatte mich beiläufig gefragt, ob ich mich dafür interessieren würde, zwei Leute kennenzulernen, die in Moria eine Filmschule leiteten. Ich dachte, ich höre nicht recht. »Eine Filmschule in Moria?«

»Ja.«

»Und du fragst, ob ich sie kennenlernen möchte?«

»Ja.«

»NATÜRLICH!«

Ich habe nicht geschrien, keine Bange.

August 2020 lernten wir uns also kennen, November 2020 kehrte ich zurück, um über sie einen Dokumentarfilm für arte zu drehen.

In der Doku versuchte ich zu zeigen, wie ReFOCUS Media Labs arbeitet, was sie unterrichten, und gebe den Studierenden dabei einen großen Raum. Da Doug und Sonia sehr präzise sind in ihrer Weise, zu kommunizieren und Sachverhalte oder prekäre Umstände anschaulich zu erläutern, lasse ich sie für sich selbst sprechen und werde im Folgenden unchronologisch und unvollständig Teile der Doku in Drehbuchform niederschreiben. Es ist nicht das Buch zum Film, sondern inspiriert vom Film, erweitert mit vielen zusätzlichen Informationen, Hintergrundwissen und Gegebenheiten.

Geschrieben wurde es in dem klassischen Final Draft-Drehbuchprogramm. Die Erläuterungen sind durch andere Typo kenntlich gemacht.

AND HERE WE ARE!

Written by
Katja Riemann

Based on her documentary

UK, January 2023
Revised in Venice, October 2023

INNEN/TAG   WOHNZIMMER

Aufblende.

Wir sehen DOUGLAS Herman und SONIA Nandzik in ihrer Wohnung in Mytilini. Sie packen technisches Gerät in mehrere Rucksäcke, alles, was für den Unterricht in ihrer Schule ReFOCUS Media Labs benötigt wird.

Im Wohnzimmer ist eine Projektion auf der Wand zu sehen von einem Drachen, der über das Geflüchtetenlager Moria fliegt. Douglas stellt den Projektor aus, packt ihn in einen Rucksack, dabei hören wir Sonias Stimme aus dem Off.

>   SONIA
>   (voice over)
>   Als ich in Serbien war, traf ich Doug. Nach
>   einer Weile sagte er, dass er zu mir nach
>   Lesbos kommen würde. Wir haben ein erstes
>   Pilotprojekt in Fotografie und
>   Medienkompetenz gemacht. Das lief gut.

Sonia geht zur Tür.

>   SONIA
>   Soll ich das Auto holen?

>   DOUGLAS
>   Ja, bitte.

Sie verlässt die Wohnung, setzt eine Coronamaske auf. Douglas setzt sich den schweren Rucksack auf. Er ist voll mit Technik: Kameras, Fotoapparate, Kabel, Charger, Computer.

Die beiden nehmen das gesamte Lehrmaterial abends nach Ende des Unterrichts mit nach Hause und schleppen es morgens wieder in die Schule. Die Geräte und Kameras sind wertvoll; zweimal wur-

de bereits eingebrochen und alles geklaut. Darum das morgend-
liche und abendliche Geschleppe.

                    SONIA
                    (v. o.)
        Und so haben wir uns entschieden, eine
        Stiftung zu gründen und Lesbos zu unserem
        Zuhause zu machen.

Was hier nicht gesagt wurde, ist, dass sie sich an der bosnischen
Grenze verliebt haben. Sonia wusste erst mal nicht, was sie von
dem Amerikaner halten sollte, und Douglas war so begeistert von
Sonia auf den ersten Blick, dass er sich gegen eine Wand lehnen
musste, um nicht umzufallen, sondern cool zu wirken.

Douglas verlässt die Wohnung, geht durch einen
dunklen Gang nach draußen ins Licht, wir folgen ihm,
sehen ihn bepackt von uns weggehen.

                    DOUGLAS
                    (v. o.)
        Wir begannen damit, jungen Menschen die
        Möglichkeit zu geben, einen professionellen
        Umgang mit ihren Handys zu erlernen, die
        Welt mit anderen Augen zu sehen und eine
        Gruppe Medienschaffender aufzubauen.

Klaviermusik fades in.

Sonia fährt das Auto auf uns zu, Douglas kommt die
Marmortreppe herunter auf uns zu.

                    SONIA
                    (aussteigend)
        Hast du alles?

                    DOUGLAS
                (die letzten Stufen nehmend)
        Ja.

Sie bepacken das Auto.

> DOUGLAS
> (v. o.)
> Wir sahen das Potenzial, dass es eine
> wegweisende Schule werden könnte, mit
> weiterführender Bildung, um sich wirklich
> Fähigkeiten anzueignen.

Sie fahren ab.

> DOUGLAS
> (v. o.)
> Statt die Krise in den Kurs zu holen,
> bringen wir den Kurs zur Krise.

KATJA, die als Erzählerin durch den Film führt, tritt
in das Bild, schaut dem Auto hinterher.

> KATJA
> (v. o.)
> Lesbos, Griechenland. Seit 2018 gibt es in
> dem wohl bekanntesten Geflüchtetenlager,
> in Moria, eine Filmschule, die ReFOCUS
> Media Labs heißt. Im Sommer 2020 lernte ich
> sie kennen und kehrte zurück, um einen Film
> über sie zu drehen.

Titeleinblendung:

... AND HERE WE ARE!
Eine Filmschule in Moria

Diese erste Szene ist die einzige Szene im Film, die inszeniert ist. Warum? Ich wollte den Film mit Packen und Losfahren beginnen lassen, konkret, weil die beiden jeden Tag in die Schule fahren, und im übertragenen Sinn, weil jede Flucht damit beginnt. Weg vom Zuhause, in ein Gefährt, auf die Straße, bepackt mit Rucksäcken und Taschen. Da zum Zeitpunkt unserer Dreharbeiten ein schwerer Lockdown auf der Insel lag und es bei »Refocus« keinen Präsenz-unterricht gab, so dass wir sie auf dem Weg zur Schule hätten be-gleiten können, waren Douglas und Sonia bereit, diese Szene für uns zu improvisieren. Haben sie super gemacht!

AUSSEN/TAG   ONE HAPPY FAMILY CAMPUS

Douglas und Sonia sitzen nebeneinander unter einer Überdachung, im Hintergrund sieht man das neue Camp »Kara Tepe« und das Meer. Und Stacheldraht. Wir befinden uns auf dem Campus von OHF. (Wird noch erklärt, was das ist)

Sonia ist blond, Douglas hat die Haare auf dem Kopf rasiert, beide sind so klug, freundlich und redegewandt, wie sie attraktiv sind. Wir sprechen Englisch.

> SONIA
> Ich heiße Sonia Nandzik. Und bin gebürtige Polin. Ich habe für einige Zeit in Brüssel für das EU-Parlament gearbeitet.

> DOUGLAS
> Ich bin Douglas Herman, Mitbegründer von ReFOCUS Media Labs. Bevor wir uns auf diese Reise begaben, habe ich ähnliche Arbeit an US-Highschools gemacht.

Er erläutert, dass der Bedarf an Aktivitäten, an Bildungs- und Aus-bildungsmöglichkeiten im Camp groß sei, vor allem bei jungen Menschen, weswegen sie sofort Leute gefunden hätten, die in ihre Kurse kamen. Mit oder ohne Vorbildung, aus Interesse, weil man ei-ne Struktur brauchte, sich beschäftigen wollte, lernen wollte oder Filme liebt.

Anfangs war ReFOCUS bei der NGO »One Happy Family« (OHF) untergebracht. Sie hatten Plakate in drei Sprachen aufgehängt, wann die Kurse stattfänden. Kurse für Fotografie, Kameratechnik, Schnitt, Ton, Licht, Drehbuchentwicklung, Filmanalyse, Storyboard und vieles mehr. Immer beginnen sie mit Fotografie. Dazu sagt Douglas amüsiert:

> DOUGLAS
> In der Fotografie gibt es direkte Resultate:
> Erkenne den Moment, fang ihn ein, und schon
> bist du ein Fotograf. Man drückt den
> Auslöser und — wow.

SCHNITT AUF: Kiesel werden in die Luft geworfen und der Moment ihres Fluges fotografisch eingefangen. Wir sehen, wie Studierende am Strand mit Lichtreflektoren und Fotoapparaten hantieren, sich die gemachten Fotos ansehen und sich darüber austauschen. Die Sonne zeigt sich von ihrer schönsten Seite.

> DOUGLAS
> (v. o.)
> Film jedoch dauert länger, braucht Zeit.
> Wie werden Geschichten und Gefühle
> vermittelt? Daher beginnen wir mit Filmen
> von einer Minute Länge. Was auch sehr
> kompatibel für soziale Netzwerke ist.

So entstand zum Beispiel ein einminütiger Film, der genau über diese Netzwerke berichtet und sie kritisch beleuchtet und hinterfragt. Es geht um einen Teenager, der nicht mehr in der Realität, sondern nur noch in seinem Mobiltelefon lebt. Man sieht seine Einsamkeit, seine Unfähigkeit, mit anderen analogen Menschen in Kontakt zu treten, die Farbe ist aus seinem Leben gewichen, es ist nur bunt, wenn er in sein Handy schaut. Die Studierenden hatten sich dafür entschieden, weil sie die Nase voll davon hatten, immer nur über ihre Misere und Flucht Geschichten zu entwickeln. So nahmen sie ein Thema, das weltweit aktuell ist, ganz egal, woher du kommst oder wie du sozialisiert wurdest.

Oder die Geschichte einer jungen Frau, die davon träumt, Ballerina zu werden. Sie hat weder die Möglichkeiten noch Angebote, eine solche Karriere einzuschlagen, aber sie bleibt ihrem Traum verbunden und tanzt – auf ihre Weise. Der kurze Film endet damit, dass sie vor einem Publikum tanzt und sich verneigt. Applaus.

Aber nun bin ich schon zu schnell vorausgeeilt, ich möchte zuerst die Studierenden vorstellen.

AUSSEN/TAG   ONE HAPPY FAMILY CAMPUS

NAZANIN sitzt auf Mobiliar, das aus Paletten gebaut und, wegen Corona, mit Plastik überzogen und festgetackert wurde. Es erinnert an ein Hippie-Outdoor-Café, schlicht, selbst gezimmert, nachhaltig und überdacht, wegen der griechischen Sonne. Hinter Nazanin sieht man eine bemalte Hauswand.

> NAZANIN
> Ich bin Nazanin. Ich bin 27 Jahre alt und komme aus Afghanistan. Seit einem Jahr lebe ich in Griechenland.

INNEN/TAG   VERLASSENES HAUS AM MEER

YASER sitzt vor einem großen glaslosen Fenster mit grünem Fensterrahmen in einem verlassenen Haus am Meer, im Hintergrund sehen wir das neue Camp, in dem er mit seiner Familie wohnt. Vater, Mutter, Tochter, drei Söhne.

> YASER
> Ich heiße Yaser, bin 17 Jahre alt und aus Afghanistan. Seit knapp sechs Monaten studiere ich bei ReFOCUS Film.

AUSSEN/TAG   MOSAIK SUPPORT CENTER

Das Center in Mytilini hat seinen Namen vermutlich
von dem Mosaik, das den Boden des Hofes vor dem Haus
bedeckt. Auch hier sind die Wände bemalt, die Bäume
hinter MILAD sind Orangenbäume mit echten Orangen
dran, die aussehen, als hätte die Requisite sie
aufgehängt, weil beim Film ja immer alles fake ist.
Neben MILAD sitzt AZIZ.

> MILAD
> Ich bin Milad, 22 Jahre alt und ein großer
> Fan von Filmen. Ich bin Student bei ReFOCUS
> Media Labs.

INNEN/TAG   CAFÉ

MAHDIYH und ZAHRA sitzen in einem Café in Mytilini.
Auch sie machen das Gespräch gemeinsam und haben sich
entschieden, in Farsi zu sprechen, statt Englisch,
weil sie sich in ihrer Muttersprache sicherer und
eloquenter fühlen, obwohl auch sie Englisch sprechen
können.

> MAHDIYH
> Ich heiße Mahdiyh und komme aus Afghanistan.
> Bevor ich hierherkam, habe ich im Iran
> gelebt.

> ZAHRA
> Ich bin Zahra. Ich lebe seit drei Jahren
> hier.

AUSSEN/TAG   MOSAIK SUPPORT CENTER

AZIZ ist ein hochgewachsener achtzehnjähriger junger
Mann, der eine Brille trägt, deren Gläser längst
erneuert werden müssten.

Aufgrund meiner starken Kurzsichtigkeit weiß ich, was es bedeutet, wenn man keine adäquate und akkurate Sehhilfe hat. 2022 endlich hatte Aziz eine neue Brille auf der Nase mit picobello Gläsern. Es sind manchmal kleine Dinge, die einen aus der Bahn werfen können, was, wenn die Brille nicht dabei ist, wenn du abgeholt wirst und zurückgeschickt in ein Land, dessen Pass du zwar besitzt, aber dort nicht geboren wurdest und aufgewachsen bist, wie Aziz. Man sieht nichts.

> AZIZ
> Ich heiße Aziz. Ich bin seit über einem
> Jahr auf der Insel. Tja ... and here we are!

Die Weise, wie er »und hier sind wir nun« sagte und so viel damit zusammenfasste und gleichzeitig offenließ, wurde zur Inspiration für den Filmtitel.

AUSSEN/TAG   ONE HAPPY FAMILY CAMPUS

Wir sehen das ONE HAPPY FAMILY COMMUNITY CENTER, kurz OHF, von oben. Drohne. Es liegt im Industrieviertel. KATJA läuft durch das Tor und über den Campus. Ein Spielplatz, ein großes Gebäude, Container, viele kleine Konstruktionen, überdachte Plätze, unter deren Beschirmung man arbeiten und sich treffen kann und auf den Palettenmöbeln sitzt. Weiter hinten ein Gemüsegarten und sogar ein Gewächshaus, das aus an Bändern aufgezogenen Plastikflaschen gebaut wurde. Durch den Corona-Lockdown und die damit verbundene Abwesenheit der Menschen sind alle Pflanzen und Gemüsesorten verdorrt.

> KATJA
> (v. o.)
> OHF oder »One Happy Family« ist ein
> Gemeinschaftszentrum, gegründet von
> Schweizern und Griechen, unter dessen Dach

diverse humanitäre Organisationen ihre
Projekte untergebracht haben. Außerdem hat
OHF neun Klassenräume gebaut, in denen vor
allem Sprachunterricht angeboten wurde.

Sonia fasst kurz den Ablauf der Ausbildung bei ReFOCUS zusammen:

> SONIA
> Wie machen wir in kurzer Zeit durch unser
> Programm aus Studierenden Filmemacher oder
> Journalisten? Dazu haben wir eine
> abgestufte Struktur, einem Lehrplan
> vergleichbar, entwickelt. Ein Semester
> dauert vier Monate. Im ersten Semester
> bekommt man einen Einblick in Fotografie,
> visuelles Erzählen, in Interviewtechniken
> und Sounddesign. Im zweiten Semester liegt
> der Schwerpunkt auf dem Schnitt, weiterhin
> werden Video und Werbung gelehrt. Und im
> dritten vertiefen wir die individuellen
> Filmprojekte, es entstehen dabei Filme
> zwischen einer oder zehn Minuten Länge.
> Jedes Semester endet mit einem Zertifikat.

Leider ist es so, dass kaum einer der Studierenden alle drei Semester beendet, da sie transferiert, abgeschoben werden, weiterziehen, irgendwas ist immer. Weswegen die zukünftige Idee von ReFOCUS ist, auch an anderen Orten Labs einzurichten, in Athen, in Berlin, so dass Studierende, die dort ankommen, ihre Ausbildung fortsetzen können.

SCHNITT AUF:

INNEN/TAG   OHF, REFOCUS-KLASSENRAUM

Archivmaterial einer Zeugnisvergabe. Douglas
überreicht den Studierenden ihr Zertifikat.

Douglas und Sonia arbeiten daran, dass das Verhältnis in den Klassen zwischen Männern und Frauen ungefähr ausgeglichen ist. Hier einige Zitate zum Gender-Thema:

>   MAHDIYH
> Für meine Zukunft wünsche ich mir, in einem
> Land zu leben, in dem meine Rechte
> geschützt sind.

>   MILAD
> Die Frauen, mit denen ich gearbeitet habe,
> sind genauer, sie achten auf die Details.

>   ZAHRA
> Für mich war es eine völlig neue Erfahrung,
> niemals hätte ich gedacht, dass ich, wenn
> Männer anwesend sind oder eine Gruppe von
> Leuten, die mehr Erfahrung hat, einfach
> etwas sagen darf. Ich hatte immer das
> Gefühl, dass ich weniger wert bin. Ich
> erinnere mich, dass es, als Douglas in der
> ersten Stunde fragte, wer die Kamera
> übernehmen will, eine kurze verlegene
> Stille gab, und dann hab ich gesagt: Ich
> will.

>   SONIA
> Wir waren sehr glücklich, dass wir so viele
> Mädchen in den Klassen hatten und dass
> sie lernten, mit Männern zusammenzuarbeiten,
> und nicht denken mussten, dass sie
> ausgeschlossen wären.

MAHDIYH

Am Anfang war es etwas schwierig für mich,
dass Männer und Frauen gemeinsam
unterrichtet wurden. In der Klasse, in der
ich zuerst war, war ich die einzige Frau,
und wenn ich eine Frage hatte, hätte ich
einen Mann fragen müssen, und das habe ich
mich nicht getraut. Doch mit der Zeit kamen
die Studenten auf mich zu und haben mich
ermutigt, da sie es bereits gewohnt waren,
mit Frauen zusammenzuarbeiten.

DOUGLAS

Gender und kulturelle Unterschiede waren
kein Thema in unseren Klassen. Wir hatten
12 verschiedene Nationalitäten in unseren
ersten Gruppen.

Auch die Lehrer.innen hier kommen aus vielen verschiedenen Ländern. Unterrichtet wird in Englisch, und wer es nicht versteht, dem wird vom Nachbarn übersetzt, irgendwie geht es immer, und vieles ist visuell verständlich.

Auf meine Frage, wie sie ReFOCUS gefunden haben, sagt Aziz (der mit der Brille) zum Beispiel:

AZIZ

Ich hatte einen Freund, der zu ReFOCUS ging.
Und so traf ich Douglas und fragte, ob ich
auch zu den Medienkursen kommen dürfte,
und er sagte: Ja, aber nur wenn du
regelmäßig kommst.

Und Milad antwortete auf meine Frage:

MILAD

Yaser und ich haben zwei Stunden gebraucht,
um ReFOCUS bei One Happy Family zu finden.

72

Da liefen ein paar Leute mit Kameras herum,
die »Action« riefen und so. Das war
sagenhaft. Ich dachte zuerst, sie wären
Journalisten, aber sie waren Studierende
von ReFOCUS. Und so begann dann meine
Reise.

Wir sprechen über Kunst:

                    YASER
Für die meisten Leute sind Filme
Unterhaltung, aber für mich ist es Kunst,
ich identifiziere mich damit. Früher war
mir nicht klar, dass ich meine Träume
verwirklichen kann. Ich hielt mich für
nutzlos, aber der Kurs gab mir Hoffnung.
Er hat mich auf eine Weise angeleitet, die
ich suchte. Mich interessieren Filme mit
künstlerischem Anspruch, die eine tiefere
Dimension zeigen. Sie lassen einen etwas
spüren. Zu einem Film gehören Musik,
Bildgestaltung, man verbindet diverse
Künste, um einen Film zu kreieren.

Oder auch:

                    YASER
Filme haben einen hohen Bildungswert. Ich
finde es interessant, wie sich zum Beispiel
Menschen in Korea gegenseitig respektieren.
Oder wie Menschen in Amerika Geschäfte
machen. Das lässt sich durch Filme erfahren.

Und dann sagt Aziz:

                    AZIZ
Ich kann Kunst nicht beschreiben, aber was
ich sagen kann: Kunst zeigt uns Schönheit,
zeigt die Schönheit dessen, was sich im
Inneren befindet. Zeigt man Menschen die

Schönheit der Welt, gibt es ihnen
automatisch Hoffnung, denn diese Welt ist
so düster.

Ich dachte, ich müsse zu seinem Zitat einen Kommentar schreiben, aber mir ist nichts eingefallen, denn es ist alles gesagt. Aber dann später, als ich mich entschied, dieses Kapitel ziemlich an den Anfang des Buches zu stellen, da dachte ich, vielleicht sollte ich an dieser Stelle die häufigste Reaktion von Zuschauenden auf die Protagonist.innen meines Dokumentarfilms erwähnen. Es war eine Überraschung. Ein ehrliches, aber erstauntes: »Sie sind so klug, diese Menschen.« Die Studierenden meinend. Man war überrascht, dass Flüchtlinge denken können, um es mal grob zusammenzufassen. Es waren zumeist liebevolle Reaktionen, man war angetan, berührt von dem nur 40 Minuten langen Film, was mich als Regisseurin, die ich zum ersten Mal war, natürlich freute, aber ich merkte, wie wenig da gesprochen und gedacht wird, wie fundamental Klassendenken und Voreingenommenheit festsitzen. Wie sicher das Narrativ durch Berichterstattung einzementiert wurde in unsere Herzen und Hirne. Diese Berührungsängste, die Unsicherheit vor dem Unbekannten, die Angst, etwas zu verlieren in der Begegnung mit Unbekanntem, sich vulnerabel zu fühlen durch die Vulnerabilität der anderen. Keine Worte zu haben.

»Ich weiß gar nicht, was ich sagen soll«, habe ich oft gehört. Es ist ein unerkanntes Privileg, diesen Satz sagen zu können, das wir nicht um uns herumwickeln sollten wie eine Rettungsweste. Sprich, sag etwas, überlege dir, was du sagen willst, denk nach und sag es und riskiere, dass dir geantwortet wird. Denn eines ist klar, jene, die eine andere Vorstellung von Gesellschaft haben, jene, die an die weiße Überlegenheit, Geschlechterrollen und Nationalstaatlichkeit glauben, sie fürchten sich nicht zu sprechen, sie reden, sie wissen immer, was sie sagen sollen oder wollen. Und wenn wir, die überwiegende Mehrheit in der Mitte, wenn wir nicht lernen, uns zu äußern oder aktiv zu werden, dann werden eines Tages andere über uns entscheiden, und es ist ja nicht so, dass es keine guten Beispiele dafür aus jüngerer Geschichte in vielen Ländern dieser Welt gäbe. Und wenn es passiert ist, werden jene, die gesagt haben, »Ich weiß gar nicht, was ich sagen soll« oder »Das habe ich ja gar nicht gewusst«, sie werden erschüttert und ratlos sagen: »Das hätte ich nie gedacht, dass das passiert.« Die Ratlosigkeit, sie ist schon mitten unter uns, wir können ihr nur begegnen, in dem wir zumindest versuchen, ihr gegenüberzutreten. Menschen in Not können sich Naivität nicht leisten. Und es ist schön, gut und richtig, nicht in Not zu sein, aber wir sollten in der Komfortabilität nicht unser Denken einstellen. Es ist möglich zu denken, derweil man Anteil nimmt, das geht, es ist nicht Multitasking. Wir sind fühlende und denkende Wesen gleichermaßen und gleichzeitig.

Weiter geht's mit Sonia. Es gab ein zusätzliches Angebot für die Studierenden. Dass es später für alle Beteiligten lebensverändernd werden würde, konnte niemand ahnen.

SONIA
Wir hatten dieses Journalismus-Projekt,
an dem die Studierenden teilnehmen konnten,
unabhängig auf welcher Stufe der Ausbildung
sie gerade waren. Je nachdem, welches
Talent oder Interesse man hatte, konnte man
dabei mitmischen, ob es nun Fotografie
war oder Schreiben oder das Erstellen von
Dokumentar-Material für internationale
Medien.

NAZANIN
Als ich in Afghanistan und Iran lebte, war
es eine Art entfernter Traum und Wunsch,
Journalistin zu werden. Ich hätte es nur
nie gedacht ...

Ja, so gingen sie jeden Tag zur Schule, studierten und hatten etwas, das den Tag strukturierte und die jungen Menschen wirklich interessierte. Sie investierten, um zu lernen. Lief super. Schnitt. Dann, am 7. März 2020, zündeten Rechtsextreme die »Schule des Friedens«, die bei «One Happy Family« untergebracht war, an, und der Klassenraum von ReFOCUS Media Labs und nicht nur er, sondern alle anderen auch, brannten bis auf den Grund nieder. Das Haupthaus von OHF wurde ebenfalls stark beschädigt. Über die Jahre hinweg gab es, laut Douglas, über 200 Brände. Am 16. März 2020 starb ein sechsjähriges Mädchen bei einem Brand in einer Isobox. Sie wurde in Katro Tritos, dem inoffiziellen Friedhof für Geflüchtete in Lesbos, begraben. Über diesen Friedhof hat ReFOCUS einen Dokumentarfilm namens »Even after Death« gedreht.

Der Brand am 7. März 2020 fand zu einem Zeitpunkt statt, als Moria völlig überfüllt war. (Dazu muss man wissen, dass OHF außerhalb Morias ein ganzes Stück entfernt liegt.) Ein Camp, das für 3000 Menschen Platz bereitstellte, aber in dem über 22 000 Menschen lebten. Im offiziellen RIC (Registration and Identification Center), vor allem aber im Dschungel. Aus unverständlichen Gründen waren Menschen auf diese Insel gereist, partiell von weit her, um Geflüchtete zu attackieren, zu bedrohen und zu verprügeln. Es war ein einziges Chaos, die Lebensmitteldistribution funktionierte nicht, und weit und breit keine Idee (vielleicht auch keine Absicht) seitens der griechischen Regierung oder der Europäischen Union, hier eine zügige und menschenrechtliche oder gar menschenwürdige Lösung zu schaffen. Warum das Flüchtlingshilfswerk der Vereinten Nationen, UNHCR, nicht einschritt, lag daran, dass gesetzlich in Europa die Regierungen des Landes als auch die EU zuständig und verantwortlich sind. UNHCR war zwar vor Ort, aber nicht entscheidungsbefugt. (Mehr zum besseren Verständnis über Arbeit und Konstrukt von UNHCR im Kapitel »Al-'Urdunn«.)

Zum Zeitpunkt unserer Dreharbeiten waren die abgebrannten Klassenräume noch nicht wiederaufgebaut worden, und das Einzige, was übrig geblieben war, war das Wandgemälde eines israelischen Künstlers.

INNEN/TAG   OHF-CAMPUS

Archivmaterial von ReFOCUS. Musik.

Wir sehen Nazanin und einen weiteren Studenten durch die abgebrannten Räume gehen. Einer davon war ihr Klassenraum.

Ein einfacher Raum, im Winter zu kalt, im Sommer zu heiß, egal, ein Ort des Lernens.

Nahaufnahmen von verbrannten Zeichnungen, Lehrbüchern, Stühlen, Regalen, ein geschmolzenes Bobbycar, alles verkohlt und zerstört. Nazanin laufen die Tränen über das Gesicht.

> NAZANIN
> Früher war dieser Ort so farbenfroh, aber jetzt sehe ich die ganzen schwarzen Dinge um mich herum ... Unsere Welt ist so dunkel.

Wir sehen ein weißes Schild, auf das mit blauer Schrift »School of Peace« geschrieben und vor die abgebrannten schwarzen Klassenräume gestellt wurde. Darauf steht:

> KATJA
> (liest)
> »Die Schule des Friedens«, gegründet im Februar 2017, war die Heimat für mehr als 4000 Kinder, die über diese Insel zogen.

Totale über das malerische Mytilini auf das blaue ägäische Meer.

                    KATJA
                    (liest)
Wir werden die Schule wieder aufbauen.
Gemeinsam. Das Licht wird stärker sein als
die Dunkelheit.

AUSSEN/TAG   OHF-CAMPUS

Douglas in einer Großaufnahme, seine Augen funkeln,
er redet energisch, schnell.

Musik.

                    DOUGLAS
        Ein Feuer hat unsere Schule zerstört, und
        nichts ist davon übrig geblieben, doch
        schon am nächsten Tag fragten die
        Studierenden, ob es weiterginge, wo der
        Unterricht nun stattfinden würde.

Archivmaterial ReFOCUS: Man sieht die Studierenden
und ihre Lehrer, wie sie eine Kamera aufbauen, mit
einer Tonangel hantieren, ein Mikro an ihrem Hemd
anbringen, das Mikroport in die Hosentasche stecken.
Draußen. Es ist schon warm. Die Stimmung, wie auch
die Musik, ist heiter.

Super, es ging weiter. Dann kam der große Lockdown, das Lager
wurde am 22. März 2020 geschlossen, und 22 000 Menschen waren
sechs Monate lang im vollen Lockdown. Douglas und Sonia hatten
gleich neben Moria einen Raum gefunden, eine Garage, und es war
ihnen erlaubt, darin den Unterricht abzuhalten.

                    SONIA
                    (lacht)
        Eine sehr teure und armselige Garage.

                      78

Sie beschäftigten sich mit dem Journalismus-Projekt und drehten Aufnahmen im Camp über die Situation der dort Lebenden während des Lockdowns. Viele im Camp wussten nicht, was los war, was man tun sollte. Ärzte ohne Grenzen, die gegenüber des Haupteingangs von Moria installiert waren, leisteten unermüdlich Hilfestellung, richteten später ein Impfzentrum ein und Quarantänemöglichkeiten und behandelten die Erkrankten. Mirakulöserweise gab es lange Zeit keinen Corona-Ausbruch im Camp, erst im August 2020 tauchten erste Fälle auf.

Die Studierenden gingen durchs Camp und fingen die Stimmung in Moria filmisch ein, wagten es schließlich, selbst vor die Kamera zu treten und zu kommentieren.

> NAZANIN
> (direkt auf die Kamera zugehend,
> bewegt sich durch die Gassen
> Morias, wie Christiane Amanpour
> es tun würde, spricht in die
> Kamera)
> Die Menschen leben hier in Angst, das gilt
> auch für mich. Meiner Familie und mir sind
> schlimme Dinge passiert, jede Nacht kommt
> es im Lager zu Streitigkeiten, und Menschen
> werden getötet oder niedergestochen.

Moria war mit 22 000 Bewohnern, nach Mytilini mit 37 000 Einwohnerinnen, die zweitgrößte Stadt auf Lesbos, auf einer Quadratmeterfläche so groß wie sechs Fußballfelder. Die Gewalt, die sowieso allerorts existiert, wo Menschen sind, steigerte sich durch die klaustrophobische und ungewisse Situation im Camp. Auch in Deutschland stieg die häusliche Gewalt im Coronalockdown um fast 30 % an. Die Frauenhäuser waren voll.

                    YASER
          (kommentiert in Moria
          in die Kamera)
          Dieser Virus ist kein Scherz und könnte für
          uns alle zu einem Albtraum werden.

Und nun passierte das Erstaunliche. Das Journalismus-Programm wurde während des Lockdowns zum Zentrum der Ausbildung, obwohl dies niemals die Absicht von Douglas und Sonia gewesen war. Es war ursprünglich als kathartischer Ausweg vom Alltag im Lager gemeint. Es war nicht gedacht als:

                    DOUGLAS
          Erlerne diese Fähigkeiten und zeige das
          Elend, in dem du lebst. Das wurde uns
          aufgezwungen, durch die Umstände, die
          außerhalb unserer Kontrolle lagen.

Sie reagierten.

Das Programm von ReFOCUS lehrt die Studierenden, jene Geschichten zu entwickeln und zu realisieren, die sie erzählen wollen, fiktionale Geschichten. Niemals waren dokumentarische Filme dabei gewesen. Aber nun war alles anders. Erst hatte es die Attacken der Wutbürger und Hassenden gegeben, dann den Schulbrand bei OHF, und nun saßen sie im Lockdown im Lager fest, und internationale Medien hatten keinen Zugang mehr und konnten nicht über Moria berichten. Also übernahmen die Studierenden diese Aufgabe.

                    DOUGLAS
          Sie dokumentierten nun das Geschehen im
          Lager, was den Medien verwehrt war, wir
          hatten plötzlich etwas, das sie wollten.
          Und es veränderte den Wert der Arbeit der
          jungen Medienschaffenden dramatisch. Es
          kehrte sich alles um. Sie hatten etwas
          beizutragen und waren nicht mehr Opfer.

Archivmaterial der Studierenden:

Abends in der »Einkaufsstraße«. Solarlampen funkeln.
Der Barbershop hat noch geöffnet. (Stromausfall ist sicher,
kommt und geht, verknotete Stromkabel schweben wie kaputte
Spinnennetze über dem Ort.)

Schwenk über ein Waschbecken, über dem in Arabisch
geschrieben steht: »Brüder und Schwestern, spart
Wasser«.

Müllcontainer, daneben gestapelte Mülltüten.

Zwei kreischende Kinder rennen an der Kamera vorbei,
hängen sich an einen LKW, der durch das Camp fährt.
Einem Kind fällt ein Schuh ab, egal, Hauptsache
mitfahren. (Schon immer habe ich mich gewundert über diese
Single-Schuhe. Nun verstehe ich: Es passiert bei einer
Mitfahrgelegenheit.)

Menschen gehen durch das Camp, meistens zu zweit.

Totale über Moria unter dem erbarmungslosen heißen
Himmel. Die Olivenbäume glühen silbern, dazwischen
die erschöpften Planen über den Konstruktionen. (Die
innere Stärke der Architektur, der Unterkünfte ist aufgebraucht,
nur die Menschen schleppen noch Resilienz mit sich herum.)

Ein Zaun mit Plakaten, auf denen steht: »Standing
together against Corona« in drei oder vier Sprachen.

                    YASER
            (v.o. über die Impressionen)
        Die meisten Sender wollten Bilder aus dem
        Lagerinneren. Douglas hat uns mit den
        Sendern in Kontakt gebracht.

Die Sender waren BBC, CNN, Bloomberg, das englische Al Jazeera, The Guardian, der australische Special Broadcasting Service Dateline. Also, das war jetzt nicht irgendwer, könnte man sagen. Richtig, für diese Sender haben die Studierenden von ReFOCUS Material produziert, das gesendet wurde. Sie waren die einzigen Personen weltweit, die aus Moria berichteten! Filmstudierende, die eigentlich Fictionfilme drehen wollten. Nun dies. Sie hatten eine Aufgabe, sie wuchsen daran. Sie machten ihre Sache gut. Doch dann kam alles anders.

> DOUGLAS
> Wenn sie nicht äußern, wer sie sind, werden sie unsichtbar.

Schwarzblende.

Musikeinsatz.

Aufblende.

Archivmaterial der Studierenden von ReFOCUS, mit den Logos von BBC, CNN, Al Jazeera usw.: der Brand des Lagers. Feuer überall. Es ist Nacht. Die Konstruktionen und die verbliebenen Bäume brennen. Der Himmel lodert orange.

> KATJA
> (v. o.)
> In der Nacht vom 8. auf den 9. September 2020 brannte das offizielle RIC und der sogenannte Dschungel Morias. Am nächsten Morgen löschte ein zweites Feuer alles Übriggebliebene endgültig aus. Die Zerstörung des Camps, in dem die meisten der Studierenden lebten, verdeutlichte die Situation auf Lesbos, und sie selbst waren es, die sie sichtbar machten.

Vor den glühenden Flammen sieht man dunkle Umrisse der Studierenden, die den Brand kommentieren, sie begeben sich bis in die Feuer hinein, sprechen in ein kleines Mikroport.

Moria wurde ausgelöscht, dafür brauchte es nicht viel. Die Mauer mit dem Schriftzug »Willkommen in Europa« blieb davon unberührt.

Archivmaterial. Man hört übereinandergeblendete Kommentare:

> KOMMENTARE
> (durcheinander)
> ... eyewitnesses say, the Moria Camp
> on the Greek island ...
> ... the fires were started ...
> the Camp ... Moria ... fire ...

Es wurde viel gerätselt und angeklagt, wie diese Katastrophe passieren konnte, und je nachdem, wer sprach, gab es unterschiedliche Vermutungen und Informationsquellen. Die einen sagten, das waren die Flüchtlinge, sie haben ihre Unterkünfte selbst in Brand gesetzt, die andere Seite sagte, das waren die Wutbürger, sie wollen Flüchtende töten.

Und so weiter. Der ganze Empörungsreigen. Final aufgeklärt wurde es nie.

Dass es immer wieder Feuer in Camps gab, nicht nur in Moria, sondern in so ziemlich allen Lagern, wie beispielsweise in Jordanien oder im Libanon, in Pakistan, Bangladesch, auf Chios, in Calais, Bosnien uvm. liegt an den Umständen in den Camps. Liegt an ihrer Architektur. Selbst in einem sogenannten »vorbildlichen« Camp wie das jordanische Al Azraq kann die Gefahr eines Brands nicht zuverlässig ausgeschlossen werden. Und wahrscheinlich kann man es nirgendwo ausschließen, wo Menschen leben.

Ich wohne um die Ecke einer Feuerwache und weiß daher, wie oft ausgerückt wird. In Moria entzündeten sich immer wieder mal aufgrund des Draußen-Kochens oder einer unachtsam weggeworfenen Zigarette schnell eine Plane, ein verdorrter Ast, ein Holz. Die Materialien waren durch die griechische Sonne und starke Benutzung völlig ausgetrocknet und brannten gut und schnell. Am 8. September, so wurde mir von verschiedenen Seiten erklärt, kriegte man das Feuer nicht, wie sonst, in den Griff.

Was jedoch am nächsten Morgen passierte, bleibt unaufgeklärt: Ob es Brandstiftung war oder nicht und wenn ja, von wem. Es gibt verschiedene Szenarien. Ich weiß es nicht … Es ist niemand verbrannt, kaum einer ist verletzt worden, das ist die gute Nachricht.

SCHNITT AUF: Impressionen vom abgebrannten Lager zwei Monate später. Schwenk über verkohlte Bäume, rechteckige Flächen, auf denen ehemals die Konstruktionen standen, Fundamente aus Paletten treten zutage, die Zäune stehen noch, ein paar dünne Rauchsäulen steigen in der Ferne auf.

Yaser, Douglas und Katja gehen über das steppengleiche Gelände, darüber erstreckt sich ein blauer Himmel.

KATJA
(v.o., zitiert Roger Willemsen)
»Heimat ist die Landschaft, in der man nicht verschwinden würde, sonst ist alle Landschaft darauf angelegt, uns zu verschlucken. Alle haben die Heimat mitgenommen, ins Grab, in die Ferne, ins Vergessen. Und wie viel kann man wegnehmen und man nennt es immer noch: meine Heimat.«

YASER
Es ist seltsam, es war wie ein Zuhause, und jetzt ist es verbrannt. Ich habe viele Erinnerungen daran, ich habe hier immerhin

> acht Monate gewohnt. Und ja, es war kein
> guter Ort zum Leben, aber trotzdem. Wenn
> man irgendwo acht Monate lang lebt, wird es
> dein Haus, dein Zuhause.

Ich fand es schon erstaunlich, wie nah Yasers Satz inhaltlich an Willemsens Zitat war. Hätte Roger das doch nur noch gehört, er, der Afghanistan-Reisende-und-Connaisseur.

Die ReFOCUS-Schul-Garage war erhalten geblieben. Dort lebten nun 23 Katzen.

Moria war im September verbrannt, die Menschen hatten überlebt, und sie konnten Teile ihres Hab und Guts retten. Und nun? Wohin? 13000 Personen auf der Straße. Auf der Zufahrtsstraße nach Mytilini. Das ging lang. Das ging ungefähr 11 Tage. Niemand hatte, so scheint's, eine Idee, wohin mit den Leuten. So blieben nur die Straße und der teilweise überdachte Parkplatz einer deutschen Supermarktkette, die sich in dieser Situation nicht mit Ruhm bekleckert hat.

Douglas blieb in diesen Tagen bei seinen Studierenden, die ja nun alle obdachlos geworden waren. Sie werden ihm das niemals vergessen ...

AUSSEN/TAG   MOSAIK SUPPORT CENTER

> Milad spricht, Aziz hört ihm intensiv zu und nickt
> die ganze Zeit.

Milad lebt im Gegensatz zu allen anderen allein und ohne seine Familie, er ist sehr schmal, und man macht sich unentwegt Sorgen um ihn.

Douglas sorgt sich wirklich um uns. Nachdem
Moria abgebrannt war und wir auf der Straße
waren, blieb er nachts bei uns, schlief
neben uns. Auf der Straße! Er hat uns
geholfen. Er ist wirklich wie ein Vater.

SCHNITT AUF Archivmaterial: Douglas, wie er mit den
Studierenden, alle tragen Masken, am Straßenrand auf
Decken sitzt. Hinter ihm ein überquellender
Müllcontainer, vor ihm eine Kamera.

Was in dieser Zeit auf der Straße passierte, ist kaum in Worte zu fassen, doch auch hier filmten die Studierenden und produzierten Material über die Zustände der obdachlos gewordenen Geflüchteten: das Lagern auf dem Supermarktparkplatz und der Straße, Suppe kochen auf Bunsenbrennern. Frauen, die aufgrund von Dehydrierung in Ohnmacht fielen. Das Spielen der Kinder, denen es gelang, sich immer und überall etwas einfallen zu lassen, wie eine Kiste an einer Schnur hinter sich herzuziehen, als wäre sie ein Rollkoffer an einer Hundeleine. Ein Spiel, inspiriert von den Umständen.

Eruption entstand, wenn Polizei Flüchtende zusammenscheuchte, damit sie auf einem überschaubaren Gebiet auf der Straße blieben. Man wehrte sich. Es wurde Tränengas eingesetzt gegen obdachlose Flüchtlinge, gegen Frauen, Männer, gegen Kinder. Der Wind tat ein Übriges, das Reizgas weiterzuverteilen. Die sozialen Netzwerke waren voll, nicht nur die Studierenden filmten. Kleine Kinder bekamen das Tränengas ins Gesicht, so dass sich ihre Haut fast ablöste, sie verstanden nicht, was ihnen geschah. Und, kurze Frage, woher kam das Wasser, das man eigentlich zum Trinken dringend benötigte und nun dafür verwendete, um den kleinen Mäusen das Tränengas aus dem Gesicht zu waschen?

Tränengas ist das umgangssprachliche Wort für Augenreizgase, die aus Aerosolen bestehen, einem Gemisch aus festen oder flüssigen Schwebeteilchen in Verbindung mit einem Gas. Sie reizen die Nerven der Hornhaut und verursachen dadurch Tränenfluss, Schmerz, kurzfristige Erblindung.

Das Wasser kam aus Flaschen und wurde von humanitären Einsatzkräften und Volontären rund um die Uhr und bis zur Erschöpfung verteilt. Nicht nur Wasser, sondern auch Essen. Ein Arzt hatte sich einen Bauchladen mit Medikamenten und anderem medizinisch Notwendigem umgeschnallt, um direkt zu den Personen zu gelangen, die medizinische Versorgung benötigten. Nach einigen Tagen wurde den Unterstützer.innen der Zutritt zur »Zone«, wie die Straße inzwischen genannt wurde, verwehrt. Sie fanden Wege …

Der Supermarkt, zu dessen Parkplatz man sich geflüchtet hatte, ist ein ereignisloser Bau, dessen Vorderseite komplett verglast ist, inklusive gläserner Eingangstür. Der Verkaufsraum ist stark heruntergekühlt, was für eine Erfrischung sorgt, wenn man ihn im griechischen August betritt. Hinter der gläsernen Frontscheibe türmten sich Sixpacks von 1,5 Liter Wasserflaschen auf. Der Supermarkt war geschlossen. Die Menschen saßen davor. Das Wasser war knapp. Wenn ein Stein in die Glasscheiben des Geschäfts geflogen wäre, hätte es mich nicht allzu verwundert. Aber das passierte nicht.

Man hätte den Verkaufsraum öffnen und einmal leer machen können, man hätte das Wasser vor die Tür stellen können, es wäre ein kurzer Weg gewesen, man entschied sich, dies nicht zu tun, obwohl der Chef dieser Supermarktkette laut Forbes der reichste Mann Deutschlands ist. (Platz 28 bei Forbes, mit 47,1 Milliarden $, Stand 2022.)

Die Menschen sagten »Bad Moria« zu Moria und dass sie nicht in das neue Camp ziehen würden, das später Kara Tepe genannt wurde und zwischenzeitlich Moria 02. Man hatte dafür einen ehemaligen Truppenübungsplatz gefunden, und Gerüchte wurden laut, dass auf dem Gelände Patronen und Geschosse zu finden seien. Die Gerüchte bestätigten sich, es gibt ausreichend Bildmaterial dazu. Mit Metalldetektoren wurde, als die Menschen bereits dort lebten, über den Campus gegangen, um diese explosiven Gegenstände und auch anderes Metall zu entsorgen.

Dass Personen, die vor Krieg und Konflikt fliehen, auf einer Militärbasis untergebracht werden, lässt einen kurz innehalten. Aber so ist es wohl, der Platz ist frei, steht leer, dort kann man hin, warum nicht, es ginge sicher besser, wenn man wollte, aber besser wäre, Menschen müssten nicht fliehen. Man will nicht auf einem Truppenübungsplatz leben, man will auch nicht im Krieg leben. Man will Frieden, es sei denn, man hat sein Herz und Verstand an den Krieg verloren. Kant schrieb, dass der Naturzustand des Menschen Krieg sei und nicht Frieden. (*Zum Ewigen Frieden*, 1796)

Am 7.9.2020 begann man laut UNHCR, 7500 Menschen ins neue Camp zu evakuieren.

Man muss Menschen nur lange genug in einer miserablen Situation liegen lassen, Straße, Parkplatz, dann werden sie am Ende auch in das neue Camp gehen. Und so war es.

Auch Yaser bezog mit seiner Familie das Camp und zog, vergleichbar dem Kinderspiel, einen Karton an einer Schnur hinter sich her, in der er die paar Sachen verstaut hatte, die er vor dem Brand hatte retten können.

Das neue Camp war systematisch eingezäunt. Es gab nur einen Eingang oder Ausgang, den Haupteingang, der wie ein Checkpoint gehandhabt wurde. Rucksack, Einkaufstasche, alles, was man mit ins Camp nahm, wurde untersucht wie am Flughafen. Nur Bewohnende und Mitarbeiter.innen der Lagerleitung durften das neue Camp betreten.

Ich hatte über einen UNHCR-Mitarbeiter die Möglichkeit hineinzugehen.

Lange gingen wir durch das Camp, und ich erspare die Einzelheiten. Es war nach Nationalitäten aufgeteilt. Auf dem Hügel standen die großen Zelte für unbegleitete junge Männer. Duschräume gab es nicht. Kaltwasserrohre kamen vor den großen Zelten aus dem Boden, man konnte sich hockend waschen. So machten es die Jungs.

Die Familien hatten zumeist eine Palette genommen und sie mit Plastikplanen ummantelt, so dass man sich ungesehen darin zum Waschen aufhalten konnte. Darin lagen Seife und Wasserflasche.

Drei Seiten sind eingezäunt, die vierte Seite zeigt zum Meer, das ist schön, vor allem im Sommer. Im Winter dann schwappt das Meer in die Zelte.

An der Wasserseite trafen wir auf zwei Mädchen, die dort mit Heften saßen. »What do you do?«, fragten wir.

»Wir machen Hausaufgaben«, sagten sie. »Ihr geht zur Schule?«

»Yes«, sagten sie lachend. Das eine Mädchen trug eine Brille, und immer noch denkt man, die mit den Brillen sind die Klassenbesten. Keine Ahnung, warum das so ist. Hoffentlich werden sie nicht mehr gehänselt, so wie es mir damals ging, die ich nicht die Klassenbeste war und trotzdem eine Brille trug.

Die Schule war nicht von der Campleitung organisiert, sollte man vielleicht erwähnen. Vor einem Zelt lag ein Haufen winziger Crocs, knallbunte Plastikschuhe, die aussehen, als wären sie aus Kaugummi gefertigt. Neben dem Eingang war ein Zettel an die Zeltwand gepinnt, auf dem in Farsi und Englisch handschriftlich zu lesen war: Schule.

Noch eine Schule. Kindergarten eher. Die Lehrerin war ein junges Mädchen, keine 18 Jahre, und unterrichtete die Kleinen in dem bisschen Englisch, das ihr selbst zur Verfügung stand.

Ein paar Zelte weiter an dieser Waterfront machte eine Frau Hausputz, während zwei Kinder aus dem Deckel eines Müllcontainers ein Floß gebaut hatten, mit dem sie über das Meer davonsegelten …

Und dann trafen wir auf eine Gruppe Mädchen, die Seil sprangen. Sie sprangen zu dritt hintereinander und amüsierten sich, wenn eine aus dem Takt kam. Ich fragte, ob ich mitspringen dürfte. Das konnten sie nicht glauben, eine Erwachsene?! Und kicherten sich kaputt. Wir sind dann gemeinsam gesprungen, sie konnten nicht wissen, dass sie es mit einer geübten Seilspringerin zu tun hatten, ewig her, aber ist wie Fahrradfahren.

Wenn man beim Seilspringen in einen gemeinsamen Rhythmus kommt, dann atmet man auch zusammen. Das taten wir. Darf man als weiße privilegierte Europäerin in Kara Tepe mit afghanischen Mädchen Seil springen? Ich weiß es nicht. Vermutlich nicht, doch es ist passiert, und wir erlebten gemeinsame Freude für einen Moment, in dem die synchrone Bewegung zentral war und den Ort um uns herum verwischen ließ.

Die Studierenden von ReFOCUS lebten nun hier. 2020 war ein Jahr der Herausforderungen gewesen, und es sollte noch nicht zu Ende sein. Doch jetzt musste man erst mal überlegen, wie weiterunterrichtet werden könnte.

Musik.

DOUGLAS
Wir gingen online.

Sie unterrichteten aus ihrer Wohnung heraus, und die Internetverbindung machte nicht immer mit. Douglas hatte ihnen für den Online-Unterricht kabellose Mikros mitgegeben, was zu großem Aufruhr am Checkpoint des neuen Camps geführt hatte, da kein Security-Mensch wusste, was das wäre, und die Technik konfiszierte. Man konnte es glücklicherweise klären. So waren sie in ihren Zelten im Lockdown einigermaßen mit Technik versorgt, so dass der Unterricht weitergehen konnte.

DOUGLAS
Wir können nicht aufhören, wir müssen Wege
finden, um ihren Werdegang zu unterstützen.

SONIA
Der Unterricht hier vereint Gleichgesinnte.
Wir teilen die gleichen Werte und Ziele,
Menschen auszubilden und die Krise mit
allen verfügbaren Mitteln zu bekämpfen.

Douglas unterrichtete im Wohnzimmer, die luxemburgische Foto-
grafin Anne in der Küche. Sie berichtete, dass die Polizei neuer-
dings kontrollierte, ob man im Zelt Maske trüge. Viele im Camp,
auch Studierende, hatten mit Depressionen und Antriebsschwäche
zu kämpfen.

INNEN/TAG   WOHNZIMMER DOUGLAS UND SONIA

DOUGLAS, SONIA, ANNE und KATJA sitzen zusammen und
sprechen über die Situation im neuen Camp.

SONIA
Viele sind sehr deprimiert, zumal klar wird,
dass der Lockdown nicht so bald vorbei sein
wird.

ANNE
Ich pushe sie, will aber auch nicht so viel
Druck machen.

SONIA
Sie müssen geistig beweglich bleiben. Wenn
sie keine Lust haben, aufzustehen, Fotos zu
machen oder überhaupt was zu machen, dann
müssen sie sich zwingen, etwas zu lesen
oder ein Spiel zu spielen. Es ist wichtig,
jeden Tag aus dem Bett, aus dem Zelt zu

kommen. Denn es liegt in deiner Hand,
if this camp makes you or breaks you.

INNEN/TAG   VERLASSENES HAUS

Yaser in Großaufnahme.

                    YASER
     Filme haben mir beigebracht, wie sich
     Menschen in verschiedenen Situationen
     verhalten. Wenn es zum Beispiel ums
     Überleben geht: Würde man jemanden
     verraten, um das eigene Leben zu retten?
     Ich habe es selbst gesehen, als wir das
     Meer überquert haben, dass Menschen so
     etwas tun würden. Filme sind nicht nur
     reine Unterhaltung, sie sagen eine Menge
     über menschliches Handeln aus. Wie
     verhält sich ein Mensch in einer gewissen
     Situation? Jeder Film hinterlässt seinen
     eigenen Eindruck, wenn man sich darauf
     konzentriert und ihn nicht nur konsumiert.

2020 war noch nicht zu Ende. Die Herausforderungen gingen weiter.

AUSSEN/TAG   KARA TEPE

Ein Drohnenflug über das neue Camp. Wie man Camps
meistens filmt. Von oben herab.

                    KATJA
                    (v. o.)
     Nach der Pandemie und dem Feuer kam nun,
     biblisch fast, die Flut.

Und wieder sind es Aufnahmen der Studierenden, die uns das Ausmaß der Flut zeigen, die das neue Lager, das am Meer liegt, ereilt hat. 7500 Menschen leben nun hier. Die Zelte stehen bis dicht ans Meer, die in der ersten Reihe wurden weggespült. Die darauffolgenden Reihen hielten dem Wasser, das die Wege in Flüsse verwandelte, ebenfalls nicht stand, es überfiel die Unterkünfte und deren Bewohner mit einer Macht, zu der am Ende nur die Natur fähig ist.

Das Wasser rast als brauner flüssiger Schlamm über den Ort, die runden Zelte des Roten Kreuzes fliegen fast auseinander von dem Wind, der das Wasser begleitet. Ein Mann mit nacktem Oberkörper versucht, eine Zeltplane festzuzurren, damit das Wasser nicht hineinkommt, es ist völlig aussichtslos, was er da tut, und dennoch macht er weiter. Menschen fegen mit Brettern das Wasser aus dem Zelt. Sinnlos. Sisyphos.

Die Bilder der Flut sind stumm, dazu Musik.
Schließlich hört die Musik auf, und mit aller Macht
bricht sich der Lärm des Sturms, der die Zelte
beutelt, der Wind, das Wasser, die Wellen, bricht
sich der ganze laute Tumult Bahn, wird in einen
akustischen Echoraum geschickt. Abblende.

AUSSEN/TAG   OHF-CAMPUS

Douglas ist ernst geworden, er macht lange Pausen
zwischen den Worten, es fällt ihm schwer zu sprechen.

> DOUGLAS
> Diese Erfahrung ... sie hat uns tiefgreifend
> verändert. Und ich kann mir kaum vorstellen,
> wie es unsere Schüler und Schülerinnen
> verändert hat. In Gesprächen sagen sie uns,
> was ihnen genommen wurde, das sie niemals
> wieder finden werden. Das Einzige, was uns

noch motiviert, ist, ihnen eine Chance auf
etwas Neues zu bieten, damit sie lebend den
Trümmern entkommen, die ihre Gegenwart
sind. Viele von ihnen haben die gleichen
Hoffnungen wie du.

DOUGLAS
Möchten vor oder hinter der Kamera stehen,
gehört werden ... Und sie verdienen es,
dieses Recht zu haben.

Stille. Douglas kann nicht weitersprechen. Er kämpft
mit den Tränen. Sonia schaut ihn an, legt ihre Hand
auf sein Bein. Wir blenden ab.

Musik. Leonard Cohens Stück »A thousand kisses deep«
in der Instrumental-Version des Jazztrompeters Till
Brönner.

»... we pressed against
The limits of the sea
I saw there were no oceans left
For scavengers like me
I made it to the forward deck
I blessed our remnant fleet
And then consented to be wrecked
A thousand kisses deep ...«

Mir gelingt es leider nicht, diese Lyrik zu übersetzen. Es ist nur
ein atmosphärisches Gefühl, das ich dazu habe. Keine Ozeane sind
übrig geblieben, wir werden Schiffbruch erleiden, tausend Küsse
tief ...

Im Norden der Insel liegt der »Life-jacket-graveyard«, der Rettungswesten-Friedhof. Dort liegen Zehntausende orangener und
blauer Rettungswesten, zerstörte Gummiboote, all das tote Übrig-
gebliebene von der Überquerung des Meeres. Man könnte sagen, es
ist ein Müllplatz, aber es ist ein Friedhof. Ruhe und Trauer liegen
über dem Ort und ein kompakter Schreck.

AUSSEN/TAG   RETTUNGSWESTEN-FRIEDHOF

Die Sonne geht unter.

> KATJA
> (V. O.)
> Noch während unserer Dreharbeiten musste
> Douglas Griechenland und den Schengenraum
> verlassen, auf Anordnung der griechischen
> Polizei. Nach Ausstrahlung einer BBC-
> Reportage, für die er und seine
> Studierenden Material gefilmt und
> Interviews gegeben hatten, wurde angeordnet,
> dass er die Insel innerhalb von 30 Tagen zu
> verlassen hätte.

Sie sind nach Warschau gegangen und haben von dort den ReFO-CUS Media Labs Online-Unterricht fortgesetzt. Sie machen immer weiter.

> YASER
> Wo immer ich auch lande, wie alt ich auch
> werde, niemals werde ich die beiden
> vergessen. Sie haben mir den Weg gezeigt,
> ich weiß gar nicht, wie ich ihnen danken
> soll.

Am Ende des Films umarmen sich Yaser und Douglas und verabschieden sich. Man weiß nicht, wann sie sich wiedersehen werden. Wo und ob überhaupt. Douglas muss am nächsten Morgen abreisen. Yaser wird mit seiner Familie bleiben. Keiner weiß, wie es weitergehen wird. Ob Yaser und seine Familie Asyl erhalten. Ob Douglas eines Tages wieder nach Griechenland wird einreisen dürfen. Was mit ReFOCUS Media Labs passiert. Ob die Pandemie jemals aufhört. Yaser sagt: »Wenn ich eines Tages Regisseur bin, werden wir dann unsere Geschichte verfilmen?« »Natürlich«, antwortet Douglas.

                    DOUGLAS
          I love you.

                    YASER
          I love you, too.

Abspann. The End.

Pikpa

2020

Eines der drei Refugee-Camps auf Lesbos heißt Pikpa, und dort sind die Vulnerablen untergebracht. Was letztlich ein schwer definierbarer Begriff ist im Zusammenhang mit Flucht. Oder im Zusammenhang mit irgendetwas anderem.

Wer entscheidet überhaupt, wer vulnerabel ist und wer nicht, wer entscheidet, wer geht oder bleibt, wer setzt die Menschen auf die Liste für beispielsweise das Berliner Kontingent, das sogenannte? Oftmals sind es Ärzte von »Médicins sans frontières« (Ärzte ohne Grenzen) oder auch andere medizinischen Nichtregierungs-Organisationen, die diese Liste zusammenstellen und mit UNHCR zusammenarbeiten. Am Ende jedoch entscheiden die Regierungen, wer bleiben muss, wer gehen darf, wer und wie viele aufgenommen werden und in welcher Konstellation. Selbst wenn die Ärztinnen, die vor Ort sind und um die gesundheitliche Verfassung der Menschen im Camp sowohl körperlich als auch psychisch wissen und bangen, weil sie sie über einen Zeitraum hinweg begleitet und untersucht haben, selbst wenn diese erfahrenen Ärzte und Psychologinnen mit Dringlichkeit sagen: »Wir haben hier 250 Menschen, die umgehend das Camp verlassen müssen«, wird das nicht zwingend Konsequenzen haben. Vielleicht sind Politiker.innen auch die Hände gebunden in einem System, das oftmals zügiges menschliches Handeln verhindert. Stichwort: Afghanistan, August 2021. Oder: Srebrenica, 1995. Oder: Ruanda, 1994.

Wenn man Menschen nur lange genug unter gewissen Bedingungen leben lässt, werden sie vermutlich alle zu vulnerablen Personen. Dann muss auch nicht mehr gefragt werden, wer auf die Liste kommt. Die Liste.

In Pikpa leben ungefähr 120 Menschen. Alleinstehende Frauen, unbegleitete Kinder, alte Personen, Kranke, Mütter mit Babys. Unter den Aktivist.innen der Insel wird es »Oase« genannt. Pikpa, die Oase. Ein Ort, der zeigt, dass Refugee Camps auch anders aussehen können in Griechenland oder anderswo. Ja, richtig, hier sind nur 120 Menschen, liegt es wirklich daran?

Als ich das Camp im August 2020 besuche, das südlich von Mytilini liegt, ist es so heiß, dass ich das Steuerrad des Autos kaum anfassen kann, ich steige mit gefühlten Verbrennungen zweiten Grades an den Händen aus. Und es war dieser Nachmittag, an dem ich einen Eindruck davon bekam, wie es sich emotional mit dem amtlichen und irgendwie anstrengend erscheinenden Wort »Familiennachzug« verhält.

Während wir vor dem freundlich in Gelb gestrichenen Haus für Mütter und Kinder stehen, dessen massive steinerne Außentreppe in den ersten Stock führt, den ich nicht betrete, während ich da also stehe und mit Babis und Despoina vom Pikpa-Team spreche, die sich netterweise heute für mich Zeit genommen haben, beide griechisch, er älter, sie jünger, laufen zwei kleine Kinder um uns herum und springen uns immer wieder mal auf den Rücken. Der Junge ist sieben, das Mädchen neun, er jünger, sie älter. Das Mädchen hat eine wilde dunkelblonde Mähne, grüne Augen und ist eine Schönheit so ausdrucksstark wie das afghanische Mädchen auf dem berühmten Magnum-Foto von Steve McCurry aus dem Jahr 1984. Beide sprechen Englisch und unterbrechen immer wieder unser Gespräch, lachen sich anschließend kaputt darüber, dass die Unterbrechung gelungen ist, und rennen so schnell im Kreis um uns herum, dass einem ganz schwindlig wird.

»Woher können sie so gut Englisch? Sie sind doch winzig klein.«

»Ach, du weißt doch, wie schnell Kinder Sprachen lernen, gerade in dem Alter, Katja.« Despoina lacht und spricht meinen Namen ganz besonders schön aus, mit einem weichen »K« und einem langen ersten »a«. (Vielleicht liegt es daran, dass die Herkunft meines Namens griechisch ist ...)

Despoina und ich begegnen uns gerade zum ersten Mal. Sie ist herzlich, heiter, direkt, schön. Gefühlvoll verbunden mit den Kindern und dennoch gelassen und nicht vernarrt in Aktivismus oder verbittert ob der humanitären Misere, mit der sie in ihrer täglichen Arbeit konfrontiert ist und an der sie zu rütteln versucht. Unsere Begegnung ist schnörkellos, als würde man sich nach langer Zeit wiedersehen und anknüpfen an ein damals geführtes Gespräch. Und irgendwie stimmt das ja auch, wir knüpfen an das an, was uns gemeinsam bewegt, mit oder ohne Hoffnung, wir verknüpfen uns in unserem Tun, unseren Gedanken und lernen voneinander. Ich mehr von ihr als andersrum.

Humanitäre und Geflüchtete sind keine besseren Menschen, die einen haben Not, oder, sagen wir mal, sie sind in einer Scheißsituation, die anderen versuchen zu unterstützen, Notwendiges zu organisieren, sind verfügbar und ansprechbar und denken sich Projekte aus zur Verbesserung der Lebenssituation im Camp. Was wir nicht wissen, ist, ob jene, denen in Not unterstützend beigestanden wurde, zu einem anderem Zeitpunkt selber Notleidenden beistehen würden. Vielleicht sind Menschen in Not freundlich oder freundlicher, weil wie gesagt vulnerabel, und sind, waren oder wären in sicheren Lebensumständen unangenehme, arschige Personen, wer weiß das schon. Wir wissen nicht, ob diese Erfahrungen den Charakter eines Menschen verändern. Alle Betroffenen, mit denen ich gesprochen habe und die eine Flucht erlebt haben, Krieg oder Foltergefängnisse, sprechen allerdings davon, wie sehr es sie geprägt hat. Trotzdem.

Und die Humanitären? Arbeiten sie zur Stärkung des eigenen Egos? Um sich gut und besonders oder besser gar zu fühlen und zu finden, weil man die eigene Persönlichkeit aufwertet, indem man umgeben ist von schwachen und verletzlichen Menschen?! Oftmals lauert da eine Skepsis ihnen gegenüber, und im Deutschen hat man gleich ein Wort dafür erfunden, es heißt »Gutmensch« (Unwort des Jahres 2015) und wird traurigerweise in negativer Konnotation verwendet.

»Mit dem Vorwurf ›Gutmensch‹ werden Toleranz und Hilfsbereitschaft pauschal als naiv, dumm und weltfremd, als Helfersyndrom oder moralischer Imperialismus diffamiert«, schreibt die Unwort-Jury in ihrer Begründung.

Humanitäre sind nicht alle gleich, so wie Menschen nicht gleich sind. Ich hatte vielleicht Glück und habe nur jene kennengelernt mit Humor und Herz, Energie, Empathie, Klugheit und Erfahrung und Expertise.

Jedenfalls stehe ich in hoher Luft-Temperatur vor dem Mutter-undkindhaus mit Despoina und Babis und den beiden um uns herumkreisenden Geschwistern. Sie sind aus Syrien, die Eltern noch dort, der große Bruder, weil volljährig, in Moria. Heute Nachmittag sollen die beiden Kleinen über Athen nach Finnland transferiert werden. Ein aufregender Tag also, der vielleicht Grund für ihr überkandideltes Verhalten ist.

Babis geht mit mir durch das Camp, Despoina muss ins Büro, darum winkt sie und sagt bis gleich, während der kleine Junge huckepack auf ihrem Rücken hängt.

Es wirkt beinah wie ein Sommerlager mit Holzhütten unter Bäumen, hätte sich da nicht diese mahnende Ruhe über dem Ort ausgebreitet, trotz des Lärms, den die Grillen machen. Eine Ruhe, bei der unklar ist, ob sie von der trockenen Hitze, dem Lockdown oder den hier versammelten Lebensläufen kommt, ob sie dem Alter oder Alleinstand der Bewohner.innen geschuldet ist, der Sprachlosigkeit, Ratlosigkeit, dem trüben gleichförmigen Alltag, mangelnden aus sich selbst heraus entstehenden Ideen, keine Bücher, keine Schule, keine Ahnung. In Pikpa leben Menschen, die Opfer von sexueller Gewalt oder Folter wurden. Und allein reisende Kinder bzw. Single-

Mütter mit ihren Kindern, die im genannten Mutterundkindhaus untergebracht sind, wo Munterkeit zu Hause ist. Die Örtlichkeit Pikpa wurde ursprünglich als Ferienlager für Kinder gebaut.

Mein Kollege, der Schauspieler, Regisseur und Produzent Til Schweiger, hat mit zwei weiteren Kollegen 2015 in Niedersachsen die sogenannte Rommel-Kaserne in Osterode im Harz gekauft, um dort eine Geflüchtetenunterkunft einzurichten. Die Pläne klangen gut, traumatisierte Kinder sollten dort untergebracht, Werkstätten und Sportmöglichkeiten eingerichtet werden, ausgelegt auf bis zu 600 Bewohnende, war der Plan. 2019 ist das Ding versteigert worden, bevor es überhaupt umgebaut werden konnte oder auch nur einen Bewohnenden hätte willkommen heißen können. Grund war wohl die Asbestverseuchung des Gebäudes. Offensichtlich waren keine erfahrenen Berater an der Seite gewesen, als die Location ausgesucht wurde.

Das Netzwerk »The Village of Alltogether« formierte sich 2012 und begann, sich in Pikpa um Geflüchtete zu kümmern. 2016 wurde die daraus entstandene NGO »Lesbos Solidarity« offiziell registriert, ein Jahr später entstand außerdem das »Support Center Mosaik«, ein Ort, an dem Geflüchtete sich treffen und unter anderem Nähen lernen; sie stellen Produkte her aus alten Lebensrettungswesten, die sie mit anderen Stoffen kombinieren und verkaufen. Taschen, Rucksäcke, Kosmetiktaschen u.v.m. 2016 verlieh das UN-Flüchtlingshilfswerk UNHCR den Nansen-Flüchtlingspreis an Efi Latsoudi, Menschenrechtsaktivistin und Kernteammitglied von »Lesvos Solidarity«.

Über dem gesamten Gelände stehen stattliche Bäume, das ist nicht nur der erste Eindruck, sondern auch der bleibende und einer der offensichtlichsten Unterschiede zum bislang Gesehenen. Es gibt Sonne und Schatten, Platz und Luft und kleine Wege, auf denen man wie durch eine Siedlung läuft und von dort die Holzhäuser betritt, in denen die Menschen leben und anscheinend Strom haben, da steht ein Wasserkocher vor der überdachten Tür. Eine Frau sitzt allein vor dem Haus. Neben einer anderen Hütte hängt ein Mann sehr umständlich Wäsche auf. Zwei Frauen sitzen da und trinken Tee oder was trinken sie? Man grüßt, lächelt, schweigt.

Und hier drüben wird gebaut. Die Hütte, vor der ich stehen bleibe, ist leer, sie wird renoviert. Handwerkszeug, Sägen, Kabel, Böcke, Holzmaterial stehen herum, es riecht nach frisch Gesägtem und Holzöl, und zwei junge Männer in schwarzen Cordhosen und Cordsamtwesten stehen davor, drehen gerade eine Zigarette, schauen mich mit offenen Gesichtern an und sprechen mich auf Deutsch an.

Deutsche Zimmermänner, die in der bekannten Kluft ihres Handwerksberufes gekleidet und vielleicht auf ihrem Weg um die Welt sind, was traditioneller Teil ihres Wirkens und Reifens ist. Aus Dresden sind sie. Alle Aktivist.innen, die ich aus Dresden kennenlernte, wie beispielsweise auch der Gründer von »Mission Life Line«, Axel Steier, der mir den Kontakt zu Nik machte, sind ernst und konzentriert in ihrem Anliegen, möglicherweise bedrückt von den Ereignissen in Bezug auf Flüchtlinge an ihrem Herkunftsort.

»Was macht ihr?«

»Wir renovieren die Holzhütten, sie sind im unteren Teil schon ziemlich morsch, wir wechseln die Balken aus und legen einen neuen Holzboden ins Haus.«

Ich sehe eine helle Holzfläche, die gerade lasiert wird; ein quadratischer lichter Raum mit Fenster und Tür. Schlicht, praktisch und eine gute Idee.

Das Bild der Camps, wie es zumeist in der Öffentlichkeit gezeigt wird, als Narrativ geradewegs, sind Drohnenflüge über endlose symmetrische Reihen der weißen UNHCR-Zelte. So sieht das aus, das Geflüchtet-Sein. Es wird hegemonial geradewegs aus der Luft fotografiert, mit Abstand und Distanz, man schaut auf die große Summe der vielen herab, die zusammengefasst »Flüchtlinge« heißen, laut Genfer Flüchtlingskonvention und durch diesen Status scheinbar ihre Nationalität und Individualität verlieren, in der Wahrnehmung der Welt. Sie werden vereinheitlicht zu einer Stadt der Geflohenen. Gefangen in wahlweise negativer Konnotation oder Opferstatus.

Die Finanzierung für die Renovierung einiger Hütten in Pikpa kam von einer Schweizer Firma, sie waren großzügig. Da nähert sich uns noch ein weiterer Zimmermann mit Brille, es ist eine Zimmerfrau, wie schön.

Weiter hinten stehen Häuser aus anderem Material. »Was ist das?«, frage ich.

»Das sind die Flüchtlingshäuser von Ikea«, sagt Babis. Manchmal verstehe ich sein Englisch nur schlecht durch den starken griechischen Akzent hindurch und sein zusätzliches Stolpern über die s's und th's.

»Wie bitte?«

»Yess.« Er nickt, er weiß, dass ich ihn verstanden habe. Ich brauche mehr Infos. Wie heißt es in der Ikea-Werbung: »Lebst du noch oder wohnst du schon?« Oder wie war das? Es ist andersrum. Du lebst noch. Du wohnst nur nicht mehr. Das Wortspiel verwirrt mich an diesem Ort. Babis gibt mir die Infos:

Ikea hatte 2012/13 eine Flüchtlings-Notunterkunft entwickelt und gleich dafür einen Designer-Preis gewonnen, sehr ehrenwert, das muss man wirklich sagen, nur wundert man sich, dass das skandinavische Möbelhaus, das mit praktischen und einfachen Holzmöbeln, die im Eigenbau zusammengesetzt werden können, berühmt wurde, hier auf genau dieses Material verzichtete. Was dabei entstand, waren Temperaturen im Innenraum von über 50 Grad in Plastik und Alu. Die gespendeten Häuser wurden in Pikpa also als Storage verwendet, weil sie für Menschen unbenutzbar waren.

»Weiß Ikea das?«

Babis zuckt die Schultern, es scheint ihnen hier egal zu sein.

Der Hardcore-Test des Ikea-Zeltes wurde in Äthiopien durchgeführt mit 13 Zelten in der äthiopischen Savanne. Auch im Irak und

Syrien ist es angekommen, in Kooperation mit UNHCR. Ein Zelt wiegt 100 kg, ist 17,5 Quadratmeter groß und kostet 1000 Euro. Über 3 Millionen hat der Möbelgigant für die Entwicklung investiert, und ich frage mich, was da so viel Geld gekostet hat.

Vorbei an den Ikea-Storages durch die flimmernde Luft, die zu einer Open-Air-Kino-Leinwand würde, wenn sie erst heiß genug ist, um Phantasmen glühen zu lassen, weiter zu dem Ort, der von besonders vielen großen Bäumen eingefasst wird und der wie ein Zirkus aussieht oder ein Gotteshaus, aber das Theater ist. Geschlossen wegen Lockdown, versteht sich.

Hier wird nicht nur musiziert oder gespielt, sondern auch gemalt, Yoga unterrichtet, Sprachen unterrichtet und sich versammelt für Feste oder Besprechungen und Entscheide. Es ist sozusagen ein schulisches Freizeit-Bürgerhaus-Theater, in dem sich die Menschen versammeln, und wenn sie das nicht mehr dürfen, wie jetzt gesetzt, dann wohnen sie zwar, aber leben noch nicht. Oder so ähnlich.

Nebenan liegt der Kindergarten, der sich fast nur draußen ereignet wegen der guten Temperaturen, und ich sehe gezimmerte Bänkchen und Tischlein und Spielgeräte.

Als wir schließlich wieder vor dem Mutterundkindhaus ankommen, schneidet Despoina eine Melone auf, und ich sehe, wie das wilde Mädchen von vorhin an einem Tisch im Schatten auf dem Schoß eines jungen Mannes sitzt und weint und weint und weint.

»Oh je, was ist passiert?«, frage ich entsetzt. »Hat sie sich verletzt? Ist sie die Treppe hinuntergefallen?«

Babis schaut mich mitleidig an, das Mitleid gilt nicht mir. »In einer halben Stunde ist Abfahrt, sie realisiert jetzt, was es bedeutet und dass erneut ein Abschied vor der Tür steht.«

Der junge Mann, auf dessen Schoß sie sitzt, ist ihr älterer Bruder. Der Bruder aus Moria, der wegen seiner Volljährigkeit nicht in Pikpa sein darf. Nur heute ist ihm eine Ausnahme gewährt, um sich von seinen jüngeren Geschwistern zu verabschieden.

Das Mädchen klammert sich an ihm fest und kann nicht aufhören zu weinen, ich sehe, wie er sie hält und sanft auf sie einredet.

Doch am Ende wird sie abfahren und in einem nordischen Land ankommen, das sie und ihre Geschwister willkommen heißt. Ohne die Eltern, ohne den großen Bruder, der vielleicht kein Vaterersatz ist, aber ein Vertrauter, der Sicherheit und Schutz gibt, die Hand hält, in dessen Arm man einschlafen kann und dann wird das schon irgendwie gehen. Hauptsache nicht allein. Das ist sie ja auch nicht, der jüngere Bruder ist mit ihr – aber eben nicht der große Bruder. Die Grenze heißt 18 Jahre, und da wird die Familie getrennt. Die einen gehen, die anderen bleiben. Eine Familie, untergebracht in drei verschiedenen Ländern.

Warum der große Bruder seine jüngeren Geschwister nicht begleiten darf, versteht man nicht. So ist das Gesetz. Es wird durchgesetzt.

Irgendwann kann man wohl Familiennachzug anmelden, aber dieses komplizierte und administrativ aufwendige Procedere müsste nicht sein, wenn man ihn jetzt mitkommen ließe. Geht nicht. Also fahren die Kleinen allein, erst mit der Fähre, dann mit dem Flugzeug.

Am nächsten Tag texte ich Babis, ob die Kinder angekommen seien. Ja, sagt er, es ist alles gut gegangen, sie sind jetzt erst mal ein paar Tage in Athen. Sie sind es gewohnt, Abschied zu nehmen, dieses war nicht das erste Mal. Sie sind stark, sie werden Finnisch lernen.

Alku aina hankala. (Aller Anfang ist schwer. In Finnisch.)

Nach dem Besuch in Pikpa setzte ich mich wieder in das Auto, in dem sich die Temperatur erneut auf ein Unermessliches gesteigert hatte, und fuhr mit umwickelten Händen am Meer entlang, während der Fahrtwind durch die vier offenen Fenster brauste und auch durch mein Gehirn, das neurologisch betrachtet für Gefühle wie beispielsweise Angst verantwortlich ist und nicht das vielzitierte Herz.

Die Oase Pikpa gibt es nicht mehr. Sie wurde am 30. Oktober 2020 geräumt. Die Bewohner.innen wurden in das neue Lager verlegt. Für kurze Zeit stand eine Klage gegen die Initiatoren Pikpas im Raum, die aber nicht durchgesetzt wurde, Wem-auch-Immer sei Dank.

Ich frage mich, wie es dem Mädchen und dem Jungen in Finnland geht. Ob sie inzwischen Finnisch sprechen und bei einer Pflegefamilie leben, zur Schule gehen und Freunde haben? Ob sie sich zum wiederholten Male an einem anderen Ort einleben konnten, ein Ort, der noch verschiedener ist von Syrien als Griechenland, wenn man bedenkt, dass dort im Januar die Sonne um 9.25 aufgeht und um 15.25 unter, im Gegensatz zu Syrien (6.40 auf, 16.35 unter).

Sind ihre Eltern noch in Syrien? Leben sie noch? Und was ist mit ihrem älteren Bruder, ist er im neuen Camp oder in Athen oder in Deutschland oder in Finnland oder wo? Wird die Familie wieder zusammenkommen – jemals? Und falls ja, haben sie sich dann noch was zu sagen? Bestimmt.

Kara Tepe

In Kara Tepe, einem weiteren Camp auf Lesbos, das seit 2015 existiert und von UNHCR und der Inselregierung geleitet wird, auf einem ehemaligen Fahrschulplatz liegt und in dem derzeit 1000 Menschen wohnen, gab es eine neue Idee. Ein Truck war ausgebaut worden, darin befanden sich acht Kochstellen. Jeweils zwei Herdplatten, eine Spüle und darüber und darunter Regale mit Kochutensilien. Über eine App oder eine analoge papierne Liste konnte man sich einen Termin für 60 Minuten reservieren, währenddessen die Frauen ein Essen für die Familie zubereiteten. (Richtig, die Männer gehen zur Essensausgabe, die Frauen gehen kochen.) Die Lebensmittel und Gewürze dafür brachten sie mit. Anschließend wurde das Gekochte in Dosen und Behälter gepackt und der Arbeitsplatz sauber und aufgeräumt der nächsten Person überlassen. Dann spazierte man über die kleinen Übungsstraßen mit den aufgemalten Zebrastreifen und Kreisverkehren und vielen Straßenschildern nach Hause in Box oder Zelt. Essen ist fertig!

In Kara Tepe gab es eine Isobox, auf die war John Lennon gemalt. Noten und Lyrics seines Songs »Imagine« ebenfalls. »Musikschule« stand über der Eingangstür, vor der ich stand, die Lyrics las und schließlich singend die Box betrat. »Imagine all the people, living life in peace. Nothing to die or kill for.«

Eine lesviotische Musiklehrerin unterrichtete hier Klavier und Gitarre. Sie war so süß, ihr Gesicht konnte nicht anders als lächeln, und ich glaube, es war dieses Lächeln, das die Jugendlichen hierherkommen ließ, sie sich trauen ließ, das Wagnis, ein Instrument zu erlernen, einzugehen. Ich schnappte mir eine Gitarre, erst mal stimmen, und wir musizierten im Kreis sitzend zusammen. Neben mir saß ein Fünfzehnjähriger, der vor sechs Wochen angefangen hatte, Gitarre zu lernen, er war gut (und so ernst, wie nur Teenager sein können), ich schaute ihm auf die Finger, um die Akkorde von ihm abzunehmen, da ich das Stück nicht kannte. Dann kam ein Mädchen herein, sie schien gestresst, dass man schon angefangen hatte oder vielleicht auch aus anderen Gründen, ihr Gesicht schwitzte, doch die lächelnde Lehrerin sagte: »Setz dich zu uns, du kennst ja das Stück.« Das Mädchen setzte sich ans Keyboard und spielte mit uns zusammen, bis der Schweiß im Gesicht getrocknet war und der Stress sich in der Musik auflöste wie Zucker im Tee.

Musik, samt Musikinstrumenten, ist laut des Weltgewissens, der UN, dem Nobelpreis-Komitee und vor allem meiner Meinung nach das Beste, das der Mensch jemals erfunden hat.

Lipa

Die schlechte Nachricht: Das Wetter ist schlecht. Die gute Nachricht: Es gibt einen Ort, an dem es schlechteres Wetter gibt als in Berlin im Januar. Der Himmel wird hier zu Nebel, der sich wie in einem Gruselfilm zu personifizieren scheint, um die Menschen zu ersticken. Eben noch konnte man den Himmel sehen, nun ist er verhangen, verhüllt, überdeckt vom Nebel, der wie ein Tier von den Hügeln herabkriecht, in unsere Richtung. Leise, weiß, trickreich in seinem geräuschlosen Überfall – plötzlich ist der Nebel da, und du weißt nicht, wie er hierherkam. Er liegt spektakulär in der Landschaft herum. Er nimmt die Sicht. Die Sicht auf den Weg zu dem Geflüchtetenlager Lipa, in der Nähe der Stadt Bihać, im Kanton Una-Sana, im Westen Bosnien und Herzegowinas, wo unweit die Grenze zum EU-Mitgliedsland Kroatien verläuft.

Die Natur wird hier im schlechten Wetter sichtbar, kriecht in die Knochen, rutscht in den Nacken, klamm auf warmer Haut. Der Fluss Una schließt in dieser Zeit bündig mit dem flachen Ufer ab, das Wasser reicht den Bäumen bis zum Knie oder noch höher, sie stehen da im Wasser herum, die Bäume, wie Fischer und kommen nicht voran, der Strom ist zu stark und wird immer breiter. Der Wasserfall, zu dem Una schließlich wird, bevor der Fluss sich aus Spaß verästelt, um sich kurz danach wieder zu verbünden, ist schön und wild und verwirbelt das Wasser lautstark, darüber steigt Feuchtigkeit hoch, verbindet sich mit der ohnehin feuchten Luft zu Dampfwolken, die über den schwarzbraunen Hügeln aufsteigen, als sei es Rauch eines nicht entdeckten Feuers, das aus der Ferne mit ausreichendem Abstand wahrgenommen und gleich wieder vergessen wird.

Der Nebel hat den Regen aus den Wolken befreit, die nächste Waffe, mit der die hier temporär Lebenden auf die Bestandsprobe gestellt werden. Senkrecht tropft und fließt es, als seien Wasserrohre undicht, nicht enden wollender Regen, in den man sich schließlich schicksalsergibt.

Die Grenze weiter hinten ist nicht undicht, die Zelte davor schon. Die verschlammte Straße, auf die wir von der Hauptstraße abgehend eingebogen sind, scheint endlos, sie mäandert durch den Wald, mit dem die Hügel überzogen sind. Die Landschaft ist mächtig, dunkel, schön in ihrer Unheimlichkeit und Herausforderung. Hell wird es nicht mehr, das Licht ist auf Stromsparmodus bis 15.00 Uhr, dann kommt die Dunkelheit. Zieht der Nebel sich zurück, sieht man dichte Wolken, die sich dramatisch um die Hügelspitzen herum formieren. Die Äste sind schwarz; Gras und Felder braun, der Müll liegt weit im Wald verteilt, bunt in der sonstigen Farblosigkeit: Handtücher, schwer vollgesogen mit der allgegenwärtigen Feuchtigkeit, Flaschen, Dosen, Zahnpastatuben, aufgeweichtes Weißbrot, vereinzelte Schuhe. Warum nur sind die immer vereinzelt? Immer ein liegen gebliebenes Solo, kein Duo.

Die hellsandige Straße nimmt kein Ende, es geht immer weiter. Wie kann das sein, wir müssen doch mal ankommen?! Schlaglöcher, sandfarbenes Wasser spritzt gegen die Autofenster. Wir sitzen zu fünft in einem Auto, fahren an uns entgegenkommenden Fußgängern vorbei. Wo gehen sie hin?

Wir kommen von Bihać, das sind 26 Kilometer, zu Fuß dauert es sechs Stunden, wird mir gesagt, es handelt sich offensichtlich um Erfahrungswerte. Die letzten Kilometer bestehen aus diesem Sandweg.

»Er ist es, der euch die Erde zu einer Lagerstatt gemacht, und für euch, auf ihr sich Wege hinziehen und vom Himmel Wasser herabkommen lässt.«
(Qu'ran, Sure 20, Vers 53)

Der herumliegende Müll ist das erste Indiz gewesen, dass wir hier auf etwas zufahren, das so nicht vorgesehen und neu in dieser Gegend ist. Die Menschen, die uns entgegenkommen, oft zu zweit, tragen häufig kurze Hosen und Badelatschen, haben Decken oder Handtücher wie eine Stola um sich geschlungen, manchmal auch auseinandergezippte Schlafsäcke. Sie sind schmal, schwarzhaarig, nicht besonders groß und haben ihr Herkunftsland verlassen. Manche wurden in Afghanistan geboren, lebten in Pakistan und sind nun seit drei Jahren auf der Straße, davon zwei Jahre in Bosnien in den Wäldern, nahe der kroatischen Grenze, die quasi irgendwo durch das Ex-Jugoslawien verläuft.

Im Sommer 2020 wurde das Camp Lipa gebaut. Von IOM, der Internationalen Organisation für Migration, 1951 von 173 Mitgliedsstaaten gegründet. Seit 2016 ist IOM eine mit den Vereinten Nationen verbundene Organisation. Über 15 000 Menschen arbeiteten 2020 für diese Organisation, mit einem Etat von 2 Milliarden US-Dollar, und es ist mir ein Rätsel, warum sie so ein schlechtes, unüberlegtes Lager errichten konnten.

1200 Fliehende waren im Camp untergekommen. Ungefähr weitere 2000 leben im Dschungel, in den Wäldern, in Ruinen, Fabriken, leer stehenden Farmhäusern. Ein Tag vor Weihnachten ist Lipa abgebrannt. Eine Woche vor meiner Ankunft.

IOM-seits wollte man, wie mir lokale NGOs erklärten, Druck auf die EU ausüben, indem man ankündigte, das Lager zu schließen. Falls das wirklich die Absicht war, ging sie voll nach hinten los. Es waren voraussichtlich Flüchtlinge, die bei ihrem erzwungenen Auszug ihre unliebsamen Unterkünfte anzündeten, die Flüchtenden selbst sagen etwas anderes, man weiß es nicht. Am nächsten Tag war Weihnachten.

Dann kam das Erdbeben nach Zagreb und Pretinja in Stärke 6,4. In dem Städtchen Pretinja war die Zerstörung katastrophal. Sieben Menschen wurden von Heruntergefallenem getötet. In Zagreb sah ich die Zerstörung in der Altstadt, und auch in Bosnien konnte man

Erschütterungen fühlen. Ein paar Tage später kehrten 800 der Geflüchteten in das skelettierte Lager zurück.

Der Sandweg ist von uns zu Ende gefahren worden, und wir halten auf einem Hügel, auf dem eine kleine mit Brettern vernagelte Kirche steht, die auf einen Platz schaut, auf dem das Camp Lipa installiert wurde mit all seinem Kummer. Das christliche Auge schaut in diesem Land mit muslimischer Mehrheit auf Stacheldrähte, verbrannte Zeltstangen, Containerboxen und die umfassende Fehlleistung dessen, was sich hier ereignete und noch immer ereignet.

Am 1.1.2021 bin ich nach Zagreb, Kroatien, geflogen. Niemals vorher bin ich so früh an einem ersten Januar aufgestanden. Der neue Berliner Flughafen ist tatsächlich fertig geworden und wurde inmitten der Pandemie ohne Glamour und Publikum, fast klammheimlich, eröffnet. Am ersten Tag des neuen Jahres sieht er besonders verloren aus.

In Zagreb treffe ich mich mit Serkan Eren, dem Founder der Stuttgarter Nichtregierungsorganisation STELP, einem Akronym aus Stuttgart und Help. Er leistet Geflüchteten Unterstützung und arbeitet in Bosnien mit SOS Bihać zusammen. Wir hatten uns im Jahr davor in Athen kennengelernt und waren seitdem in Kontakt geblieben. Ich hatte ihn gefragt, ob er mich nach Bosnien mitnehmen würde, und er hatte ja gesagt. Bingo.

Begleitet wird er von dem Arzt Martin, der Übersetzerin Jovanka und einem Spender aus München. Der Grund der jetzigen Reise ist, vor Ort Essen, Wasser, Decken, Schlafsäcke, Schuhe und Jacken, wenn möglich auch Holz zu kaufen, um sie von SOS Bihać verteilen zu lassen. In Abstimmung mit IOM, Polizei, Militär, dem Bürgermeister von Bihać und Abgeordneten der bosnischen Regierung, um alles korrekt zu gestalten und somit niemals die Geflüchteten zu gefährden. Und auch sich selbst nicht.

Der Founder von SOS Bihać ist Zlatan Kovacevic, ein Bosnier, dem mit 14 Jahren während des Jugoslawien-Krieges sein Bein weggeschossen wurde. Es war die erste Bombe, die in der Region, in der Zlatan lebte und gerade mit seinen Kumpels Fußball spielte, gezündet wurde und ihn sein Bein verlieren ließ. Er sagt, er hätte realisiert, dass sein Bein weggerissen worden war, noch bevor der Schmerz einsetzte. Seine Behandlung sollte in Deutschland stattfinden, doch der bosnische Arzt, der ihm diese Überweisung verschreiben sollte, verkaufte diese Möglichkeit an einen reichen Menschen. Erstaunlich, was einem alles einfallen kann, um Profit zu machen. Schließlich wurde Zlatan in der Schweiz operiert und kam von dort für die Folgebehandlung nach Deutschland, weswegen er fließend Deutsch und kein Englisch spricht.

Gemeinsam mit seinem Team, zu dem auch seine beiden Töchter gehören, leistet er unermüdlich vor Ort alles, was in seiner Möglichkeit steht, im Bereich von Distribution. Er schmuggelt keine Menschen über die Grenze, falls man das denken würde, er ist auch kein Arzt oder Psychologe und ebenfalls nicht in der Position, politische Entscheidungen zu fällen oder zu sagen, wie man ein sinnvolles Lager bauen könnte. Er ist ein Mensch, der Krieg erlebt hat und Gewalt, das Ende eines Systems, das Ende eines Landes, das Ende von Freundschaften und Leben. Er hat angefangen, Distribution zu betreiben, weil er gesehen hat, dass Flüchtenden, die in sein Land kommen, das selbst mit Armut zu kämpfen hat und aus dem Menschen ebenfalls versuchen, nach beispielsweise Deutschland zu fliehen, das Nötigste fehlt. Das Nötigste. Ein Schlafsack. Eine Decke, ein paar Schuhe. Etwas zu essen. Wasser. Die Liste lässt sich fortsetzen. Er ist vorsichtig im Umgang mit den offiziellen Behörden und Institutionen, denn er weiß, dass diese seine Arbeit auch den Goodwill benötigt von Polizei, Militär, der Munizipalität und vor allem der Regierung in Sarajevo.

Die Situation seit meiner Reise nach Bosnien ist immer schwieriger und grausamer geworden, aber auch im Jahr 2021, ein Jahr, nachdem die Pandemie die Welt erschütterte, wurden Humanitäre, gerade jene, die Geflüchteten beistehen, angeklagt, angezeigt, bedroht, wurde ihnen offiziell und inoffiziell ihre Arbeit erschwert, die ja keine destruktive Arbeit ist, sondern eine der Nächstenliebe, wie man es im christlichen Glauben nennen würde.

Für einen Artikel der Deutschen Welle formulierte ich es damals so: »Humanitäre Arbeit ist ganz konkret: Dort fällt ein Mensch aus dem Boot, er wird aus dem Meer gefischt. Dort liegt ein Siebzehnjähriger mit schwersten Verletzungen in einer zerschossenen Lagerruine, er wird von einem Arzt, der die Squads in den Wäldern um Bihać aufsucht, behandelt. Dort stehen Menschen ohne Jacke und mit Badelatschen frierend im Wind des verbrannten Camps, es werden Jacken, Schuhe, Schlafsäcke und Decken von SOS Bihać verteilt. Das macht die Zivilgesellschaft, das ist konkret.«

Was daran ist ein krimineller Vorgang? Warum werden die Unterstützer.innen bedroht, statt jene, die ursächlich verantwortlich sind? Ich glaube, man sucht sich den schwächeren Feind, es ist einfacher, Volontäre, die Seenotrettung machen, oder Humanitäre, die Distribution für Flüchtende leisten, zusammenzuscheißen, vor Gericht zu zerren und mit Hass zu überziehen. Sie stellen keinen echten Gegner dar. Sie haben weder Macht noch Waffen, noch sind sie Entscheider oder ohne Hemmschwelle, was die Ausübung von gewalttätiger Vergeltung angeht.

Denn erstaunlicherweise werden ja Menschenhändler, Kinderpornoproduzenten, illegale Waffenschieber oder die Drogenmafia nicht erfasst, gefasst, verurteilt und mit öffentlicher Wut überhäuft. Vor ihnen hat man Angst. Sie könnten sich rächen, sie könnten Verbindungen haben, sie könnten dich zerstören, dein Leben auslöschen oder dir einen Unfall oder einen Überfall schenken. 397 Journalist.innen und Aktivist*innen wurden 2020 ermordet, weltweit.

Am 23.3.2023 kam der Dokumentarfilm »Gegen den Strom« bundesweit in die Kinos, ein Film über die syrische Leistungsschwimmerin und Aktivistin Sara Mardini, die mit ihrer Schwester Yusra

2015 drei Stunden ein sinkendes Boot mit 19 Menschen darin über das Meer nach Lesbos gezogen hat. Sie waren ohne ihre Eltern aus Syrien geflohen, nachdem eine Bombe in dem Hallenbad, in dem sie trainierten, explodiert war.

Sie kamen in Berlin an, doch Sara kehrte auf die Insel zurück, schloss sich der gemeinnützigen Organisation »Emergency Response Center International« (ERC) als Volontärin an, leistete Geflüchteten Erstversorgung am Strand, mit Wasser, Essen, Decken. ERC gibt es nun nicht mehr …

Denn Sara wurde verhaftet und saß kurz nach der Verhaftung, genau wie der irisch-deutsche Seenotretter Sean Binder, 107 Tage in einem Gefängnis auf Lesbos in Untersuchungshaft. 2018 kamen sie auf Kaution frei und warteten vier quälende Jahre wie auch 22 weitere Angeklagte auf ihren Gerichtsprozess, der Ende Januar 2023 in Mytilini, im »Mytelene Court«, 10 Minuten zu Fuß vom Sappho Square, begann.

Sean Binder sagt: »Sara Mardini und ich wurden verhaftet, weil man uns unglaublich schwere Verbrechen vorwirft, darunter Mitgliedschaft in einer kriminellen Vereinigung, Beihilfe zur illegalen Einreise, Geldwäsche, Urkundenfälschung, die illegale Nutzung von Funkfrequenzen und Spionage. Sollten wir schuldig gesprochen werden, müssen wir für 20 Jahre ins Gefängnis.«

Weitere Anklagepunkte lauteten: Gründung einer kriminellen Vereinigung, Unterstützung von Menschenhandel. Und man hat auch schon die Zahl »27 Jahre« gelesen.

Der griechische Anwalt Zacharias Kesses sagt am ersten Tag des Prozesses vor dem Gerichtshof: »Die Vorwürfe entbehren jeder objektiven Grundlage. Es geht hier eindeutig um die Kriminalisierung humanitärer Hilfe.«

Ein Untersuchungsbericht des Europaparlaments bezeichnet das Verfahren als »den größten Fall der Kriminalisierung von Flüchtlingssolidarität in Europa.«

Dieser Fall ist der erste in Europa, in dem humanitäre Hilfe offiziell von einem EU-Mitgliedsstaat (Griechenland) kriminalisiert wird. Mit Betonung auf »erste«.

Für den Dokumentarfilm hat die kanadische Regisseurin Charly Wai Feldman Sara Mardini vier Jahre begleitet.

Zurück nach Lipa.

Wir treffen Zlatan auf dem Gelände, auf dem IOM das Lager Lipa errichtet hat. Die in ihrer Größe Festzelten vergleichbaren Unterkünfte bestehen nur noch aus schwarz verbrannten Stahl- oder Alurahmen, gebrochen, zerknickt, gewesen, vorbei. Sie stehen in der grauen Landschaft hinter Zäunen wie eine Kohlestiftzeichnung. Umrisse. Darin reihenweise und dicht an dicht Stockbetten aus orange-verrosteten Rahmen. Stockbetten in Lagern, in Zügen, unter Deck, in den Ländern dieser Welt, aus Metall, aus Holz, in Camps, in Verschlägen, portionierte Menschen, verschifft, aufbewahrt, weggemacht, die Fremden, die Störer, die Schwachen und Falschen, Migranten, Schüblinge, Flüchtlinge, Obdachlose, Herrenlose, jene, die nicht die Norm (welche?) bilden, weil sie eine andere Sprache sprechen, zu einem anderen Gott beten, anders lieben oder denken undsoweiterundsofort.

Vielleicht weil man noch immer an weiße Überlegenheit glaubt und dass jede ihres Glückes Schmiedin ist, weil weder aus Vergangenem gelernt wird, noch Bereitschaft erkennbar wäre, ein verschlossenes Weltbild zu öffnen oder ein Interesse daran zu haben durch eine Begegnung mit einer sogenannten marginalisierten Randgruppenperson, der man sich qua Geburt überlegen fühlt, ohne irgendein Dazutun für diese hierarchische Position einen Erkenntnisgewinn zu provozieren.

»Überall auf der Welt, wo Wissen unterdrückt wird, ein Wissen, das, würde es hervorgeholt, unser Bild von der Welt zertrümmern und uns zwingen würde, uns selbst in Frage zu stellen, überall dort, wird das Herz der Finsternis nachgespielt.« (Raoul Peck, »Exterminate all the Brutes«)

Warum ist es niemandem eingefallen, im Camp Lipa kleinere

Unterkünfte, kleinere Zelte zu bauen? Ein kleinerer Raum ist besser zu beheizen, es macht Sinn, weniger Menschen in einem kleineren Zelt unterzubringen statt Dutzende in einem großen, in dem es keine Privatheit mehr geben kann.

Diese kleineren Unterkünfte haben sich die zurückgekehrten Geflüchteten innerhalb der abgebrannten Festzelte selber gebaut, aus Planen, aus den Überresten des Verbrannten, aus allem, was zu finden oder aufzutreiben war. Wenig. Kleine verrückte Konstruktionen, schief und krumm zusammengenagelt, zusammengebunden, halb verbrannte Planen daraufgelegt, irgendein Ding, das sich über dir verschließen lässt, wenn du schlafen willst. Dazwischen versucht man, auf kleinen, schlecht brennenden Feuerchen in verrosteten Eimern etwas Wasser zu erhitzen, es qualmt. Menschen stehen hinter dem Zaun, sie dürfen nicht hinaus, wir nicht hinein. Die Lage ist angespannt, denn es kommen Offizielle. In großen Autos.

Gegenüber den überdimensionierten Zelten wurden Militärzelte aufgebaut, aus grünen Planen, kleiner, halbrund, sogar mit kleinen Plastikfolienfensterchen, eine ganze Reihe steht da soldatisch gezirkelt, verankert im Schlammboden. Noch sind sie unfertig und leer, noch ist darin kein fester Boden verlegt worden, sondern der matschige Untergrund schaut einen glubschig und glitschig an, wenn man durch die Eingangstür, eine Plane, die nach oben weggerollt wird, hineinsieht.

Es hat begonnen zu schneien, wässriger Schnee, und der schwarze weiche Boden verwandelt sich umso mehr in Schlamm. Serkan rutscht aus, seine Hose ist vollkommen mit Matsch übersät, er zeigt uns die Dreckhose, muss dafür sein Regencape hochziehen, steht da wie ein kleines Kind.

Zlatan fragt ihn: »Wie willst du jetzt in einem Mercedes sitzen?« (Serkan hatte für die Fahrt nach Bosnien den Mercedes eines Sportlers ausgeliehen bekommen.) Der Humor ist noch nicht völlig verloren. Wir haben dicke Schuhe, dicke Jacken, Mützen und obendrüber die Regencapes an, frieren trotzdem, und die Klammheit dringt in die Knochen. Trotz der Ausrüstung. Wie kann das gehen, wenn man kurze Hosen, Schlappen und ein Handtuch statt einer Wärmejacke trägt?

Die Jungs mit den Schlappen sind von einem sogenannten Game, dem Versuch, die Grenze nach Kroatien zu übertreten, von kroatischen Polizisten und Soldaten zurückgeschubst worden, nachdem man ihnen die Schuhe und Bekleidung weggenommen hat. Manchmal auch die Zehennägel. Dann bleibt nichts mehr, das wärmen könnte. Es sei denn, Zlatan kommt zu ihnen, aber heute heißt es Obacht, keine Distribution im offiziellen Camp, das in seiner Schändlichkeit jeglicher Offizialität entbehrt. Da können noch so viele dicke Autos vorbeifahren. Hier ist nichts. Hier ist Ende.

Dutzende Menschen stehen dicht aneinandergedrängt hinter dem Zaun, es sind ausschließlich geflüchtete Männer, die Frauen und Kinder sind in Bihać untergebracht, in einem echten Haus. Die meisten Menschen kommen aus Pakistan, Afghanistan, Bangladesch. Sie haben sich Decken um die Schultern gelegt und warten. Auf die Offiziellen, auf neue Zelte, auf jemanden, der mit ihnen spricht, auf etwas zu essen, auf eine Idee, eine Perspektive, die Weiterreise, die Sonne, eine Hoffnung oder einen Trick, der dem Leben binnen einer Sekunde eine andere Richtung geben könnte.

Ein Mann, direkt hinter dem Zaun, spricht flüssiges Englisch. Er ist empört, nein, verzweifelt über die Umstände und bleibt dennoch dabei ruhig und freundlich, während ich mit ihm spreche.

»They *(bezieht sich auf junge Männer, die vom Game erfolglos zurückkamen)* didn't succeeded to pass the Croatian border.« / »Es ist ihnen nicht gelungen die kroatische Grenze zu überqueren.«

Ich frage ihn, wo er hinmöchte.

»I wanna go to Italy and work there.« / »Ich möchte nach Italien gehen, um dort zu arbeiten.«

Ob er aus Pakistan käme, frage ich.

»Nein, ich komme aus Afghanistan, ich war dort Ausbilder, ich habe viele Studenten unterrichtet, habe mit verschiedenen ausländischen Organisationen gearbeitet. Ich wurde in meinem Land angegriffen, deswegen habe ich mein Land verlassen, man hat mich attackiert, mein Leben war in Gefahr. Deshalb habe ich mein Land verlassen, um in andere Länder zu gehen, und mein Leben zu sichern.

Wir kamen hierher … *(er macht eine ratlose Geste)* Dieser Ort ist voller Probleme, Push-Backs sind ein großes Problem. Dann wurde das Feuer gelegt. IOM sagte, sie werden ein weiteres Lager bauen, wir werden euch nach Bihać verlegen. Sie versuchten, einige Leute nach Bihać zu bringen. Doch es versammelten sich einige Leute aus Bihać und lehnten unsere Leute ab, sagten, IOM solle diese Migranten nicht herbringen.

Es gibt kein Lager in Bihać. Miral-Camp ist voll, Velika Kladuša *(Anm: Ort in Bosnien, 2 km zur kroatischen Grenze, ca. 50 km nördlich von Bihać entfernt)* ist auch voll. Wo ist unser Platz, wo ist unsere Zuflucht? Was nun? Sie geben uns keine angemessene Lösung, sie geben uns nicht unsere Rechte. Die aus Kroatien abgeschoben wurden, kamen nach Velika Kladuša; es dauerte drei Tage, bis sie hierherkamen. Wir gehen zu Fuß, okay? Niemand stellt uns Tickets für Transport zur Verfügung. Wenn wir Geld brauchen, gehen wir zu Fuß nach Bihać. Es dauert sechs oder sieben Stunden. Wie soll es möglich sein, an diesem Ort zu leben? In diesem Dschungelcamp zu leben? Es wird Dschungel genannt.

Letztes Jahr gab es provisorische Lager, doch sie wurden komplett abgerissen. Jetzt wird versucht, dort drüben ein provisorisches Zelt aufzubauen *(er zeigt in die Richtung der abgebrannten Zelte)*. Sie sagten, wir werden dort alle technischen Hilfsmittel bereitstellen. Wir werden Strom, Heizung und heißes Wasser bereitstellen, aber wir haben kein heißes Wasser oder irgendwelche Einrichtungen in diesem Lager gesehen. Vor zwei Monaten hat der Winter begonnen, es gab kein heißes Wasser in den Toiletten, in den Waschräumen. Es gab keinen Strom, okay? Wie ist das möglich?

Hier einige Fragen. Europäische Union. Alle Migranten respektieren die Europäische Union, die Länder wie Italien, Slowenien, Kroatien *(er steckt den Daumen in die geschlossenen Finger, um ihn zu wärmen)* nötigt, den Aufenthalt für Einwanderer zu ermöglichen. Es gäbe eine gute Lösung für uns. Aber man will uns nicht an einen besseren Ort versetzen, an einen Ort nahe des Zentrums einer Stadt. Denn wir brauchen doch das Nötigste, wir sind auch Menschen. Wir sind in dringender Not. Wir haben unsere Häuser und unsere Eltern wegen der Probleme in unserem Heimatland verlassen. Es gab für alle die Menschen, die du hier siehst, große Probleme, mit denen wir in unserem Land konfrontiert waren, deshalb haben wir unser Land verlassen.«

»What's your name?«, fragt Serkan, der das Gespräch gefilmt hat.

Er nennt seinen Namen.

»Thank you«, sagt Serkan und schaltet aus.

»Menschen sind spezialisiert darauf, Auswege aus Extremsituationen zu finden. Sie sind hartnäckig darin, nach Wegen zu suchen, ihr Leben zu verbessern.« (Volker Heins, »Offene Grenzen«, S. 110)

Ich spreche noch weiter mit einigen Menschen, die hinter dem ca. 1,60 m hohen Maschendrahtzaun, der oben mit Stacheldraht gesäumt ist, stehen, während ich auf der anderen Seite des Zaunes stehe und zuhöre; ein Gespräch, durchkreuzt von, getrennt durch Metall. Es ist bizarr, absurd, nicht richtig. Und wird doch zu einem akzeptierten, weil unveränderbaren Zustand. Dann sagt Serkan, dass es Zlatan lieber wäre, wenn wir uns vom Zaun entfernen würden.

»Wenn die Grenze nur noch als ein physisches Hindernis behandelt wird und die Regeln ihrer legitimen Überschreitung missachtet werden, dann erfüllt die Grenze ihre Filterfunktion nicht mehr hinreichend. Wird die regelwidrige Überwindung der Grenze oft wiederholt, kann dies als eine Infragestellung ihrer Autorität angesehen werden.« (Volker Heins, »Offene Grenzen«, S. 97)

Über das Gelände verteilt laufen Hunde herum, klatschnass, wollen gestreichelt werden, mit nach Hause genommen werden, sie sind obdachlos und vermutlich hier, weil sie sich etwas zu essen erhoffen. Wie die Menschen auch.

Es ist eine diffizile Situation, wenn da plötzlich so viele Menschen ins Land kommen (16 000, Stand 2020, 30 % davon sind Kinder, davon 500 unbegleitet), man erhält ein Problem in die Hand gedrückt, nach dem man nicht gefragt hat, aber wer fragt schon nach Problemen, die will ja keiner, und doch ist die Welt voll damit. Eigentlich wäre das die Job-Description von Politik: Probleme lösen. Oder mindern. Keine Ahnung. Die Sache ist, dass die Angekommenen nicht nach Bosnien kamen, um zu bleiben, es ist das Transferland auf dem Weg in die EU. Die liegt da drüben, die kroatische EU. Da will man sie aber nicht haben, und so bleibt das Problem auf bosnischer Seite.

»Die westliche Welt ist in einem Delirium eskalierender Panik. Sie jammert über einen Kampf der Kulturen. Und zeigt damit die Grenzen der Überlegenheit auf. Privilegien machen verwundbar. Und Panik gepaart mit Bigotterie erzeugt Wut. Alle anderen werden zum Feind. Die Festung wird zum Gefängnis.« (Raoul Peck, »Exterminate all the brutes«)

Die Offiziellen gehen in ein Militärzelt. Journalisten sind da oder zumindest Kameras. Menschen unter Regenschirmen und Soldaten stehen vor dem Zelt, aufgabenlos. Irgendwann werden die Uniformierten Zlatan fragen, ob er auch ihnen Essen distribuieren könnte, denn an ihre Versorgung wurde wohl nicht gedacht. Zlatan hilft den Militärs. Aber nicht jetzt. Jetzt müssen wir hier weg, schauen, wo und wie wir Geflüchteten Schlafsäcke, Schuhe, Decken, Essen, Wasser geben können, ohne Schwierigkeiten zu bekommen.

Wir fahren zurück auf den Sandweg und von dort tiefer in die Hügel hinein. Treffen auf Gruppen junger Männer, Distribution aus dem Auto heraus. Helfen ist gefährlich. Und kriminell. Schon gewusst?

»In Frankreich gab es Klagen gegen Bauern in Grenzregionen, die afrikanischen Flüchtlingen aus Italien eine Suppe gekocht und ihnen Unterschlupf gewährt haben.« (Volker Heins, »Offene Grenzen«)

Die Bevölkerung Bihaćs, des 26 Kilometer entfernten Ortes, hat sich, verständlicherweise, würde ich sagen, beschwert und besorgt geäußert über Flüchtende, die in ihren Garten drangen und Kartoffeln ausgruben und dabei Pflanzen zerstörten und den Garten in einem Durcheinander zurückließen. SOS Bihać hat eine Zusammenkunft organisiert und vorgeschlagen, ob sie sich vorstellen könnten, einen Korb mit entbehrbarem Gemüse vor das Gartentor zu stellen, so dass nicht in ihrem Garten gewildert wird. Diese Bürger, die ja auch deswegen einen Gemüsegarten haben, um sich selbst zu versorgen, da sie nicht über ausreichende Mittel verfügen, waren einverstanden und haben Geflüchteten diese Körbe hingestellt. Als Hilfeleistung und zum Schutz ihres Besitzes. Das ist mehr als erstaunlich und wirklich berührend. Erneut ist es die Zivilgesellschaft, die nicht tatenlos bleibt. Menschen unterstützen einander, das geht, das ist sichtbar und vorhanden. Aber es ist der kleinere Prozentsatz der Arschlöcher, der alles in Aufruhr versetzt und sich damit ins Zentrum der Aufmerksamkeit platziert.

Wir fahren in eine leer stehende Fabrik aus kommunistischer Zeit. Ein schier unüberschaubares, weites, kaputtes und unendlich trostloses Gelände. Dort leben 200 Personen. Ein Squad, wie man es benennt. Sie kommen aus allen Ecken und Schlupflöchern zu Zlatans Auto. Sie kennen ihn, sie wissen, dass sie ihm vertrauen können und dass er ihnen das Nötigste bringt.

Die Distribution wird von einem Mitarbeiter streng geregelt, damit kein Chaos, kein Gerangel entsteht, damit gerecht verteilt wird. Ich schlendere über das Gelände, mache Aufnahmen, die ich später zu einem kleinen Video zusammenschneide. Ein Video der Trostlosigkeit, in dem man Menschen sieht, die versuchen, einen feuchten zertrümmerten Verschlag zu einem Schutzraum zurechtzumachen, bis sie ihn verlassen können, in der Ungewissheit, an einem anderen Ort etwas Besseres zu finden.

Zlatans Team ist fertig, und wir gehen ein ganzes Stück einen zugewachsenen Weg, vorbei an halb eingefallenen Mauern, die mit Müll und Bergen alter Autoreifen übersät sind, bis wir zu einem anderen Fabrikgebäude kommen, vor dem sich weitere Menschen versammelt haben. Unter ihnen ein kleiner Junge, er ist vielleicht zehn Jahre alt, und ich schnappe nach Luft vor Entsetzen, hier so ein kleines Kind zu sehen. Serkan führt ihm einen Zaubertrick vor und erntet lachende Gesichter. Wir gehen in die Fabrik, die innen kaputt, zerstört, verschmutzt, durchnässt ist, herausgebrochene Türrahmen, manchmal eine Lagerstatt, das Ende der Menschenwürde wird hier sichtbar.

Die junge Frau, die als Übersetzerin mitgekommen ist, hat kroatische Eltern, mit denen sie in ihrer Kindheit in den Ferien immer mit dem Auto aus Stuttgart nach Kroatien fuhr, eine helle schöne Erinnerung, die Fahrt zu einem Ort, der für sie auch Heimat bedeutete. Oder bedeutet. Sie ist erschüttert angesichts dessen, was sie hier beobachtet, und schämt sich, ob des Verhaltens der kroatischen Regierung. »Es fällt mir wahnsinnig schwer, nur die Zuschauerin zu sein«, sagt sie. Sie möchte handeln, beweisen, dass Kroatinnen nicht konform mit der Politik sind und einen Unterschied machen, doch wie geht das?

Als Serkan in einem Supermarkt in Bihać die benötigten Lebensmittel für weitere Distribution für SOS Bihać kauft, begleite ich ihn. Unsere ganze kleine Truppe begleitet ihn. Endlich können wir nützlich sein und die von Serkan angegebenen Mengen an Lebensmitteln und Berge von Wasserflaschen aus den Regalen holen und auf Wagen heben, um sie zur Kasse zu fahren. Wobei uns auch ein Angestellter des Marktes hilft.

Durch einen Zufall oder durch was eigentlich ist ein Mann, der angeblich bei SOS Bihać volontiert, zu unserem Grüppchen gestoßen. Claudio aus Italien. Ein forscher Mensch, klein, drahtig, breitbeinig, mit aufgekrempeltem kariertem Hemd zu einer Militaryhose – und voller Selbstbewusstsein. Angeber könnte man auch sagen. Oder Besserwisser. Der mit unverhältnismäßiger Vorzeigekraft die Produkte auf die Einkaufswagen knallt. Müsste gar nicht sein.

Der Arzt in unserer Runde, Martin, der Dutzende, wenn nicht Hunderte von Einsätzen hinter sich hat, in München in einem Krankenhaus arbeitet und seine kompletten Ferien und freien Tage für diese humanitären Einsätze verwendet und demnach vermutlich, neben Serkan, der erfahrenste Mensch unter uns ist, der immer ruhig und freundlich ist, einen ausgeprägten, umwerfenden Sinn für trockenen Humor hat und Meditation nicht nur praktiziert, sondern auch unterrichtet, dieser ruhige, bedächtige und groß gewachsene Mensch kann Claudio nicht ertragen. Sein Geprotze geht ihm direkt ins Gebein. Serkan geht es genauso, und er wird nervös und fast ärgerlich, was er aber nicht zu äußern wagt und dem Procedere nicht guttun würde. Claudio verhält sich so, als wäre dies hier sein Einsatz, seine Aktion, sein Spendengeld, seine Idee, seine Bezugsgruppe, der er vorsteht, seine NGO und vermutlich auch sein Supermarkt und sein Krieg.

Ich stehe unter dem Eindruck, vermitteln zu müssen, damit die Stimmung nicht kippt. Ich verwickle ihn in ein Gespräch, um erst einmal Kontakt zu ihm aufzubauen, und was er mir erzählt, lässt mich äußerst erstaunt zurück. Die Anzahl der Arschgeigen ist in jeder Gruppe gleich groß, auch unter Humanitären. Er ist so eine Person, die die Arbeit und quasi den Ruf von Humanitären in der Öffentlichkeit versaut und in schlechtes, unprofessionelles Licht rückt.

Er moderiert sich selbst direkt mit den Worten an: »You need a good cause to die.« Man braucht einen guten Grund, um zu sterben. Er hat ihn gefunden. Im Krieg gegen den IS. Er zeigt mir Fotos, auf denen er in voller Uniform-Montur steht, in Raqqa. Dort hat er 2017 gekämpft und die Stadt befreit. Nun wissen wir endlich, wer das war. Er sagt, er war Teil des kurdischen Teams. Mehr Fotos. Auf denen er mit kurdischen Soldatinnen zu sehen ist. Er allein mit seiner Waffe: Kalaschnikow, AK 74. Kam in Italien ins Gefängnis. Es scheint, dass er das ganz gut fand. Vermutlich denkt er, er sei Rambo. Vielleicht ist er es.

Vorsichtig versuche ich, ihm zu erläutern, warum wir hier sind, wer Serkan ist, wie seine Verbindung und Zusammenarbeit mit Zlatan aussieht und dass wir hier genug Personal hätten, um den Einkauf zu tätigen. Eine Waffe hat er nicht dabei, er kann mich nicht direkt erschießen, obwohl er so aussieht, dass er es gern versuchen wollen würde. Er lässt die Kiste fallen und geht ab.

Ich rufe ihm noch ein paar Komplimente hinterher und innigsten Dank. Dann ist er weg. Ich gehe zu Serkan, um ihm das mitzuteilen. Die Steine, die vor Erleichterung von seinem Herzen auf den hässlichen Supermarktboden fallen, können wir beide hören.

Squads

Das englische Wort »Squad« heißt wörtlich übersetzt »Truppe« oder »Gruppe«. Ein »Death Squad« ist eine Todesschwadron. Als ich das Wort in Bosnien das erste Mal hörte, war mir das nicht bewusst, sondern irrtümlicherweise musste ich an die Geländewagen mit Allradantrieb denken, mit denen Angeber lautstark über Pisten rauschen. Quads.

An der bosnisch-kroatischen Grenze bezeichnet man jene Orte als Squad, an denen sich eine Gruppe Geflüchteter zusammengefunden hat, um Unterkünfte zu errichten oder Vorhandenes zu nutzen und den Winter zu überstehen, bevor sie sich wieder an ein Game wagen.

Ein »Game« wird hier der Versuch genannt, die Grenze in das EU-Land Kroatien zu überqueren, das eine Außengrenze der Union markiert, die geschützt wird mit Polizei, Militär und Grenzschutz. EU-Außengrenzen-Schutz, als »Frontex« (Akronym des französischen Wortes für Außengrenzen: »**Front**ières **Ex**térieures«, gegründet 2004) bekannt.

Dass niemand in Kroatien bleiben will, ist für die Grenzschützenden unerheblich, denn es geht darum, sie daran zu hindern, weiter nach Italien, Frankreich oder Deutschland zu gelangen, wohin die Geflüchteten wollen.

Vor allem Italien steht derzeit hoch im Kurs, lernte ich durch Gespräche mit Flüchtenden. Landwirtschaftliche Arbeit, voraussichtlich illegal, ist dabei die unkonkrete Vorstellung. Arbeiten, um Geld nach Hause schicken zu können. Die Summe des Nach-Hause-in-Länder-des-Globalen-Südens-geschickten-Geldes, remittances genannt (Rücküberweisungen), übersteigt die sogenannte Entwicklungshilfe um ein Dreifaches!!! Im Jahr 2016 waren es laut Weltbank 429 Milliarden Dollar – persönlich überreichte Barschaften nicht mitgerechnet –, die zumeist von Menschen in Niedriglohnjobs in ihre Heimatländer übersandt wurden.

Üblicherweise denkt man bei »Außengrenze« an das Mittelmeer, hier aber verläuft die Grenze durch Hügel und Wälder. Das Wasser kommt dabei derzeit (Januar 2021) fadengleich von oben, endlos nasser Winter, hier im ehemaligen Osteuropa, das noch immer so bezeichnet wird, auch wenn die Mauer weg ist. Jetzt gibt es Zäune.

Dass es ein Game ist, ein »Spiel« sein soll, ist bizarr. Manche Personen versuchten es bereits dreißigmal. Sollte man ihnen raten zurückzugehen? Nach Bangladesch zum Beispiel, das 8500 Kilometer von Bihać entfernt ist?

Bei der Eingabe für den Fußweg von Bangladesch nach Bihać, sagt Google-Maps im Januar 2021 Folgendes: »Informiere dich über Grenzbeschränkungen aufgrund der Corona-Krise, bevor du dich auf den Weg machst.« Dazu habe ich zwei Fragen: erstens, warum duzt Google mich, und zweitens, haben sich Geflüchtete vorher danach erkundigt? Die Antwort ist nein, denn als sie losliefen, war die Welt noch Corona-frei. Der Google-Weg führt übrigens durch die Ukraine (pre-war), Usbekistan, Turkmenistan und Afghanistan … Der Global Player hat keine Ahnung von Fluchtrouten.

Ein Arzt und ein Sanitäter, die für die Organisation Medical Volunteers International (MVI) arbeiten und die ich hier in Bihać kennenlernte, haben mir angeboten, sie auf einem ihrer nächtlichen Einsätze zu begleiten. Hans und Matti, Namen geändert. MVI ist eine Organisation, für die medizinische Fachkräfte als Volontäre, pro bono, in Konfliktgebieten Hilfe leisten. Es ist vergleichbar mit dem, was auch Ärzte ohne Grenzen tut.

Meine Reisebegleiter, der Arzt Martin und die kroatische Übersetzerin Jovi, schließen sich mir an. Die nächtliche Dunkelheit setzt bereits um 17.00 Uhr ein, da treffen wir uns in Hans' und Mattis Wohnung unweit Bihaćs, die sie für die Dauer ihrer Anwesenheit hier angemietet haben, um 18.00 Uhr ist Abfahrt.

»Warum macht ihr die Einsätze nachts?«, frage ich.

»Weil unsere Arbeit hier illegal ist«, sagt Hans freundlich, er ist immer freundlich, es ist so wohltuend. Er arbeitet in Berlin mit Wohnungslosen und bleibt immer ruhig, auch unter starker Spannung, wie sich später herausstellen wird. Genauso wie Martin, sie sind ein perfektes Duo, die sich heute kennenlernten und sofort zusammen in den Einsatz fahren, nachts, in die Wälder der bosnischkroatischen Grenze. Chapeau.

Auf meine Nachfrage, warum es illegal sei, medizinische Versorgung zu leisten, schreibt mir Hans zurück: »Die Kriminalisierung der NGO-Arbeit in Bosnien ist ziemlich komplex und ein großes Politikum. So wie ich es verstanden habe, gibt es die Kriminalisierung offiziell gar nicht, sondern Menschen, die für NGOs arbeiten, werden aus anderen (vorgeschobenen) Gründen (White-Card o. ä.) aus dem Land ausgewiesen. Es handelt sich also um eine De-facto-Kriminalisierung, die nicht offiziell benannt wird. Wir als MVI sind noch nicht in Bosnien registriert, aber in Beratungen dazu. Tatsächlich ist es so, dass bereits die Registrierung genutzt wurde, um NGOs kaltzustellen: Ablehnung oder Auflagen, die die Arbeit erschweren.«

Will heißen, wenn man eine NGO, seinen Verein in Bosnien anmeldet und die Registrierung abgelehnt wird, wie es wohl immer mehr der Fall ist, dann macht man sich juristisch strafbar oder strafbarer, als wenn man ohne Anmeldung und Ablehnung medizinische Versorgung leistet. Die Szenarien unterscheiden sich vermutlich in: ausgewiesen werden versus verurteilt werden.

Diese Art politischen Tricks sieht man nicht nur in Bosnien oder Kroatien.

Es erinnert an die Auflagen, die Andreas Scheuer (ehemaliger Bundesminister für Verkehr) für die zivile Seenotrettung im Mittelmeer verfügt hatte, 2020 war das, und deretwegen die Einsatzschiffe so gewaltig umgerüstet und umgebaut werden mussten, dass sie darunter finanziell zusammenbrachen und partiell genötigt waren aufzugeben. Das Ministerium führte als Grund Sicherheitsmaßnahmen an. Ausgerechnet. Der zivile Seenotrettungsverein »Mare Liberum« klagte und bekam recht, da das Bundesministerium seine Notifizierungspflicht bei der Europäischen Kommission nicht korrekt durchgeführt hatte. Das gab aber irgendwie keinen Anlass zur Empörung, das juristische Fehlverhalten eines Bundesministeriums wurde nicht skandalisiert. Hm. »Mare Liberum« hatte also vor dem Hamburger Verwaltungsgericht gewonnen, aber am Ende mussten die Schiffe dennoch und diesmal aufgrund der Intervention italienischer Behörden umrüsten. Irgendwas ist immer.

Zurück zu Hans und Matti. Sie haben eine große Tabelle in ihrem Wohnzimmer hängen, gebastelt aus aneinandergeklebtem Papier. Oben steht das Datum, links die Einsatzorte, wo eingetragen wird, an welchem Tag sie welchen Ort, welchen Squad besucht haben.

Die Squads. Sie haben abenteuerliche Namen wie Pakistani

White House, Bangladeshi Forest, Old Factory, Helicopter p(a)lace. Ich starre auf die Tabelle und verstehe kein Wort.

»Wir fahren los, dann werdet ihr sehen, was sich hinter den Namen verbirgt.« Okay. Zu fünft in das kleine Autochen, drei Ärztekoffer im Kofferraum. Ich fühle mich wahnsinnig sicher angesichts der drei Mediziner um mich herum.

Die erste Station heute ist die Old Factory, dort haben sich Algerier und Marokkaner zusammengefunden. Und ich komme mit der Geographie im Kopf durcheinander, weil ihr Land doch südlich von Bosnien liegt und nicht östlich. Warte, wie? Ich dachte fälschlicherweise, sie kämen aus einer anderen Richtung an als die Bangladeshis. Die natürlich durch die Türkei gelaufen sind und nicht durch Afghanistan, wie Google es ihnen vorgeschlagen hatte.

Aber auch die Marokkaner und Algerier hier kamen von der Türkei her. Denn man benötigt kein Visum, um von Marokko oder Algerien aus in die Türkei zu fliegen. Angekommen, geht es weiter nach Griechenland und auf die Balkanroute gen EU.

Wenn sie nur wüssten, dass der schwerste Teil noch vor ihnen liegt, dass der schwerste Teil vermutlich bei der Ankunft beginnt. Haben sie sich offensichtlich nicht erkundigt. Das könnten die Googles mal als Tipp in ihre Reiseroute einfügen: »Erkundige dich, welche juristischen, administrativen und sprachlichen Voraussetzungen es zu erfüllen gilt, bevor du dich auf den Weg machst.« Auch von Krieg oder Armut haben die Global Player keine Ahnung, sie profitieren nur davon.

Die Nacht hier ist schwärzer als in Westeuropa, scheint mir. Scheint nur so, auch im Westen gibt es nicht überall Straßenbeleuchtung, obwohl Europa nächtlings in den Weltraum hineinstrahlt, als würde man eine Märchentruhe mit Juwelen öffnen. Es blendet geradewegs, wenn man im Universum wohnt.

Keine Straßenbeleuchtung also auf unserem Weg, und wenn da was scheint, dann wirft es kein Licht, sondern steht nur so rum.

Wir fahren von der Straße auf von Pfützen durchlöcherte Wege, über nicht ausgewiesenes matschiges Gelände bis auf den Parkplatz der verlassenen Fabrik, die den Krieg nicht überlebt hat, von dem Einschusslöcher noch erzählen. Das Gebäude ist riesig wie ein altes Raumschiff und haucht uns mit steinigem Atem an.

Fenster verlassener Gebäude werden gern eingeworfen, als wäre Glas so verführerisch wie die dünne Eisschicht auf Pfützen, die man als Kind mit seinen bestiefelten Füßen eintrat, entzückt über das Knackgeräusch, das dadurch ausgelöst wurde, damals, als es noch Winter mit Minustemperaturen gab.

Hans und Matti setzen ihre Stirnlampen, die tatsächlich Licht spenden, auf und holen ihr Material aus dem Kofferraum, Martin tut es ihnen gleich. Arzttasche.

Wir gehen durch das gewaltige Eingangstor in einen Raum von 15 Metern Höhe und endloser Weite. Es tropft durchs Dach. Müll überall. Matsch, Balken, Pfützen, wir müssen genau aufpassen, wo wir hintreten, manchmal tun sich ungeahnte Löcher vor einem auf, in denen man einfach verschwinden könnte. Am Ende der Halle ein absurder Sandhügel. Dahinter sehen wir bereits Feuer flackern. Hier sind nun plötzlich Bretter auf den Boden gelegt, über die wir trockenen Fußes balancieren können. Es wurde bereits gestaltet, von den Menschen, die sich hier versammelten, um miteinander am Feuer sitzen zu können, an einem Ort, bei dem man nicht weiß, wie sie ihn gefunden haben.

Ungefähr zehn Männer sitzen da im Kreis, um sich herum haben sie übereinandergelegte Autoreifen wie einen Gartenzaun oder eine Abgrenzung zu der zu großen Halle hin aufgestellt. Jenseits des Reifenzaunes ein zerrütteter Drehstuhl. Ölfässer, Kisten, Sonstiges, auf dem man sitzen kann. Auf Paletten, die ordentlich nebeneinandergelegt wurden, stehen Wasserbehälter. Eine Kerze ist, weiß und aufrecht, mit Wachs auf die Holzunterlage getropft worden. Eine weitere auf einem Pfahl, der die Reifen begrenzt.

Ich drehe mich zu dem Sandhügel um, der wie ein Teil eines

verlassenen Bühnenbilds in der Halle aufragt und auf den mit Bauschaum, ich nehme an, dass es Bauschaum ist, und Kieselsteinen der Schriftzug gebildet wurde: »Happy Birthday 2021!«

Jovi und ich schauen uns an und finden beide diese Gratulation ziemlich gut. Wir sind vorsichtig, halten uns zurück, aber freuen uns, dass wir etwas gefunden haben, das uns gefällt in diesem Irrsinn.

Es ist eine ruhige Atmosphäre, die Männer sind an ihren Telefonen, es gibt Musik oder Radio, manche telefonieren, manche unterhalten sich, hinter ihnen stehen zwei, drei kleine Wurfzelte. Es ist kalt und klamm, trotz des kleinen Feuers, aber vielleicht empfinde nur ich das.

Die Reifen-Abgrenzung macht Sinn. Der dadurch definierte Raum verbreitet, so absurd es klingt, entfernte Gemütlichkeit, durch das Feuer, die Kerzen und die nah aneinandersitzenden Menschen, die eine Gemeinschaft bilden. Wir tragen Masken, sie nicht, denn sie sind quasi ein Hausstand.

Hans und Matti werden freundlich begrüßt, sie stellen uns vor, ich wage ein paar französische Worte. Die medizinische Routine beginnt ohne Umschweife, man kennt sich, fragt nach dem Bein, dem Ausschlag, dem Atemproblem, der Entzündung. Ich bin hinter dem Reifenzaun stehen geblieben, ich traue mich nicht, ihr Wohnzimmer zu betreten.

Matti schaut sich die schlecht verheilte Wunde am Bein eines Marokkaners an und bittet mich zu übersetzen. Mein Französisch ist eingerostet, medizinische Worte mir fremd, ich bemühe mich, so gut es geht, die Erwartung zu erfüllen. Der junge Mann spricht ganz selbstverständlich zu mir hin, bittet um Antibiotika, umständlich gelingt es mir, ihm zu erklären, dass man keine Antibiotika als Prävention verabreichen würde. Er versteht das und bedankt sich dennoch.

Ein anderer Mann hat Scabies, Krätze, die in allen Camps aufgrund der unzureichenden hygienischen Bedingungen weit verbreitet ist. Bei ihm hat der Ausschlag zwei runde symmetrische Löcher in die Haut am Handgelenk gefressen, als hätte er versucht, sich die Pulsadern mit einem Kirschkern-Entsteiner herauszuschneiden. Die Wunden werden desinfiziert und neu verbunden. Er sagt, dass es schon viel besser geworden sei. Thank you. Matti lächelt und erzählt mir, dass man Scabies nicht in den Griff bekommt, wenn man die Bekleidung nicht auf hoher Temperatur in einer Waschmaschine mit speziellem Waschmittel waschen würde. Tut man das nicht, steckt man sich immer wieder an seinen eigenen Klamotten an.

»Ein Teufelskreis«, sagt er und fixiert den Verband am Handgelenk.

Auf dem Rückweg wären wir dann doch beinahe in ein quadratisches Loch gefallen. Dann sind wir wieder draußen und obwohl die Halle so groß und weit war, lässt die Klaustrophobie unter dem freien Himmel spontan nach.

Wir quetschen uns wieder in das Quad und fahren in den Bangladeshi Forest.

Dort halten sich derzeit 45 Männer und keine Frau auf. Bis vor kurzem waren hier noch mehr als 60 Bangladeshis, wo sind sie hin, weiß man nicht. Game? Detention? Sonstwo. Wasser kommt vom Himmel herab.

Wir haben weiter unten auf der Straße geparkt, überqueren zu Fuß eine ungesicherte, weil zum größten Teil eingestürzte Brücke, unter der ein kleiner Fluss mit zu viel Wasser zu kämpfen hat, und gehen in der Dunkelheit auf den Wald zu, der sich weit über die Hügel zieht, die direkt an der Straße steil ansteigen.

Das hier soll der Eingang oder besser der Einstieg in den Bangladeshi Forest sein. Irgendeine wahllose Stelle, die häufig verwendet wurde und nun ein Glitsch ist, der vielleicht mal Stufen war, doch die sind nur noch Erinnerung und kommen uns jetzt, da wir den Anstieg wagen, als Matsch entgegen. Wir halten uns an den blattlosen Ästen des Gebüschs wie an einem Seil fest, um uns hinauf und hinein in den Wald zu ziehen. Gelingt.

Ist es möglich, dass es noch dunkler geworden ist? Glaub ja. Wir sind im Bangladeshi Forest, und in der Tiefe des Waldes erkennen wir spärlich leuchtende orangene Flecken, die uns zeigen, dass dort Menschheit lebt. Die Stirnlampen der Ärzte und unsere Telefontaschenlampen erweisen sich als äußerst hilfreich, so dass die Leuchtflecken als himmelsrichtende Orientierung dienen und wir in diese Richtung waten, wobei Hans und Matti hier ja wöchentlich sind und die Wege kennen. Der Wald ist hier so dicht, dass der Regen fast nicht durchkommt. Bei Trockenheit ist es bestimmt einfacher, denke ich, frage nicht, wir schweigen, wir sind winterlich angezogen, die Schuhe fest, sie tragen uns hier durch. Die anderen tragen Flip-Flops. »Die anderen« ist die Gruppe, herkünftig aus Bangladesch, deren Sanftmut im vollen Kontrast zur Härte ihrer Lebenssituation steht.

You have reached your final destination. Wollen wir's nicht hoffen. Nicht hoffen, dass es für die Menschen final sei, die sich hierhin zurückgezogen haben, um den Winter zu überstehen, bis sie wieder ein Game wagen können. Es ist Januar in Osteuropa, es ist wirklich fies.

Wir sind angekommen in einer verstreuten Ansammlung von Konstruktionen. Man begrüßt die Ärzte, trägt Maske, hatte sie womöglich auch erwartet, ein bisschen wird sich auf die Schulter geklopft, ein bisschen wird voreinandergestanden und gelächelt, es ist verwirrend, die Vertrautheit zwischen den Männern zu sehen, die sich auf uns überträgt, wie kann das sein, wir sind uns doch fremd, wir sind im Wald wie Hänsel und Gretel, nur dass der Wald schief ist, er ist auf Hügeln gebaut … Mensch, was ist das, ich habe mich in etwas verfangen, bin mit dem Hals in einen Draht oder, was ist das denn nur, gelaufen.

»Oh, ihr müsst bitte aufpassen, hier sind überall Schnüre, Seile oder Drähte, mit denen die Unterbringungen an den Bäumen festgebunden sind. Schuldigung, das hätten wir gleich sagen sollen, ist schwer zu sehen im Dunkeln.«

Die Konstruktionen wurden aus aufgestellten Ästen und Stangen (woher?) gebaut, worüber Decken und Planen geschlagen wurden, zu einer zeltartigen Höhle. Ich sehe eine Kochstelle davor, die ich mir näher ansehe. Matti erklärt mir, was sich hier ausgedacht wurde, um Wasser für Tee zu erhitzen oder eine Suppe zu kochen. Es sind zwei übereinandergelegte Autofelgen, die an einer rückwärtigen Stelle zusammengeschmiedet wurden. (Wie?) Die obere Felge kann man wie einen Mülleimerdeckel aufklappen, und man legt in die untere Felge Feuerholz hinein, bis daraus Glut wird, klappt zu und stellt darauf den Topf wie auf einen Ofen.

»Das ist ja irre.«

»Ja, oder?«, sagt Matti und lächelt. »Sehr einfallsreich. Gefährlich, wenn der Wald trocken ist. Entschuldige, wir müssen hier kurz rein.«

Er krabbelt Hans in die Konstruktion am Felgenofen hinterher, zieht die Schuhe aus, die nun neben dem Haufen der Flipflops stehen. Eine Decke ist als Tür vor den Eingang gehängt worden, zieht man sie zur Seite, sieht man das orangene Licht herausleuchten, das uns Orientierung war. Schlafsäcke liegen im Inneren. Hier wohnt eine Person, der es gesundheitlich nicht gut geht.

Ich glaube, Resilienz wächst, je größer die Herausforderungen sind, mit denen man sich konfrontiert sieht, konfrontiert wird. Umso mehr, wenn man aus einem Leben kommt, in dem ohnehin ständig improvisiert werden muss. Je komfortabler der Mensch lebt und sich einrichtet, umso weniger hält er vermutlich einem Leben in der Natur oder in der Krise stand, umso weniger ist er gerüstet für die Herausforderungen, die Ausnahmesituationen mit sich bringen, die auch zum Alltag werden können bzw. bereits sind. Resilienz und Improvisation wachsen exponentiell zu der Herausforderung, die es zu bewältigen gilt. Es sei denn, man gibt auf. Zu dieser

Vermutung habe ich keine belegte Studie, sondern nur die beobachteten Erfahrungswerte meiner Reisen im Verlauf der letzten 20 Jahre.

Martin hat aus seiner Arzttasche einen Corona-Schnelltest geholt und führt ihn bei einem jungen Mann, der sich derweil an einen Baum lehnt, durch. Während der Stab in dessen Rachen steckt, macht er einen Scherz: »Just four more minutes.« Der Witz kommt an.

Hans und Matti sind aus dem Zelt herausgekommen. Auch hier, im Bangladeshi Forest, wird gewusst, wer derzeit mit welchem Übel kämpft. Es sind ähnliche medizinische Probleme wie bei den Marokkanern und Algeriern in der Old Factory: Bronchitis, Diabetes, Ausschlag, Scabies, Vitaminmangel, Magenprobleme.

Wir steigen höher den bewaldeten Hügel hinauf, die Konstruktionen gehen weiter, die Seile an den Bäumen auch.

Während ich auf die Ärzte warte, die eine weitere Konsultation machen, Martin ist mitgekommen, unterhalte ich mich mit einem Mann von vielleicht Mitte 20. Er erzählt, dass er acht Jahre in Saudi-Arabien in einer Küche gearbeitet hat. »It was no good. No money. They are no good. I want to go to Italy. To work on orange plantations.« Es war nicht gut. Kein Geld. Sie sind nicht gut. Ich möchte nach Italien gehen, um auf Orangenfeldern zu arbeiten.

Hierarchien bilden sich schnell. Überall. Auch hier, wo man doch vermuten würde, dass die Not eine Solidargemeinschaft entstehen ließe. Nope. Die Squads sind, aus gutem Grund, nach Nationalitäten aufgeteilt. Ganz oben in der Hackordnung stehen Nordafrikaner, darunter Afghanen, dann Pakistani und ganz zuletzt die Bangladeshi. Alle bleiben also national unter sich, es sei denn, sie werden von den anderen ausgeraubt. Was man da rauben soll, ist unklar, doch später in dieser Nacht lerne ich, was es zu klauen gibt und wie weit man dafür zu gehen bereit ist.

Bei einem schiefgegangenen Game werden Flüchtenden Jacken

und Schuhe vom Grenzschutz Frontex weggenommen, immer wieder gibt es Menschen, denen die Zehennägel ausgerissen wurden, ich habe solche Füße gesehen, dann werden die Personen blutend und unterkühlt zurückgeschoben.

Auf der Seite von Frontex ist unter dem Headliner »Vision, Mission und Werte« dazu zu lesen: »Verantwortung: Frontex nimmt ihre Verantwortung für ihre Tätigkeiten zuverlässig, fristgerecht und in der erforderlichen Qualität wahr.«

»Einsatz: Als öffentliche Vertreter Europas dient Frontex den Interessen der Bürger, da die Menschen im Mittelpunkt der Tätigkeit der Agentur stehen und sie an die europäischen Werte glaubt.«

Ach so.

Ich frage mich, ob der Winteraufenthalt im Bangladeshi Forest ein Ort der Hoffnung ist oder die Endstation. Diese Hoffnung. Ich bin mir nicht sicher, ob wir uns auf sie verlassen sollten.

Der Ort auf der anderen Seite der Grenze wird zu einer sich immer mehr verklärenden Vorstellung, die unscharfe Chancen birgt. Welche? Was haben sich diese Männer beim Antritt ihrer Reise vorgestellt, das sie erwarten würde? Was, dachten sie, würden sie finden, sein oder werden? Was können sie anbieten? Wussten sie, dass sie Sprachen lernen müssen, um in Kontakt treten zu können, um überhaupt aufgenommen zu werden?

Wer war es, der mir sagte, dass man sich in Pakistan erzähle, dass es in Paris Parfüm regnen würde statt Wasser? »Das könnt ihr doch nicht im Ernst geglaubt haben?!«, antwortete ich. Die Antwort blieb aus, wahrscheinlich wurde immer noch auf das Parfüm-Wunder gehofft.

Diese Hoffnung, die als Letztes stirbt ... Was stirbt denn vorher? Das wäre doch mal interessant zu wissen. Und was zuerst? Kann mir das jemand sagen? Wir denken vom Ende her, was soll denn das. Man könnte ja mal aufpassen, dass nicht alles andere stirbt, so dass die Hoffnung ganz allein übrig bleibt, bis sie dann eben als Letztes. Und wenn sie tot ist, lebt der Mensch immer noch weiter.

Doch, solange man unterwegs ist, bewegt sich was, da kann dann immer noch was kommen.

Hans und Matti haben ihre Runde absolviert, wir wagen den Abstieg und rutschen zurück. Durch was wir da laufen, weiß man nicht, kann auch Exkrement sein.

Die Stimmung ist gut, denn es gab im Forest keine neuen Vorfälle, die regelmäßige Behandlung zeigt also Erfolge. Kleine Erfolge, aber immerhin. Über die medizinische Versorgung hinaus ist es auch die Fürsorge, die Freundlichkeit, die wohltut, entstigmatisiert und Flüchtende zu Menschen werden lässt.

Weiter geht es zum Pakistani White House.

»Hier musst du rechts abbiegen«, sagt Matti zu Hans, der am Steuer sitzt.

Zu spät, wir sind schon vorbeigefahren. Wenden. Was ist das hier? Industrievorort? Wohin rechts abbiegen, da ist nichts. Straßenschilder schon gar nicht. Über verunkrautete Wege und Huckelpisten geraten wir auf eine weite Rasenfläche, und plötzlich bleibt das Auto stehen. Mitten auf einer Wiese. Oh fuck, das Auto ist erledigt. Und nun? Hans stellt den Motor ab. Ach so, wir sind angekommen. Nur wo? Nichts zu sehen. Aussteigen.

Wir gehen los, über die lichte Wiesenfläche, an deren Ende, oder vielleicht ist es auch die Mitte, eine Baracke steht. Sie ist aus Stein gebaut und zerschossen, zerbröckelt; es ist nicht zu erkennen, was für eine Art Gebäude das mal war. Jetzt ist es das Pakistani White House. Es ist nicht weiß. Ein Feuerschein blinkt aus einem türlosen Eingang.

Die hier lebenden Pakistanis sind vor kurzem überfallen worden. Von Afghanen. Was wurde geklaut? Das Handy. Oder die Handys. Einziger Wertgegenstand. Ohne Handy geht nichts. Dabei ist ein siebzehnjähriger Junge mit einem Messer schwer verwundet worden. Hans ist besorgt, da sich die Wunde sofort entzündete.

Die Ärzte verschwinden alle drei im türlosen Eingang und tauchen ab ins Dunkel. Jovi und ich stehen herum, warten, werden schließlich hineingebeten. Dürfen wir?

Hinter dem türlosen Eingang, der zu einem Schuppen führt, sitzen drei oder vier Jungs im Dunkeln um eine Kochstelle vor einem Topf mit Suppe und grüßen freundlich. Von diesem Vorzimmer aus geht es in einen weiteren Raum, der mit einer neuen OSB-Platte als Tür verschlossen ist. Dahinter ist ein fensterloses Zimmer voll Qualm, in dem es 40 Grad sind. Auf dem Boden ein Schlafsacklager. Darauf liegt der verwundete Junge.

In seinem Gesicht sieht man den Schmerz, mit dem sein Körper zu kämpfen hat. Neben ihm sitzt ein anderer junger Mann, der laut telefoniert. Direkt neben dem Lager ein Ofen mit einem Ofenrohr, das nach draußen führt, davor sitzt einer, der Holz hackt.

Das Bild ist surreal: der Schwerverletzte neben dem Holzhacker. Dazu der Ofen, der hier zwar einheizt, aber undicht ist – die Emissionswerte dieses Raumes will man besser nicht wissen.

Zu dritt drehen die Mediziner den Jungen auf den Bauch, um die inzwischen nicht nur entzündete, sondern auch vereiterte Einstichstelle im Lungenbereich besser sehen zu können. Man spürt die Anspannung der Ärzte, er muss eigentlich ins Krankenhaus, denn durch die Wunde hat sich die Lunge in den Thorax zurückgezogen. Der Eiter muss abfließen, dafür muss ein Schnitt gemacht werden, sonst stirbt der Junge an einer Blutvergiftung. Doch er will das nicht. Man solle ihm Schmerzmittel geben, dann ginge das schon. Hans und Martin schaffen es dennoch, ihn dahingehend zu bewegen, dass sie wenigstens einen kleinen Stich machen können. Sie arbeiten vorsichtig an ihm, und die Schmerzen müssen unerträglich sein. Nach der Prozedur ist er zu einem größeren Schnitt nicht mehr bereit. Hans verabreicht ihm Antibiotika und Ibuprofen. Einer übersetzt. Wir sind zu neunt im Zimmer.

Die Wunde wird desinfiziert und verbunden. Matti gibt dem Übersetzer ein Handy und sagt, seine, Mattis, Telefonnummer sei bereits gespeichert, sie sollen anrufen, wenn was ist. Das Gesicht des Mannes leuchtet, als er das Telefon in die Hand gedrückt bekommt.

»Thank you, thank you, thank you.« Wir verlassen das Krankenzimmer, in dem der Holzhacker während der OP unerschütterlich Holz hackte und den Ofen befeuerte.

Vor dem Weißen Haus rauchen Martin und ich schweigend eine Zigarette zusammen, wir haben nur eine, egal, Corona kann uns heute mal. Wir schweigen und rauchen, weil man gerade nichts anderes machen kann als das.

Nachdem ich wieder in Deutschland war, textete ich Hans und fragte, wie es dem Jungen aus dem Pakistani White House ginge. Er schrieb prompt zurück und sagte, dass er sich schnell erholt hätte, der kleine Schnitt und das Antibiotikum hätten gut angeschlagen, und er könne bereits wieder Bäume ausreißen. Dann schickte er als Beweis ein Foto des Jungen, der einen riesigen Ast schleppt. Brennholz für den Hacker auf dem Bett …

Wir fahren vom Weißen Haus zum nächsten Squad, dem Helicopter Place, auch als Helicopter Palace bekannt. Es sind tatsächlich zwei Squads, und wir teilen uns auf.

Ich gehe mit Doc Hans über eine vollständig unter Wasser stehende Wiese in eine Art Hangar. Durch ein Loch in der Ecke der Außenwand, vor das eine vergammelte Matratze als Sicherheitstor gestellt wurde, betreten wir den Hangar, in dessen Mitte furchteinflößenderweise drei übereinandergelegte Reifen an einer Kette von der Decke herabbaumeln. Der unterste Reifen ist mit einer Decke umwickelt: ein Boxsack. Hier wird trainiert, und der martialische Anblick, bei dem ich sofort an Foltergefängnisse dachte, in denen Menschen an Ketten kopfüber aufgehängt werden, weicht der Anerkennung ob dieser sportlichen Kreation.

Einmal durch die gesamte Halle bis nach hinten links, wo eine Holzplatte gegen die Wand gelehnt steht, eine Tür, gegen die Hans nun klopft. Hier wohnt einer. Er öffnet.

Ein singulärer Mensch, ein junger Afghane, lebt im Hubschrauber-Palast in einem Unterschlupf von vielleicht acht Quadratmetern. Es ist eingeheizt.

Er hatte Probleme mit den oberen Atemwegen und einen üblen Hautausschlag gehabt. Hans schaut es sich an und ist zufrieden, es ist besser geworden. Nach der Untersuchung tippt der Junge lange auf seinem Handy und reicht es uns schließlich. Wir lesen in Englisch: »Please sit and have some tea«. Seine Übersetzungsapp Farsi-English hat das vollbracht.

»Immer lädt er mich ein, nächstes Mal muss ich wirklich auf einen Tee bleiben«, sagt Hans zu mir, doch wir verabschieden uns und lassen den Jungen in seiner Singularität zurück.

Als wir über die Wiese Richtung Auto gehen, weiche ich einer besonders großen Pfütze aus, und Hans sagt in seiner ruhigen Art zu mir: »Bleib mal ein bisschen näher an mir dran, hier sind überall Tretminen. Vom Krieg noch.«

Ich schaue ihn entgeistert an. »Wie bitte?«

»Ja, man weiß nicht genau, ob die alle entsichert sind, aber hier lang ist ein ganz guter Weg, den kenne ich.«

Im Auto erzähle ich das den anderen, und Martin meint lakonisch: »Na ja, wenn du auf eine Tretmine trittst, einfach stehen bleiben.«

»Genau, und zwar für den Rest meines Lebens«, füge ich hinzu.

Im letzten Squad schlägt uns ein Gestank entgegen, bei dem sich mein Körper direkt übergeben will. Pisse, Scheiße, Verwestes, Müll. Ein Hundebaby kommt uns entgegen, und mein Körper entscheidet sich gegen Übergeben. Gern würde ich das gut gelaunte Hundchen streicheln, das sich so freut, uns zu sehen, und mit seinem gesamten weichen Hundekörperchen wedelt, aber die Läuse und Flöhe, die es sicherlich herumträgt, lassen mich Abstand nehmen.

Vor die Treppe, die in den ersten Stock führt, ist eine Kindersicherung aus einem Gitter von Müll angebracht, damit das Hundi nicht hochläuft. Dies hier, wird mir gesagt, war einst eine Bar, die dem Squad auch seinen Namen gab. Wir sind in einem Dorf, das verlassen ist oder nur so wirkt. Sieht aus wie ein Set für einen dystopischen Film. »Die Straße« oder so.

Wir schaffen es nur mühsam in den ersten Stock, weil der Puppy mitkommen will. Uns wird eine Holztür zu einer Wohnküche geöffnet. Hier riecht es nicht mehr nach Aas, hier brennt ein Feuerchen, da sitzen vier Jungs im Wohnzimmerteil auf Sofa und Stühlen, eine blitzblanke Küchenzeile steht hier überraschenderweise, und wir werden cool begrüßt, als würden wir eine Band von Rappern besuchen. Die Jungs sind aus Algerien und Marokko. Schöne junge Männer mit misstrauischem Blick. Auf dem Wohnzimmertisch liegt wie in einem absurden Cartoon ein überdimensionales Schneidemesser. Wahrscheinlich wurde gerade etwas durchgeschnitten. Brot hoffentlich und nicht Extremitäten.

»Oh, ihr habt eine Küche«, sage ich, um die Stimmung zu lockern.

»Ja«, antwortet einer der vier, »da funktioniert zwar nichts, aber ich putze sie.« Imaginierter Komfort.

Die Frustration der Jungs ist groß und wird durch unsere Anwesenheit noch befeuert. Nicht durch die ihnen bekannten Ärzte, sondern durch Martin, Jovi und mich. Hauptsächlich mich, da Martin als Arzt akzeptiert wird und es Jovi gelingt, anwesend zu sein, ohne dass man es bemerkte. Wir sind Westeuropäer, wir versinnbildlichen in dieser kaputten Absteige all die Abschottung, mit der sich diese Menschen seitens der EU konfrontiert sehen. Wir kennen ihre Geschichte nicht, also gibt es Grund, sie zu erzählen. Die Stimmen erhitzen sich, während sie erzählen.

Wie lange sie schon unterwegs seien. Kein Visum in die EU. Über die Türkei nach Griechenland, dort im Gefängnis, wir fragen nicht warum, denn auch Sarah Mardini und Sean Binder saßen im Gefängnis.

»Das ist mein Visum«, sagt der, der am meisten spricht, und klopft auf seine Beine. »Ça c'est mon visa, tu sais.«

»Oui, je comprends«, antworte ich.

Unser interessiertes Zuhören und das Ausbleiben von Argumentation mildern das Misstrauen, das Game haben sie noch vor sich.

Nachdem Vitamine und andere Medikation ausgegeben wurden, steigen wir über Hundegitter und Hundi hinweg, durch den Verwesungsgeruch hindurch Richtung Tür und Luft. Doch der Hund weint und schreit, will mit uns gehen, und wir warten, bis der junge Mann, der die Küche geputzt hat, herunterkommt, um den Hund auf den Arm zu nehmen, damit wir gehen können. So steht er in der Tür der Bar, als seien wir späte Gäste gewesen und er der Barmann, und winkt uns noch hinterher, schließt die Tür, und weiter weiß man nicht.

Als ich mich schließlich auf die Rückreise begebe, wird der von Doc Martin bestätigte Corona-Test am Flughafen in Zagreb nicht anerkannt. Aus demselben Grund ist mir auch der Zug untersagt, und ärgerlicherweise hatte ich gerade meinen Führerschein für einige Wochen abgeben müssen.

So wartete ich auf die anderen, die tags drauf mit dem Auto nach München fahren, und ich darf mich mit ins Auto quetschen.

Vier Stunden stehen wir an der Grenze nach Slowenien, dasselbe an der österreichischen Grenze. Mitten in der Nacht, in tiefstem Schnee, rutschen wir schließlich über die Grenze nach Deutschland. Es dauerte, aber wir passierten eine Grenze nach der anderen: von Bosnien nach Kroatien nach Slowenien nach Österreich nach Deutschland. Wir sind legale Menschen. In einem deutschen Auto.

Die gute Nachricht: Ich bin irgendwann zu Hause angekommen. Die schlechte Nachricht: Das Wetter ist immer noch schlecht.

Zu Hause werde ich krank, und ein paar Wochen später finde ich heraus, woher der dauernde Schwindel und die Übelkeit kommen. Ich habe mir von der Reise nach Lipa Hepatitis A mitgebracht, die mich einige Monate begleitete, bis sie aus meinem Körper wich.

»Es fehlt uns nicht an Wissen; was fehlt, ist der Mut zu begreifen, was wir wissen und daraus Konsequenzen zu ziehen.«

(Sven Lindqvist)

Athena, Göttin des Kampfes

Der Berliner Winter ist im Begriff, sich flächendeckend über diesen Teil Deutschlands auszubreiten, Westen hin oder her, wir befinden uns klimatisch in Osteuropa. Das Wetter eines Landes formt auch die Mentalität der Einwohner, glaube ich und habe dazu keine statistischen Fakten.

Dezember 2020 jedenfalls. Die zweite Corona-Welle schwerwiegender als vermutet, der Blues kriecht in die Menschen, auch bei Hartgesottenen oder Tiefenentspannten macht sich Bangigkeit breit; die Kanzlerin fleht geradewegs mit erhitztem Gesicht in einer Ansprache an das Volk, dass man doch achtsam sein möge in der Vorbereitung auf das Weihnachtsfest. 30 000 neue Infektionen an einem Tag. Die Schließung der Theater, Opern- und Konzerthäuser, der Bars, Clubs, Restaurants, Cafés, Fitness-Studios etc. hat keine Veränderung bewirkt, im Gegenteil, langsam verstehen alle das Wort exponentiell.

Ich sitze in der Abwesenheit des Lichts, versuche zu schreiben und frage mich, ob die Arbeit der Humanitären, egal wo, irgendeinen Unterschied bewirkt. Ein Prozent der Erdbevölkerung ist auf der Flucht. Ein Prozent, Stand 2020, ist ja eigentlich nicht so viel. Eins. Das ist ja sozusagen die kleinste Zahl. Und die einsamste.

Einer von 100 also. Hört sich wirklich nicht so viel an.

Ein Prozent von knapp 8 Milliarden.

Sind 80 Millionen Menschen. Schon was anderes.

80 Millionen?! Fast ganz Deutschland.

Zwei Jahre später (2022) sind es laut UNHCR bereits 103 Millionen

Vertriebene. Sowohl Binnengeflüchtete als auch Flüchtlinge. Nun sind es mehr Personen, als Deutschland Einwohner hat. 1,29 Prozent.

»Die Zahl der Menschen, die weltweit vor Kriegen, Konflikten, Verfolgung und Menschenrechtsverletzungen fliehen müssen, war noch nie so hoch wie heute.« (UNHCR, Januar 2023)

Von 2020 auf 2021 gab es einen Anstieg von 8 Prozent. Ende 2021 lag die Zahl der gewaltsam vertriebenen Menschen weltweit bei rund 89,4 Millionen. Von 2021 auf 2022 gab es einen Anstieg von 15 Prozent. 13,6 Millionen Menschen mehr haben die Heimat verlassen müssen.

UNHCR schreibt dazu: »Hauptgrund für diesen rasanten Anstieg ist die russische Invasion in der Ukraine, die Millionen Menschen zur Flucht zwang. Demnach waren Mitte 2022 etwa 5,4 Millionen Ukrainerinnen und Ukrainer Flüchtlinge und 6,3 Millionen Binnenvertriebene.«

Noch mal zur besseren Übersicht:

2020: 82,4 Mio

2021: 89,6 Mio

2022: 103 Mio

Und nun?

Was eigentlich, wenn es keine internationalen und lokalen NGOs, Nichtregierungsorganisationen mehr gäbe, keine Konvois, die mit Versorgung in Kriegs- und Krisengebiete fahren? Keine Humanitären, Volontäre, Menschenrechtsaktivist.innen, Investigativjournalist.innen, Fotografen und so weiter.

Bewirkt doch nichts.

Bewirkt es nichts?

Man dokumentiert, erstellt Diagramme, Listen, Studien, notiert Zahlen, bebildert die Sachverhalte des Grauens, ist vor Ort, versucht zu retten, wer oder was noch zu retten ist, und die Welt geht ihren Gang. Die einen leben, die anderen überleben. Oder auch nicht.

Die Global Player, die internationalen Milliardäre haben durch die Pandemie profitiert. 13 Milliarden Dollar nahm Jeff Bezos an einem Tag im Juni 2020 ein. Marco Bülow, früher SPD, jetzt »Die Partei«, schlug im Bundestag vor, dass man vielleicht nicht nur über einen Mindestlohn, sondern auch über einen Maximallohn nachdenken sollte. Der Applaus blieb aus, es waren kaum Bundestagsabgeordnete im Saal. Wo waren sie?

Dann sterben die Leute eben, wird die Erdbevölkerung kleiner, warum nicht. Die Philosophin Donatella Di Cesare sagt es in ihrem Buch »Philosophie der Migration« zynisch:

»Es gibt nicht einmal einen Grund, sich die Hände schmutzig zu machen. Denn es reicht völlig aus, jene unbeholfen auf ein ausgedientes Boot verfrachteten Körper ertrinken zu lassen. Es ist schließlich ihre eigene Schuld, dass sie sich auf das Meer hinausgewagt haben. Es besteht gar keine Notwendigkeit, den Flüchtlingen auf der Balkanroute oder im Baltikum Auge in Auge gegenüberzutreten. Es reicht vollkommen, sie vor Kälte, Hunger und Entbehrungen im Busch sterben zu lassen. Keiner hat nach ihnen gerufen – sie hätten ja auch zu Hause bleiben können.«

Der eigene Untergang birgt etwas Verführerisches, ein angenehmes Gruseln, dystopische Filme haben Einschaltquoten, die Zuschauenden sind unverletzlich, darum schalten sie ein.

Die Erde wird als Planet bestehen bleiben. So oder so. Wird sich erholen und die menschengemachte Hässlichkeit hinter sich lassen. Sie hat die Zeit auf ihrer Seite, das hilft. Und wenn sie sich nicht erholt und vergeht oder explodiert, ist es auch noch so, ein Planet hat kein Bewusstsein – aber wissen kann man auch das nicht.

Wir fühlende Wesen sind es, die zuverlässig ein Bewusstsein haben oder jedenfalls haben sollten, aber wir haben keine Zeit, wir sind gleich immer schon tot, auch ohne Krieg, Pandemie, Klimawandel, Armut oder Diktatur. Was sind schon 80 Jahre?! 90 meinetwegen?

Es ist die Frage, ob wir leben wollen oder nicht. Das ist hier die Frage. Ist eine Entscheidung. Und wenn leben, dann wie?

Da kann man sich nicht einigen. Also macht man weiterhin kaputt, solange noch was da ist zum Kaputtmachen. Bauklötze umwerfen. Da wohnen Leute drin. Die Klötze sind aus Beton. Oder Planen und Wellblech.

Man könnte die Lebenszeit miteinander und angenehm verbringen. Eigentlich.

Wir alle möchten vielleicht Bedeutung und ganz sicherlich Aufmerksamkeit und Anerkennung. Liebe vermutlich. Vielleicht ist es egal, was wir machen und ob es bedeutungsvoll ist oder Anerkennung erlangt, vielleicht erhalten wir diese verflixte Anerkennung und Bedeutung einfach nicht. Sicher jedoch ist, wenn wir es sind, die einer anderen Person Bedeutung, Aufmerksamkeit und Anerkennung geben, einfach so, dann bleibt dies im Herzen und der Erinnerung der anderen Person hängen, selbst wenn wir dabei dem Untergang entgegentaumeln. Und dabei fällt mir ein Erlebnis in Athen ein.

Serkan Eren hatte ich im April 2020 über »Germany Must Act« bzw. »Europe Must Act« (EMA) kennengelernt, wir blieben in Kontakt und stellten fest, dass wir zur selben Zeit im August 2020 auf Lesbos sein würden. Also trafen wir uns einige Monate später in Mytilini in einem Café, in dem hauptsächlich tätowierte Leute herumsaßen, es losen Tee gab, der wahrscheinlich nur von mir getrunken und von allen anderen geraucht wurde, tauschten uns aus, und ich erfuhr, dass sie auf dem Weg nach Athen waren, die Taschen voller Geld, um damit eine spanische Organisation zu unterstützen.

»Darf ich mitkommen?«

»Na klar.«

STELP, was ein Wortspiel aus »Stuttgart« und »Help« ist, bezeichnet sich als »Supporters on Site«, wird von 30 Firmen und Privatpersonen unterstützt, bingo, und ist in Krisengebieten und Fluchtsituationen vor Ort. Orte wie Bosnien, Jemen, Libanon, Syrien, Ägäis,

u. a. (Zwei Jahre später waren sie einige Tage nach Ausbruch des Krieges bereits an der ukrainischen Grenze.)

2020 war STELP von Serkan gegründet worden, nachdem er, der ausgebildete Sportlehrer, feststellte, dass er sich nicht mehr auf seinen Beruf konzentrieren konnte angesichts der humanitären Hilfe, die er nebenbei leistete. Er beendete seine Arbeit im Lehramt und wurde zum einzigen Fulltime-Angestellten seines eigenen Vereins.

»Am Wochenende haben wir in Syrien Lebensmittel-Distribution gemacht, am Montag war ich in der Schule, und meine Schüler beschwerten sich, dass sie das falsche Fahrrad zum Geburtstag geschenkt bekommen hatten. Ich wollte nicht ungerecht sein und sie ernst nehmen, aber die Relationen hatten sich durch meine Erlebnisse verschoben, darum musste ich quasi mit dem Lehrberuf aufhören, um ausschließlich menschenrechtliche Arbeit zu machen.«

Die spanische Organisation »Elna Maternity Center« hatte in Athen ein Haus angemietet, um 80 vulnerablen Flüchtenden eine Unterkunft zu bieten und sie somit vor der Obdachlosigkeit zu bewahren. Was man dazu wissen muss, ist, dass man in den Lagern der griechischen Inseln lange auf ein Interview für seinen Asylantrag warten musste und eine Asylbestätigung ohne anwaltliche Unterstützung kaum erhalten konnte. Oftmals wurde er abgelehnt, und man fing mit dem Procedere erneut an. Das konnte dauern. Durch Covid hatte sich die Wartezeit beschleunigt. In dem Moment, da man die Dokumente erhielt, verließ man so schnell wie möglich die Insel Richtung Athen. Oder wurde zu einem der Lager auf dem Festland transferiert, wo sich noch immer mehr als 100 000 Geflüchtete aufhalten.

In Athen dann war man sich selbst überlassen, die 75 Euro monatliche Unterstützung werden nicht mehr gewährt, medizinische Versorgung seitens der Regierung ist nicht gegeben, es gibt keine Unterkunft, keine Sprachkurse, Ausbildungsmöglichkeiten oder Arbeit. Es sei denn, man hat im Helios-Programm (Wohnhilfe) von UNHCR einen Platz ergattert. Somit lagerten zum Zeitpunkt meiner Anwesenheit in Athen 400 Menschen obdachlos mit ihrem Hab und Gut, in schwarzen Müllbeuteln verstaut, auf dem Victoriaplatz und nicht nur dort.

Die Menschen, die sich nun 24 Stunden pro Tag auf diesem Platz aufhielten, erfuhren in Sachen Handy-Aufladen Unterstützung seitens der sie umgebenden Gastronomie, aber es ist letztlich nur eine Frage der Zeit, wie lang eine Situation währt, bis nachbarschaftliche Unterstützung nachlässt.

Viel Menschheit auf wenig Platz kreiert sofort ein Hygiene- und Müllentsorgungsproblem, das durfte ich überall auf der Welt bezeugen, und so sah der hübsche Platz verwahrlost aus, und die Café-Gäste (hier untätowiert) blieben in ihrer sonstigen Vielzahl aus, was wiederum die Gastronomie unter Druck setzte. Ein Dilemma.

Serkan und ich betraten das Haus von »Elna Maternity Center« durch die Küche. Ob das der Haupteingang war, bleibt ein ungelöstes Rätsel. Die Küche war dunkel, sah nicht besonders durchgefeudelt aus und lud auch nicht zu freudigem Kochen ein, muss ich gestehen. Wir schlichen hindurch. Angrenzend in einem Winzraum neben der Treppe zum ersten Stock saßen mehrere subsaharische Frauen mit einer Crowd von Kindern.

»Bonjour mesdames«, sagte ich aus unerfindlichem Grund in Französisch.

Das beschwor umgehende Heiterkeit herauf, ich hatte die richtige Sprache gewählt. Nachdem wir ein paar Sätze gewechselt und unverhältnismäßig viel und laut gelacht hatten, ging es die enge Treppe hinauf, auf der uns bereits Hausbewohnende entgegenkamen oder einfach stehen blieben und noch mehr Enge heraufbeschworen. Ich sah oben in den Flur, wenn man die rechteckige Schachtel denn so nennen will, und zügig begriff ich, dass hier jeder Raum mehrmals mit Holzwänden abgeteilt worden war, so dass mehr Zimmer zur Verfügung stünden, um mehr Platz zu schaffen für die Unterzubringenden. Manchmal waren die abgetrennten Kämmerchen schmal wie ein Handtuch. Aber immer gab es ein

Fenster und somit Licht, und vor allem war da eine Tür, die man hinter sich schließen konnte! Um allein zu sein, durchatmen zu können oder mit seinem Baby auf einer Matte zu liegen, Tee zu trinken und sein Kindchen ein bisschen zu wiegen, zu küssen und den Trubel und Tinnitus der Welt hinter der Tür auszuschließen.

In einem chaotischen bürogleichen Raum, der auch tatsächlich ein Büro war, sollte nun das stattfinden, weswegen Serkan mit seinen 1500 Euro in der Hosentasche hergekommen war. Er hatte diese in einem arabischen Supermarkt um die Ecke in 20- und 50-Euro-Gutscheine eingetauscht, so dass die Flüchtenden dort damit zu essen einkaufen konnten. »Elna« konnte zwar die Miete für das Haus übernehmen und war in der Lage gewesen, die vorhandenen Zimmer in mehr Räume aufzuspalten, aber für Essen war nicht genug Geld vorhanden. Weswegen wohl auch die Küche in diesem traurigen Zustand verblieb.

Eine Liste mit allen Namen der Bewohner war seitens der netten Dame von »Elna« vorbereitet worden und auch, ob die Person alleinstehend, Single-Mom oder Vorstand einer Familie war.

In die Liste sollte eingetragen werden, an wen wie viel Geld in Gutscheinform ausgezahlt wurde. Dazu musste man selbstredend in Kommunikation treten mit der Person, die jeweils einzeln in das Büro kam. Serkan hatte einen syrischen Kumpel mitgebracht, für die Übersetzung der Arabisch sprechenden Fraktion. Weiterhin war ein afghanisches Mädchen, das in dem Haus lebte und sich später als Mutter zweier Kinder herausstellte, bei uns im Büro, das des Englischen mächtig war, sich freute, behilflich sein zu können, so dass die Farsi-Übersetzung ebenfalls organisiert war.

Wen man vergessen hatte, waren die Frauen aus afrikanischen Ländern wie zumeist aus dem Kongo oder Burundi, die Französisch sprachen (bzw. Lingala, Kituba, Kirundi).

Am Ende der Kette standen also die allein reisenden subsaharischen Schwarzen Frauen. In diesem Fall zumeist kongolesische Mütter, mit Babys auf dem Arm. Die Kinder waren so klein, so jung, dass sie vermutlich das Ergebnis von Vergewaltigungen von der Route hierher waren. Sicher wissen wir das nicht, wir haben nicht gefragt, ein zu vulnerables Thema, und Psychologen oder Traumatologinnen gab es hier natürlich nicht. Ja, das Team von »Médecins Sans Frontières« setzte sich in ihrer »Medical Day Care Station«, die ich besucht hatte, ein, aber sie kümmerten sich in der Station um körperliche Gesundheit, nicht um psychische Belange.

Für die afrikanischen Frauen hatte man den Übersetzer vergessen. Und ich dachte: Jetzt kannst du einmal von Nutzen sein.

»Wenn ihr wollt, könnte ich übersetzen, ich spreche Französisch«, sagte ich.

Erleichterung bei Serkan. So wurde ich eingeladen, mich zu ihm an den Tisch zu setzen, bekam die Liste vorgelegt, sollte die Frauen nach ihrem Namen und der Anzahl der Personen, die zu ihnen gehörten, fragen, um dies auf der Liste einzutragen, den Namen auf dem Supermarkt-Gutschein zu verzeichnen und zu erklären, wo der Supermarkt zu finden sei.

Die Menschen traten einzeln in das Büro, man begrüßte sich, und je nach Sprache erklärten wir drei Übersetzerinnen, worum es geht. Ich versuchte, ein wenig persönlich zu werden, fragte nach dem Namen oder dem Alter des Kindes, wie es gehe, woher sie käme, oder machte ein Kompliment über ein Bekleidungsstück – das bisschen, was eben geht, wenn es eigentlich um Geld geht. Die afrikanischen Frauen waren trotz der überschwänglichen Begrüßung still, nicht redefreudig, wie ich es kannte von meinen Reisen nach Burundi oder in den Kongo oder nach Ruanda oder in den Senegal oder nach Burkina Faso, Länder, in denen man Französisch spricht. Ich fand nicht heraus, woran ihre Schüchternheit lag. An der bürokratischen steifen Situation vermutlich, die sofort eine Hierarchie heraufbeschwor, oder vielleicht auch an dem sie überfordernden Gesprächsangebot der weißen unbekannten Person, die ich war. Oder schlicht an der Zeit, die uns fehlte, um eine Atmosphäre dafür zu kreieren.

Es war August, und wir wurden schnell klebrig in dem bürogleichen Büro. Die nächste Person betrat den Raum, und er füllte sich überraschend und schnell mit, warte, wie viele Kinder sind das? Fünf Kinder, eine stille Mutter und ein freudestrahlender Vater, der sich mit einem fünf Tage alten Baby vor uns an den Tisch stellte, während er es an ausgestreckten Armen in den Wind des Ventilators hielt, was mich nervös machte. In seinem Gesicht spiegelte sich Stolz: »Das hab' ich gemacht.«

Dass man Kinder auf der Flucht oder in den Camps zeugt, ist mir ein Rätsel, und ich zweifle wirklich an dem gesunden Menschenverstand dieser Leute. Man kann doch nicht seine Frau schwängern, wenn man überhaupt keine Ahnung hat, wie das Leben weitergehen soll, wo man wohnt, leben wird, wohin man geht, was man arbeitet, wie man die Familie versorgt, die bereits aus sieben Personen besteht. Die Frauen machen das mit, gebären und halten den Mund. Dass sich die Stärke und das Selbstwertgefühl eines Mannes über die Anzahl seiner Kinder definieren, die er ja gar nicht rausdrücken muss, verstehe ich nicht, weswegen ich es gut und richtig finde, dass »Family Planning« in allen humanitären Organisationen großgeschrieben wird. »Family Planning« beginnt mit Aufklärung und dem Gespräch über Verhütung, die nicht überall vorhanden oder bewillkommnet wird. Und es muss ja einen Grund dafür geben, dass Länder, die sich politisch nach rechts entwickeln, zumeist mit dem Verbot von Abtreibung beginnen.

Das Thema ist nicht die Überbevölkerung des Planeten, da die Vielen-Kinder nicht in Ländern geboren werden, die für die Ausbeutung der Ressourcen und das Ende der planetarischen Grenzen verantwortlich sind, sondern das Thema ist eine veraltete Vorstellung oder Tradition, dass man viele Kinder haben muss, weil. Oder um die Versorgung der Eltern im Alter zu garantieren, denen es aber nicht zwingend gelingt, alle ihre Kinder auf dem Weg ins eigene Alter zu versorgen oder zu bilden. Man hat das eben schon immer so gemacht, es ist einfach, Kinder zu machen, vor allem für Männer.

Die Afghanisch-Englisch-Übersetzerin lud mich ein, ihr Zimmer zu besuchen, wo ein ungefähr 12-jähriges Mädchen auf einer Matratze schlief und ein Baby in einer Wiege lag und weinte. Ihre beiden Töchter. Die Mutter war 27. Vater gab es nicht. Doch die junge Frau lächelte die ganze Zeit.

Der Arabisch-Englisch-Übersetzer hatte in Athen sein Interesse an Malerei entdeckt. Dank der Amerikanerin Kayra Martinez, die lange Zeit in Berlin gelebt hatte.

»Love without borders 4 refugees« heißt ihr Projekt, in dem Kinder die Möglichkeit erhalten, auf 30 mal 40 cm großen Leinwänden ein Bild zu malen, wofür sie 30 Euro erhalten, durch Verkäufe in Ausstellungen in den USA, in denen Kayra die Bilder verkauft, auf die Situation der in Athen obdachlos gewordenen Flüchtlingskinder aufmerksam macht und der Erlös in ihr Projekt zurückfließt. Die Kinder treffen sich in ihrem Studio, malen und verbringen Zeit miteinander, essen gemeinsam und haben einen Tag, der sie aus dem Alltag herausholt.

Die dunklen, düsteren Bilder von Serkans syrischem Freund, dem Übersetzer, einem ketterauchenden dünnen Mann, waren auf den ersten Blick abstrakt, auf den zweiten Blick erkannte man fragmentarische, durch Krieg geprägte Gesichter. Er und ich sprachen über Bildende Kunst, über Francis Bacon, den wir beide verehrten, und über die Freiheit, die in der Kunst zu finden sei.

Die Kunst bleibt, sie überlebt die Menschen, bietet Plätze, zu denen man touristisch reist, um Architektur, Skulpturen, Fresken oder Malereien aus anderen Zeiten anzusehen, wie die Pyramiden in Gizeh, Stonehenge in England, die Akropolis samt Amphitheater in Athen oder die Fülle Bildender Kunst in Italien und überall auf der Welt. All die genialen Maler und Bildhauerinnen, die Schönheit geschaffen haben und uns teilnehmen lassen an dem, was sie zu ihrer Zeit bewegte. Auch um der Kunst wegen machen wir weiter.

Serkan und sein Verein machten weiter und erhielten 2023 das Bundesverdienstkreuz.

Athen, August 2022

Und kaum sind zwei Jahre vergangen, bin ich zurück am Viktoria Square im Athener Stadtteil Agios Pandeleimon. Sitze morgens im Café des Poètes, trinke einen Tee und genieße die noch vermeintlich frische Luft und liebe die Sonne als auch den Moment. Schaue in die Bäume und über den leer gefegten Platz. Hier sitzen nur noch Kaffeehausgänger in den sich nebeneinanderreihenden Cafés.

Keine obdachlosen Geflüchteten sind mehr auf dem Viktoria Square zu sehen, keine Menge aus Menschen mit schwarzen Müllbeuteln, die als Kleiderschrank herhalten müssen in der Zeit des Transits. Keine schmalen Jungs, die mit den gleichen Undercut-Frisuren sich um einen Stromkasten scharen, von dem aus Kabel für Steckdosen abgehen, so dass alle Mobiltelefone befeuert werden können, während direkt daneben gesessen und getextet oder telefoniert wird.

Keine kleinen Kinder rannten mehr herum, spielten, lachten oder rasten am Kiosk vorbei, in der Hoffnung, dass da jemand was rausrückt, um dann weiter mit behänden Beinchen über Gepäck und Tüten und Mütter springend auf einer ausgebreiteten Decke zu landen, wo ein Baby im Schatten der Bäume neben Spielsachen lag, wo sich aufgehalten wurde und alle gleichzeitig redeten. Irgendwas hatten sie immer falsch gemacht, die Kleinen, so war im Sommer 2020 zumindest mein Eindruck gewesen. Aber wahrscheinlich lag es nur an der auditiven Wirkung der energischen Sprachen, die ich nicht verstand und deren Dezibel intensiv waren. Vielleicht wurden die Kinder nach ihrer Rennrunde gar nicht ausgeschimpft, sondern begrüßt mit: »Da bist du ja wieder, mein Schatz, setz dich mal bitte hin.«

2017 war ich das allererste Mal auf dem Viktoria Square gewesen, damals hatte es nichts mit Flucht zu tun. Ich war mit meinem Mann nach Athen gereist, da hier ein Teil der Kasseler documenta 14 stattfand, die wir uns ansehen wollten. Sie beschäftigte sich (zumindest in Athen) schwerpunktmäßig mit Flucht, insofern hatte es also doch damit zu tun. An einem Hang hatte ein Künstler ein Wurfzelt aus Marmor gebildhauert. Man konnte sogar hineinkrabbeln. An einer anderen Location war eine Art Installation, die ein verlassenes Camp darstellte, aufgebaut worden. Der Gedanke an Fluchtrouten war 2017 in der Kunst allgegenwärtig gewesen.

Fünf Jahre später (während in Kassel die documenta 15 stattfand und der Beitrag eines indonesischen Künstlerkollektivs eine Antisemitismusdebatte auslöste) sitze ich wieder auf dem Platz und beobachte, wie vier schwarz gekleidete Polizisten mit schweren Motorrädern über den Platz surfen, um den Frieden herzustellen, der offensichtlich von obdachlosen Geflüchteten bedroht zu sein schien, in deren Herkunftsländern Krieg ist oder eine andere Art von Gewalt herrscht.

Ich war spät, nachts eigentlich, von Lesbos nach Athen gekommen. Mitternacht und warm. Der Taxifahrer fand mit Müh und Not die Airbnb-Location, die ich gebucht hatte, und die Nachbarschaft war weder touristisch, noch wohnten hier jene Athener, die auch in Berlin noch eine Wohnung besitzen.

Im Zimmer gab es keinen Balkon, ich ging, um eine Zigarette zu rauchen, zurück auf die Straße. Es war dunkel, die gelben Straßenlaternen sehr nachhaltig in ihrem Energieverbrauch, die Bäume auf den Bürgersteigen eingemauert, die Lichtbuchstaben über den Eingängen kleiner Geschäfte am Ende ihrer Kraft. Es war diese melancholische Stimmung zwischen dem Staunen über die nächtlich warme Luft, die für Nordeuropäer immer ein Ereignis darstellt, über die unbekannten Gerüche und über das Verlorensein, sich in irgendeinem Moloch von Stadt allein wiederzufinden. Warum eigentlich mache ich dies?

Ich sah, wie eine Frau gegenüber auf einem schmalen Balkon um diese Zeit Wäsche aufhing oder abnahm. Sah, dass ein Geschäft, das die interessante Mischung aus Elektronischem und Sportlichem anbot, noch geöffnet hatte. Auf der anderen Straßenseite telefonierte ein Mann im Sakko in Kisuaheli. Da kamen zwei Menschen mit Rucksäcken und Tüten bepackt und Schuhen in der Hand auf dem schmalen Bürgersteig laufend auf mich zu. Wandernde, so schien es. Vielleicht auf Reisen, vielleicht auf der Straße, vielleicht ein Paar, vielleicht eine Notgemeinschaft. Ein Mann und eine Frau. Die Haare nicht im besten Zustand, Arme und Nacken tätowiert, der Blick starr, von Drogen und Not verwirbelt.

Sie gingen an mir vorbei und um die Ecke, dann kam der Mann zurück zu mir. Manchmal wundere ich mich retrospektiv selber, dass ich in solchen Situationen keine Angst habe. Er sprach mich in Griechisch an, ich entschuldigte mich in Englisch, dass ich seine Sprache nicht verstehen würde, und er fragte: »Do you have cigarette?«

»O ja, natürlich«, antwortete ich und öffnete mein kleines Etui, in das ich Zigaretten verstaue, damit ich diese unerträglichen Bilder von kaputten Lungen oder abgefallenen Zehen auf den Packungen nicht sehen muss. (Ja, ich weiß, man soll nicht rauchen, ich tue es auch nur ab und zu, versprochen.) Es ist kein wertvolles Etui. Nicht aus Gold, wie manche Personen vielleicht denken wollen, oder aus Diamant. Auch nicht aus anderen hochwertigen Materialien wie Öl, Benzin, Gas, Coltan oder Tierhaut. Es ist hübsch, schwarz, klein und strapazierfähig, und ich hielt es ihm hin und sah darin die privilegierte Welt, aus der ich kam, wo man so ein Requisit überhaupt besitzt. Einer Welt, in der man gewisse Bilder nicht sehen will und sie einfach wegmacht. Ich bot ihm Feuer an, und er lächelte, die Zähne waren nicht mehr das, was sie mal waren, und er murmelte so etwas wie, dass er Feuer selber hätte. Okay. »Good night«, sagte ich. Und er sagte es auch. Wir hätten die Zigarette auch zusammen rauchen können, aber vielleicht wollte er sie sich für später aufbewahren, wenn sie irgendwo angekommen sein würden. Wo nur? Wahrscheinlich nicht auf dem Viktoriaplatz, denn am nächsten Morgen lernte ich durch die motorisierte Polizei, dass dieser jetzt

High-Security-überwacht war und somit flüchtlings- und obdach-
losenlos.

Das Buch »Transit« von Anna Seghers, 1941/42 im mexikanischen
Exil geschrieben, erzählt von Menschen, die aus ihren Herkunftsländern fliehen mussten wegen Krieg und deutschem Nationalsozialismus. Weil sie jüdisch sind. Oder politisch verfolgt. Künst-
ler.innen sind. Oder alles zusammen. Die Geschichte spielt in der
südfranzösischen Hafenstadt Marseille, einem Transitort, von dem
man über Spanien versuchte, Lissabon zu erreichen, um von dort
über das Meer nach Süd- oder Nordamerika zu gelangen. In der
Hoffnung, im Exil den Beruf weiterhin ausüben zu können, den
man gelernt hat, ohne Kenntnis der Sprache und Kultur, die einen
erwarten würden, oder finanzielle Sicherheit. In Marseille trafen
sich die Fliehenden aus Deutschland, der Tschechoslowakei, Polen
mit denselben Geschichten, demselben Ringen um die Papiere und
Schiffstickets. Beladen von Verlust und Verzweiflung und doch mit
Hoffnung, noch einen Ausweg zu finden und die Zeit zu überdau-
ern, bis man zurückkehren könnte.

Da erklärt zum Beispiel ein deutscher Arzt, dass er nach Mexiko
will, um dort in einem Krankenhaus zu arbeiten.

»Ist es schwer, dorthin zu kommen?«, wird er gefragt.

*»Teuflisch schwer. Es gibt kein direktes Schiff. Die Schwierigkeit liegt
beim Transit. Man muss durch Spanien nach Portugal und von Lissabon in
die USA, dann weiter nach Mexiko. Oder von hier nach Martinique, dann
Kuba, dann Mexiko.«*

Ein Kapellmeister aus Prag will nach Caracas in Venezuela, weil
er dort einen Vertrag mit einem Orchester erhalten hätte, worauf-
hin er ein Visum bekommen hatte und daraufhin den Transit-
schein. Allerdings fehle ihm noch das »visa de la sortie«, die Erlaubnis, Frankreich verlassen zu dürfen. Als er diese endlich erhielt,
war die Transiterlaubnis für die Durchreise der dazwischenliegen-
den Länder ungültig geworden und das Visum zur Einreise nach

Venezuela auch und ebenfalls der Vertrag mit dem Orchester. Jetzt muss er alles noch mal von vorn machen.

»Warum lässt man die Leute nicht durchziehen nach den neuen Wohn-orten«, wird gefragt.

»Weil sich alle Länder fürchten, dass wir, statt durchzuziehen, bleiben wollen. Ein Transit, das ist die Erlaubnis, durchzufahren, aber nur, wenn feststeht, dass man nicht bleiben will.«

Griechenland ist in unserer Zeit zu einem Transitland geworden. Die meisten wollen weiterziehen. Die afghanische Community will zumeist nach Deutschland. Auch heutzutage benötigt man Scheine, Formulare, Visa, die richtigen Papiere und Unterlagen. Die Über-macht der administrativen Gemengelage, die sich zusätzlich stän-dig ändert und je nach Land unterscheiden kann, ist erdrückend. Nicht zum ersten Mal in der Geschichte der Menschen …

Ich war nach Athen gekommen, um Meral und Narges (Namen ge-ändert, ich könnte sie auch Petra und Karin nennen – ach, weißt du was, ich nenne sie Petra und Karin) zu besuchen. Zwei iranische Schwestern, die das ReFOCUS Media Lab in Athen leiten, das Doug-las und Sonia inzwischen eingerichtet hatten, da die Idee der Labs ja die ist, dass sie an vielen Orten aufgebaut werden, so dass Men-schen«, nachdem sie transferiert wurden oder im Transit leben oder irgendwo angekommen sind, ihre filmische Ausbildung im Kolle-gen-Lab des anderen Landes fortsetzen können.

Im Juni 2022 richteten sie auch in Warschau ein Lab ein. Für ukrainische Geflüchtete. Bei ihrem Aufruf, Filmschaffende zu fin-den, die dort unterrichten könnten, meldeten sich stante pede 90 Leute!! Die Ukraine – ein Filmland! Ein Land voll Kunst und Ge-schichte, Tränen und Schmerz. Oder, wie die Nazis es sahen: Korn-kammer Europas.

Das Athener Lab, ebenfalls in 2022 aufgebaut, befindet sich un-weit des Viktoria Platzes. Petra und ich hatten uns bei der Hochzeit von Douglas und Sonia kennengelernt. Sie sagt zu mir, während wir uns umarmend begrüßen und sie durch meine Haare strubbelt: »When I saw you the first time, I thought, who is this curly hair woman?!« Petra hat grüne Haare. Karin gelbblonde.

Ihrer beider Geschichte ist bewegt und bewegend. Abenteuerlich. Gefährlich gar. Es waren die Familienmitglieder, die für sie eine Gefahr darstellten.

Während wir in dem modernen Erdgeschoss-Office mit großem Fenster zur Straße sitzen, in dem einige Schreibtische mit Computern stehen, andere Tische für Unterricht oder Meetings verteilt sind, überall Kameratechnik liegt und eine kleine Küche vorhanden ist, klärt mich Petra auf, warum ihre Familie für sie gefährlich war:

»Mein Vater ist Mitglied einer terroristischen Vereinigung.«

Ich wage nichts darauf zu erwidern, da mir nicht gleich klarwird, was sie damit sagen will.

»Er arbeitet für die iranische Regierung.« Verstehe, das wollte sie damit sagen. Monate später, als die iranischen Proteste zu einer Revolution werden, angeführt von Frauen, verstand man, was sie schon immer wusste.

Petra hat in Teheran heimlich Kunst und digitale Animation studiert. Wie ihr das gelungen ist, ist mir ein Rätsel. Ihr Kunstlehrer meinte, er könne Petras Arbeiten nicht der Klasse zeigen oder gar veröffentlichen, da sie zu provokant seien.

»Eigentlich habe ich damals farbenfrohe Bilder und heitere Animationen gemacht«, findet sie. Es war wohl der Inhalt, der störte.

Gemeinsam mit Freundinnen gründete sie eine Gruppe, die im ganzen Land Krankenhäuser, Hospize oder Kinderheime besuchte, um dort mit den Kindern zu malen. Sie haben Lion King und Mickey Mouse an die Wand gemalt, manchmal haben sie Theater gespielt. So war sie ab und zu tagelang weg. Das wussten ihre Eltern und ihre fünf Geschwister, das war erlaubt.

Da sie als Künstlerin im Iran keine Zukunft haben würde und sie sich außerdem intensiv für Frauenrechte einsetzte und ihr klar war, dass, wenn ihr Vater das herausfände, er sie töten würde, verließ sie den Iran. Heimlich.

Sie ließ die Flucht so aussehen, dass man glaubte, sie sei wieder unterwegs in ein Kinderheim, so dass sie ein wenig Zeit rausschlagen konnte. Erst als sie die Landesgrenze bereits übertreten hatte, auf den Weg gen Balkan, realisierte die Familie, dass sie weg war. Nur Karin wusste davon, aber schwieg wie ein Grab und bereitete sich innerlich darauf vor, ebenfalls Land und Familie zu verlassen.

Petra sagte dem Vater, sie sei in Armenien, ihr Bruder fand heraus, dass dem nicht so sei. Sie sagte, sie sei in Griechenland, sie war in Serbien. 2017 war das, man konnte noch ohne Visum hinfliegen. In Serbien war sie eineinhalb Jahre im Lager. Als sie sich bei UNHCR als Flüchtling vorstellte, um Asyl zu beantragen, glaubte man ihr nicht, denn sie trug Markenklamotten, und man vermutete, sie sei reich. »Ich war reich, das stimmt, aber jetzt habe ich nichts mehr.«

»Was hast du den ganzen Tag im Lager gemacht?«, frage ich.

»Gemalt.«

»Womit?«

»Oh. Ich bin ja eigentlich ein digital artist. Und plötzlich hatte ich nichts mehr, nicht mal einen Stift. Also habe ich mit Kaffee und Joghurt gemalt.« Sie steht auf und holt ein bemaltes Blatt Papier.

»Hier, das ist das erste Bild, dass ich im serbischen Camp gemalt habe.«

Ich sehe mir das Bild an, es ist ein Portrait ihres Boyfriends, mit dem sie eine Long-distance-Beziehung führte. Er ging die Balkanroute zu Fuß, beantragte in Deutschland Asyl, verblieb drei Jahre in Sachsen, jetzt ist er in Hamburg, der Kaffee-Joghurt-Mann. Das Bild ist großartig.

»Hier an der Augenbraue geht der Joghurt ab, da wird es jetzt grün.«

Die Beziehung ist zu Ende. Sie zeigt mir die Bücher mit ihren Zeichnungen. Eins ist mit Tinte gezeichnet: ein tätowiertes Händepaar, über dem das Zeichen für Allah zu sehen ist, das man von der iranischen Flagge kennt, schwarzes Blut fließt aus ihm heraus und flutet geradewegs die Zeichnung. »Alles Blut kommt von Allah, er ist verantwortlich für die ganze Gewalt.«

Petra begann im Camp, Serbisch zu lernen und mit Kindern zu malen. Sie haben Steine und Zelte und Wände bemalt. Mit dem Malmaterial, das sie erhielt, fertigte sie auch ihre eigenen Zeichnungen an. Nach neun Monaten kam ihre Schwester Karin hinterher.

Die Zeit in Serbien war hart, arabische Männer bedrohten sie und wollten sie töten. Polizisten standen für kurze Zeit als Schutz vor ihrer Isobox, in der sie lebten. Schließlich verließen Petra und Karin Serbien und gingen zu Fuß nach Griechenland, nach Thessaloniki, wo sie vier Monate obdachlos waren, und blieben auch in Athen, wohin sie schließlich gingen, obdachlos, lebten auf dem Viktoria Platz.

»Der ist übrigens gleich um die Ecke«, lacht sie.

Ich bekomme ihr Lachen und ihre Geschichte nicht zusammen.

»Viele engte das Exil ein, aber einigen gab es mehr Weite, Elastizität, es gab ihnen Blick für das Große, Wesentliche und lehrte sie, nicht am Unwesentlichen zu haften.« (Lion Feuchtwanger, »Exil«)

Vom Viktoria Platz kamen die beiden Schwestern in ein Athener Container-Camp. »Es sind nur 20 Minuten mit dem Bus von hier.« Sie sagt es so, als wäre es ihre alte Uni, über die sie spricht, zu der sie immer mit dem Bus fuhr. Es ist gut zu wissen, dass es ein Camp war, von dem man Anschluss an den öffentlichen Transport hatte.

Dort wurde Petra von einem Afghanen vergewaltigt. Alles hat sich danach geändert, »vor allem meine Kunst«.

Auf den Zeichnungen in ihren bis zur letzten Seite voll gemalten Büchern sind Vaginas zu sehen, über- und ineinander, in diversen Größen, sind nackte Frauen ohne Kopf zu sehen und offene Münder, die schreien oder auseinandergezogen werden. Wirbelsäulen, Hände, Nägel, Babys. Zusammengekrümmte nackte Frauen in der Mitte des unentrinnbaren, unentwirrbaren Dschungels dieser Zeichnung. Wie collagiert wirken die einzelnen fein gezeichneten Körperteile, die versinnbildlichen und erinnern wollen und zu einem sprechen. Körperteile, die abgeschnitten und verletzt, Mensch sind. Die Themen sind übereinander-, ineinandergezeichnet, das dunkle Bild erhält seine Intensität, seine Tiefe aus den Schichten, die sie hier übereinanderlegte, eine Schicht nach der anderen … Abstrakt wird alles miteinander durch einen Gedanken, ein Gefühl, eine Erinnerung verbunden. Und durch eine Haltung: Die Zeichnende ist kein Opfer!

Petras Arbeiten sind intensiv, dicht, verstörend, unverschleiert und schonungslos im Aufzeigen des inneren Schmerzes, in der Anklage an ein System, in dem Frauen keine Rolle spielen.

Petra unterrichtet bei ReFOCUS Animation. Karin war Sprachcoachin für die Hollywoodschauspielerin Glenn Close. Die zweite Staffel der Serie »Teheran«, in der Glenn Close die Hauptrolle spielte, wurde in Athen gedreht.

Die beiden Schwestern haben die Verbindung zu ihrer Familie gekappt. Sie können nicht mehr in den Iran zurück, weil sie das iranische Regime öffentlich kritisiert haben, in Worten, Bildern oder Filmen.

»Wenn wir zurückgehen, werden wir getötet.«

»Exil ist kein Ort, sondern ein Zustand. Er liegt genau zwischen ›Nicht-Mehr‹ und ›Noch-Nicht‹. Dort muss man lernen, lange zu warten.« (Adnan Softić)

Wir trafen uns am 9. August 2022.

Sechs Wochen später wurde die kurdische Iranerin Mahsa Amini ermordet –, und die iranische Revolution begann.

Revolution

Mahsa Jina Amini starb. Am 16. September 2022. Sie war 22 Jahre alt. Zina oder Jina ihr kurdischer, Mahsa ihr iranischer Vorname. Ein paar Haare schauten unter ihrem Hidschab hervor. In Teheran. Sie wurde am 13. September von der Sittenpolizei, der Gašt-e eršād, in einen Polizeiwagen gezerrt, auf eine Wache verbracht und starb drei Tage später in einem Krankenhaus. An den Folgen der Gewalt, die man ihr auf der Wache angetan hatte.

Ihr Tod löste Proteste aus, die sich zu einer Revolution entwickelten, die von Frauen angeführt wurde! Es begann damit, dass sich kurdische und iranische Frauen, gefolgt von Frauen vieler anderer Länder und zügig auch Männer und non-binäre Menschen, in diversen Kampagnen vor laufenden Kameras Haare oder gar *die* Haare abschnitten, als Zeichen der Solidarität. Als Ausdruck der Anteilnahme, Betroffenheit, Wut, Empörung, Trauer, Frustration, Verzweiflung und weil es eindeutig ein dringliches Gefühl nach unbedingtem Handlungsbedarf gab. Petra rasierte sich ihre grünen Haare ab.

Ein überwältigendes Bedürfnis, nicht mehr länger schweigen zu wollen, war geradewegs elektromagnetisch fühlbar über und durch Länder hinweg. Als hätte man eine Nadel in einen überaufgepumpten Luftballon gestochen. Das Ding explodierte. Es war Zeit.

Hashtags entwickelten sich blitzschnell, das Netz wurde überflutet von Videos aus dem Iran und weltweiten Kampagnen. Die Politik blieb irgendwie zögerlich, reagierte mit schlechtem Timing und sagte immergleiche Nullsätze wie: »Wir verurteilen aufs Schärfste …« Oder meinetwegen auch ein anderes Verb. Was sollten sie auch sagen, es war keine deutsche Revolution, die war 1848 und außerdem: das Atomabkommen?!

Mutige oder auch weniger mutige iranische Frauen und Männer gingen auf die Straße, verbrannten Hidschabs und schrien nach einem Systemwechsel. Sie schrien nach Freiheit, nach einem Ende der Unterdrückung durch Staatsgewalt, nach einem säkularen

Staat. Was sie forderten, war das, was man Menschenrechte nennen könnte, sie wollten leben, ohne ständig um das Leben fürchten zu müssen. Zu viel? Anscheinend. Menschen werden diktatorischen Staaten gefährlich, wenn sie deren unterdrückenden Regeln nicht mehr gehorchen, weil sie sich von ihrer Angst befreit haben. Der islamische Staat reagierte umgehend mit noch mehr Gewalt, Verhaftungen, Oppression, Mord – und schließlich mit Hinrichtungen.

Soldaten schlugen mit ihren Waffen die Scheiben der protestierenden Autokorsos ein. Erschossen Menschen auf der Straße. Die Smartphones filmten und verteilten diese Videos umgehend im Netz, wo sie vielfach geteilt wurden und auf diese Weise sichtbar blieben, als Beweis des gewalttätigen, diktatorischen, menschenrechtsbrechenden Regimes. Eine junge Frau bot in dem Wahn von Gewalt an einer Straße »free hugs« an. Sie trug ihre Haare offen, war in Jeans und Shirt gekleidet und umarmte Menschen, die sich umarmen lassen wollten. Ein Moment der Zuneigung inmitten von Tumult, Lärm und Gewalt. Der Musiker Shervin Hajipour schrieb einen Song, der zur Hymne der Revolution wurde und in dem er Aussagen aus Twitter-Posts der iranischen Bevölkerung gesammelt und zu einem lyrischen zärtlichen Text gestaltet hatte – das Lied raste einmal um die Welt. Und erhielt innerhalb von einem Tag 40 Millionen Aufrufe.

Baraye *(leicht gekürzte Fassung)*

Wegen des Tanzens auf der Straße
Wegen der Angst, sich zu küssen
Wegen meiner Schwester, deiner Schwester und unserer Schwestern
Wegen des Wechsels alter Werte
Wegen der Scham, wegen der Armut
Wegen der Sehnsucht nach einem normalen Leben
Wegen eines Kinds, das im Müll wühlt, und wegen seiner Träume

Wegen der korrupten Wirtschaft
Wegen der Luftverschmutzung
Wegen Valiasr *(Straße in Teheran)* und allen trockenen Bäumen
Wegen des Pirouz' *(Gepard)* und seinem möglichen Aussterben
Wegen der unschuldigen verbotenen Hunde
Wegen des Weinens ohne Ende
Wegen der Wiederholung solcher Momente und Bilder
Wegen des lachenden Gesichts
Wegen der Studierenden, wegen der Zukunft
Wegen des aufgezwungenen Paradieses
Wegen derjenigen, die im Gefängnis sind
Wegen der afghanischen Kinder
Wegen des sich wiederholenden ›wegen‹
Wegen der leeren Reden
Wegen des Schutts der billig gebauten Häuser
Wegen des Seelenfriedens
Wegen der Sonne nach langen Nächten
Wegen der Beruhigungspillen und der Schlaflosigkeit
Wegen des Menschen, des Heimatlands und der Ortschaft
Wegen des Mädchens, das sich wünschte, ein Junge zu sein
Für die Frau, das Leben, die Freiheit
Für Freiheit
BARAYE AZADI.

»Baraye« kann mit »wegen« oder »für« übersetzt werden. Die Journalistin Natalie Amiri erläuterte, dass es innerhalb des Textes als »wegen« verwendet wird, um am Schluss deutlich zu machen: FÜR die Freiheit. Darum habe ich es so aufgeschrieben, auch wenn es anders übersetzt werden kann. Es leuchtete mir ein, was sie sagte.

Shervins Video wurde von seinem Instagram-Account genommen, der Account wurde schließlich gänzlich gelöscht. Shervin wurde abgeholt, verhaftet und irgendwohin gebracht. In ein Gefängnis.

Drei Tage später wurde er unter der Bedingung entlassen, sich von dem Text zu distanzieren.

Dann brannte das Evin-Gefängnis. Irans berüchtigtes Folterge-fängnis. 40 Menschen kamen dabei ums Leben. Innerhalb von zwei Wochen starben 250 Protestierende. Das Durchschnittsalter der De-monstrierenden betrug 15 Jahre. Generation Z. Sie hatten nichts zu verlieren. Es gelang ihnen mit bloßen Händen, in Nishapur im Nordosten Irans, den Kopf von einer Statue Chomeinis abzureißen, sein Kopf rollte durch die Straßen …

Ich erinnere mich gut, als jene Bilder über den Bildschirm flim-merten, die zeigten, wie die Denkmäler Stalins und Lenins in der DDR von ihren Sockeln gehoben wurden, wie sie fielen. Das ge-schah jedoch, nachdem auch die Mauer gefallen war, nicht wäh-rend das System noch in Vorherrschaft war.

Die Wut über die Unfreiheit im Iran bahnte sich ihren Weg. Die Männer auf den Straßen riefen den Frauen zu: »Frauen. Leben. Frei-heit.« »Jin, Jiyan, Azadi!« (iranisch). »Zan, Zendegi, Azadi!« (kurdisch) Die Frauen riefen den Männern zu: »Männer. Heimat. Aufbau.« Man stand zusammen wie nie vorher gesehen. Männer, Frauen, Kurd.in-nen, Studierende, Menschen verschiedener sozialer Herkünfte und Einkünfte. Im ganzen Land. In allen 31 Provinzen.

»Würde das Regime nur einen Tag seiner Bevölkerung erlauben, auf die Straße zu gehen, ohne Angst erschossen zu werden, dann würden sie sehen, wie viele es wären«, schrieb ein Aktivist bereits 2019. Viele Menschen trauten sich nicht, an den Protesten teilzu-nehmen, weil sie erschöpft waren oder die Angst an ihnen festge-wachsen war. »Sie würden kommen, wären sie nur einen Tag sicher, denn sie wollen den Systemwandel.« Sie wollen ihn. Und diesmal ist etwas anders als bei den Protesten 2019 oder 2009. Da war es die ar-me Bevölkerung gewesen, die gegen die erhöhten Benzinpreise auf die Straße ging, bzw. Studierende. 2022 jedoch sind die Protestie-renden ein Querschnitt aus der gesamten Bevölkerung! Die Kurden machen 10 Prozent der Bevölkerung aus and they are on fire!

50 Millionen Bürger.innen des Irans sind unter 30 Jahre alt, sie wollen ein anderes Leben, eine andere Regierung, sie wollen dieses Regime, dessen Revolutionsgarde die gnadenlosen, gewaltbereiten Basidsch-Milizen, eine Hilfspolizei aus Freiwilligen, eingesetzt hat, die ohne Moral die Bevölkerung hetzt, zu Fall bringen.

Frauen verschwanden, Männer verschwanden, die Gefängnisse waren überfüllt. Menschen starben, Frauen mit bunten Haaren verschwanden, doch ihr Verschwinden wurde in den Netzwerken sichtbar. Die deutsch-kurdische Menschenrechtsaktivistin Düzen Tekkal, und nicht nur sie, gab ihnen ein Gesicht, eine Stimme, eine Schallverstärkung. Wir sahen sie, wir konnten sie sehen, wenn wir wollten. Nun waren sie verschwunden.

Gohar Eshgi, eine iranische Frau, deren Sohn im Jahr 2012 durch Folter umgebracht worden war vom iranischen Regime, legte nach 80 Jahren vor laufender Kamera ihr Kopftuch ab und sagte: »Ich sage nicht Tod Khamenei, ich sage Tod denen, die zu Hause sitzen und nicht rauskommen für unsere Jugendlichen. Nach 80 Jahren nehme ich nun mein Kopftuch ab, weil Menschen getötet werden.«

Die Klettermeisterin (Boulderin) Elnaz Rekabi nahm in Seoul an einem Wettkampf (Asia-Cup) teil und trug während des Kletterns einen Pferdeschwanz und ein Band um den Kopf. Vermutlich, damit ihre Haare ihr während des Kletterns nicht ins Gesicht fielen. Keinen Hidschab, den sie laut der Sittenpolizei hätte tragen müssen. Tags drauf war sie verschwunden. Ausgecheckt im Hotel, wie BBC Persia verlautbaren ließ. Schließlich kam sie in Teheran an und sagte in die Kameras der staatsnahen TV-Sender, die sie am Flughafen erwarteten, in fahrigen Worten, dass sie es nicht mehr geschafft hätte, den Hidschab anzulegen, das wäre falsch gewesen. Man vermutete, dass es geskriptete Worte waren; die Angst hatte ihr Gesicht fahl gemacht. Vor dem Flughafen standen Hunderte Menschen, es war 03.40 Uhr Ortszeit, die klatschten und skandierten »Heldin Elnaz«, um sie zu begrüßen und an ihrer Seite zu stehen. Doch es half nichts, sie wurde mit einem Krankenwagen weggefahren. Vermutlich in ein Gefängnis. Auch ihr Bruder war bereits verhaftet worden.

In einer Stadt im Westen des Irans wurde auf dem Schulhof eine Gruppe Mädchen von der Sittenpolizei verprügelt, zehn Kinder kamen mit Verletzungen ins Krankenhaus, ein Mädchen starb.

Derweil explodierten in der Ukraine weiterhin die Bomben, Präsident Selenskyj hielt unermüdlich seine tägliche Ansprache an sein Volk, wobei es ihm half, dass er Schauspieler gewesen war.

Derweil wurden an den europäischen Außengrenzen in Griechenland, Bulgarien, Ungarn, Kroatien und vor den Toren Englands Menschen durch das Wasser oder den Wald über die Grenze zurückgeschoben. Menschen, die aus Ländern kamen, in denen vergleichbare Gewalt herrschte wie nun im Iran, nur ohne die unbändige Energie der Hoffnung auf einen Wandel.

Während des Tumults der Revolution, die durch Medien und Netzwerke, Gespräche und Austausch mit Freundinnen und Kollegen in mein Trommelfell drang, fuhr ich mit der Bahn durch die deutsche Republik, die größer ist, als man denkt, zu einem Literaturfestival in Essen, wo ich aus Jörg Bongs Buch »Die Flamme der Freiheit« über die deutsche Revolution von 1848 lese. Als Deutschland noch in Königreiche und Herzogtümer und Preußen geteilt war und eine Republik oder ein vereintes Reich, ein deutsches, noch ein ferner Gedanke war.

Als ich mir den Text erneut vornehme, erhielt jeder Satz des Textes über die deutsche Revolution von 1848 eine weitere, vertiefende Bedeutung, jedem historischen Ereignis konnte ich ein aktuelles Ereignis gegenüberstellen, jeder historischen deutschen Person stellte ich quasi eine aktuelle iranische Person an die Seite.

Gibt es ein Konzept der Revolution? Eine Stanford-Studie sagt, wenn 3,5 Prozent der Bevölkerung einen Systemwechsel wollen (oder ein anderes Anliegen hat wie beispielsweise Klimaschutz), würde oder könnte Wandel entstehen. Der Iran hat 84 Millionen Einwohner, ungefähr so viel wie Deutschland, wir reden also bei

3,5 Prozent von 2,8 Millionen Menschen. So viele Protestierende sind nicht auf der Straße. Bei weitem nicht.

Ist es eine Revolution oder ein Protest, ein Aufstand – oder nur eine grüne Welle, die wie jene in 2009 vorbeigehen wird? Und anschließend werden die Toten bestattet, neue Kopftücher erworben, und alles bleibt, wie es 43 Jahre lang war?

Wer sagt eigentlich, wann eine Revolution eine Revolution ist? Wann aus Protest Revolution wird? Oder erkennt man Revolutionen immer erst retrospektiv? Das Wort stammt ursprünglich aus der Astronomie. Das lateinische »revolutio« heißt »Umwälzung«, bezeichnete insbesondere den Umlauf der Sterne.

Laut Oxford Dictionary ist die Definition von Revolution eine *»umwälzende, bisher Gültiges, Bestehendes verdrängende, grundlegende Neuerung, eine tiefgreifende Wandlung.«*

Es waren die Franzosen, die 1789 mit Revolution begonnen haben. 1848, während der deutschen Revolution, die vermutlich durch Frankreich motiviert worden war, gab es Intellektuelle, Revolutionäre, Visionäre wie beispielsweise Georg und Emma Herwegh oder Friedrich Hecker, die einen Plan hatten, wie die durch Revolution erkämpfte zukünftige Demokratie umzusetzen sei in Politik, in Struktur und gelebte Realität. Zu dem Zeitpunkt gab es bereits in der Schweiz und im Vereinten Königreich Demokratie. Gibt es diese Visionäre heutzutage im Iran? Bestimmt. Hoffentlich. Jedenfalls existiert eine starke Opposition im Ausland unter Exil-Iraner.innen. Die lauteste Stimme ist wohl die amerikanisch-iranische Journalistin Masih Alinejad.

Was kommt nach der Revolution? 1979 kamen anschließend die Mullahs.

Shirin Ebadi ist die einzige iranische Nobelpreisträgerin. Sie ist Menschenrechtsanwältin, Aktivistin, Richterin, (die wegen ihres Frau-Seins von dem sich 1980 formierten islamischen Regimes unter der Leitung Chomeinis ihres Amtes enthoben wurde), wurde im Juni 2006 verhaftet und für 30 Tage in eine Zelle ohne Fenster gesperrt. Eine Glühbirne brannte Tag und Nacht, sie wusste nicht mehr, wann Tag und wann Nacht war. Sie ist eine große Frau, aber nicht besonders groß gewachsen, das war ihr Glück, könnte man zynisch sagen, denn die Zelle war so klein, dass sie gerade eben liegend hineinpasste. Keine Zeitung, kein Buch, kein TV, kein Radio, kein Besuch. Bis man verrückt wird. Heute lebt sie in London.

»Könnte Shirin Ebadi die nächste iranische Präsidentin werden?«, frage ich meine iranische Freundin Jasmin Tabatabai, die sich täglich und unermüdlich und stundenlang auf Instagram informiert, diese Informationen aufbereitet und multipliziert. Und schließlich mit ihren Kolleginnen Melika Foroutan und Sarah Sandeh im Berliner Ensemble einen iranischen Solidaritäts-Abend organisiert, an dem ich als Schauspielerin teilnehmen durfte. Ein sehr emotionaler Abend voll Zuneigung und Liebe. Als Jasmin zum Schluss mit ihrer Band »Baraye« sang, stand das gesamte Publikum mit einem Schlag auf, und alle sangen gemeinsam, erhoben ihre Arme, formten mit den Händen das Friedenszeichen …

Acht Millionen Menschen haben in all den Jahren den Iran verlassen, weil sie unter der Staatsdoktrin nicht mehr leben konnten, weil sie nicht mehr konnten. Dies ist leichter gesagt als getan: Wandert doch aus. Doch wohin und was tut man dort und welche Chancen stehen bereit? Und wird man willkommen geheißen? Als Ingenieur oder Wissenschaftlerin gibt es vielleicht eine solche Chance, andererseits gibt es genug iranische Wissenschaftler, die in Berlin Taxi fahren, weil ihr Abschluss oder ihre Promotion in Deutschland nicht anerkannt werden. Das muss man erst mal schaffen, das ganze Studium zu wiederholen. In anderer Sprache. Nicht nur intellektuell, sondern vor allem emotional und psychisch.

Ich weiß von einem iranischen Ehepaar, er Ingenieur, sie Medizinerin, die in Deutschland beide vor derselben Situation standen. Die Frau hat diesen ganzen Studiumswahnsinn wiederholt und dasselbe Studium noch einmal in Deutsch gemacht, für den diesmal »korrekten« Abschluss. Er hat es nicht geschafft, es gar nicht erst versucht. Seinen Frust, seinen Zorn, seine Aversion konnte ich verstehen. Er fährt Taxi, seine Frau arbeitet im Krankenhaus. Sie ist wahrscheinlich Wonder Woman.

Oder man wird als studierter Arzt und Wissenschaftler, wie der Vater meines jungen afghanischen Freundes Yaser, hauptberuflich Geflüchteter. Und sorgt sich nunmehr ausschließlich darum, dass die Kinder die Sprache des neuen Landes lernen, zur Schule gehen, sich integrieren, nicht auffallen, aus ihnen etwas wird, dass sie ankommen und eine Zukunft haben. Die Eltern haben den Transfer geleistet, erst die nächste Generation hat eine Chance auf ein Ankommen.

Das Wort Paradies, das uns allen ein Begriff ist und man in biblischen Zusammenhang bringt, kommt etymologisch aus der altiranischen awestischen Sprache: »pairi daēza« bezeichnet ein »eingehegtes Gebiet«, eine »eingezäunte Fläche«, kann man auch als »Einzäunung« übersetzen. Selbst das Paradies ist eingezäunt, nicht nur die Außengrenzen und Camps.

Im persischen Reich, lange bevor sich das Christentum entwickelte, lebten Frauen frei, unverschleiert, vielleicht nicht gleichberechtigt, wer weiß das schon, aber verschieden zu ihrer heutigen rechtlichen Situation. »Da fasst man sich doch an den Kopf«, würde meine Mutter sagen, der es nicht erlaubt worden war, Rektorin einer Grundschule zu werden, weil sie eine Frau war.

Seit 1979 müssen Frauen im Iran per Gesetz ein Kopftuch tragen. Den Hidschab abzunehmen wird daher zu einem revolutionären Akt, zu zivilem Ungehorsam.

Die amerikanische, non-binäre Professor/in Dr. Erica Chenoweth forscht seit Jahren über gewaltfreien Widerstand; bereits 2013 hielt sie darüber einen TED-Vortrag.

Ihre Recherche erstreckte sich über den Zeitraum von 1906 bis 2013. Sie hatte Proteste, bei denen jeweils mindestens 1000 Teilnehmer anwesend waren, untersucht und ausgewertet. Mit dem Ergebnis, dass die nicht gewalttätige Protestform eine doppelt so hohe Erfolgsrate hatte.

»Ziviler Widerstand ist eine Technik, bei der unbewaffnete Zivilisten eine Vielzahl von Methoden anwenden, um einer unterdrückerischen Gewalt aktiv entgegenzutreten, ohne Gewalt anzuwenden oder mit Gewalt zu drohen. (…)

Keine einzige Kampagne scheiterte im genannten Zeitraum, wenn sie die aktive und nachhaltige Teilnahme von 3,5 Prozent der Bevölkerung erreicht hatte, die meisten waren sogar mit weniger erfolgreich. Nun sind 3,5 Prozent der Bevölkerung nicht wenig; in den USA wären das etwa 11 Millionen Menschen.« (Stand 2013)

»Tatsächlich waren die gewaltfreien Kampagnen im Durchschnitt viermal größer als die gewalttätigen Kampagnen. Außerdem waren sie repräsentativer und inklusiv, in Bezug auf Geschlecht, Alter, Rasse, politische Partei und Klasse. An dieser Art des Widerstands konnten nämlich auch ältere Menschen, Personen mit physischen Einschränkungen, Frauen und Kinder teilnehmen. Jeder wird mit einer Fähigkeit geboren, gewaltlos Widerstand zu leisten. (…) Gewalttätiger Widerstand hingegen ist körperlich anstrengender und dadurch exkludierender.«

Für friedlichen Widerstand braucht es Vorbilder, Initiatoren oder Furchtlosigkeit vor dem Tod oder jedenfalls den Konsequenzen, die den Beteiligten drohen könnten. Während des Nationalsozialismus in Deutschland, als der Krieg bereits entfesselt tobte, gab es im März 1943 einen friedlichen Widerstand gegen die Nazis und ihr mörderisches Regime, der von Erfolg gekrönt war. Es war der einzige Widerstand, der erfolgreich war. Er wurde angeführt und durchgeführt von Frauen. Von den Frauen in der Rosenstraße. Nichtjüdische Frauen, die mit jüdischen Deutschen verheiratet waren und sie auf diese Weise noch eine Zeitlang schützen konnten, bis diese schließlich doch abgeholt wurden. Die Frauen suchten und fanden ihre Männer im ehemaligen Wohlfahrtsamt der Jüdischen Gemeinde in der Rosenstraße, wo sie inhaftiert waren, bis sie deportiert werden sollten. Nach Auschwitz. Die Frauen standen und riefen: »Wir wollen unsere Männer zurück.« Sie blieben dort stehen, mal viele, mal wenige, ohne Unterlass. Man vermutet, dass es insgesamt 2000 Personen waren, aber vielleicht auch weniger und niemals gleichzeitig. Schließlich wurde das Tor geöffnet, und die Männer traten hinaus zu ihren Frauen in die Freiheit. Im Jahr 2002 verfilmte Margarethe von Trotta diesen Stoff. Ich durfte die Hauptrolle übernehmen. Nachdem die Ehepaare wieder vereint waren, wussten sie, dass sie fliehen oder untertauchen müssten, standen sie nun ganz oben auf der Liste der Nazis, deren Zorn sie erregt hatten durch friedlichen Protest.

In vielen Familien Europas ist Flucht eingebrannt in das emotionale Familienalbum, wurden Traumata transgenerationär weitergegeben an die nächste Generation.

Die europäischen Juden mussten fliehen.

Durch einen ganzen Kontinent und darüber hinaus flohen Menschen kreuz und quer und jahrelang um ihr Leben. Von Deutschland nach Frankreich, nach Portugal, von Österreich nach Italien, von Deutschland nach Rumänien, weiter nach Palästina. Schweiz, Paris, Holland. Deutsche, österreichische, polnische, europäische Kinder wurden nach England geschickt und weiter nach Argentinien oder Shanghai. Man floh nach Norwegen oder Australien. Man floh, man hetzte durch Länder, um irgendwo in Sicherheit zu sein.

Vom 6. bis 15. Juli 1938 fand im französischen Evian am Genfer See im »Hotel Royal« eine Konferenz statt, an der über 30 Länder (nicht Deutschland), 40 jüdische Organisationen und 200 Presseleute aus aller Welt teilnahmen. Und weiterhin andere Organisationen und Privatpersonen wie z. B. die spätere israelische Ministerpräsidentin Golda Meïr aus Palästina oder »Das Hohe Kommissariat für Flüchtlinge aus Deutschland«. Die offizielle Bezeichnung der Konferenz hieß: »Intergovernmental Comittee for Refugees«, wurde aus den USA angeregt, und man tagte darüber, wie mit Einwanderung zu verfahren sei.

»Die Flüchtlingskonferenz war die Idee des Unterstaatssekretärs Sumner Welles gewesen, Präsident Roosevelts zweiter Mann im US-Außenministerium. Welles riet dem Präsidenten, die Flucht nach vorn anzutreten, da Versuche verhindert werden müssten, die Einwanderungsgesetze zu liberalisieren. (…) Es lief auf das Wort ›Quote‹ hinaus. Jedes Jahr sollten höchstens 27730 Menschen aus Deutschland und Österreich eine Einreiseerlaubnis für die Vereinigten Staaten erhalten, aber selbst von diesen knappen Plätzen in den Rettungsbooten blieben jahrelang absichtlich viele frei. Es war, als habe man der Freiheitsstatue die Augen verbunden.« (Peter Wyden, *»Stella Goldschlag«*)

Das Ziel der diplomatischen Versammlung in Evian war, eine internationale Lösung für die rasant steigenden Zahlen von jüdischen Flüchtlingen aus Deutschland und Österreich zu finden. Wer würde sie nehmen? Der »Völkische Beobachter« hetzte unablässig gegen die Konferenz und schrieb: »Deutschland bietet der Welt seine Juden an, aber keiner will sie haben.«

Die Beiträge der jüdischen Organisationen wurden in Evian in einen einzigen Nachmittag gequetscht, der »World Jewish Congress«, der sieben Millionen Juden vertrat, bekam fünf Minuten Redezeit zugestanden. Am Ende überließ die Konferenz von Evian die jüdischen Geflüchteten sich selbst. Zum Abschluss des Treffens am 15. Juli 1938 konnte allerdings noch niemand ahnen, welche tödlichen Konsequenzen der ergebnislose Verlauf haben sollte.

Golda Meïr sah das eigentliche Versagen in der Unfähigkeit der Delegierten, die Größe und Dringlichkeit des Problems zu begreifen. »Dazusitzen, in diesem wunderbaren Saal, zuzuhören, wie die Vertreter von 32 Staaten nacheinander aufstanden und erklärten, wie furchtbar gern sie eine größere Zahl Flüchtlinge aufnehmen würden und wie schrecklich leid es ihnen tue, dass sie das leider nicht tun könnten, war eine erschütternde Erfahrung.«

»Etwa 85000 jüdische Flüchtlinge erreichten zwischen März 1938 und September 1939 die Vereinigten Staaten. Diese Einwanderungsrate lag jedoch weit unter der Anzahl der Flüchtlinge insgesamt. Ende 1938 standen

etwa 125 000 Menschen vor den US-Konsulaten an, um eines der 27 000 Visa zu erhalten, die im Rahmen der damaligen Quotenregelung an Einwanderer vergeben wurden. Bis Juni 1939 stieg die Zahl der Bewerber auf über 300 000. Die meisten von ihnen wurden abgelehnt.« (Quelle: Holocaust-Enzyklopädie)

Flüchtlinge waren lästig, zu allen Zeiten.

Flucht aus Deutschland hat stattgefunden. Wir wissen es nicht nur aus Geschichtsbüchern, sondern vor allem aus persönlichen Geschichten in den Familien. Und wenn auch viele, die es selbst erlebten, von uns gegangen sind, epigenetisch, transgenerationär lebt das Trauma fort. Auch zwischen uns, hier, in diesem Land.

Was heute geschieht, ist nicht neu, es ist Wiederholung. Repeat.

Flucht war zu allen Zeiten an allen Orten existent und Geflüchteten, egal, woher sie kamen, wurde mit derselben Härte und Ausgrenzung begegnet.

Ein Garten in Sharya

Während im Iran die feministische Revolution andauerte und die Verhaftung und Ermordung von Frauen und Männern weiterging, wählte man in Italien eine besonders weit rechts außen stehende neue Präsidentin, die sich mit »Il Presidente«, Herr Präsident, ansprechen ließ, legte die UK-Interims-Präsidentin der Tories ihr Amt nach nur sechs Wochen nieder (ein banges Wochenende dachte die Welt, Johnson kehrt zurück), sprachen im deutschen Radio ernsthafte, technokratische, leidenschaftslose Stimmen über den Wiederaufbau der Ukraine, während der Krieg und mit ihm Gewalt, Zerstörung und Umweltkatastrophe vor Ort weiter fortschritten und Flüchtlinge und Traumata gebaren.

Derweil bereite ich mich auf meine Irak-Reise vor, die mir im Gebein sitzt: Nachts werde ich in Erbil (eigentlich Arbil) ankommen, anschließend erwarten mich zwei Stunden Fahrt nach Dohuk (eigentlich Duhok) durch den dunklen (weil 3.00 Uhr) Irak (eigentlich Kurdistan), auf Straßen, die möglicherweise durch Mosul hindurchführen, wie Google sagt, und die Vorstellung hinterlässt ein klammes Gefühl.

Mosul war die Hochburg des sogenannten IS. Zu zahlreich die Dokumentarfilme, die ich gesehen habe über diesen Ort der gehäuften Menschenrechtsverbrechen und entfesselten Gewalt durch den daesh, das arabische Akronym für »Islamischer Staat im Irak und (Groß)Syrien« = ISIS.

Ich frage mich, wie die Zeitzone im Irak ist (eine Stunde später) und wie das Wetter (23 Grad), was ich in den Camps anziehen soll

(Jeans, Shirt und Turnschuhe, hier sind Jesidinnen, nicht Musliminnen) und ob ich einen Adapter brauche (braucht man) und vor allem: Werde ich die türkische Billigfluglinie als auch den Aufenthalt im Land überleben?!

Prof. Dr. Dr. Jan Ilhan Kizilhan, kurz Jan oder Doktor Ilhan, ruft an. Er ist Psychologe, Traumatherapeut, psychologischer Psychotherapeut und die Person, wegen bzw. zu der ich in den Irak fliege, und beruhigt mich, ist sachlich, verständnisvoll, herzlich und persönlich. Psychotherapeut halt. Menschen entspannen ist sozusagen Teil seiner Job-Description. In Pegasus-Airlines steckt er trotzdem nicht drin.

Na gut. Morgen geht's los.

Ich ermittle angesichts der Revolution, wie weit die iranische Grenze von Erbil und Dohuk weg ist (weit). Und während ich auf die Landkarte schaue, realisiere ich, dass es für eine Nordeuropäerin wie mich exotisch ist, auf der Karte die Wüstenländer, ihre Nachbarschaft und Grenzverläufe anzusehen. In Nordeuropa ist die vorwiegende Landkartenfarbe grün. Oder dunkelgrün. Oder blau, weil Wald oder Fluss oder See oder Meer. Hier im Nahen Osten ist auf der Karte alles beige. Die Wüstenländer ziehen sich von der Sahara immer weiter hinüber in den Osten, ein riesiges Gebiet, kontinent- und länderübergreifend, in dem schmale grüne Streifen neben Flüssen verlaufend eine kleine Farbabwechslung bringen, auf der Karte wie auch im echten Leben.

Babylon zum Beispiel oder Babel – liegt im Irak. Der Turm von Babel, der bis zu Gott reichen sollte und nie fertig gebaut wurde laut Bibel, da Gott die Bauarbeiter mit derart vielen Sprachen übersäte, dass sie sich nicht mehr miteinander verständigen konnten und der Bau unvollendet blieb. Der Turm zu Babel wurde im Irak gebaut, das damals aber nicht so hieß.

Mesopotamien – das fruchtbare Zweistromland – liegt im Irak. Hier, zwischen den Flüssen Euphrat und Tigris, ließen sich Menschen erstmals dauerhaft nieder. Dabei wurde der Irak, wie wir ihn kennen, erst in der ersten Hälfte des 20. Jahrhunderts gegründet. Andere Geschichte.

Am Abend vor meiner Abreise habe ich im Maxim-Gorki-Theater in Berlin Vorstellung. Zu unserer großen Freude reagierte das Publikum mit Schreien und Standing-Ovations, und wir vier Schauspielerinnen haben uns wie Hundewelpen gefreut. Wir spielten ein Stück von Sibylle Berg, das »Und sicher ist mit mir die Welt verschwunden« heißt und Stück des Jahres 2021 wurde. Darin geht es um eine Frau, die älter werdend noch einmal etwas von Bedeutung machen will und sich in die Luft sprengt – geht schief. Nun liegt sie im Krankenhaus ohne Extremitäten, lässt ihr Leben an sich vorbeiziehen und muss feststellen, so richtig gut war das alles nicht.

Da heißt es zum Beispiel: *»Und nun sitze ich in meiner Wohnung auf dem Boden und mische Sprengstoff. (…) Ich werde mich mit einem furiosen Knall auslöschen und viele mitnehmen.«*

Na super, und ich fliege jetzt in den Irak, da löscht sich auch gern mal jemand aus, sagen die News doch immer, und will viele mitnehmen, oder es wird etwas in die Luft gesprengt. Auf der Seite des Auswärtigen Amtes heißt es: »Vor Reisen nach Irak wird mit Ausnahme der Region Kurdistan-Irak gewarnt.«

Schon mal gut, denn da fahr ich ja hin. Kurdistan.

Die Kurdistan Region Irak (KRI) ist innerhalb des Irak eine autonome Region mit eigener Regionalregierung in der Hauptstadt Erbil. Kurden in Kurdistan-Irak sind zumeist bilingual, sprechen Kurdisch und Arabisch. Das Hauptgebiet, in dem die Jesid.innen leben, in Shingal, gehört nicht zu der Kurdistan-Region Iraks, sondern gehört zu der Provinz Mosul und damit zu Bagdad. Das Heiligtum Lalish liegt wiederum in der kurdischen Region und untersteht der KRI. Kurdistan hat zwar ein eigenes Militär, darf auch eigenständige Entscheidungen für das autonome Gebiet fällen, untersteht aber letztlich in politischen Angelegenheiten der irakischen Zentralregierung. Es gibt keinen kurdischen Pass. Kurden, Jesid*innen, Muslim*innen haben einen irakischen Pass. Das Parlament besteht sowohl aus Kurden, Schiiten, Sunniten als auch aus Türkinnen und Christen.

Weiter auf der Auswärtigen-Seite ist unter der Überschrift »Drohnen- und Raketenangriffe in der Region Kurdistan-Irak« zu lesen: »Ende September 2022 wurden Standorte iranischer Oppositionsparteien und oppositioneller Gruppierungen in der Region Sulaimaniya sowie in Ortschaften südlich und östlich von Erbil Ziel iranischer Drohnen- und Raketenangriffe. Weitere Vorfälle, auch mit Auswirkungen auf den zivilen Flugverkehr, sind nicht auszuschließen.«

Auch während meiner Anwesenheit, im Oktober 2022, wurde das Gebiet um Shingal, wo 2014 ein Genozid, der 74. Genozid an der jesidischen Religionsgemeinschaft, stattfand, durch türkisches Militär bombardiert.

Erstaunlicherweise beruhigt mich die Info auf der AA-Seite. So wurde es eben einmal ausgesprochen. Das Auswärtige Amt warnt übrigens so ziemlich vor allen Reisen, abgesehen von denen nach Malle vielleicht, konnte ich feststellen. Recht haben sie, wir sollten einfach alle zu Hause bleiben. Was, wenn da kein Zuhause ist oder das Zuhause bedroht ist, durch beispielsweise Drohnen- oder Raketenangriffe? Oder weil sich jemand unweit des Hauses mit einem furiosen Knall weggesprengt oder geopfert hat, um, wie in unserem Stück, einmal etwas von Bedeutung zu tun?

Ich schreibe wegen meiner Nervosität vor der Irakreise einer befreundeten Soziologin, die derzeit an einer Studie über Geflüchtete an den europäischen Außengrenzen arbeitet.

Ich: »Ich krieg mich gar nicht entspannt. Mein Herz schlägt so schlimm.«

Sie: »Es gibt überall freundliche Gesichter. Das Ungewisse ist immer das Schlimmste. Deswegen an das Gewisse denken, was dich dort erwartet. Essen, Gerüche, Laute, die banalen Dinge, Sträucher, Sandkörner.«

Jan Ilhan Kizilhan, der mit seiner Familie mit sieben Jahren aus einem türkischen Dorf nach Norddeutschland kam, es war die Zeit, als Deutschland sogenannte »Gastarbeiter« aus der Türkei anheuerte, studierte Psychologie, Soziologie und Orientalistik in Deutschland und den Vereinigten Staaten, ist psychologischer Psychotherapeut, Traumatherapeut, Lehrbeauftragter an den Universitäten Tübingen, Bern, im Saarland. Außerdem Direktor des Instituts für Transkulturelle Gesundheitsforschung an der Dualen Hochschule Baden-Württemberg, um nur eine Auswahl (!) seiner Tätigkeiten zu nennen.

Richtig, seine Woche hat 10 Tage.

Er baute eine Klinik namens »Mediclin, Klinik am Vogelsang« in der Nähe Stuttgarts auf. Sie ist auf »die rehabilitative Behandlung von Erwachsenen mit psychischen und psychosomatischen Erkrankungen spezialisiert« und berücksichtigt »kulturelle Besonderheiten«. Hierher kommen auch jene Patientinnen, die schwerst traumatisiert sind.

Sein Team ist vielsprachig. Sprache ist hier der Vermittler, darum ist sie zentral. Es ist schwer genug, überhaupt Worte zu finden. Oft werden sie nicht gefunden, »es verschlägt einem die Sprache«, sagt man doch, dann wird in den Sitzungen beieinandergesessen und geschwiegen. Vertrauen wird auf diese Weise und im besten Fall aufgebaut, wie Jan in einem seiner Bücher anschaulich am Beispiel einer traumatisierten jesidischen Frau erläutert.

Seine Patientin und er saßen in seinem Behandlungszimmer, saßen nur da und schwiegen. Ohne Druck. Der Druck ist sowieso immer da, er sitzt in der traumatisierten Person wie ein Dämon, wird zu Stein, der Körper auch, der Muskeltonus angespannt wie eine zu hoch gestimmte Saite. Vermutlich gibt es nur wenige Menschen auf der Welt, mit denen so gut geschwiegen werden kann wie mit Jan, bis der Anfang einer kleinen Beruhigung oder Entspannung in den Körper zieht. Bis das innere Zittern nachlässt und auch das äußere.

Zittern ist ein Mechanismus, der dem Körper hilft, aus dem Zustand der Hyperanspannung in die Entspannung zu gelangen. Das Zittern ist quasi der physische Weg, an dessen Ende die Entspannung steht. »Neurogenes Zittern« heißt es fachlich. Durch das Zittern wird ein Botenstoff (Neurotransmitter) im Gehirn ausgelöst, der ruhig macht. Bei Babys und Tieren kann man das Zittern noch beobachten, erwachsene Menschen scheinen sich diesen Reflex abtrainiert zu haben, weil er mit Schwäche verbunden wird, dabei ist die Zitterei eine gute Sache, denn danach folgt (hoffentlich) körperliche Ruhe. Wissenschaftlich weiß man das und hat dazu Übungen entwickelt, um den Zitterreflex zu therapeutischen Mitteln zu provozieren.

Jans Patientin und er saßen in Stille, in Ruhe, sie saßen, und die Zeit war bei ihnen, sie ist egal, die Zeit, lass sie vergehen, sie sitzen, und die Patientin nahm, so stelle ich es mir vor, die Verschiedenheit dieses Moments von dem sonstigen Trubel des Lebens und dem Alb der Erinnerungen in sich auf. Am Ende der Stunde bedankte sie sich jedes Mal ob des gemeinsamen Sitzens und Schweigens. Eines Tages dann begann sie zu sprechen.

Die ungefähr 550 000 Menschen umfassende Religionsgemeinschaft der Jesidinnen und Jesiden im Irak hat sich vor allem im Sindschar-Distrikt, in der Stadt Shingal und um sie herum angesiedelt, unweit der Grenze zu Syrien. Sie leben traditionell, sie heiraten untereinander. 350 000 Menschen sind 2014 vor dem Genozid geflohen, nach Kurdistan, der autonomen Region im Nordirak, nach Dohuk und Erbil. 5000 Menschen wurden ermordet, die Dunkelziffer ist höher.

In Deutschland gibt es die größte jesidische Community außerhalb Shingals oder Sindschars. Man vermutet 100 000 bis 200 000 Personen. Zumeist im Norden, in Niedersachsen, wo auch ich herkomme. Weltweit gibt es knapp 1 Million Jesid.innen.

38 der 74 Genozide an der jesidischen Gemeinschaft, die sich über einen Zeitraum von 650 Jahren erstreckten, sind dokumentiert. Aufbewahrt in einem Dokumentationszentrum in Ankara.

Und auch in Dohuk gibt es zwei Organisationen (CIGE und Kenyat), die sich mit der Dokumentation des Genozids durch den daesh im Jahre 2014 beschäftigen. 1953 hat der damalige türkische Präsident Celâl Bayar (die Partei, der er vorstand, hieß DP, Demokrat Parti) die Gräber der Jesid.innen öffnen, die toten Körper gen Mekka ausrichten und wieder zuschütten lassen. Nicht einmal nach dem Tod ließ man sie in Ruhe.

2014 erhielt Dr. Kizilhan von der baden-württembergischen Landesregierung den Auftrag, 1000 Jesidinnen aus den Lagern im Nordirak, wohin sie nach dem Genozid geflüchtet waren, nach Baden-Württemberg zu transferieren. Darunter waren viele Frauen und Kinder, die aus der Sklaverei der IS-Kämpfer gerettet worden waren. Geschichten, die man nicht erzählen mag, so entfesselt sind sie in ihrer Grausamkeit. (Dreimal habe ich an dieser Stelle ein Beispiel aufgeschrieben, es wieder gelöscht und mich final entschieden, es wegzulasssen, um niemanden zu triggern oder zu inspirieren.)

Das Land Baden-Württemberg richtete also das »Sonderkontingent für bedürftige Menschen aus dem Irak 2014« ein, um Menschen aufzunehmen, die medizinische, psychotherapeutische und traumatologische Behandlung benötigen würden, Deutsch lernen müssten und eine Ausbildung machen.

Jan fuhr los. Seit 2015 besuchte er immer wieder die Geflüchtetenlager, seit 2017 mindestens vier- bis fünfmal im Jahr. Insgesamt sind es 20 Settlements. In 15 Camps leben ca. 300 000 Jesid.innen, in den anderen fünf Camps 270 000 syrische Geflüchtete. Zwei der jesidischen Camps habe ich besuchen können, Sharya und Esyan. Jede Reise Kizilhans war geprägt von Gesprächen mit Menschen, die erlebt hatten, was nicht sein darf. Nun musste er entscheiden, wer mitkommt. Was für eine Aufgabe …

1100 Frauen und deren Kinder, die in den Händen des IS waren, brachte er bis Ende 2015 nach Baden-Württemberg. Es werden aktuell noch 2600 Jesidinnen vermisst (Stand Oktober 2023). Ein Drittel der Vermissten ist vermutlich tot, ein Drittel hat sich wegen der inzwischen geborenen Kinder arrangiert, und ein Drittel will zurück nach Hause, in den Irak, nach Shingal.

Wie man sich in einem Gewaltsystem arrangiert, weiß ich nicht, aber der Mensch ist auf viele Weisen zu vielem fähig, habe ich auf meinen Reisen gelernt. Die Büchse der Pandora, die den Schrecken der Welt versammelte, beinhaltete auch die Hoffnung, sie lag ganz unten, sie konnte nicht hinaus …

Jan stellte mir in Stuttgart zwei junge Frauen vor, die mit dem Kontingent hierherkamen. Die eine spricht Deutsch, hat Mittlere Reife gemacht, geheiratet, ein Kind bekommen, arbeitet in einem Nagelstudio, verdient Geld und zahlt Steuern. Die andere ist im Begriff, Deutsch zu lernen, und will eine Ausbildung zur Visagistin oder Friseurin machen. Beide waren bzw. sind noch in Behandlung im Ärzteteam der Mediclinic. Sie erzählten mir ihre Geschichte der IS-Gefangenschaft und ihrer Flucht.

Es ist Teil der Therapie, die Geschichte der Traumatisierung immer wieder zu erzählen, um das Erlebte anzufassen und nicht in einem inneren dunklen Raum verrotten zu lassen, bis es die Person zerstört und zersetzt. Diese beiden Frauen waren bereits in der Lage, ihre Geschichte zu erzählen, sonst hätte Jan sie nicht gefragt, ob sie sich mit mir treffen würden. Und auch wenn sie weinen mussten, konnten sie es sagen. Das ist ein riesiger Schritt. Jan war dabei und sprach mit ihnen und passte auf.

Eine körperliche Reaktion auf Traumata ist die Ohnmacht. Der Körper schaltet das System aus, in dem er die Menschen in Ohnmacht fallen lässt. In Therapie-Sessions kann das wiederholt auftreten. Es kann fünfmal, zehnmal, zwanzigmal während einer Sitzung passieren. Immer wieder geschieht es, dass durch eine unbewusst ausgelöste Bewusstlosigkeit versucht wird, die Erinnerung an das Grauen, die die Menschen wie ein Tier überfällt, auszulöschen. Manchmal dauert die Ohnmacht nur ein paar Sekunden oder ein paar Minuten, manchmal eine halbe Stunde oder noch mehr.

Ich sah die Aufnahme einer jungen Frau, die in Krämpfen ohnmächtig auf dem Boden lag. Ihre Hände krampften, die Augen verdrehten sich, der Körper bäumte sich auf, denn der Kampf geht auch in der Ohnmacht weiter. Ich kann nur schwer in Worte fassen, wie der verzweifelte Zustand eines Menschen hier in der Ohnmacht, als Überlebensmodus sichtbar wurde. Der Körper ist klug.

Für den Fall, dass Patientinnen in ihrem Zuhause in Ohnmacht fallen sollten, was häufig genug passiert, sind die Familienmitglieder durch die Therapeuten vorbereitet worden, was zu tun sei.

In der Zeit, die Jan Kizilhan immer wieder in Kurdistan-Irak verbrachte, entwickelte er die Idee, dass man einen Studiengang für Traumatologie innerhalb der Fakultät für Psychologie an der Universität Dohuk einrichten müsste, um zukünftige Traumatologinnen auszubilden, die in den Lagern diese Arbeit durchführen könnten.

Innerhalb von drei Monaten entwickelte und gründete er 2016 gemeinsam mit dem deutschen Wissenschaftsministerium die Idee für das »Institute for Psychotherapy and Psychotraumatology« (IPP), das sich innerhalb der Universität Dohuks befindet. Die Ausbildung zu Psychotherapeuten und Psychotraumatologen gab es bislang an der Uni nicht, es wird nun als Masterstudiengang nach deutschem Vorbild angeboten. Die Voraussetzung dafür ist ein Bachelor in Psychologie. Danach der Master in Psychologie und Psychotraumatologie. Will man zusätzlich Psychotherapeutin werden, bekommt man eine Doppelvollindikation und muss dafür 1800 Stunden in den Camps mit Patientinnen arbeiten.

Bereits 2017 begann man mit der Ausbildung, die einzigartig ist im Nahen Osten. Inzwischen, es ist Oktober 2022, sind bereits 32 Studierende fertig mit ihrem Studium, die dritte Gruppe ist gerade im Begriff, ausgebildet zu werden. Von Jans Kolleginnen und Experten aus Deutschland, Amerika und England. Unterrichtet wird zu 80 % in Englisch und 20 % auf Kurdisch. Weiterhin gibt es etwas, das sich »train the trainer« nennt, so dass Studierende lernen, andere zu unterrichten.

Um Psychotherapeut zu werden, muss man in Deutschland acht Jahre studieren. Im Irak wurde die Ausbildung auf sechs Jahre verkürzt, d. h. die Studierenden müssen innerhalb dieser Zeit den Stoff komprimierter lernen. »Sie sind sehr motiviert«, sagte Jan, »und wir haben einfach nicht so viel Zeit, da der Bedarf für Psychotherapeuten und Psychotraumatologinnen enorm ist.«

Das war das Thema meiner Reise: psychotherapeutische, traumatologische Arbeit in den jesidischen Geflüchtetenlagern des Nordiraks, in der autonomen Region Kurdistan.

Mir fielen die Situationen auf meinen Reisen ein, in Rumänien, Burkina Faso, Jordanien, Ostkongo, Libanon, wo mir gesagt wurde:

»Nein, wir haben keine Psychologin.«

»Wir haben keinen Therapeuten.«

»Wir haben nur eine Psychologin hier im gesamten Krankenhaus. Eine!«

»Es gibt keine Ausbildung in diesem Land zum Therapeuten. Und was sollen wir mit Psychiatern aus Europa, sie sprechen nicht die Sprache.«

Sie können die Körper heilen oder wenigstens retten, sie können versorgen und Ausbildungsangebote machen, sie hören zu, aber da ist niemand, der professionell die psychologische oder traumatologische Arbeit und Betreuung machen würde.

Die langfristige Idee von Jan und seinem Team ist daher, ihre Ausbildung, die an existierende Studiengänge anknüpft, auch in andere Länder zu bringen, deren Konflikte oder Kriege unermüdlich Traumata produzieren. Aus der Erfahrung im Irak zu lernen statt zu warten. (Glaub, er hat damit auch schon angefangen, an dem Tag, der bei ihm zwischen Mittwoch und Donnerstag liegt.)

Landed.

Landed in Erbil. 2.30 Uhr nachts. Es ist warm. Es ist Oktober. Telefon an, ins Flughafen-Netz loggen, zack, geht wie 'ne Eins.

»Welcome in Kurdistan«, hat mir Ibraheem geschrieben. Er ist von der Universität Dohuk und mein Ansprechpartner für die Reisedispo und blieb die Nacht auf, um mich via Telefon durch den Irak zu begleiten. Er hatte mir einen Fahrer zum Flughafen geschickt, der mich abholen und nicht durch Mosul nach Erbil fahren würde. Ibraheem und ich haben uns in der Zeit meiner Anwesenheit zügig miteinander verbunden, denn er ist ein Filmfreak und fand in mir die langersehnte Ansprechperson, um über Filme zu fachsimpeln.

Visakontrolle. Das Visum erhält man direkt vor der Passkontrolle. Es sieht so aus: ein Din-A5-Zettel mit handschriftlichem Krickelkrakel und einem erlöschenden Stempel drauf. Meinetwegen. 70 Euro. Cash.

»Mavid, der Fahrer, steht direkt hinter dem Gepäckband, er hat ein gelbes T-Shirt an«, informierte mich Ibraheem.

Visum und Pass gezeigt, check, und dahinten stand einer im gelben T-Shirt, winkend. Mavid. Und schon waren wir im warmen Draußen, Mavid rauchte, raste zum Auto und los ging's. Ich fuhr nun nächtens durch den Irak, und meine unkonkrete Furcht von gestern war wie weggeblasen.

Um 4.30 Uhr erreichten wir Dohuk. Am nächsten Morgen traf ich Jan und seine Frau, und wir brachen direkt auf. Ins Camp Esyan.

Wie soll man Geflüchtetenlager erklären oder beschreiben, wenn man noch niemals in einem war? Unterscheiden sie sich? Ja, sicherlich. Und doch sind es dieselben Materialien, aus denen Unterkünfte gebaut werden, unterschiedliche Formen der Zelte oder Konstruktionen, an denen man erkennt, ob sie von UNHCR oder dem Roten Kreuz eingerichtet wurden. Iso-Boxen sind immer gleich, dort ist die Administration untergebracht. Lagerleitung. Grusliges Wort. Verstaubte Planen, die oft die Wände der Konstruktionen bilden, ähneln sich, und auf den Dächern liegen immer Bretter oder Autoreifen, um selbige Planen zu beschweren und festzuhalten. Ja, sie ähneln sich, die Refugee Camps, wie sich auch Städte ähneln in ihrer Idee, eine Stadt zu sein.

Der Staub auf den Straßen, die durch die Lager führen, ist ebenfalls ein Wiedererkennungsmerkmal. Man geht zu Fuß. Die Autos, die hier fahren, gehören jenen, die hier arbeiten. Denke ich. Ist falsch, wie ich später erfahre. Zäune, na klar, gibt es, aber sie scheinen in Esyan nicht so fies, bedrohlich und allgegenwärtig. Allein der Fußballplatz, der sich mittig im Nichts befindet, ist von einem überdimensionierten Zaun ummantelt und liegt menschenleer, verloren und skurril in seiner fast aseptischen Modernität. Spielt da jemand Fußball? Na gut, nur im Moment wohl nicht.

Der Fußballplatz wurde von der Caritas Essen gebaut oder gestiftet, und es gibt wohl auch eine Frauenmannschaft, nur leider keinen Trainer. Wie das dann gehen soll, verstehe ich nicht, frage aber nicht weiter nach, da ich in Fußball keinerlei Expertise habe. Allerdings ist mir bewusst, was dieser teamgeistige Sport leisten kann, durch die Organisation »Scoring Girls«, die die Profifußballerin und kurdische Jesidin Tugba Tekkal in Deutschland für Mädchen mit und ohne internationale Geschichte ins Leben gerufen hat.

In Camp Esyan leben 20 000 bis 30 000 Jesiden und Jesidinnen, die aus Shingal hierhergeflüchtet sind.

Jans Frau und ich gehen durch die Hauptstraße Esyans, die etwas breiter ist als die Nebenstraßen. Erstaunlich eigentlich, dass es Straßen gibt, die »Hauptstraße« heißen, aber keine Straße »Nebenstraße« heißt. Es ist ein bisschen wie in meinem Beruf, da wollen alle die Hauptrolle spielen, aber die meisten müssen mit Nebenrollen klarkommen.

Zwei Mädchen in Schuluniform und Rucksäcken auf dem Rücken kommen uns entgegen, bleiben vor uns stehen, schauen uns lächelnd an und wollen sich ganz offensichtlich mit uns unterhalten. Wir sind Fremde, wir sind eine Abwechslung.

»Kommt ihr gerade aus der Schule?«, fragt Jans Frau.

»Ja genau.«

»Wo ist sie?«

Sie erklären uns umständlich und gleichzeitig den Weg. Die

Schule besteht aus Containern mit eingezäuntem Schulhof, wie ein zu enger Gürtel, da hätte man mehr Luft lassen können. Vor der Schule ein kleiner eingezäunter quadratischer Garten, darin ein einzelner Stuhl, der auf Thomas Mann zu warten scheint.

»Dürfen wir kurz in die Schule hineingehen?«, frage ich, aber da hören wir, wie jemand etwas zu uns herüberruft, und drehen uns um.

Auf der anderen Hauptstraßenseite steht eine mittelalte Frau in einem langen geblümten Kleid, barfuß, verwuschelte Frisur, abblätternder Nagellack und sagt, sie hätte gerade gekocht, ob wir nicht etwas bei ihr essen möchten. Ihren Arm hat sie während des Rufens in die Hüfte gestützt, und es sieht aus, als müsse sie sich stützen, damit sie nicht umfällt.

Alle Menschen in Esyan sind jesidisch, sie alle sind vor der Auslöschung geflohen, kletterten über die Berge, liefen die 200 Kilometer lange Strecke bis nach Dohuk. Oder gab es einen Bus? Ein Auto? Was geschah vor ihrer Ankunft? Wer kam an, wer blieb zurück, wer überlebte, wer starb, wer wurde verschleppt und versklavt, wem wurde der Kopf abgeschlagen oder das Leben zerstört?

Die Menschen dieses Lagers sind Internal Displaced Persons. IDP. Menschen, die innerhalb des eigenen Landes fliehen müssen, Binnengeflüchtete. Von Berlin nach Baden-Württemberg zum Beispiel. Flüchtling wird man, sowie man die Landesgrenze übertritt. Weltweit sind ungefähr 70 bis 75 Prozent der Fliehenden Binnengeflüchtete. Circa 20 Prozent flüchten in die Nachbarländer. Alle anderen und somit der überwiegend, äh, kleinste Anteil in Prozent und absoluten Zahlen ausgedrückt, versuchen, nach Europa oder Amerika oder Australien zu gelangen.

»Flüchtlingsstrom« kommt mir in diesem Zusammenhang in den Sinn, und ich gehe dem Wort nach. Es ist ursprünglich das Wort für die Flucht und Vertreibung von 12 bis 18 Millionen Deutschen aus den ehemaligen Ostgebieten. Zwischen 1945 und 1950. Es waren deutsche Fliehende, die das Wort prägten, Menschen, die alles und ihre Heimat verloren hatten. Es waren Deutsche, nicht Syrer.

Zurück auf die Hauptstraße. Wir müssen die nette Einladung der Frau im geblümten Kleid leider ausschlagen, so leid es, vor allem mir, tut, da ich wahnsinnig schlecht Nein sagen kann.

Wir suchen Jan, der mit einer Familie spricht, die gerade ihre Unterkunft mit einem Betonboden versehen hat, der noch nicht ganz durchgetrocknet ist. Baustellenleben. Die Frauen kochen, halb draußen, halb drinnen, es riecht gut, und wir werden schon wieder zum Essen eingeladen.

Der Großvater lagert auf einer Decke, Jan lagert bereits neben ihm.

Ob wir Tee wollen.

Nein danke, wird gesagt.

Ich finde das wahnsinnig unhöflich, aber ich bin neu hier, ich hab' nix zu melden.

So wird jedem von uns wenigstens eine Flasche Wasser in die Hand gedrückt, da wird dann auch nicht mehr gefragt, ob wir wollen, ohne Versorgung der Gäste geht es nicht, das halten die Kurden nicht aus. Oder die Iraker. Die Iranerinnen auch nicht. Afghanen genauso. Oder meine Balkanfreundinnen. Und so weiter. All die vielen Gastfreundschaftsweltmeister.

Die Männer, es werden immer mehr, Nachbarn, stoßen dazu, fachsimpeln über den Betonboden und dass es einen erheblichen Unterschied machen würde, wenn der Boden zementiert sei und man nicht auf Staub bauen müsse, da man auf diese Weise die Planen oder Wände aus anderem Material besser fixieren könne.

»Stabiler.«

»Genau.«

Man nickt einvernehmlich, während auf die kahle Betonfläche geschaut wird, ohne das Interesse daran zu verlieren. Es macht viel mehr Sinn, in einer Männergruppe Häuser zu bauen, statt in einer Männergruppe Häuser kaputt zu bomben, finde ich. Finden meine Freunde auch. Jan auch.

Haken für die Verknüpfung mit den Wänden wurden bereits an

allen vier Seiten einbetoniert. Eine Konstruktion mit festem Boden und weniger festen Wänden, das ist kühler im Sommer, wärmer im Winter. Heimwerkerweltmeister Deutschland weiß das, hier könnte ohne Ende mitgefachsimpelt werden. Vermutlich würden da auf deutscher Seite richtig gute Ideen entstehen, Material würde mirakulös organisiert und angeschleppt werden, im Sinne von: Wenn wir es machen, wenn wir schon hier sind, wenn wir uns und unseren Nachbarn schon eine Konstruktion bauen müssen, dann können wir es ja auch richtig machen, und übrigens die Stromkabel hätten keine Knoten, sondern würden fachgerecht verlegt werden, wir haben ja Zeit, sonst nicht viel, aber das. »Komm, mach dir mal keine Sorgen, mein Freund, kriegen wir schon hingebastelt.« So geht deutsche Zuneigung, das muss man nur übersetzen können.

Auf den Dächern der umliegenden Konstruktionen sehe ich Apparate, was ist das?

»Was ist das?«, frage ich.

»Kühlung«, ist die Antwort, »im Sommer wird es hier so heiß, du hast keine Ahnung.«

Ein paar Tage später kommt die Sonne nochmals heraus, trotz Oktober, und zeigt, wer hier die Königin ist.

Eine Tochter im Teenageralter hat in der Küche die Pfanne im Griff und könnte aus Neukölln sein, sie trägt Jogginghosen, lange Haare fließen über ihr T-Shirt, wir sehen uns an, und ich sage: »I am so sorry, I don't speak Kurdish.«

»I speak English«, sagt sie in Englisch und grinst.

Mensch, bin ich erleichtert. In der Schule wird natürlich Englisch unterrichtet.

Sie sei fast fertig mit der Schule.

»Wo ist deine Schule?«

»Im nächsten Ort, in Sheikhan.«

»Und wie kommst du da hin?«

»Mit dem Bus.« Die Ausländer, was die für Fragen stellen.

Ich bin, mal wieder, erstaunt über die Normalität, die auch in einem Camp herrscht: Die Kinder gehen zur Schule, die Frauen kochen, die Männer bauen. Alltag, bei dem man nie weiß, wie lange er währen wird und ob die innere Stärke, die Ideen und das soziale Gefüge durchhalten.

In Sharya, einem anderen Camp, treffe ich auf einen Jungen, der mit seinem Physikbuch in einer Garage steht. Neben lauter Reifen. Er kann sich nicht konzentrieren in der betonierten oder unbetonierten Konstruktion, die seit der Flucht sein Zuhause sein soll. Zu viele Menschen auf zu wenig Platz auf einem Haufen, die ständig reden oder mit Blechgeschirr klappern. Daher: auf in die Garage! Dort allerdings gibt es keinen Stuhl. Von Tisch gar nicht zu reden. Garage war nett gesagt, es ist einfach ein zusammengezimmerter Verschlag für ein Auto, oder vielleicht ist es auch eine Reparaturwerkstatt. Multifunktionsort. Frage ich mich natürlich, warum er keinen Stuhl mitgebracht hat. Vielleicht hat er keinen. Vermutlich. Braucht er auch nicht. Er benötigt nur sein Übungsheft, sein Gehirn und den Stift in der Hand. Er zeigt mir das Physikbuch, und schnell wird deutlich, dass ich auch in Deutsch kein Wort verstehen würde. Zahlen. Formeln. Morgen ist Prüfung.

»Hast du Angst vor der Klausur?«

»Nee«, sagt er und grinst. »Ich liebe Physik.«

»Kannst du alles?«

»Jaja …« Er sagt es so, als solle ich mir mal keine Sorgen machen.

Neben dem Multifunktionsort ist ein Verschlag, aus dem es herausmeckert. Darin ist eine Ziege. Vermutlich wird sie irgendwann gegessen. Warum sie nicht herumlaufen darf, verstehe ich nicht. Aber bitte, wenn das alle machen würden, können ja nicht alle Ziegen nach Sharya kommen.

Ayla (Name geändert) arbeitet in dem von Kizilhan gegründeten IPP (Institut für Psychotherapie und Psychotraumatologie). Sie hat »Medical Laboratory Technology« studiert und will ihren Master am liebsten in Italien machen. Oder Berlin.

Auch sie kam 2014 mit Mutter, Großmutter, Bruder. Sie hatten Glück, sie haben hier eine Tante, sie mussten nicht ins Camp. Ihr Vater, der als Polizist im Grenzschutz an der irakisch-syrischen Grenze eingesetzt war, wurde angeschossen und verblutete. Dort, wo er stationiert war, gab es keine medizinische Versorgung.

Ayla lud mich in ihr Zuhause ein, eine leere, saubere Wohnung mit Wasser und Strom und unverputzten Wänden. Nicht fertig gebaut, würde ich denken, aber einzugsbereit. Ihr Bruder lag auf einer Matte, lernte und grüßte, offensichtlich lernt man hier im Stehen oder Liegen, niemals im Sitzen, aber Aylas Großmutter saß auf der Bank vor dem Haus, schaute über die Welt und schwieg oder beschützte die Familie. Es war still in diesem Viertel, als warte man auf Bomben.

Ayla und ich fuhren mit ihrem Auto, das sie sich von ihrem Gehalt am IPP gekauft hatte, ins Camp Sharya, wo 13 000 Menschen leben, denn hier in Dohuk und um Dohuk herum macht man alles mit dem Auto, das Benzin kostet derzeit 65 EU-Cent pro Liter (findet man hier teuer), und öffentlichen Transport gibt es nur sporadisch. Im Camp parkte Ayla in einer leer stehenden Garage, als wäre ihr Auto ein Kuckucksei, und da erst begriff ich, dass die Menschen auch mit Autos hierhergekommen waren. Viele jedenfalls waren mit Autos geflüchtet, nicht alle waren gelaufen. Besaß man ein Auto, wurde es in Windeseile vollgeladen, und man floh – wenn es noch gelang. Wenn nicht die IS-Kämpfer bereits das Auto zerstört oder in ihre Gewalt gebracht hatten, wenn sie nicht vor dem Haus standen und den Weg zum Fluchtauto versperrten.

In Sharya stießen wir auf einen Garten, der von einem Lehrer aus Shingal, Haider, angelegt worden war. »Ich war Lehrer, nun bin ich Gärtner.« Inmitten der Rechtwinkligkeit des Ortes, breite Hauptstraße, schmale Nebenstraßen, die von der unbestimmten Farbe des Staubes bestimmt waren, standen Ayla und ich vor einem Garten Eden, der mit rostigem Secondhand-Maschendrahtzaun umzäunt war und ein kleines Eingangstor hatte, über das aus

Holz ein selbst gebasteltes Portal genagelt war, so dass man sich ein wenig bücken musste, um hineinzuschreiten. Das taten wir und bestaunten die Auberginen, Tomaten, Gurken, Kräuter, den Salat, die Weintrauben, die dort wuchsen, und weiteres Gemüse, dessen Namen wir alle drei nicht in Englisch ermitteln konnten.

»Hast du das alles gepflanzt?«

Haider nickte.

Er sprach leise und sah immer ein wenig so aus, als würde er sich selbst nicht glauben. Er hatte im Sindshar-Gebiet Englisch in einer Grundschule unterrichtet. Er war gern Lehrer gewesen. Nach einigen Jahren war er zurückgefahren, mit Hoffnung im Herzen, zu Hause weiterzumachen, vielmehr neu anzufangen, doch er war wieder ins Camp zurückgekehrt, keine Grundschule mehr in Shingal, keine Sicherheit, keine Heilheit.

»War das Pflanzen schwierig?« Der harte Staubboden.

»Nein, nicht wirklich, es wächst gut.« Er zeigte auf Schläuche, mit denen er bewässerte. Sie waren an Behälter angeschlossen, in denen Regenwasser aufgefangen wird. Er benutzte nicht das Abwasser zum Wässern, weil er befürchtete, dass es das Gemüse ungenießbar oder gar toxisch macht. Das Abwasser läuft hier durch offene Kanalisation, dafür hat man kleine Vertiefungen zementiert, damit es nicht einfach über die Straße suppt. Manchmal sieht man Menschen, die mit einem Besen das Abwasser in die entsprechende Richtung fegen. Es versickert dann irgendwo im Boden und kommt von dort vermutlich ins Grundwasser, denn die offene improvisierte Kanalisation hier ist ja nicht vor den Toren des Camps an die offizielle Kanalisation angebunden. Wo also soll es sonst hin …

»Nebenan hat mein Cousin seine Shishalounge gepflanzt, für die Bäume dort kann man das Abwasser verwenden.«

»Shishalounge?!«

Er nickte, er hatte schütteres Haar, das gut gekämmt war.

Ayla und ich wollten die Shishabar sehen.

»Sie macht erst um 15.00 Uhr auf.«

Neben Haiders Garten lag ein Stück ehemalig staubigen Landes, das nun grünte und grünte. Baumgleiche Sträucher standen da, zwei bis drei Meter hoch, sie umsäumten den rechteckigen Innenhof, wo glatziges Gras wuchs und anderes Gewächs zu erleben war, das aus dem Boden gezaubert hier nun überzeugt herumstand und den Ort schön machte mit seinem Wuchs. Dazwischen die typischen Plastikstühle, die man im gesamten Globalen Süden antrifft und die hoffentlich aus recyceltem Plastik angefertigt werden und die wie sperrige bunte Plastikblumen im Grün wirkten.

Der Cousin hatte vor zwei Jahren begonnen zu pflanzen. Da ist viel gewachsen in dieser Zeit. Es ist erlaubt zu pflanzen, wenn man vorher bei der Camp-Leitung anfragt, was mit keiner besonderen Schwierigkeit verbunden zu sein schien, abgesehen von dem Umstand, dass man alles selbst bezahlen muss: Zaun, Pflanzen, Samen, Wasserschlauch, Werkzeuge.

In der Shishabar trifft man sich, sitzt auf Plastikstühlen und hat Schutz vor Königin Sonne. Die Pflanzen kühlen und spenden Schatten und Atmosphäre, sind Natur, die kann alles, und dort kann man mit Freunden und Nachbarn chillen, auch geschützt vor den Blicken der Vorbeilaufenden.

Ich mochte Haiders Gemüsegarten und die daran angrenzende Shishabar sehr gern, sie gaben kurz Hoffnung, so dass ich als Europäerin, die weder Ahnung von Flucht noch von professionellem Gärtnern hat, enthusiasmiert zu Ayla sagte:

»Warum nicht alles bepflanzen?! Man könnte ganz Sharya in eine grüne Oase verwandeln, bis es zu einer kleinen grünen Stadt heranwächst, die die Lebensqualität verbessert.«

Ayla sah mich mitleidig an.

Später erfuhr ich, dass das Land, auf dem das Camp steht, von der kurdischen Landesregierung angemietet wird von einer das Grundstück besitzenden Privatperson. Die Regierung ist somit auf den Goodwill des Vermieters angewiesen, also ist die Idee, eine neue Stadt zu schaffen, obsolet. Privatgelände.

Haiders Garten und seines Cousins Shishalounge grenzte, um den Kontrast noch zu verschärfen, an ein großes karges heruntergetretenes Feld, auf dem kein Grashalm überlebt hatte und auf dem manchmal Fußball gespielt wird und wo sich, vor allem um einen toten Bach herum, eine große Menge weggeworfener Plastiktüten und Plastikflaschen angesammelt hatte. Ich musste an Morias Bottleriver denken.

Wir gehen wieder mal durch eine der vielen Nebenstraßen, dicht an dicht stehen die Konstruktionen, und bei ungefähr jeder zweiten sieht man eine Art Pergola, die sich über die Straße hin zum gegenüberliegenden Zeltnachbarn erstreckt, was nur ein paar Meter sind. Die am Gestänge hochgewachsenen Pflanzen bilden eine Überdachung, spenden auch hier Schatten. Jesiden und Jesidinnen scheinen grüne Daumen zu haben, denke ich angesichts der mutigen Ranken. Aus einer Vorratskammer wächst ein ernst zu nehmender Baum heraus, und ich sage zu Ayla: »Schau, da haben sie die Kammer um den Baum herum gebaut, um ihn nicht fällen zu müssen.«

»Nee«, meint sie nach kurzem Austausch mit der Frau, die hier wohnt, »der Baum wurde vor acht Jahren, als sie ankamen, gepflanzt.« Sie sind schon so lange hier, der Baum wuchs überlebensgroß.

Die Unterkünfte aus Planen haben auch hier zementierte Fußböden. Etwas weiter die Straße hinunter steht ein echtes Haus. Aus Stein. Ein gemauertes Ein-Zimmer-Haus mit Fenstern und Eingangstür, das noch im Baustellenmodus ist. Und die Bewohner entschuldigen sich sofort, dass sie derzeit keinen Tee anbieten können. Ich bin froh, so kann Ayla nicht ablehnen.

Die Kinder der Straße bilden wie immer eine Traube um uns, in die wir eingehüllt weitergehen, während Ayla mit ein paar Leuten spricht und plötzlich anfängt zu lachen. Eine ältere Lady mit wenig Zähnen, langem Kleid, die sich an einer Wand abstützt, hatte zu Ayla gesagt: »Es tut uns leid, wir leben bescheiden und können nicht viel anbieten, aber ich bin reich. Reich an Arthritis.«

Die Kindergruppe um uns herum wird immer größer, und sie scheinen irgendein Ereignis von uns zu erwarten, da kommt aber nichts, und ich zermartere mir das Gehirn, was wir Interessantes machen könnten, um ihren Entertainmentdurst zu stillen. Da gehen wir an auf Planen ausgelegtem Essen vorbei. Es ist das übrig gebliebene Essen, das getrocknet und an Tiere verfüttert wird, nichts wird weggeschmissen.

Während ich das kurz in mein froschgrünes Notizbuch notiere, verrenken sich die kleinen Mausis fast den Hals, um einen Blick in das Buch werfen zu können. Ich frage Ayla, ob die Kinder vielleicht Lust haben, ihren Namen in mein Buch zu schreiben, falls sie das schon können. So gibt es doch noch ein bisschen Entertainment. Manche schreiben sogar »hello« hinein. Mit kleinen Klebehänden, die sich anschließend in meine Hand schieben. Die Seiten mit den kreuz und quer geschriebenen Namen werde ich niemals wegwerfen.

Nachdem wir mal wieder eingeladen wurden und Ayla nicht ablehnte, trinken wir in einer Unterkunft Tee, dessen Süße mir fast die Zähne ausfallen lässt, und dann gehen wir zur medizinischen Station, die am Rande des Camps liegt. Wir treffen uns dort mit Aylas Kumpel. Da ist er schon. Ein sympathischer Nerd mit Brille und leichtem Zucken im Gesicht.

Er ist Medizinstudent an der Universität von Dohuk. Sechs Jahre fuhr er täglich vom Camp in die Uni und kehrte abends zurück in ein Zelt, das er mit – keine Ahnung wie – vielen Familienmenschen zusammen bewohnte. Gerade macht er seinen PhD, seinen Doktor, und wird demnächst hier anfangen in der Station, die kein wirkliches Krankenhaus darstellt. Ich bin beeindruckt von diesem durchtrainierten Typ da vor mir, der gerade seinen Doktor der Medizin aus einem Flüchtlingslager heraus macht. Die Resilienz, ist sie es, die ihn konsequent und konzentriert diese sechs Jahre durchziehen ließ?

Resilienz oder Widerstandskraft, innere Stärke, die wie Muskulatur trainiert werden kann, wächst, je mehr man sie herausfordert. Die Reduktion von Möglichkeiten, an der Welt teilzunehmen, vermag einer Person, in diesem Fall Aylas Kumpel, helfen, sich ausschließlich auf diese eine verfügbare Möglichkeit zu fokussieren: das Studium. Mediziner werden. Arzt. Doktor. Mit einem Tunnelblick da durchgehen, egal, wo man ist, alles ausblenden, durch die Brille in die Bücher schauen, lernen, auswendig lernen, wiederholen, studieren, sich bilden. Die Universität Dohuk ist groß. Es gibt 18 Colleges. 1992 wurde sie gegründet, da gab es 200 Studenten, jetzt gibt es über 20 000 Studierende. Es ist nicht die Amerikanische Universität Dohuk, die ein Prachtbau ist und deren irakischen Dekan, ein herzlicher Intellektueller, ich kennenlernte. Uni Dohuk ist eine staatliche Universität, Eintritt frei, die überall in der Stadt Räumlichkeiten hat, und diese Räume sind aus anderem Material als Planen. Es gibt Stühle. Falls man daran Interesse hat.

Als wir weiterhin im Speckgürtel des Lagers an einer Mauer entlanggehen, auf der ein großes Schild prangt, blaue Schrift auf weiß, bleibe ich abrupt stehen und starre auf das mir vertraute Logo: »HÁWAR. Help«.

Der Verein von Düzen Tekkal und ihren Schwestern Tuğba, Tuna, Tülin und Tezcan. Sie sind eine große Familie kurdischer Jesidinnen aus Hannover, die nach dem Genozid an ihrer Religionsgemeinschaft die Organisation »Háwar. Help«, was in Kurdisch »Hilfe« heißt, gründeten. Seit 2018 haben sie in Kurdistan ein Frauenhaus. Dass es aber in *diesem* Camp liegt, wusste ich nicht. Ich schicke Düzen blitzschnell ein Video und schreie: »Schau mal, wo ich bin?!« Sie schickt mir prompt lauter Herzen zurück.

Das »Back to Life, Women's Empowerment Center« ist in weißen Containern untergebracht. Die ganze Anlage ist hell und reinlich, ganz neu, Handwerker laufen noch herum, gepflanzt wurde schon. Im klimatisierten Büro sitzen zwei Frauen am Computer. Seit Ende 2021 werden Alphabetisierungs-, Englisch- und Nähkurse angeboten und seit neuestem auch »Digital Literacy«, ein Computerkurs.

Außerdem gibt es Bildungsworkshops zu Themen wie Frauenrechte, Micro-Entrepreneurship oder Achtsamkeit. Auch für psychologische Betreuung kann man sich an das Center wenden.

Eine der beiden Frauen im Büro ist die Leiterin des neuen Kurses, sie hat in Dohuk »Computer Science« studiert und erzählt mir, dass ihr Vorbild die britische Mathematikerin und erste weibliche Programmiererin Ada Lovelace sei. Wohin man schaut, wird studiert.

Darum gehen Ibraheem und ich an einem anderen Tag in eine Schule, obwohl wir beide keine Jesiden sind, doch der Klang von Kinderstimmen auf einem Schulhof ist international gleich und begrüßt uns vertraut. Die Schule befindet sich innerhalb des Camps Sharya und ist aus Containern gebaut, der Schulhof versiegelt. Überdachungen statt Bäume – die Sonne.

Mit ein paar älteren Schülern aus der Secondary School (Sekundarstufe 1) kann ich mich in Englisch unterhalten, sie beenden die Schule nach der 10. Klasse, dann ist hier Schluss, weiterführende Schulen gibt's in Dohuk. Auch die Kleinen gehen hier in die Grundschule und flitzen über den Schulhof.

Im Lehrer- und Lehrerinnenzimmer wird geraucht. Es werden Fächer wie Kurdisch, Arabisch, Englisch, Mathematik, Naturwissenschaften unterrichtet. 410 Kinder besuchen die Schule, zu viele Personen für die schmalen Container, also gibt es zwei Schichten: 8.00 Uhr bis 12.30 Uhr und 13.00 Uhr bis 17.00 Uhr.

Schule ist ein Thema in Deutschland. In anderen Ländern auch. Überall. Die Schule. Sie soll viel können und sein und leisten und ist der Schlüssel, soll unsere Kinder bilden und beschützen, Zukunft ermöglichen, und wenn was schiefgeht, sind die Lehrer und Lehrerinnen Schuld. Nicht das Bildungssystem oder die Leute, die schulfern sich Gesetze ausdenken, die Lehrerinnen dann anwenden sollen. Was ist mit den Eltern oder Schülern und Schülerinnen, möchten sie Mitverantwortung übernehmen oder zeigen sie Bereitschaft für Ideenentwicklung und Gestaltungswillen? Kommt auf den Finanz- und Bildungshintergrund an, der in Deutschland immer mehr für eine Spaltung bei Bildungschancen sorgt und somit zukünftig die Gesellschaft auseinanderdividieren wird. Obacht.

Ich entstamme einer Lehrerfamilie. Es ist fast wie ein Witz, wenn man sich anschaut, wie viele Personen in meiner Crowd Lehrer sind. Meine Schulzeit jedoch war nicht besonders schön. Sie war keine Chance, sondern eine Prüfung in menschlicher Hinsicht, sozialem Gefüge und Hackordnung. Es war keine diverse Schule, sie war auf dem Land, und ich habe keine Ahnung, was es bedeutet, Rassismus zu erfahren, ich weiß nur aus erster Hand und über wirklich viele Jahre hinweg bis zu einem amtlichen Nervenzusammenbruch mit 15 Jahren, was Mobbing bedeutet, das damals noch nicht so hieß.

Die Kombination aus Lehrstoffen und den sozialen Herausforderungen, die eine Gruppe an jedes Individuum stellt, verlangt Menschen viel ab. Das muss man lernen oder aushalten können, Strategien und Verhaltensweisen entwickeln, wie man in dieser Gruppe mitmacht, herumschwimmt, lebt, zurechtkommt. Wird aus dir, als Person, in der Klasse, durch Gruppendynamik etwas gemacht, das du weder bist noch sein willst? Ja? Die Dynamik hat sich bereits entfesselt? Verstehe. Wirst du viktimisiert oder exkludiert, bist du falsch, weil da Mitschüler sind, Bestimmer darüber, wer und was richtig und falsch ist?! Willst du einfach nur lernen und deine Ruhe haben, geht das, oder ist es aufreibend, im immerforten Lärmpegel eines nach ungewaschenen Menschenkörpern und altem Schulbrot riechenden Raumes sich zu konzentrieren und am Unterricht teilzunehmen?! Hat man dir dein Physikbuch geklaut, um damit irgendwas in Brand zu setzen?!

Kinder und Teenager und Heranwachsende sind sehr junge Menschen, die man durch Sozialisierung im Elternhaus, in der Schule und aufgrund der Funktionalität oder Nicht-Funktionalität der jeweiligen Gesellschaft formen kann. Man kann aus ihnen Wissenschaftler oder Meditationsmeisterinnen machen und Nationalsozialisten oder Selbstmordattentäter, Kindersoldaten, die Menschengehirne auslöffeln, als auch Klimawandelspezialistinnen, die schlauer sind als Präsidenten.

Es liegt in der Hand der Erwachsenen, für die Bildung der Kinder und Heranwachsenden zu sorgen und sich da etwas Großartiges auszudenken. Nicht etwas, das irgendwie gerade so geht und durch das man irgendwie mehr oder weniger beschadet durchkommt, nein, etwas Außergewöhnliches, Phantastisches, Unvergleichbares, etwas Großes. *Das* sollte Schule sein. Der beste Start, den man nur jedem Menschen wünschen und mitgeben kann, um dieses Leben zu beginnen.

Ich weiß familienbedingt, dass man Schülerschaft in Deutschland motivieren muss und man als Kollegium, je nach Bundesland unterschiedlich, vielen Regeln unterliegt und Stoffe unterrichten muss, auf die man vielleicht gar keinen Bock hat, weil man weiß: ist nicht für diese Klasse. Es gibt Lehrpläne und Deadlines, Abgabetermine, Kompetition, Zensuren und die PISA-Studie.

Wenn man über Brennpunktschulen spricht, sollen diese viel können und sein, derweil Politik und Gesellschaft um sie herum Unsinn treiben.

Befinden wir uns gar in einem Geflüchtetenlager des Globalen Südens, soll diese Schülerschaft lernen, was das Zeug hält, weil das Mantra ist, dass die hier angebotene (oftmals informelle) Bildung der Schlüssel aus ihrer Misere sei, in die sie sich zuallermeist nicht selbst hineinschlamasselt haben. Die Kinder und Heranwachsenden in wirklich prekären Umständen, die Flucht und Vertreibung, Gewalt und Verlust erlebt haben, die sollen dann hier in diese Containerschule gehen, dankbar sein, anständig lernen, still und nett zueinander sein, im Klassenraum wie auf dem Schulhof als auch zu den Lehrern, sie sollen ihre Hausaufgaben machen, lernen, hab' ich schon gesagt, mitmachen und gute Zensuren schreiben, na klar, damit sie in Dohuk auf eine weiterführende Schule und dann hoffentlich auf die Uni Dohuk gehen können, die im Gegensatz zur AUK, American University of Kurdistan, kein Prachtbau ist.

Wir verlangen von den Kindern, die im Ungewissen leben, mehr als von jenen, die in einem Sozialstaat leben. Und was das höchst Erstaunliche ist: Sie tun es. Sie lernen, was das Zeug hält, sie sind gut in der Schule und still im Unterricht, sie machen ihre Hausaufgaben und tun alles dafür, eines Tages zur Universität gehen zu können oder eine Ausbildung zu machen, etwas zu werden, sie haben das Mantra internalisiert und lernen in einem Verschlag, im Stehen, auf einer Matte am Boden, oder im Bus oder ganz egal wo. Sie saugen das Optimum aus jeder gegebenen Möglichkeit heraus. Und dann sind sie eines Tages, wie Aylas Kumpel, Doktor der Medizin. Wollen wir hoffen, dass sie dann nicht erneut fliehen müssen, nach Europa, wo ihr Doktortitel nichts wert ist.

»Die jesidischen Schüler.innen stehen immer unter dem Druck, die schlauesten sein zu wollen«, sagt Ibraheem zu mir.

Ich sehe es.

Irgendeine der Schuluniformierten zerrt an meinem Arm, es ist wirklich wahnsinnig lustig, diese Aufregung, die wir durch unsere Anwesenheit verursacht haben. Ibraheem schaut auf die Uhr, doch wir müssen gerecht sein und schauen uns alle Klassenräume an, die uns von den Kindern gezeigt werden wollen. Die Lehrer sind cool damit, wir waren angekündigt.

So, jetzt müssen wir aber wirklich los, wir haben eine Verabredung mit psychologischen Traumatherapeuten im »IPP« der Universität Dohuk.

Was ist eigentlich ein Trauma? Hier eine Definition: ein *»vitales Diskrepanzerlebnis zwischen bedrohlichen Situationsfaktoren und den individuellen Bewältigungsmöglichkeiten, das mit Gefühlen von Hilflosigkeit und schutzloser Preisgabe einhergeht und so eine dauerhafte Erschütterung von Selbst und Weltverständnis bewirkt.«*

Merkmale einer Traumatisierung sind, dass diese durch *»Situationen oder Geschehnisse extremer oder langanhaltender, meist außergewöhnlicher Belastung entsteht, welche die Bewältigungsmöglichkeiten des*

Betroffenen übersteigen, und dadurch zu anhaltenden tiefgreifenden Ver-
änderungen des Selbst- und Welterlebens führen sowie dauerhafte Verän-
derungen von Denken, Fühlen und Handeln hervorrufen.« Von Bedeutung
für eine Traumatisierung ist nicht das Ereignis an sich, sondern das
individuelle Erleben und Bewerten.

»Als Psychotraumatologie wird die ›Lehre von Struktur, Verlauf und Be-
handlungsmöglichkeiten seelischer Verletzungen und ihrer Folgen‹ bezeich-
net. Gleichzeitig entwickelt nicht jede Person nach einer traumatischen
Erfahrung Folgesymptome.« (»Lehrbuch Transkulturelle Traumapädago-
gik«, Jan Ilhan Kizilhan, Claudia Klett (Hrsg.) bezugnehmend auf Martin
Baierl) Kann man auch als Nicht-Traumatologe verstehen, oder?

Als wir den Eingangsbereich des IPP, auch als »German Institute«
bekannt, betreten, sitzt dort ein junger Mann mit einer JFK-Brille,
hinter der seine Augen funkeln, er ist keine 18, der auf seine Therapiestunde wartet. Das Institut ist für alle Menschen in Dohuk
zugänglich, die es in therapeutischer Angelegenheit in Anspruch
nehmen möchten. Der junge Mann, der mich anspricht und fragt,
woher ich komme, ist nicht aus einem der Camps.

»Oh«, sagt er auf meine Antwort, »you are my first foreigner.« Er
freut sich. Ich auch, dass ich für jemanden die erste Ausländerin
sein durfte, der er in seinem Leben begegnete. Wollen wir hoffen,
dass es eine positive Erfahrung war, für all die zukünftigen Ausländer, denen er noch begegnen wird.

Mein Freund Jawara war der erste Schwarze, dem seine Branden-
burger Kollegen begegneten. Sie hatten kein Bewusstsein, was Rassismus oder Anstand ist. Das hm-Wort war in der Mittagspause frei
zugänglich, der Witz, bei dem es um »Schwarzfahrer« ging, wurde
immer wieder erzählt, man befand sich in einem KFZ-Betrieb und
lachte. Als sich die Debatte um Ausländer und Afrikaner drehte,
warf Jawara schließlich ein, dass er auch Afrikaner sei, und diese un-
bedachten Männer meinten, ja, aber das ist ja was anderes, das bist
ja du, du bist unser Kollege. Sie meinten es so. Sie meinten es nett.
Okay. Und jetzt?

Die Traumatherapeutin hat ihr Studium gerade beendet, und Ibraheem und ich haben es auch fast pünktlich aus der Schule in die Uni geschafft. Ihn hat es mehr gestresst als mich, wahrscheinlich weil er diese Vorstellung von pünktlichen Deutschen hat und nicht wissen konnte, dass ich in der Hinsicht dem Klischee leider nicht entspreche. Dasselbe gilt bei mir übrigens für Bier, Wurst, Fußball und Autos. Aber dafür kann ich wahnsinnig gut und fließend Deutsch sprechen.

Ich setze mich zu der Therapeutin. Richtig, hier gibt's Stühle. Sie beginnt zu erzählen, und ich will sofort bei ihr in Therapie gehen.

Sie erläutert einige anschauliche Methoden der traumatherapeutischen Arbeit. Erzählt von dem Fall einer jesidischen Frau aus Sindshar, die verheiratet ist, fünf Kinder hat, zwei Söhne und drei Mädchen. Als der daesh nach Sindshar kam, wurde sie von ihrem Mann getrennt und nach Raqqa in Syrien verschleppt und von dort an weitere Orte. Nach zwei Wochen wurde sie auch von ihren Kindern getrennt, nur eine Tochter blieb bei ihr. Viermal wurde sie verkauft. Der letzte Mann, einer mit einem langen weißen Bart, half ihr, gegen Geld, zu fliehen. Er wollte 2000 Dollar. Das hatte sie nicht, das Geld musste zusammengetragen werden. Wie das gelang, ist mir ein Rätsel, denn sie musste dafür Freunde, entfernte Verwandte und Nachbarn fragen, doch wie sie mit ihnen in Kontakt trat, blieb für mich unaufgeklärt. Was ich jedoch verstanden habe, ist, dass die Bekannten alles tun, was in ihrer Macht steht, um dieses Geld aufzutreiben, was sogar dazu führt, dass Organe verkauft werden … Nieren. Später wurde wohl das Geld seitens der kurdisch-irakischen Regierung an die Familien zurückgezahlt, aber erst einmal muss man es ja zusammentrommeln. Die Niere erhielt man nicht zurück.

Die Dollars wurden beschafft, und sie floh und kam in ein Camp. Allein. Der Mann war weg, die Kinder waren weg. Sie wusste nicht, ob sie noch lebten, wo sie waren, wie es ihnen ging. Nach sechs Monaten kam ein Sohn mit einem zerschossenen Bein zurück. Er war gebrainwashed worden durch den daesh, war als Kindersoldat eingesetzt worden und äußerst aggressiv.

Dabei fiel mir der Dokumentarfilm »Imads Childhood« des irakisch-schwedischen Regisseurs Zahavi Sanjavi ein, der im Jahr 2021 bei dem »Human Rights Film Festival Berlin« den Preis als bester Film gewann. Er erzählt die Geschichte des kurdisch-jesidischen sechsjährigen Imad, den er über ein Jahr hinweg begleitet hat, nachdem er für zwei Jahre bei IS-Kämpfern lebte und in ihrem Sinne trainiert worden war. Er kam zu seiner Mutter und Großmutter zurück als vollständig gehirngewaschenes Kind. Wie eine Maschine, die nur noch in Destruktion agieren kann. Er schlug Mutter und Großmutter, alle Kinder im Kindergarten, die Lehrerin. Er zerstörte und schrie, trat und spuckte, es war kaum auszuhalten, das anzusehen. Doch die Frauen haben, obwohl sie immer weinen mussten, nicht aufgegeben, haben nicht aufgehört, ihm ihre Liebe zu zeigen. Schließlich erhielt er Einzelsessions mit einer Psychologin. Dort köpfte er eine Barbiepuppe. Die Psychologin fragte, warum er das mache, und er sagte grinsend, weil das normal sei. Gewalt war für ihn die Normalität, das hatte er gelernt, das setzte er fort. Es gelang der übrig gebliebenen Familie (während Zahavis Dreharbeiten erfuhr die Mutter des Sohnes vom Tod ihres Mannes) mit Hilfe der Lehrerin und Psychologin, diesen kleinen Jungen Schritt für Schritt zu befrieden, zu beruhigen. Ihm etwas anderes für sein Gehirn und Gefühl anzubieten. Ganz langsam und wackelig. Bis er schließlich umarmt werden konnte. Die Umarmung als Gegenteil von Gewalt.

Der Regisseur Zahavi Sanjavi wurde nach der Vorführung gefragt, ob Imad den Film gesehen hätte, und er antwortete: »O ja, allerdings. Er war der Erste, der ihn gesehen hat. Ich habe Imad gefragt, ob er mir erlaubt, den Film in der Welt zu zeigen, und seine Antwort war: ›Ja, das kannst du machen, aber du musst immer dazu sagen, dass ich nicht mehr so bin.‹«

So war es wohl auch mit dem Sohn in dem Fall, den die Traumatherapeutin erzählte. Und so gibt es endlos viele Fälle kleiner Kinder, deren Leben zerstört wurden durch Manipulation und Gewalt.

Jan sagte: »Man muss kein Prophet sein, um zu erkennen, dass wir schon jetzt die nächste Generation von Terroristen heranzüchten, die irgendwann diese Gesellschaft in Unheil versetzen werden.«

Die Traumatherapeutin erzählt weiter, dass die Mutter versuchte, stark zu bleiben für ihr Kind, obwohl der Gedanke an ihren Mann und ihre anderen Kinder, von denen sie nicht wusste, wo sie wären, sie auffraß. Sie sagte in einer Therapiesession, dass sie sich manchmal wünschte, sie seien tot, dann hätte sie Gewissheit, dann wüsste sie wenigstens, woran sie sei, aber die Unsicherheit und die Vorstellung entsetzlicher Ereignisse, die ihnen widerfahren könnten, würde sie kaputtmachen. Sie wurde mit Depression und Posttraumatischer Belastungsstörung (PTSD) diagnostiziert. Darüber hinaus entstanden psychosomatische Schmerzen: Kopfschmerzen, Rückenschmerzen, Beinschmerzen, die traumatischen Erlebnissen folgen können. Das Gehirn produziert den körperlichen Schmerz, obwohl die Beine physiologisch gesehen völlig in Ordnung sind.

Eine Methode, mit PTSD zu arbeiten, nennt sich »Narrative Exposure Therapy«, Narrative Expositionstherapie (NET). Dabei wird Folgendes gemacht:

»Wir malen eine Linie mit Kreide oder legen einen zusammengedrehten Schal auf den Boden. Das ist stellvertretend für die Linie des Lebens. Blumen repräsentieren die glücklichen Erlebnisse und Steine die unglücklichen. Weiterhin stellen kleine Äste das dar, was die Patientin selbst zu verantworten hat, was sie getan hat. Und schließlich haben wir Kerzen für jene Menschen, die man verloren hat.«

Ich stelle mir den Vorgang vor und empfinde ihn fast als poetisch aufgrund der vielen organischen Elemente: die Blumen, die Kerzen, die Steine, die Äste. Patientin und Therapeuten sitzen miteinander auf dem Boden.

Bei jedem Ereignis, an das sich die Patientin (sie sagt »client«) erinnert, sagt sie etwas dazu. Ein Stein wird hingelegt: Mit 6 Jahren habe ich Gewalt durch meine Mutter erlebt. Oder eine Blume: Mit 10 Jahren war ich auf dem Rummel. Oder eine Kerze: Als ich 12 war, starb meine Großmutter. Und so immer weiter, einmal durch das Leben durch, bis zum heutigen Tag. An was erinnert man sich da zuerst?

Ist dieser Vorgang beendet, gehen sie gemeinsam alle Steine, also die unglücklichen oder traumatischen Erlebnisse, Stück für Stück durch und in das Ereignis hinein. Die Situation wird konkretisiert, benannt, betrachtet. Es wird gefragt: Wo war es, was ist passiert, wie hat es gerochen, wer hat was gesagt, welche Möbel standen im Raum, was war vor dem Fenster zu sehen, welche Farbe hatte das Kleid, das man trug, und so weiter. Immer genauer, immer wieder wird narriert, wird das traumatische Erlebnis erzählt, beleuchtet, angefasst. Mehr und mehr konkrete Erinnerungen kommen hinzu.

Jan sagt dazu, dass es erstaunlich sei, woran sich Menschen erinnern könnten und wie viel und detailliert sie erinnerten. Es ist ein harter, schmerzhafter Prozess, die Möglichkeit, dass die Patientin in Ohnmacht fällt, ist allzeit gegenwärtig.

In der Therapie nennt man die Ohnmacht »dissoziieren«. Es kann bis zu einige Stunden dauern. Das Wort Dissoziation kommt aus dem Lateinischen, es bedeutet »trennen« oder »schneiden«. In einem dissoziativen Zustand ist die Wahrnehmung von Denken, Handeln und Fühlen getrennt.

Dissoziation bzw. dissoziative Zustände bezeichnen eine »Störung der Integration und Verknüpfung von Informationen«. Wenn man dissoziiert, fallen die psychischen Funktionen auseinander. Die eigene Wahrnehmung wird nicht mit dem Bewusstsein für sich selbst und der Umwelt in Einklang gebracht.

»Ist es Ihnen passiert, dass Ihre Klientin in Ohnmacht gefallen ist, während des Erinnerns?«

»Ja, aber nur einmal, denn ich arbeite, um genau das zu vermeiden, präventiv mit Essenzen, mit Ölen, Gerüchen, mit einem Vaporisateur. Der Geruch hilft ihnen, das Bewusstsein nicht zu verlieren.«

Sie sagt: »Es passierte bei einer Session im Camp. Meine Patientin dissoziierte, als wir über den Schmerzpunkt (sie sagt ›hot spot‹) sprachen. Ich sagte, öffne deine Augen, welche Farben kannst du sehen? Was befindet sich hier im Raum, benenne, was du siehst, die Möbel, den Tisch etc. Die Patientinnen sind in der Lage zu hören, auch im Zustand des Dissoziierens. Der Fall war schwierig, ihr Mann war vor ihren Augen ermordet worden.«

Mit der Methode der Narrativen Expositionstherapie identifizieren die Patientinnen durch die Wiederholung des Narrativs jeden Stein ganz genau, mit allen Sinnen wird das Erlebte wie in einem verkehrten Puzzle auseinandergenommen, bis im besten Falle aus dem Trauma eine Erinnerung wird und die Flashbacks, von denen die Traumapatient.innen gejagt werden, sich reduzieren.

»Die Methode ist in der Traumatherapie sehr effektiv«, sagt sie. »Wir nehmen damit die Schwere von ihren Schultern.« Dass dabei Steine eingesetzt werden, die ja Schwere im wahrsten Sinne repräsentieren, leuchtet nicht nur ein, sondern wirkt geradewegs metaphorisch.

Eine andere Traumamethode nennt sich »Cognitive Behaviour Therapy« (CBT), Kognitive Verhaltenstherapie, in der versucht wird, die sich redundant wiederholenden Schlaufen und Kreisläufe negativer Gedanken zu durchbrechen, da man davon ausgeht, dass die Art und Weise, wie wir denken, bestimmt, wie wir uns fühlen und verhalten und wie wir körperlich reagieren. (Kognition ist die Gesamtheit aller Prozesse, die mit dem Wahrnehmen und Erkennen zusammenhängen.)

Für diese Methode werden sogenannte »socratic questions« verwendet. Sokratische Fragen. Zur Erinnerung: Sokrates war ein griechischer Philosoph, der ungefähr 400 Jahre v.Chr. gelebt hat. »Ich weiß, dass ich nicht weiß.« Der. Der Meister aller Philosophen.

Er hat keine Schriften verfasst, es war Platon, der sein Werk verschriftlichte. Sokrates hat vor allem im Dialog philosophiert. Und ich könnte mir vorstellen, das ist, was hier mit »socratic questions« gemeint ist. Man tritt in einen Dialog. Therapeut und Patient. (Oder auch Klient.)

Hier eine Definition: »Der sokratische Ansatz zum Fragen basiert auf der Praxis eines disziplinierten, nachdenklichen Dialogs. Sokrates glaubte, dass die disziplinierte Praxis des durchdachten Hinterfragens es dem Schüler ermöglicht, Ideen logisch zu untersuchen und die Gültigkeit dieser Ideen zu bestimmen.«

Oder: »Bei dieser Technik gibt der Lehrer zu, das Thema nicht zu kennen, um sich auf den Dialog mit den Studierenden einzulassen. Mit diesem ›Dumm-Stellen‹ entwickelt oder erweitert der Schüler seine Kenntnisse zum Thema.«

In der Therapiestunde werden also seitens der Therapeutin Fragen gestellt wie: Bist du dir sicher, dass es soundso war, wie oft denkst du daran, hast du einen Beweis, dass es so und nicht anders war usw. Um ihnen zu verdeutlichen, warum sie so denken, wie sie denken. Um zu veranschaulichen, dass und weswegen sie in diesem Kreislauf verhaftet bleiben. Durch die Fragen wird der Kreislauf unterbrochen, gestört. Und im nächsten Schritt wird alles neu geordnet, man arbeitet an der Routine, was wiederum auf das Schlafverhalten Einfluss nimmt.

Ich habe diese Informationen in einem Gespräch mit einer jungen irakischen Psychologin und Traumatherapeutin erhalten, die mir diese Methoden verständlich und ruhig erklärte, und ich glaube, es ist sinnvoll, hier einmal innezuhalten. Was wissen wir vom Irak? Welche Vorbehalte haben wir den dort Lebenden gegenüber? Was spricht man ihnen unwissend ab? Was wissen wir überhaupt? Von den Orten, an denen wir niemals waren, uns aber anmaßen, über sie zu urteilen? Die Narrative, die wir dafür aus den Medien erhalten, fokussieren sich auf Konflikte, dabei fällt das Leben von Millionen Bürgern und Bürgerinnen möglicherweise hinten runter.

Jan und ich haben einen Termin mit dem Campleiter des Camp Sharya, das seit 2014 existiert. Im Containerbüro höre ich Vogelgezwitscher. Der Vogel zischt über unsere Köpfe hinweg und während ich ihm hinterherschaue, wie er seine Bahnen fliegt, hoffe ich, er kennt den Fluchtweg. Hier in der Leitung arbeiten hauptsächlich Männer und eine Frau, die einen Pulli mit eingestrickter US-Fahne trägt. Landkarten hängen an der Wand, ein Plan des Lagers, Logos von UNHCR, Caritas und BCF.

Und eine Übersicht, wie viele Geflüchtete hier leben: 2500 Familien, d. h. 13000 Menschen aus Shingal, 3000 Zelte wurden 2014 gebaut. 10 Prozent der IDPs sind zurückgekehrt in die Heimatregion, während der Konflikt noch andauerte. Davon kamen 200 Familien wieder zurück ins Camp, wie Haider, da das Leben vor Ort zu unsicher war.

Das »Camp Coordination and Camp Management« (CCCM) verwaltet und koordiniert seit 2014 dreißig Vertriebenen- und Flüchtlingslager in den Provinzen Erbil und Dohuk in Zusammenarbeit mit UNHCR. Seit 2020 werden alle Lager von der Organisation »Barzani Charity Foundation« (BCF) unterstützt und gemanaged, mit weiterer Hilfe von UNHCR, Caritas und der kurdischen Regierung.

BCF ist eine Organisation, die 2005 von dem ehemaligen Premierminister der kurdischen autonomen Regierung Iraks, Masrur Barzani gegründet wurde. Ihr Ziel: »Eine Welt ohne Armut und erzwungene Migration, in der alle Menschen gleichen Zugang zu Bildung, grundlegenden Dienstleistungen und einer schützenden Umwelt haben.« BCF leistet humanitäre Hilfe für Binnenvertriebene und Geflüchtete, kümmert sich um Waisen und seit 2014 um die jesidische Gemeinschaft. Sie verteilen Lebensmittel, Wasser und grundlegende Hilfsgüter wie Küchenbedarf, Decken, Matratzen, Bargeld, Kleidung, Kerosin, Heiz- oder Kühlgeräte. Auch kümmern sie sich um Gesundheit und Bildung, stellen Schulmaterial bereit, bieten diverse Kurse an, vermitteln Arbeitsmöglichkeiten und sorgen sich um Schutz. Weiterhin gibt es Schulungen im Bereich Menschenrechte, Kinderrechte, soziales Bewusstsein, Prävention von Rassismus und sexuellem Missbrauch.

BCF-Zentren gibt es auch außerhalb der Lager, wo man sich den Schutz von Frauen und Kindern zur Aufgabe gemacht hat, hinsichtlich der Sensibilisierung der Gesellschaft für soziale Fragen in Bezug auf Missbrauch und Gewalt.

Es ist schmerzlich zu sehen, wie der Mensch sich und den Mitmenschen das Leben zerstört. Seit immer. Dass man Menschen »sensibilisieren« muss im Umgang mit Gewalt. Dass Kinder und Frauen vor dem Missbrauch durch Männer geschützt werden müssen und man lehren muss, nicht zu töten, nicht zu foltern, nicht zu vergewaltigen, nicht zu rauben, nicht zu zerstören.

Wie die Soziologin Dr. Teresa Beck sagt, ist Gewalt nicht »natürlich« im Menschen angelegt, vorgesehen oder programmiert, sie ist sozialisiert. Gewalt ist schwierig und fällt scheinbar so leicht.

Es gibt bereits ein Übermaß an Traumata unter den Menschen dieses schönen Planeten, und die Wissenschaft beschäftigt sich in jüngster Geschichte mit der Epigenetik derselben. Der Vererbung von Traumata an zukünftige Generationen. Jan ist diesbezüglich sehr aktiv und in internationalem wissenschaftlichem Austausch. Anderes Thema. Wir fahren erst mal nach Lalish, ins Heiligtum der Jesiden und Jesidinnen.

Auf dem Weg dorthin fuhr ich bei Said, Ibraheems Kumpel, mit. Wir passierten Checkpoints, die im Wüstengelände herumstanden. An einem Checkpoint wurde mir mein Reisepass abgenommen. Wir warteten im Auto, und der Polizist kam nicht mehr aus seinem Unterstand zurück. Ich wurde nervös. Said stieg aus dem Auto aus, was man in Amerika in so einem Fall nicht tun sollte, um sich darum zu kümmern.

Ich dachte, was, wenn die mir das Ding nicht zurückgeben? Oder mich festnehmen, aus unerfindlichem Grund? Habe ich einen Stempel im Pass, der ihnen nicht passt? Und wieder, zum tausendsten Mal, wurde mir klar, wie schnell sich unser gesamtes Leben verändern kann, auf einen Schlag, ohne unser eigenes Zutun. Okay, das Zutun wäre hier gewesen, dass ich in den Irak gefahren bin. Dennoch. Zack, Pass weg, da gibt's einen als Person direkt nicht mehr. Da kommt man über keine Grenze. Oder Sicherheitsgewahrsam, und ich werde zu einer Schlagzeile in den heimischen Medien.

Während ich derlei beunruhigendes, übertriebenes Zeug dachte, kam Said mit meinem Pass zurück. »No problem«, lächelte er. Ich wollte den Uniformierten vor lauter Erleichterung winken, doch Said unterband meine Handbewegung mit einem schnellen und präzisen: »Don't.«

Eine Feuersalve empfängt uns im Tal Lalish, die aus einem zehn Meter hohen Schornstein herausbrüllt. Ölabbau gegenüber des Heiligtums. Willkommen im Nahen Osten.

Der Tempel von Lalish ist aus dem 13. Jahrhundert. Es wurde wiederholt versucht, ihn niederzubrennen. Betritt man den Tempel, findet man sich in einem dunklen großzügigen Raum wieder, in dem um Säulen bunte Satinstoffe gewickelt sind, in die man einen Wunsch hineinknoten kann. Löst man einen Knoten, geht der hineingeknotete Wunsch der anderen Person in Erfüllung.

Unterirdisch und allerheiligst fließt eine Quelle aus dem Berg, und wenn man mutig ist oder besonders gläubig, kann man das trübe Wasser trinken. Hier können ebenfalls Wünsche in Erfüllung gehen, indem man das Wasser in Schwingungen versetzt und von der Quelle wegleitet, derweil man den Wunsch denkt.

Die uralten Steine sprechen zu einem, ob man glaubt oder nicht. Materie, die über Jahrhunderte hinweg die Gebete, die Andacht, die Konzentration von Menschen bezeugt und erlebt haben. Im Stein wurden sie aufbewahrt.

Jan sagt mir, dass ein kollektives Gruppengefühl aufgrund kollektiver Traumata entsteht. Das gilt für die Jesid.innen, die so viele Genozide überlebten, ganz besonders.

Als wir zurück nach Erbil fahren, sehe ich, anders als bei der nächtlichen Anreise, die Landschaft. Wir fahren durch hügeliges Land, und die Berge spazieren neben uns her und sehen aus, als wäre bereits Mose mit seinem Volk darübergewandert. Ja, Kurdistan ist ein geschichtsträchtiges Land in der Wüste.

Am 19. 1. 2023 anerkannte der Deutsche Bundestag offiziell den Völkermord an den Êzîdinnen und Êzîden.

An den Zäunen

An den Zäunen
Malaga
Ceuta
Nador
Al Hoceïma
Melilla
Beni Ensar

1921 hat der Komponist Kurt Weill, einundzwanzigjährig, eine Sinfonie geschrieben, die später als »Berliner Sinfonie« in die Musikgeschichte einging, weil er sie, wie sollte es anders sein, in Berlin geschrieben hat. 1933 floh er nach Paris, 1935 emigrierte er in die USA. Als deutscher Jude floh er das vom Nationalsozialismus verseuchte Deutschland, musste vor einem Volk fliehen, das gebrainwashed worden war und sich in einem größenwahnsinnigen Nationalismus, gepaart mit entfesseltem Antisemitismus vereinte. Einen gemeinsamen Feind zu haben verbindet. Die Juden waren der Feind der Deutschen, wobei sie übersahen, dass viele ihrer jüdischen Kolleg.innen, Nachbarinnen, ihrer Freunde und Bekannten sich genauso als Deutsche identifizierten. Die jüdischen Deutschen mussten ihre Heimat fliehen, weil diese ihre Heimat, mit den dort lebenden Bürgern und Bürgerinnen, besser als Herrenmenschen bekannt, ihnen zur größten Gefahr geworden war. Sie mussten gehen, möglichst aus Europa hinaus, irgendwohin, wo man der Sprache möglicherweise nicht mächtig war, wo man andere Lieder sang, anderes

Essen aß und anderer Kultur und Tradition begegnete. Wo man als Fremde.r eintraf, nachdem man alles verlassen hatte, was einem bis dato lieb und lebenswert und vertraut gewesen war.

Kurt Weill verließ gezwungenermaßen sein geliebtes Berlin und wurde zum Flüchtling, in dem Moment, als er erst in Frankreich und später in den Vereinigten Staaten die Grenze überquerte und unbekannten Boden betrat.

Im allgemeinen Sprachgebrauch reden wir hier von Exilanten, von Exildeutschen, von Künstlerinnen, Musikern, Schriftstellern oder Philosophinnen im Exil. Auch Hannah Arendt gehörte dazu. Sie schrieb 1943 einen Essay, den sie »Wir Flüchtlinge« betitelte, darin heißt es:

»Von nun an sind ›Flüchtlinge‹ Menschen, die das Pech hatten, mittellos in einem neuen Land anzukommen und auf die Hilfe der Flüchtlingskomitees angewiesen zu sein. (…) Es gab eine Zeit, da konnten wir einkaufen und U-Bahn fahren, ohne dass uns jemand sagte, wir seien unerwünscht. (…) Wir haben unser Zuhause verloren und damit die Vertrautheit des Alltags. Wir haben unseren Beruf verloren und damit das Vertrauen, in dieser Welt irgendwie von Nutzen zu sein. Wir haben unsere Sprache verloren und mit ihr die Ursprünglichkeit der Reaktionen, die Einfachheit der Gebärden und den ungezwungenen Ausdruck von Gefühlen.«

Zurück zur »Berliner Sinfonie«. Kurt Weill hatte sie erdacht, komponiert, notiert, aber niemals aufgeführt gehört. Wie beschützte man vor hundert Jahren einen Text, ein Buch oder eine Komposition vor der Vernichtung?

Kein Copyshop. Kein Fotoapparat, der in der Lage wäre, ein paar Dutzend Notenseiten abzufotografieren. Kein Smartphone mit einer Scanner-App. Kein Computer, keine Cloud und sowieso kein Computerprogramm für Komponisten.

Ich habe die »Berliner Sinfonie« Kurt Weills im Berliner Konzerthaus am Gendarmenmarkt im August 2023 unter dem Dirigat von Joana Mallwitz gehört, und die schöne und schräge Verrücktheit, Feinsinnigkeit, die Tiefe und der Humor dieser Musik ließen mir die Tränen nur so über das Gesicht fließen. Da war also diese Komposition aus dem Jahre 1921, und es gab sie voraussichtlich nur einmal. Original.

So trug es sich zu, dass sie in ein Kloster nach Italien geschickt wurde. Die Nonnen entfernten aus Sicherheitsgründen das Deckblatt, auf dem der Name des Compositore stand. Nun gab es kein Entrée mehr, auf der ersten Seite ging es direkt los mit C-Dur.

Die Weill'sche »Berliner Sinfonie« überlebte die Nazis und den Krieg. Sie überlebte in einem katholischen Kloster, und Jahre nach dem Tod Weills machte seine Frau und Witwe, die Schauspielerin und Sängerin Lotte Lenya, einen öffentlichen Aufruf, um mögliche (versteckte) Werke Weills aufzufinden. So kam die »Berliner Sinfonie« aus Italien zurück nach Berlin und wurde 1957 zum ersten Mal aufgeführt.

Die Schwestern haben die Musik bewahrt und beschützt.

Auch ich habe eine Geschichte von Schwestern zu erzählen, die versuchen, Menschen im Exil vielleicht nicht zu bewahren, aber ihnen in ihrer Zeit des Interims Sicherheit und eine Prise Ruhe zu geben. Menschen, die keine genialen Komponisten sind, aber eventuell noch alles werden können, wenn ihnen Chancen und Umstände eines Tages zum Vorteil gereichen werden.

An den Zäunen
Malaga
Ceuta
Nador
Al Hoceïma
Melilla
Beni Ensar

Es wäre schön, ich könnte sagen: »Die Geschichte beginnt in Malaga«, weil das gut klingt und schwingt, aber sie begann lange Zeit davor. In Berlin, Köln, Aachen. Nicht in Madrid, aber irgendwie auch in Nuimi, was im westafrikanischen Gambia liegt.

Keine meiner Reisen habe ich so lange recherchieren müssen wie diese. Eineinhalb Jahre waren es. Doch ich fasse mich kurz und sage nur: Ich wollte an die Zäune von Melilla und Ceuta.

Zur Erinnerung: Diese beiden spanischen Städte liegen auf dem afrikanischen Kontinent, sind Hafenstädte im Norden Marokkos und Mitglied der Europäischen Union. Das »Konzept« ist vergleichbar mit der englischen Stadt Gibraltar, die unter der Souveränität des Vereinigten Königreichs steht, aber in Spanien an der Costa del Sol liegt. England in Spanien, Spanien in Marokko. Exklave sagt man, wenn man in Spanien über Melilla und Ceuta spricht, Enklave, wenn man vor Ort ist.

Oder genauer: Eine Enklave ist ein Staatsteil eines Landes (hier: Spanien), der vollständig in einem anderen Staat (hier: Marokko) liegt, während umgekehrt dieser Landesteil eine Exklave des eigenen Staates ist, da er geographisch nicht mit dem Heimatland verbunden ist.

Die Geschichte dazu in aller Kürze geht so:

1912 unterzeichnete Marokko, das nicht mehr gegen europäische Kolonialmächte standhalten konnte, einen Protektoratsvertrag mit Frankreich. Die Nachbarländer Algerien und Tunesien waren bereits französisch besetzt. Mit dem Vertrag verlor Marokko seine Un-

215

abhängigkeit. Es gab darüber hinaus einen französisch-spanischen Vertrag, der im selben Jahr abgeschlossen wurde, der Marokko in zwei Protektoratszonen unterteilte und Spanien kleine Gebiete, wie beispielsweise Ceuta und Melilla, übereignete. Bei der Unabhängigkeit Marokkos im Jahr 1956 blieben diese Gebiete spanisch, da sie direkt dem spanischen Staat und nicht dem Protektorat unterstanden.

Weiter geht's, wir haben noch ein Stück Weg vor uns.

Mein Freund und Mitbewohner Jawara, der in Nuimi geboren wurde, siehe oben, wo man, dank der britischen Kolonisierung Englisch spricht, (abgesehen von Wolof und Mandinka u. v. a. Sprachen mehr), und der sich mit 15 Jahren gen Europa aufmachte, Jawara war in Melilla über den Zaun bzw. die Zäune geklettert, die die beiden Exklaven umschließen wie ein Hochsicherheitsgefängnis. Sie sind wie ein Atomkraftwerk nach einem nuklearen Unfall umzäunt, doch dazu später mehr.

Jawara hat überlebt. Nicht alle, die sich an diesem Zaun versuchten, überlebten. Ich wollte an den Ort fahren, um zu sehen, wo dieser unerschütterliche junge Mensch neun Monate gelebt hatte, die die dunkelste Zeit seines Lebens gewesen ist, wie er sagt.

»Wir trafen uns in der Nacht, so um 12 Uhr. Zum Zaun geht man drei Stunden. Wir waren 200 Leute. 50 haben es geschafft, 50 wurden von der Polizei gefasst, der Rest hat abgebrochen oder sich verletzt. Die Militärs schlagen Leute bis in den Tod.« (Jawara)

November 2011 begann seine Reise, eineinhalb Jahre war er unterwegs und legte in der Zeit 12 000 Kilometer zurück, war von der gambischen Hauptstadt Banjul aus über Senegal durch die Wüstenstaaten Mali, Niger, Mauretanien, Libyen, Algerien und Marokko gelaufen. Am 11. Mai 2013, ein Datum, das er niemals vergessen wird, gelang es ihm, nach ungefähr 20 Versuchen »Boza« zu machen, heißt: den Zaun zu überwinden. Von Melilla kam er nach Barcelona und erreichte schließlich Berlin Ende 2014.

Drei Jahre später, 2016, haben wir uns am Filmset kennengelernt, als er als Komparse für einen Film der Autorin und Regisseurin Feo Aladag mitmachte. In einem zur Geflüchtetenunterkunft umgestalteten Backpackerhostel. Orte, die auch miteinander verwandt sein könnten, beherbergen sie doch Menschen auf ihren (sehr unterschiedlichen) Reisen. Nun war der Ort zu einem Filmset geworden. Wie üblich waren viele Menschen anwesend: Team, Cast, Komparsen. Viele Sprachen wurden gesprochen und partiell übersetzt: von Deutsch ins Französische oder Arabische, von Farsi nach Englisch oder Englisch nach Deutsch. Dazwischen konnte ich Gespräche in phantasievollem Deutsch zweier Jungs hören, die sich gerade am Set kennengelernt hatten, der eine war aus Pankow, der andere aus Spandau, aus Berliner Geflüchtetenunterkünften, echten.

»Wo kommst du?«

»Eritrea«, sagte der Pankower.

»Afghanistan«, sagte der Spandauer.

»Wie lange hier?«

»Sechs Monaten.«

»Ich – zwölf.«

»Wie alt?«

»16.«

»17.«

Sie lächelten sich schüchtern an, stellten sich mit ihren Namen vor, legten sich dabei die flache Hand kurz auf die Brust.

Die Regisseurin hatte die Komparsen sowohl über Castingagenturen als auch in Geflüchtetenunterkünften gefunden. Was mir auffiel, war, dass die Berliner Jungs mit internationaler Geschichte, auch als »Migrationshintergrund« bekannt, ein wenig eingeschüchtert schienen angesichts der Menschen, die krasse Geschichten auf ihrem Rücken und ihrer Seele mit sich herumschleppten; plötzlich gab es da Typen neben ihnen am Tisch, die waren noch exotischer als sie – crazy, neue Erfahrung. Es war ein freundlicher Trubel, und die Motivation, die sich in dieser fiktionalen Geflüchtetenunterkunft materialisierte, war körperlich spürbar.

Ich war beeindruckt von der Spielfreude und der Unmittelbarkeit der jungen Menschen um mich herum, die erfanden, improvisierten, spielten, hier in diesem Raum, der mit Stockbetten vollgestellt war. Sie waren aufmerksam und achtsam, beste Voraussetzung für Schauspielerei, würde ich mal sagen.

Diese Jungs, die bis vor kurzem noch Kinder waren, aus diversen Ländern dieser Welt kamen, vereint durch den Umstand, hierhergelaufen zu sein, schauten mich in der Szene direkt und unverstellt an, ihr Blick erreichte mein Herz. Ich erlebte weder Steifheit noch Verlegenheit in ihren Bewegungen, hörte keinen auswendig gelernten Text. Der Übergang vom Leben zum Spiel war fließend, sie vergaßen nicht, dabei zu atmen, sie waren lebendig. Wir alle spielten zusammen diese Szene.

Einer war darunter, dessen Energie eine Glühbirne hätte zum Leuchten bringen können. Er hatte eine kräftige Stimme und war sowohl entschieden und energetisch in seiner Körpersprache als auch in seiner inneren Haltung.

»Danke, aus«, sagte Feo, die Regisseurin. »Jawara, könntest du bitte etwas weniger gut Deutsch sprechen?!«

»Ja klar, kann ich, kein Problem«, lachte sich der energetische Typ kaputt über die Regieanweisung. Ich musste mitlachen. Feo auch. Judith, die Kamerafrau, auch.

So lernte ich Jawara kennen. Und schließlich, als er nicht mehr wusste wohin, zog er bei mir ein. Ich kenne seine Geschichte und habe die Erlaubnis, davon zu erzählen, denn er sagt: »Ich kann darüber sprechen, weil ich Therapie gemacht habe, weißt du, ich kann nur jedem empfehlen, Therapie zu machen. Jetzt kann ich wieder schlafen, ich habe keine Albträume mehr und auch die Flashbacks, die mich tagsüber jagten und überfielen, sind weniger geworden.« Seinen Namen habe ich selbstredend verändert, bzw. er hat ihn vorgeschlagen, was weiß ich schon von coolen gambischen Namen.

Weiter.

Ich wollte also an die Zäune, aber wer ist da? Wo fahr ich hin, begleitet mich jemand, gibt es ein Projekt, da muss doch jemand sein, wer ist da? Ich rief alle mir möglichen Möglichkeiten an, emailte mich durch die Gegend, dass meine Fingerchen nur so rauchten. Die Leute vom Croce Rosso, dem Roten Kreuz in Spanien, zu denen ich mich über einen Tagesschausprecher vorgearbeitet hatte, schrieben mir bezaubernde E-Mails:

»Natürlich, Katja, sehr gern, wir freuen uns, dich in unserem Büro in Madrid begrüßen zu dürfen. Umarmung. B.«

Ich werde wirklich sehr gern umarmt und hatte, glaube ich, auch einen kleinen crush auf den Mitarbeiter B., wegen seiner warmherzigen und, genau, umarmenden Art zu schreiben – nur, was sollte ich in Madrid?!

Dasselbe mit UNHCR. »Ja, wir beobachten die Situation in Melilla und Ceuta. Unser Büro ist in Madrid.«

Aber ich will nicht nach Madrid, Leute, bei aller Liebe.

Das darf doch nicht wahr sein, ist niemand vor Ort? Soziale Netzwerke durchgesehen, Journalisten angepiept, der mal Artikel über die Situation geschrieben hatte.

»Liebe Katja, eine nette Frau von UNHCR war meine Ansprechpartnerin, hier ihre E-Mail-Adresse. Viel Glück.«

Kannte sie schon. Sie war in Madrid.

»Oh, damals war sie in Melilla.«

»Ja, jetzt ist sie in Madrid.«

»Das tut mir leid.«

»Kein Problem, vielen Dank für die Unterstützung.«

Mensch. Das gibt's doch nicht.

Doch, das gibt's. Es ist das uralte Rezept: Wir machen unsichtbar, was stört, und wenn es niemand mehr sieht, dann ist es auch nicht mehr da. Fertigistdielaube. Das ist wie mit den Straßenkindern in Bukavu – und nicht nur dort! Sie wurden ins Gefängnis gesperrt, und, zack, waren die Straßen wieder sauber. Der Sozialwissenschaftler Karl Kopp, Europareferent von pro asyl, spricht hier von Externalisierung, das Leid wegmachen.

Auch Tierleid findet nicht mitten in der Stadt statt, denn sonst würden die Menschen ja die Schreie hören und das Blut und die Scheiße würden über die Bürgersteige laufen.

Die deutsche Philosophin Friederike Schmitz sagt, dass wir Menschen uns durch das Leid, das wir den Tieren antun, entmenschlichen würden.

Ich wurde langsam ratlos. Auch Jawara hatte schon alles versucht, aber seine Leute von damals waren inzwischen alle weg; tot oder in Europa oder weitergezogen oder arbeiteten als Sklaven in Libyen oder waren zurückgegangen, wobei Letzteres die am wenigsten wahrscheinliche Möglichkeit war.

Dazu dieses Corona, das sich nie mehr aus unserem Leben zu verabschieden schien.

Ich jammerte Douglas von »ReFOCUS Media Labs« vor, und er sagte, ohne mit der Wimper zu zucken: »Wir haben einen Freund in Ceuta. Antonio. He's a photographer and activist, amazing guy, I'll connect you.«

Ganz einfach. Ich war kurz davor, in Ohnmacht zu fallen vor Erleichterung.

Und Melilla?

Da kam der Zufall, der berühmte, zu Hilfe, und ich lernte in Köln eine Psychologin kennen, die zufällig für die NGO »Misereor« arbeitet. So ein Zufall.

»Seid ihr auch in Melilla?«

»Ja.«

»Aber ich meine Melilla, nicht Madrid.«

»Ja, ich versteh schon.« Sie dachte bestimmt, ich sei verrückt. Wie gut, dass sie Psychologin war, die verstehen Verrückte. »Wir arbeiten mit Partnern in Nador zusammen. In Marokko. Es ist zehn Minuten von der Grenze nach Melilla entfernt.«

Ich konnte nicht glauben, was ich da hörte. Danke, lieber Gott.

»Wer sind eure Partner?«

»Jesuiten.«

»JESUITEN?!«

»Hmhm.« Sie lächelte. »Wir sind doch ein bischöfliches Hilfswerk der römisch-katholischen Kirche Deutschlands, mit Sitz in Aachen, gegründet 1958.« Sie unterstützen, wo Armut am größten ist, und führen Untersuchungen zu den Ursachen von Verarmung, Unterdrückung und Zerstörung durch.

Natürlich, die Katholiken! Die Orden. Die Jesuiten. Das ist alles eine Truppe, sie sind vernetzt, weltweit, seit immer – und, hier, ja, da waren sie. Sie waren da. Bei den Menschen. Sie waren vor Ort. Ich würde zu Jesuiten fahren. Sie wussten, was passierte, ich könnte von ihnen lernen und endlich mal was Neues erleben, weil ich ja sonst nix erlebe!

Ich umarmte die Psychologin! Ich war so dankbar und hoffnungsfroh. Sie hatte einfach und leicht diesen Satz ausgesprochen, nach dem ich Monate und Monate gesucht hatte:

»Ja, wir sind da, zehn Minuten von der Grenze entfernt.« Und sie fügte hinzu: »Die Priester sind cool, die machen da tolle Arbeit.« Und noch am selben Tag verknüpfte sie mich mit José-Luis und Alvar, den beiden spanischen Priestern der »Délégation Diocésaine des Migrations« (Diözesane Vertretung für Migranten) in Nador, und bereits am nächsten Tag erhielt ich von beiden herzliche E-Mails, mit denen sie mich willkommen hießen, sie in Nador zu besuchen.

Und dann fuhr ich los – und nun sind wir endlich in Malaga angekommen, wo ich, wie erwähnt, die Geschichte so gern hätte beginnen lassen. Jetzt aber. Los geht's. Weiter geht's. Seid ihr noch da? Die Sonne scheint, ich habe eine Adresse – und ein Date mit einem Priester. Und wer kann das schon, außer Fleabag, von sich behaupten.

Ich treffe José-Luis, der mit Jeans und Shirt und Bauch freundlich und etwas schüchtern auf mich zukommt. Er spricht sieben Sprachen, vielleicht sind es auch acht oder neun, er hat aufgehört zu zählen bzw. verzählt sich manchmal, bzw. plötzlich fällt ihm noch eine Sprache ein, der er mächtig ist. »Ab der fünften Sprache wird es einfach«, sagt er nervös. Seine Leute verdrehen die Augen, weil er Sprachen lernt wie andere ein Gedicht auswendig lernen oder ihre Kontonummer. Richtig, darunter sind Sprachen, die niemand spricht, kann man sich gar nicht unterhalten, höchstens mit anderen Nerds, man liest sie nur: Aramäisch, Lateinisch, Alt-Griechisch, you name it. »Bible Scriptures« hat er auch studiert. In Rom. Das machen und schaffen und wollen nur wenige, es sind theoretische, theologische Geisteswissenschaften, weshalb diese Studien nur mit diversen Sprachen im Gepäck einhergehen können, wegen der vielen Übersetzungen und Fassungen der Bibeltexte. Und Übersetzungen sind auch immer konnotiert mit Interpretation, da kann einiges auf der Strecke bleiben.

Gerade lernt er Arabisch, damit er den Koran im Original lesen kann. War nicht mehr überraschend. Er und ich sprechen Deutsch miteinander. Das kann er fließend. Ich auch. Doch er wechselt je nach Gegenüber respektvoll und übergangslos ins Englische oder Französische oder Spanische. Ja, ich bin grün vor Neid.

José-Luis erzählt mir von der historischen Geschichte des Jesuitenordens, der mehrfach verboten wurde und Priester zu Flüchtlingen machte. Es ist ein Orden der katholischen Kirche, 1534 von dem Spanier Ignatius von Loyola in Paris gegründet und 1540 von Rom anerkannt. Der derzeitige Papst, Franziskus, ist ebenfalls Jesuit, verwirrend nur, dass er Franziskus heißt.

Einer seiner Vorgänger, Papst Clemens XIV., verbot 1773 den Jesuitenorden. Dem vorangegangen waren repressive Maßnahmen und Vertreibungen der Jesuiten aus Portugal und dessen Kolonien durch den portugiesischen König im Jahr 1759.

Die hochgebildeten Jesuiten, die in vielen Ländern gute Bildungszentren und Schulen leiten, fordern eine politisch offensivere Armutsbekämpfung, engagieren sich für Benachteiligte im Globalen Süden, für Völkerverständigung und den Dialog zwischen Christen und Nichtchristen. Sie gelten als die Intellektuellen der katholischen Kirche und sind bekannt für anspruchsvolle Predigten. Es werden hohe Anforderungen an die Mitglieder gestellt: Jesuiten absolvieren eine theologische und eine philosophische Ausbildung.

Aus anderen geschichtlichen Zusammenhängen haben wir gelernt, dass Bildung ausreichend Anlass gibt für die Zerstörungswut diktatorischer Regime. Dass Brillen aus dem Gesicht geschlagen werden, weil sie als Zeichen für Intellektualität gesehen werden. JL hat seine Brille mit Pflaster geklebt. Hält noch.

Im Deutschen Reich wurden die Jesuiten ab 1872 als Reichsfeinde verfolgt und ausgewiesen, wenn sie keinen deutschen Pass hatten, da sie unter Bismarck als »vaterlandslose Gesellen« galten.

Während wir durch das, trotz Tourismus, wunderschöne Centro Histórico Malagas laufen und ich dem Priester gebannt zuhöre, da er mir zu unzähligen Gebäuden, Kirchen, Straßen etwas Geschichtliches sagen kann und übrigens gerade versichert, dass es auch Jesuiten gäbe, die nicht Theologie studiert hätten, geraten wir auf einen Platz, in dem der allgemeine Geräuschpegel schlagartig nachlässt.

Wir sind auf einen Schweigekreis gestoßen, den »Circulo di silencio Málaga«. Ungefähr 50 Menschen bilden ihn, den Kreis, und sie schweigen. Im Kreis. Für 30 Minuten. Wir stellen uns dazu.

Diese Aktion findet in diversen Städten Spaniens statt; sie schweigen für die Geflüchteten und Migranten, und auf ihren Plakaten steht: »Solidaridad con los migrantes y refugiados.« (Übersetzung selbsterklärend).

Auffallend für mich ist, dass sich hier viele ältere Menschen versammelt haben. Das ist schön, es zeigt mir, dass der sogenannte Aktivismus nicht der Jugend vorbehalten ist. Aber es geht gar nicht um Aktivismus, sondern um Mitgefühl und Anteilnahme, um Aufmerksamkeit und Nächstenliebe, egal, ob man an Gott glaubt oder nicht.

Der Schweigekreis geht zu Ende, und José-Luis und ich verabschieden uns, werden uns bald im marokkanischen Nador, wo seine Arbeit in der Diözese und dem Zentrum Barraka stattfindet, wiedersehen. Auf Wiedersehen!

Um nach Spanien oder in die EU einzureisen, benötigt man, wenn man Bürger*in eines afrikanischen Landes ist, ein Visum. Das kriegt man aber nicht einfach so. Wenn überhaupt. Eigentlich nicht. Oder gar nicht. Denn das ist genau das Problem: Es gibt keine legalen Wege.

Vor der Pandemie durfte man, gemäß gewisser Ausnahmeregeln, als marokkanische Staatsbürger*in ohne Visum nach Ceuta und Melilla über die Grenze gehen oder fahren. Der Pass genügte für die Grenzüberquerung. Beide Städte sind Mitglied der EU, nicht aber Teil des Schengen-Abkommens, nur Hafen und Flughäfen sind Schengen-Raum, um Handel zu ermöglichen.

Zur Erinnerung: Der Schengen-Raum bezeichnet seit Inkrafttreten des Abkommens im März 1995 die Gemeinschaft der Staaten, unter denen systematische Personengrenzkontrollen im Regelfall nicht mehr stattfinden. Schengen-Bürger können die gemeinsamen Binnengrenzen der EU-Mitgliedsstaaten an jeder Stelle ohne Personenkontrolle überschreiten. Das Schengen-Visum berechtigt einen innerhalb des Schengen-Raums zu Besuchsreisen bis zu 90 Tagen.

Die visumsfreie Sonderregelung galt nur für jene Marokkaner*innen, die unweit Ceutas oder Melillas wohnten und in den spanischen Enklaven einen Job hatten. Auf diese Weise wurde ihnen ihre Arbeit ermöglicht, und sie konnten täglich die Grenze passieren.

Sobald man sich jedoch zum Hafen oder Flughafen begeben hätte, wäre man ohne Visum nicht weitergekommen, hätte ohne Visum nicht zum spanischen Mutterland übersetzen oder in andere Vaterländer fliegen dürfen. Auch über Nacht durften die marokkanischen Arbeitnehmerinnen, die von der visumsfreien Sonderregel profitierten, nicht bleiben, sondern mussten um 24.00 Uhr wieder zurück im Heimatland, zu Hause im Marokkanischen sein.

»Doch plötzlich ist es schon zehn nach elf
Und sie sagt: Ey, du musst ja spätestens um zwölf wieder drüben sein,
Sonst gibt's die größten Nerverei'n,
Denn du hast ja nur 'nen Tageschein.
Mädchen aus Ostberli-hin, ich komme wieder ...«
(Udo Lindenberg, »Mädchen aus Ostberlin«, 1973)

Aber dann kam alles anders, denn dann kam 2020 die Pandemie, re-member, und die Grenzen wurden gleichberechtigt (!) für alle Men-schen geschlossen, als wären alle gleich, alle waren gleich, egal, ob sie aus Spanien, Marokko oder anderen afrikanischen, anderen europäischen Ländern kamen, ob aus Amerika, Asien oder Austra-lien. Und bis zum Zeitpunkt meiner Reise im April/Mai 2022 blieb die marokkanisch-spanische Grenze geschlossen, was mich, wie man sich unschwer denken kann, in meiner Reisedispo vor Heraus-forderungen stellte.

Ich fahre also mit der Fähre von Algeciras nach Ceuta, werde dort aber nicht über die Grenze nach Marokko einreisen dürfen.

Könnt ihr noch folgen? Kommt, steigt ein, weiter geht's, wir fah-ren die Costa del Sol mit ihren hässlichen Ferienblocks entlang, wenden den Blick gen Meer und machen Musik an, denn in Algeci-ras wurde Paco de Lucía geboren.

»Hier warte ich schon wieder,
ich brauche deinen Regen und deine Sonne.
Nachdem ich in Tränen geschwommen war,
meine bitteren Tränen erreichten das Meer.«
(»Zwischen zwei Meeren«, Paco de Lucía)

Der Hafen von Algeciras erinnert mich an den Hafen von Calais, an den Dublins. Vermutlich werden Grenzen nirgendwo so greifbar wie an Häfen, auch wenn die Freiheit, wegen der Meeresnähe, di-rekt daneben zu liegen scheint. Trugschluss.

Ceuta bedeutet sieben – vereinfacht gesagt und zusammengefasst.

Für jene, die mehr Zeit haben, verhält sich die Erläuterung wie folgt: Es gibt sieben Hügel in Ceuta, die sich hinter den zu vielen Häusern, die bis eng an den Hafen gebaut sind, auftürmen – ich habe die Hügel nicht gezählt, weil ich da durcheinanderkomme und nicht genau weiß, wo nun so ein Hügel aufhört und der nächste beginnt und was bereits als Hügel zählt und was nicht, und was ist eigentlich der Unterschied zwischen Hügel und Berg? Ich war jedenfalls auf *dem* Berg, den selbst ein Berglaie wie ich aus der Sicht der abfahrenden Fähre als solchen erkennen kann, er war grau und mächtig und sowohl beruhigend wie gleichzeitig furchteinflößend. Monte Hacho. Mehr Nordafrika als Costa del Sol. Als wir hochfuhren, war alles um uns herum grün, das war schön.

»Ad Septem Fratres« (bei den sieben Brüdern) jedenfalls sagten die Römer zu dieser kleinen Zungenspitze ganz oben im Norden Afrikas, aus Septem wurde die Kurzform Septa und das p hat man schließlich irgendwann durch ein u ersetzt, kein Witz. So heißt Ceuta also sieben, siehe oben, wegen der sieben Berge, wie bei Schneewittchen, und die Hügel, fand man wohl damals, sollten Brüder sein, wie die Zwerge (die waren aber keine Brüder, soviel ich weiß, sondern Kollegen).

Erste Eindrücke können trügerisch sein, können sich wandeln, da zum Eindruck ein Gefühl, ein Erlebnis, eine Begegnung kommen, weil der erste Eindruck nicht fremd bleibt, sondern eben nur zuerst ist und, tja, ein Eindruck. Er kann personalisiert werden

oder, besser gesagt, verpersönlicht werden, man kann etwas liebhaben, das einem auf den ersten Eindruck möglicherweise sogar
unangenehm war, und behält es auch dann lieb, wenn es anderen
Neuankommenden bei wiederum ihrem ersten Eindruck ebenfalls
unangenehm sein sollte. Weil man sich gewöhnt hat, vielleicht sogar ankommt, angekommen ist, ankommen musste, den Ort mit
Erlebnissen und Erinnerungen füllt, gefüllt hat, da man ja nun dort
lebt und den Ort, an dem man lebt, liebhaben möchte, ihn fast wie
als seinen Besitz ansehen möchte: Das ist meine Stadt. Das ist mein
Land. Das ist meine Heimat. Meins. Mein Ceuta.

Das, was man liebt, findet man schön und verteidigt es vor der
Welt. Und nicht immer kann man sich aussuchen, was man liebt.
Man liebt, was man kennt.

Wie wenig benötigt man und nennt es doch seine Heimat, in der
man sich sicher fühlt oder wohl und im besten Falle nicht einsam
ist. Ein Wurfzelt kann zu einem solchen temporären Ort werden,
vielleicht. Oder eine Isobox. Eine Struktur, die man selbst gebaut
hat im Interim des Camps, des Dschungels, des Waldes am Zaun.

Der erste Eindruck des Zauns, des berühmten, in Ceuta wird auf
der Festplatte meines Gehirns gespeichert bleiben, als erster Eindruck. Ich hüte das Bild und möchte nicht, dass es sich normalisiert,
dass das Gefühl, das damit einherging, gewöhnlich wird, möchte
mich nicht gewöhnen an die Selbstverständlichkeit der Zäune, die
diese alte Mutter Erde überall durchschneiden, als würde sie sich
ritzen wie eine Teenagerin.

Zäune, die Dörfer, Städte oder Landschaften durchschneiden, die
Menschen einkesseln oder abhalten, sollten keine Normalität darstellen, keine Normalität erhalten. Aber das sage ich aus meiner privilegierten weißen Betrachtungsweise heraus, mit Abitur und Di-
plom. Ich weiß nichts. Und was ich möchte, steht auch gar nicht zur
Debatte. Ich bin nur eine Fremde, die wieder wegfährt, die nicht
am Zaun lebt, die auch nicht an der Mauer gelebt hat, doch die Menschen, die jeden Tag auf die Zäune schauen, haben sie sich daran ge-

wöhnt? Der Zaun ist Teil ihres Alltags, doch bleibt er, wie ich erfuhr, unverändert ungeliebt.

Benzú heißt der Ort, Cabilílla die Nachbarschaft, in der Region Ceutas, wohin mich Antonio, Fotograf und Connaisseur hiesiger Grenzsituation, der mich auf meiner Reise nach Ceuta vor Ort empfangen hat, mitnimmt.

In Benzú gibt es hüben und drüben. Wir sind hüben. Nach drüben kommen wir nicht, da ist der Alien davor, der das Drüben nicht bewacht, sondern es durch seine Existenz erst zu einem solchen macht. Das Dorf liegt in einem der Brüderhügel. Wir können von hier auch auf das Meer schauen. Doch der Zaun ist größer als das Meer. Hier in diesem Dorf verläuft eine Grenze zwischen Europa und Afrika. Die Kinder sind auf der Straße. Sie wachsen am Zaun auf, wird er in ihrem Kopf verbleiben? Ist die Berliner Mauer aus den Köpfen der Menschen herausgefallen, als sie abgerissen wurde?

Die Kinder Benzús sind auf der Straße, Jungs spielen Fußball, eine Bushaltestelle dient als Tor, Mädchen spielen Handball, ein Hund steht auf dem Dach, check. Kinder und Tiere geben uns das Gefühl von Freude oder Lebendigkeit, und später werden die Kinder Arschloch-Erwachsene, und die Tiere werden aufgegessen.

Ein schwarzer Junge kommt uns entgegen, mit unsicherem Blick und auffälligen weißen Frotteesportsocken, die er bis zur Mitte seiner Waden stramm hochgezogen hat. Antonio spricht ihn an, da kennt er nichts, er spricht mit jedem, und jeder spricht mit Antonio, dem bunten Hund, mit den grauen wirren Haaren und der schwarzen Brille. Der Junge kommt aus Kamerun, stottert, kam im März, derzeit wohnt er im Center für Migration in Ceuta für Minderjährige. (600 Personen halten sich dort derzeit auf. Meistens sind es zwischen 600–800, 2017 waren es 1100) Es war sehr schwer, sagt er, die Zäune … Er hätte es fünfmal versucht. Nun möchte er nach Frankreich, um dort Fußball zu spielen.

Jawara wollte auch Fußball spielen, als er nach Berlin kam, er war 17, er war stark und schnell, talentiert und wissbegierig. Sein

Kummer lag und liegt darin, dass er nicht besonders groß war und ist. Der Stress, die Belastung während der Reise in seinen Teenager-jahren haben das Wachstum eingestellt. Ich habe das auch im Kongo bei ehemaligen Kindersoldaten sehen können, sie wachsen einfach nicht. Es scheint, als würde der Körper alle Energie dafür benötigen zu überleben, da bleibt nichts übrig für Wachstum. Jawara hat mich die Ansätze seiner Rippen fühlen lassen, ich konnte spüren, wie da etwas ganz fest und verknorpelt war.

Er war klein, blitzschnell und stark, ausdauernd, seine Kondition war krass. Doch schließlich ging er nicht mehr zum Training, der Rassismus, den er in dem Verein erlebte, war zu schlimm. Und niemand darunter, der sein Fürsprecher oder Beschützer war, offensichtlich auch kein Trainer. Ich finde keine Worte, die das Entsetzen und den Zorn und den Kummer und die Scham beschreiben könnten, die ich dabei empfinde, dass deutsche Teenager-Jungs in einem Fußballverein einen altersgleichen Kollegen so dermaßen ausgrenzen und grausame Worte verwenden und beschissenes Verhalten an den Tag legen, wegen dessen Hautfarbe und Herkunft und Sprache, solange, bis er nicht mehr hingeht. Shame on you!

Vielleicht ist es in Frankreich anders, dort ist die Crowd aus schwarzen Spielern größer als in Deutschland. Vielleicht hätte Fußball für Jawara eine Karriere sein können, wir kannten uns damals noch nicht, vielleicht hätte er im deutschen Fußball etwas werden können, hätte ihn sportlich in der Welt vertreten können. Es war niemand bei ihm, der auf ihn aufgepasst hat, keine Mutter, kein Vater, keine Familie, kein Vormund, kein Freund mit Durchsetzungskraft, keine ältere Person, die in den Fußballclub gegangen wäre und gesagt hätte: »Hört mal, Freunde, seid ihr des Teufels? Was ist los mit euch?« Niemand da, der einen siebzehnjährigen Jungen an die Hand oder in den Arm genommen hat, der davon träumte, Fußballprofi zu werden, und noch jung und talentiert genug war, um sich diesem Traum zu nähern. Der durch die fucking Sahara gelaufen und über die grausamsten Zäune geklettert ist, um dann am

Rassismus in einem Westberliner Fußballverein zu scheitern. Das Ankommen ist das Schwerste.

Weiter gehen Antonio und ich durch Benzú und passieren Männer, die neben ihren Autos stehen und grüßen, während wir die Straße hügelwärts hoch an ihnen vorbeigehen. Antonio grüßt ebenfalls und spricht mit ihnen. (Sag ich ja, er spricht mit jedem, als wäre er der Hausmeister Ceutas.) Mit hochgezogenen Schultern sagen die Männer, dass Cabilílla früher *ein* Dorf war und unklar, wo nun Spanien zu Ende sei und Marokko begänne, und dass das auch völlig unerheblich gewesen sei, alle sprachen Spanisch, und jene, die auch Arabisch sprachen, waren gebürtige Marokkaner, die hier arbeiteten oder in dem Teil lebten, der unausgewiesenerweise marokkanisch war. Dann kam der Zaun. 1993 wurde der erste installiert, seitdem ging es immer weiter. Damit jeder weiß, wohin er oder sie gehört. Der Zaun steigt weiter und hoch hinauf in die Schneewittchenberge, in denen sich, wie mir kolportiert wurde, zu Hochzeiten 3000 Migranten versteckten, was eine nicht zu prüfende Zahl ist, die dennoch das Missverhältnis zwischen Investment für Grenzschutz und illegal Fliehende abbildet.

Vor allem zieht sich der Zaun einfach über Straßen hinweg, macht aus ihnen Sackgassen auf beiden Seiten. Mir fallen keine Fragen ein, die ich fragen könnte, ich laufe Antonio hinterher durch dieses unwirkliche Dorf, das trotz alledem ganz lebendig ist. Die Schönheit der Landschaft. Das Licht. Den Himmel über dem Meer kann man in seiner Gänze sehen.

Doch das ist nur der Anfang. Denn dies ist ja nicht der einzige Grenzübergang Ceutas, wobei hier, seit Corona, nicht mehr legal grenzgegangen wird, sondern weiterhin illegal rübergeklettert. Denn der Zaun, nicht vergessen, ist ja für die Migrant.innen, vielmehr gegen sie.

»It is an anti-person-fence«, sagt Antonio.

Im Gegensatz zu den Migrant.innen konnten die hier lebenden

Marokkaner.innen bis Covid ungehindert hin- und hergehen, die Grenze übertreten, wenn sie etwas zu tun hatten im spanischen Ceuta oder Benzú, wenn sie dort arbeiteten oder vielleicht auch einkaufen wollten, seit der Pandemie sind Grenzen geschlossen. Ich wiederhole dies nur, um die Unterscheidung zwischen der temporären, Corona-bedingten Grenzschließung für Marokkaner und Spanier und der immerwährenden Grenzschließung für Geflüchtete zu verdeutlichen.

»Nächste Woche geht die Grenze auf«, sagt Antonio.

»Was? Wirklich?«

»Ja, also nicht für die Refugees, versteht sich. Für uns.«

»Da bin ich in Nador, dann werde ich ja über die Grenze nach Melilla gehen können.«

»Wirst du.«

Und 200 Marokkaner werden wieder zurück in ihr Zuhause gehen, die seit zwei Jahren gestrandet sind und sich seitdem in Ceuta aufhalten, während quasi hinter ihrem Rücken die Grenze zugemacht wurde. In Ceuta lernte ich eine junge dynamische Frau kennen, Maria, die irgendwann zu uns ins übervolle Auto stieg, um ein Stück mitgenommen zu werden, und mir auf dieser kurzen Route erzählte, dass sie als Altenpflegerin in Ceuta arbeitet, sich um eine ältere Dame kümmert – und dann war abends die Grenze dicht, seit zwei Jahren kann sie nicht zurück, kein Weg, nirgends. Nun wird sie, hoffentlich, nächste Woche endlich ihre Familie wiedersehen – und da musste sie auch schon wieder aussteigen. »Tu peux m'appeller«, rief sie mir noch durchs Fenster zu. Wir haben uns nicht wiedergesehen.

»Ich verbringe mein Leben an Zäunen«, sagt Antonio und lässt den Satz ohne Punkt oder Komma weiterschwingen. Vermutlich, um sich selbst zu verstehen zu geben, dass es so weitergehen wird. Er hat das Präsens verwendet, das ein fortwährendes »Jetzt« abbildet, den Moment, keine Zukunft, keine Vergangenheit, kein Punkt: Ich verbringe mein Leben an Zäunen

Er fotografiert als Freiberufler für die Zeitungen »El Mundo« und »El Foro del Ceuta«, war wiederholte Male als Fotograf an Bord der Seenotrettungsorganisation »Open Arms« vor der libyschen Küste, macht Ausstellungen und Bücher. Er ist herzlich und zugeneigt, mittelalt, und sein spanischer Akzent verwandelt das Englisch, in dem wir uns dankenswerterweise unterhalten, in expressive Lautmalerei. Dabei kommen Sätze zutage, die ich mir leider nicht alle habe notieren können, aber diesen habe ich mitgenommen, den er grimmig sagte und gleichzeitig den Humor dabei nicht verlor: »Die Militärs sollten jeden Tag eine Fahne essen.«

Eines seiner Fotos hat sich mir eingeprägt. Darauf sieht man einen einzelnen, jungen Mann – völlig allein – in den Zäunen, der nur einen Schuh trägt, der andere steckt im Zaun, wie ein Zahn, der noch nicht ausgefallen ist. Er stützt sich mit dem anderen beschuhsohlten Fuß auf den Stacheldrähten ab und hat seine Arme in den Draht gewickelt, seinen Kopf auf den Unterarm gelegt und schläft, bzw. hat er vermutlich nur die Augen geschlossen und ruht einen Moment, um wieder Herr über die Erschöpfung zu werden, Schlaf wäre zu gefährlich, ist er ja der Bruder des Todes. Dort ist er nun ausgestellt zur freien Sichtbarmachung seiner Not, seines illegalen Fluchtversuchs, seiner kriminellen Tat. Dort steckt er fest, als wäre er auf einem Schafott und würde hingerichtet werden, und irgendwie ist es ja auch so. Es ist bizarr, den Vorgang des Überkletterns in dieser Singularität zu sehen, wo es doch sonst die vielen sind, die sich in einer absichtsvollen Gemeinsamkeit an dem Zaun versuchen, die Singularität hier auf Antonios Bild scheint die Absurdität dessen, was hier Realität geworden ist, zu verstärken. Dies ist kein Apfelklau, dies ist ein heutiger Umstand in der Welt und in den europäischen Gesellschaften von 2023, der spanischen Regierung mit EU-Eltern von 2023. Goya, der den spanischen Bürgerkrieg erlebt hatte, war es, der um die Jahrhundertwende vom 18. zum 19. Jahrhundert Bilder und Zeichnungen anfertigte, über Krieg, Armut, Elend, Gewalt. »Pinturas Negras« nennt man sie, »Die schwarzen Bilder«, die von Goya nicht für die Öffentlichkeit gedacht waren, sondern die er in seinem Haus mit Öl an die Wand malte. 14 Stück. Thematisch ging es um die brutale Gewalt, die der Mensch dem Menschen antut. Ein heutiger Goya würde in Ceuta und Melilla seine Themen erneut finden.

Antonio und ich gehen weiter hügelaufwärts, lassen Cabilílla hinter uns, gehen, so weit wir dürfen, bis jene schmale frisch geteerte Straße beginnt, auf der nur die Guardia Civil, der Grenzschutz, fahren darf, parallel zum Zaun. Sie kontrollieren, patrouillieren am Zaun und beschützen ihn. Und hier zeigt Antonio mir den Friedhof – er liegt ein Stück von uns entfernt, die wir vor dem »Durchfahrt-verboten«-Straßenschild »excepto vehiculos oficiales« stehen, im No Man's Land. Er liegt zwischen den Zäunen! Zwischen Marokko und Spanien sozusagen. In grüner Landschaft. Eine Tür ist in den Zaun gefräst worden, sie ist jetzt der Haupteingang. Man darf den Friedhof nicht mehr besuchen, und das hat nichts mit der Pandemie zu tun, sondern mit dem Schutz der europäischen Außengrenzen. Es ist ein muslimischer Friedhof, und man bekommt nur eine Sondergenehmigung für eine Beerdigung, nicht für sonstige Besuche oder Grabpflege.

Nun ist also auch ein Friedhof eingesperrt worden, als dürften nicht einmal die Toten in Freiheit tot sein. Von Frieden gar nicht zu reden. Was ist los mit euch?!

Wie gern würde ich die ganze Strecke einmal den Zaun entlanglaufen, wie den Mauerweg. Geht nicht, also schaue ich ihm nach, mit meinen kurzsichtigen Augen, wie er durch die Landschaft mäandert, bis ... »Bis wohin geht er?«

»Bis zum anderen Grenzübergang Tarajal.«

Wir sind am Grenzübergang Benzú im Nordwesten, der marokkanische Grenzübergang ein Stück weiter heißt Belyounech, und von hier sind es acht Kilometer bis zum offiziellen Grenzübergang Tarajal im Osten. Die Mauer einmal um Westberlin herum war

155 Kilometer lang und 4,2 Meter hoch, inzwischen eine historische Touristenattraktion; jeder Touri möchte ein Stück Mauer mitnehmen. Ob das hier auch eines Tages so sein wird?

»Ein Stück Grenzzaun, meine sehr verehrten Damen und Herren, original aus Benzú, heute nur 5,00 Euro.« Vielleicht wird der obere Teil, wo metallene Stachel und Zacken und Zinken, die wie ein böser Kamm aussehen, auf einem Sockel ausgestellt sein vor der spanischen Botschaft oder in Brüssel vor dem EU-Parlament. Oder dem Hauptquartier von Airbus in Toulouse.

Wir fahren nach Tarajal.

Da ist der Zaun nicht vierkommazwei, sondern 12 Meter hoch! Stahlgerüst. Stabil. Festungsgleich. Kameraüberwacht. Es ist ganz ruhig. Der Zaun frisst die Geräusche.

Wir haben einen Hügel erklommen und schauen schweigend auf diese architektonische, ingenieurtechnische Meisterleistung hinab. Was soll man auch sagen, es gibt dazu keinen Kommentar, die Worte haben sich im Zaun verfangen und sterben im Gitter oder wehen hindurch und lösen sich in ihre Bestandteile auf. Ein Motorrad der Guardia Civil kommt schweigend ins Gespräch vertieft die geteerte und gefederte Straße entlanggefahren; es ist dieselbe, die ich gern von Benzú aus gelaufen wäre, sie endet und beginnt hier; und dann höre ich es, bevor ich es sehe. Ich stelle, so gut es geht, meine Augen scharf:

Eine Ziege. Sie mäht. *Sie* darf die Straße entlanglaufen, immerhin, aber sie ist ganz aufgeregt und hört nicht auf zu meckern. Denn da ist eine zweite Ziege, die sich zwischen Leitplanke und Zaun verirrt hat. O nein. Deswegen die Aufregung. Doch die Verirrte findet ihren Weg hinaus, und es ist anzunehmen, dass sie nicht geflüchtet ist. Nun sind die beiden wieder beisammen und verbringen ihr Leben an den Zäunen – wie Antonio.

Der Zaun wird nach einigen Dutzend Metern niedriger, schrumpft auf zehn Meter und führt durch einen Fluss. Er steht im Fluss, wie ein Angler. Der Fluss ist vor Schreck ausgetrocknet oder war es vorher schon, weswegen er nun als weitere Demarkationsgrenze verwendet wird. Vielleicht führt er sein Wasserleben unterirdisch weiter, das wäre sehr wünschenswert, so dass er das Bett wieder mit Wasser füllen kann, wenn die Menschen ihren Wahnsinn begriffen haben. Dass sich der Mensch die Natur untertan machen sollte, das war eine Scheißidee.

Hier oben auf dem Hügel, von dem man die Zäune gut sehen kann, steht ein altes, aus Ziegeln errichtetes Gebäude, das wie ein Wasserturm aussieht, aber Teil einer portugiesischen Festung war und somit ein Wachturm ist. Passt also thematisch an diesen Ort. Dort läuft ein Kollege von Antonio herum mit einem besonders eindrücklichen Objektiv. Doch er beobachtet nicht den Zaun, die Grenze oder Geflüchtete, sondern Vögel. Die versammeln sich hier nämlich an diesem Turm. Sie fliegen über die Grenze und weiter nach Europa, they don't care, das ist die gute Nachricht für heute.

Man sieht wenig Geflüchtete in der Stadt, zumeist hängen sie an den Tankstellen, den Waschanlagen, um ihre Dienste anzubieten, einmal Autowäsche für 3 €. Immer Jungs, meistens zu zweit. Das Erste, was sie sich kaufen, wenn sie Geld gespart haben, sind Turnschuhe, Kopfhörer, Sonnenbrille. So fällt man nicht mehr auf, hat sich die Statussymbole der heutigen Zeit einverleibt. Das Telefon gab es schon, ohne das kann man nicht auf die Reise gehen.

Auf dem »Plaza de África« befindet sich das Rathaus »El Ayuntamiento« für die 83 000 Einwohner.innen Ceutas, die Kathedrale Maria Himmelfahrt »Catedral de la Asunción«, als auch das »Santuario de Santa María de África«, das Heiligtum der Heiligen Maria von Afrika und weiterhin ein Mahnmal, das an die im Afrika-Krieg 1859/60 gestorbenen spanischen Soldaten erinnert. Diese Kombination aus Rathaus, Kirche und Krieg auf einem wirklich wunderschönen Platz, der zu anderer Zeit erdacht und gebaut wurde, erzählt viel über die Herkunft von uns Menschen, denke ich, während ich auf einer Bank sitze und in die Palmen schaue, die hier, anders als in Malaga, gesund sind und der menschlichen Zerstörungswut noch ein bisschen standzuhalten scheinen.

Von diesem denkwürdigen afrikanischen Platz gehe ich zu Fuß erneut an den Grenzübergang von Tarajal. Dreieinhalb Kilometer am Meer entlang. Das ist gut. Bewegung.

Der Strand in Tarajal ist traurig, er kann nicht atmen vor lauter Zäunen und Betonplatten, die auf ihm liegen wie eine kugelsichere Weste. Der Beton ist bemalt worden, so dass er aussieht, als sei er Kopfsteinpflaster. What? Über das echte Kopfsteinpflaster ist Drahtzaun ausgelegt worden, wie Teppich. Sogar die Steine sind eingesperrt.

Vor dem spanischen Zaun am Strand stehen Fitnessgeräte und Bagger. Dahinter ein Stück No Man's Land, dann der nächste, der marokkanische Zaun. Kinder spielen am Schotterstrand vor den Zäunen, die auch immer an Guantanamo-Käfige erinnern. Der spanische Zaun ragt 30, 40, 50 Meter ins Meer hinein. 1995 wurde er gebaut. Man kann um die Zäune drumherum schwimmen, wenn man will und sich traut, dann ist man in einem anderen Land. Es kommt allerdings ein bisschen darauf an, von welcher Seite man wohin schwimmt. Je nachdem wird einem die Ankunft mehr oder weniger schwer gemacht.

2019 wurde in Ceuta der Nato-Draht entfernt, der mit Klingen statt mit Stacheln ausgerüstet ist; für jene, die kein Bild zum Nato-Draht-Wort haben, google it, ich warte so lange.

…

…

…

Bei einem weltberühmten Online-Anbieter kann man 50 Meter Drahtlänge, 5 kg, aus verzinktem Metall, für den Privatgebrauch, für 26,12 Euro erwerben. Klingenlänge: 12 mm, Klingenbreite: 15 mm, Klingenabstand: 26 mm. »Nato-Draht, Weiterentwicklung vom Stacheldraht, Stacheln sind hierbei durch Metallklingen ersetzt.«

236

Als Jawara in Melilla über die Zäune kletterte, als er Boza machte, wie die subsaharischen Geflüchteten es nennen, war die Reihenfolge der drei Grenzzäune wie folgt: Stacheldraht, Nato-Draht, elektrischer Draht. Er fiel zerschnitten und blutüberströmt vom Zaun auf die spanische Seite hinab, durch seinen Körper rauschte Strom, und er blieb unbeweglich liegen.

»Wie konntest du das überleben?«

»Ich war voller Adrenalin.«

Eine Polizistin fand ihn, brachte ihn ins Aufnahmelager. Das war in Melilla, nicht in Ceuta. Er hatte Glück, sie hat ihn nicht zurückgeschoben, es war der 11. Mai 2013, da sah die Push-Back-Situation noch anders aus.

Ich setze mich zu ein paar Metalltonnen an den Zaun und meditiere; vor mir fußballspielende Kinder, neben mir einer von der Guardia Civil, der sehr interessiert zu sein scheint, was ich da mache. Die Kinder pfeffern den Ball in meine Richtung, rücken immer näher, werden immer lärmiger. Es ist schwer, den Fokus zu behalten, also gehe ich ins mir bereits bekannte »Chiringuito«, das ist der Imbiss, 100 Meter vom Grenzübergang entfernt. Der Name Chiringuito klingt in meinen Ohren, als würde sich dahinter ein kleines Tierchen verstecken, das auf meinen Arm springt und von dort in Sicherheit auf die anderen Pappnasen schaut, die in der Weltgeschichte herumlaufen. Der Name des Imbiss lautet »Puerto de Europa«. Hafen Europas. Ein großes Wort für einen kleinen Shack. Hier sitzt Antonio oft und auch andere Journalisten, sie beobachten den Zaun und den Grenzübergang und warten darauf, dass etwas passiert.

Seitwärts betrete ich das Chiringuito durch die Küche, da vorn gerade gestrichen wird, und setze mich auf die erhöhte Terrasse, die gen Meer zeigt. Bin (mal wieder) die einzige Frau unter Männern. Die meisten offensichtlich marokkanisch, manche traditionell in langen weißen Gewändern angezogen. Marokko beginnt hier auch kulinarisch, zu meiner großen Freude, denn es wird Tee aus Gläsern getrunken. Sehr süßer heißer starker Tee mit Pfefferminz. Neben mir sitzt einer und hört aus seinem Telefon ein Lied von Sting.

»I'm an alien, I'm a legal alien
I'm an Englishman in N. Y.«

Es ist leicht, ein Englishman in N.Y. zu sein, sorry, Sting, es ist schwer, ein Alien, ein Fremdling, ein subsaharischer Ausländer in Spanien zu sein.

»Confront your enemies, avoid them when you can«, singt er weiter.

Verwirrend, diese Sätze an diesem Ort.

»Be yourself no matter what they say.«

Wer nur ist »they«? Vielleicht die aus Jawaras Ex-Fußballverein.

Ich schaue auf das graugrüne Meer. Kinder schwimmen in voller Montur: Shorts, T-Shirts, Flip-Flops. Warum nicht.

»Weltweit ist einer von hundert Menschen entweder Geflüchteter oder Binnenvertriebener. Über 95 % der geflüchteten Menschen konzentrieren sich im Globalen Süden, wovon 60 % fragile Staaten sind. Die 36 fragilsten Länder der Welt erwirtschaften 2,6 % des globalen BIP, beherbergen aber 71 % der Weltbevölkerung gewaltsam vertriebener Menschen. Dies steht im Gegensatz zu den 4 % der Geflüchteten weltweit, die derzeit in den USA aufgenommen werden, oder 5 % Geflüchteter, die in Europa Asyl suchen.« (Sandra Sequeira, 2021, Professorin für internationale Entwicklung der London School of Economics)

Der »Fragile States Index« (FSI) bringt 179 Länder in eine Rangliste ihrer sozialen, politischen, wirtschaftlichen Fragilität, unterteilt in »Alarm, Warnung, Stabil, Nachhaltig«. Es ist erschreckend zu sehen, dass die meisten Länder in alarmierendem oder warnendem Zustand sind. Deutschland liegt in der Kategorie »nachhaltig«; danach kommen nur noch skandinavische Länder, Neuseeland und die Schweiz, die »sehr nachhaltig« sind.

Die beiden Länder mit »sehr großem Alarm« sind Jemen und Somalia. Wir haben sie von unseren Titelseiten gewischt. Sie sind aus unseren Köpfen herausgefallen. Wir haben sie externalisiert. Warum nicht.

An den Zäunen
Malaga
Ceuta
Nador
Al Hoceïma
Melilla
Beni Ensar

Les fleurs

Als ich durch die Straßen von Nador laufe, auf dem Weg zu einem Blumenladen, um den Schwestern zum Abschied Blumen zu kaufen, vorbei an den vielen Cafés und Restaurants, in denen zu 100 Prozent Männer sitzen und keine Frau, vorbei an Hühnerkäfigen, in die braune Hühner zusammengequetscht wurden, als wären sie Teddybären in einem Spielautomat, vorbei an Autos mit offenen Kofferräumen, in denen Orangen wie Goldstücke herausquellen und zum Verkauf angeboten werden, bis in den Fußraum des Beifahrersitzes sind sie hineingekullert, vorbei an hölzernen Straßenständen, die in großen Büscheln Pfefferminze verkaufen, für den landestypischen thé à la menthe, und der Geruch von Orange und Pfefferminze begleitet mich für ein paar Meter, bis der Abgasgestank durch die Hitze der Straßen multipliziert, olfaktorisch wieder dominiert, ich lasse die Zeit Revue passieren, die ich hier verbracht habe, prall gefüllt mit Eindrücken und Erlebnissen, Erfahrungen und Emotionen, die Zeit, in der ich hier gewohnt habe, in einer Kirche wohnte, bei den spanischen Schwestern Auxelia und Rossi, die zusammen ungefähr 175 Jahre alt sind, mit denen ich jeden Tag ohne gemeinsame Sprache frühstückte, das geht, und ich ihnen nun Blumen kaufen möchte, weil ich nicht weiß, wie ich mich für ihre großzügige Gastfreundschaft und Warmherzigkeit bedanken könnte.

Ich komme im Blumenladen an und arbeite mich an Plastikblumen, Plastiktöpfen und kitschigem Nippes vorbei bis zur Theke, hinter der tatsächlich echte Blumen zu finden sind, die ihre Köpfe noch geradeso aufrecht halten können. Die nette Blumenverkäuferin stellt einen Blumenstrauß in Rosa und Weiß zusammen, nimmt ein Fläschchen in die Hand, um Blumenduft auf die Blumen zu sprühen.

»Non, non, merci, c'est pas nécessaire«, kann ich noch einwerfen, bevor sie abdrückt.

Mit viel zu viel Papier, Plastikfolie, Rüschen und Bändern werden die vulnerablen Blumen verpackt, und wir verabschieden uns, als käme ich jede Woche her.

Auf dem Weg zurück ernte ich von Frauen lächelnde und von Männern verwirrte Blicke, es scheint ungewöhnlich, Frauen mit Blumensträußen auf den Nador'schen Straßen zu sehen. Wenn sie wüssten, dass diese auch noch unparfümiert sind.

Nador, nordöstliches Marokko, 80 km von der algerischen Grenze entfernt, liegt am Meer. Der Ort ist nicht beschenkt mit Reichtum. Eine Corniche wie in Beirut ist vorhanden, ein Boulevard am Meer, zum Bummeln, Spazieren, Händchenhalten, Cafétrinken, Aufs-Meer-Schauen. Naturgeschützte, eingezäunte Nassgebiete gibt es auch.

Die Stadt liegt nicht unter dem erdrückenden Zuckerguss des Konsums und hat keine Schnittmenge mit den touristischen Vorstellungen von Marokko, wie dem Hippie-Sehnsuchtsort und der Hollywood-Hochzeitslocation Marrakesch. Nach Nador kommen nicht jene, die einen Urlaub buchen, sondern eine Zukunft suchen. Oder Arbeit in Europa. Manche allerdings wussten nicht, dass zwischen Afrika und Europa ein Meer liegt.

Von Ceuta bin ich mit der Fähre zurück nach Algeciras gefahren, von dort mit dem Bus in die Suburbs Malagas, danach eine Stunde oder mehr gelaufen zur nächsten Station, und schließlich weiter mit einer Knattermaschine nach Nador. Der direkte Weg von Ceuta nach Nador fällt aus, wegen geschlossener Covid-Grenze, wissen wir schon. Es ist eine privilegierte Reiseroute, die nur umständlich scheint, denn ich darf Schengenraum und Schiff betreten, sitze im Bus nicht in der Frauenabteilung hinter abtrennenden Wänden, habe, falls man mich kontrollieren sollte, einen gültigen Ausweis eines Landes, das auf dem »Fragile States Index« (FSI) auf Platz 167 von 179 liegt, und Geld für ein Flugticket.

Spät komme ich am Flughafen Nador an, und die katholische Willkommens-Entourage wartet auf mich. José-Luis kennen wir schon aus Malaga, der mit den vielen Sprachen und der kaputten Brille. Und nun lerne ich auch Alvar kennen, den Priesterkollegen und die beiden Schwestern.

Wir fahren zum Centre Baraka und der Délégation Diocésaine des Migrations, kurz DDM, deren Räumlichkeiten einmal um die in einer kleinen Straße liegenden gelben Kirche herum gequetscht sind. Die Kirche wird aufgeschlossen – und wir stehen in einer Art Moschee. Der kirchliche Vorraum wurde dazu umfunktioniert. Weiter durch das dunkle Kirchenschiff in den Altarraum, durch die rückwärtige Tür in den Backstagebereich, hoch in den ersten Stock, dort bin ich untergebracht.

Ich erhalte von Alvar einen Haustürschlüssel für meine Unabhängigkeit: Es ist der Schlüssel zur Kirche!

2015 wurde DDM gegründet, bereits 2014 hielt der damalige Jesuitenpriester Stephan Vazquez Messen für Geflüchtete in den bewaldeten Hügeln hinter Nador, wo sie lebten, da es keine Camps gab und gibt. Es sind vermutlich zu wenig Leute hier, als dass die Internationalen ein Camp bauen würden, andererseits scheinen diese wenigen Leute ausreichend viele zu sein, dass sich die EU verpflichtet fühlte, sehr hohe und mehrere und abschreckende Grenzzäune zu errichten.

In der Wohngemeinschaft in Nador, in der José-Luis und Alvar mit einem weiteren Kollegen leben, wo wir mittags gemeinsam essen, hängt ein großes Foto an der Wand. Ein älterer weißer Mann, Vazquez, im Kreis mit jungen Frauen und Männern und Teenagern und Kindern subsaharischer Länder. Der Kreis wirkt wie ein Kraftraum, sie beten oder meditieren, sie schweigen, oder er spricht Worte der Hoffnung, der Versicherung, sie gedenken ihrer Toten und Lebenden, den Verletzten und Verstörten, stelle ich mir vor, sie sprechen in Gedanken die unterschiedlichsten Worte, die sich zu Gebeten zusammenfügen, in verschiedenen Sprachen, und unterm Strich vermutlich dasselbe bedeuten: Beschütze mich, gib mir Kraft, verlass mich nicht, pass auf meine Liebsten auf, lass mich eine Chance haben. In der Mitte des Kreises brennt das Feuer des Friedens, aber eigentlich ist es einfach nur ein Feuer, wie eine Kerze für das Ritual. Ich stand jeden Tag vor dem Foto. Stephan Vazquez wurde wegen dieser seiner Arbeit mit Geflüchteten und seiner Kritik im Umgang mit ihnen seitens der marokkanischen Regierung zu einer Persona non grata gemacht und 2015 aus Marokko verbannt. Bei DDM spricht man voll Hochachtung von ihm.

Lucia ruft mich an. Es ist mein erster Tag, und wir haben keine Zeit zu verlieren. Lucia leitet das medizinische Team. Sie ist Ärztin und Katholikin und sagt freundlich:

»Salut, Katja, du wolltest doch mit nach Gourougou, wir fahren gleich los.« In Gourougou hat Jawara acht Monate gelebt. Oder gelagert.

»Oh, ich komme.«

Und schon sitze ich bei ihr und dem netten Fahrer, dessen Namen ich mir leider nicht notiert habe, im Auto.

Das medizinische Team von DDM kümmert sich um die Menschen, die in der »Résidence« leben, 20 Betten gibt es, 12 für männliche (vier Räume), acht für weibliche Personen und viele Bettchen für Babys. (Derzeit sind 12 Personen dort.) Menschen, die alleine nicht mehr zurechtkommen. Sie bleiben nur für eine gewisse Zeit.

Sie werden entweder aus dem Krankenhaus oder den Wäldern hierhergebracht. Wenn sie z. B. rekonvaleszent sind, aber keine Kapazität vorhanden ist im Krankenhaus von Nador, mit dem DDM in einem einigermaßen guten Austausch ist. Ein sudanesischer Junge ist derzeit in der Residenz, die übrigens nur ein paar schlichte kleine Räume mit Stockbetten ist, dessen Bein mehrfach gebrochen ist, als er sich an Boza, dem Überklettern der Zäune, versuchte. Vermutlich ist er abgestürzt und besonders unglücklich gefallen, so sagte er mir jedenfalls. Vielleicht ist er auch verprügelt worden. Oder durch Prügel hinuntergefallen worden. Man weiß es nicht, wir werden es auch nicht erfahren, weil wir nicht dabei gewesen sind, und jeder wird eine andere Geschichte erzählen oder schweigen. Der Junge hat mir seine Röntgenaufnahme gezeigt, auf der man das dreimal durchgebrochene Schienbein gut erkennen konnte. Er erhält Physiotherapie, läuft mit seiner Krücke herum und macht Übungen. Manchmal ist auch gar kein Platz im Krankenhaus, dann kommen sie direkt in die Résidence, und Lucia und ihr Team versorgen sie.

Früher wurde in den Wäldern noch Distribution gemacht. Medizin, Decken, Hygieneartikel, Essen, Wasser wurde verteilt, inzwischen ist das verboten, und es ist nur mehr in der Diözese selbst erlaubt. Da das aber ein weiter Weg ist, hat man sich auf Orte verständigt, wo die Übergabe schnell und heimlich stattfindet. Außerhalb Nadors selbstredend, in irgendwelchen verlassenen Häusern, an irgendeiner verwahrlosten Straßenecke. Zivilpolizei ist allerorts, Geflüchtete sind im Tagesgeschehen nicht zu sehen, doch plötzlich treten sie heraus aus der Ecke, dem Haus, weil sie wissen, dass Lucia kommt. So geht das Leben in der Parallelwelt.

Lucia ist aus dem Auto gestiegen, ich folge, sie spricht mit zwei jungen Männern, die aus dem Nichts aufgetaucht sind, gibt dem einen Ibuprofen, weil sein Kopf vor Schmerz platzt, der andere bekommt etwas anderes.

»Merci, Madame.«

»Merci«, murmelt auch der andere und hält den Blister ungelenk in der Hand, als hätte er noch niemals Tabletten gesehen. Sie sind türkis, wie die Farbe der UN.

»Wir fahren nach Carrière«, sagt Lucia, als wir wieder einsteigen und die beiden Jungs zaubertrickmäßig verschwunden sind. Sie ziehen sich immer mehr aus den Wäldern zurück, da die Polizeieinsätze verstärkt wurden, leben in Abrisshäusern, die nur für Europäer so aussehen, zahlen dort Miete an die marokkanischen Hausbesitzer, von welchem Geld ist mir schleierhaft. Ich verstehe nichts von dieser Welt. Ich begreife nur, es ist gefährlich, es ist illegal und es geht immer ums Ganze: um das Leben, um die Zukunft, darum, nicht gefunden, verhauen und abgeschoben zu werden, es geht darum unsichtbar zu bleiben, bis man irgendwo ankommt, wo man arbeiten und im allerbesten Fall ein legaler Mensch sein darf. Ja, stimmt, das wären sie ja in ihrem Herkunftsland. Aber irgendeinen Grund muss es ja gegeben haben, warum sie es verlassen haben. Vermutlich sind das alles Wirtschaftsflüchtlinge, die die europäischen Länder ausbeuten wollen. Gäbe es legale Wege, wäre weniger Trauma in der Welt, und man könnte darüber verhandeln, wer welche Arbeit macht. Denn die gibt es ja.

Carrière heißt Carrière, weil dort ein Steinbruch ist. Auf jedem Hügel leben ungefähr fünf bis zwanzig der DDM bekannte Leute, versorgt werden nur jene, die es wollen.

In Carrière wartet ein junger Mensch auf uns, der zu mir auf die Rückbank steigt. Der Vorgang läuft reibungslos ab, wie ein Zufall, aber geplant. Ich steige nicht durch.

Der Junge reibt sich sein Gesicht, als ich ihn frage, wie es ihm geht.

»C'est pas facile«, ist seine Antwort. Es ist nicht leicht.

Auf die Frage, wohin er möchte, sagt er, dass er jetzt versuchen will, nach Laâyoune zu kommen, da würde er mehr Glück haben, aber c'est pas facile. Wir unterhalten uns auf der Fahrt, ich verstehe ihn nicht wirklich, habe nur ein Gefühl zu seinen Worten, zu dem Reiben seines Gesichtes und begreife, dass es nicht leicht ist, aber dass er versucht und nicht aufgibt, weitergeht, dazu die Erinnerungen an zu Hause, er muss vorwärts, er kann nicht zurück. »C'est pas facile, tu sais«, sagt er und schaut mich sogar an. »Oui, je comprends.«

Schließlich hält der nette Fahrer an, der Junge steigt aus und geht in den Wald, wir warten, ich weiß nicht, was passiert.

»Was machen wir?«

»Er holt seine Sachen, dann fahren wir mit ihm in die Diözese.«

»Ah, er kommt mit?«

»Ja. Er kann hier nicht mehr bleiben.«

Da kommt er auch bereits durch das Unterholz zurück mit einem kleinen Rucksack über der Schulter und einem Handtuch in der Hand. Das ist seine Habe, hier hat er irgendwo gelagert. Nun zieht er um, kein Blick zurück. Nach vorn. (Ein paar Tage später verschwand er aus der Résidence. Vermutlich nach Laâyoune.)

Das medizinische Team holt Leute aus den Wäldern, wenn sie bemerken, dass es ihnen physisch oder psychisch besonders schlecht geht.

So ist es bei diesem Jungen, und so war es auch mit Hadi.

Hadi kam als Migrant illegal aus Guinea und tauchte in Gourougou im Wald unter. Die Bedingungen waren pas facile, er wurde aus ethnischen Gründen bedroht, Rassismus und Diskriminierung von sogenannten Minderheiten gibt es überall, auch unter Migranten im Wald von Gourougou. Schließlich bekam er gesundheitliche und mentale Probleme. Depression. Lucia holte ihn in die Résidence, er schlief zwei Wochen, nur unterbrochen von Mahlzeiten. Dann stand er auf, nahm an Aktivitäten teil, unterstützte freiwillig das Team bei der Distribution, wofür er Kost und Logis erhielt. Schließlich fragte er, ob er als Volontär arbeiten dürfe, Vollzeit. Dafür erhält man 300 Euro im Monat. Alvar sagte: »Das geht nur, wenn du legal bist.« Er musste zurück in sein Heimatland, um sich ein Visum für Marokko zu besorgen. (Nach Marokko, so habe ich es verstanden, bekommt man als Guineer ein Visum. Nach Europa nicht.)

»Wir können dir die Reise nicht bezahlen, aber wir können dir das Geld leihen.«

Drei Monate später kam er zurück mit dem Visum. Er begann, als Volontär zu arbeiten, zahlte den Kredit zurück, hat inzwischen eine Aufenthaltsgenehmigung erhalten und wartet nun auf seine Arbeitserlaubnis, um Teil des festen Teams von DDM werden zu können, mit einem Gehalt von 500 Euro.

Eine neue Aufgabe wartet auf ihn: Er wird gemeinsam mit dem Spanier Bernard und der Marokkanerin Aima das neue Büro von DDM in Laâyoune aufbauen; eine Stadt mit 250 000 Einwohnern an der Westküste Marokkos. (Genauer gesagt der Westsahara, die seit 40 Jahren von Marokko annektiert ist, andere Geschichte.) Die Fluchtbewegung hat sich nach Laâyoune verschoben, 15 000 Menschen sollen dort mittlerweile angekommen sein, Stand Anfang 2022, die die 160 Kilometer (Luftlinie) über den Atlantik auf die kanarischen Inseln wagen wollen.

Ich habe Hadi kennengelernt und mit ihm gesprochen. Er ist kein Migrant mehr, keiner, der Boza machen will, was übrigens Victory heißt, er ist kein Opfer und entspricht nicht dem Bild von Flüchtlingen, die über Zäune klettern, die ihre sowieso schon strapazierte Kleidung in Fetzen verwandeln, keiner, dem man nichts zutraut, kein ungebildeter »Sozialschmarotzer«. Er ist ein Typ im karierten kurzärmeligen Hemd, eher bürgerlich, mit kurzer Frisur, der an seinem Schreibtisch am Computer sitzt, in Teammeetings das Büro in Laâyoune vorbereitet und seine Expertise schärft. Er weiß, was er tut und will. Er ist ein junger Mensch, der seinem Beruf nachgeht, in ihm aufgeht, am Wochenende mit Freunden an der Corniche chillt, der wie viele junge Menschen im Begriff ist, sich ein Leben aufzubauen, das er unbestimmt suchte und nicht in Europa, sondern in Marokko fand. Es ist gut, seine Geschichte zu erzählen, sie ist keine vom Tellerwäscher zum Millionär, sondern die eines Menschen, der seine Chance suchte, fand und nutzte. Fertig. Er ist Mitte 20, und seine Geschichte ist bei DDM kein Einzelfall. Victory.

Während meiner Anwesenheit in Nador reisten eines Abends Hadi, Bernard und Aima mit dem Bus Richtung Westküste ab. Sie nehmen die »Rabat-Route«, von der wir noch hören werden, dann weiter mit dem Flieger in das von Nador 1700 km entfernte Laâyoune. Wir haben sie verabschiedet auf diesem völlig wahnsinnig gewordenen Busbahnhof, durch den Hunde flitzten, die hin und wieder in Busse einstiegen, vielmehr sich nicht entscheiden konnten, welchen sie nun nehmen wollten – zack, da springt schon wieder ein Hund aus einem Bus raus, war wohl der falsche. Die Volontär.innen (und Alvar selbstredend) waren da, aus keine Ahnung wie vielen Nationen, eine Gruppe wie ein Chor, wie eine Sportmannschaft, ein humanitäres Team halt, friends, die sich zum Abschied umarmten und auch ein bisschen weinten. Ein Aufbruch in die Zukunft.

Es gibt vier Routen, Fluchtrouten: Alboran Sea Route, Algerian Route, Strait of Gibraltar Route und – die Canary Islands Route. Diese hat sich in den letzten Jahren zur gefährlichsten Route entwickelt. Dahin wird nun gezogen, die Migranten vorweg, die Humanitären hinterher. 2022 sind auf dieser Route 1677 Menschen verschwunden und 107 gestorben.

Die spanische NGO »Ca-minando Fronteras« (»Grenzen gehend«) schreibt über die kanarische Inselroute: In den Jahren »2022 bis heute: Militarisierung, Abschiebung und Gewalt gegen Migranten prägen weiterhin diesen Weg, der sich in den letzten Jahren als der tödlichste von allen erwiesen hat.« Der Weg ist länger, der Ozean rauer, die Wetterbedingungen extrem, die Möglichkeit, vom Kurs abzudriften, erwartbar. Auf ihrer Seite hat »Ca-minando Fronteras« Fotos von Vermissten und Toten veröffentlicht, ein Katalog eines Friedhofs.

Laâyoune ist also der neue Ort der Verheißung, der Aufbruch in die Zukunft, nicht nur für Team Hadi, sondern auch die Migrierenden. Jawara wollte auch in eine Zukunft aufbrechen, in Libyen, da gäbe es Arbeit, sagte ihm ein älterer Freund, mit dem er von

Gambia losging und der später in Libyen erschossen wurde. Die Reise führte u. a. durch Algerien, wo ein Ort Tamanrasset heißt. Dort gibt es eine Handvoll Leute, die einen Pick-up besitzen, damit in die Sahara fahren, Migranten suchen und finden, sie aufladen und zurück in Tamanraset ins Leben befördern. Jawara war einer von ihnen. Er war gelaufen, 200 km durch die Wüste, wie er sagt, seine Beine waren von der Hitze und der Dehydration so angeschwollen, dass er sich kaum mehr fortbewegen konnte, doch er wusste, wenn er sich fallen ließe, wenn er sich hinsetzte, würde er liegen bleiben, dann war's das. Er hatte Glück, er wurde gefunden.

»Man sieht an den Skeletten in der Wüste, wie die Menschen zuletzt gesessen oder gelegen haben.«

»Du bist an Skeletten vorbeigelaufen?«

»Of course.«

Auf dem Pick-up gab man ihm Wasser, aber er konnte nicht mehr schlucken. Sein Hals war zugeschwollen, seine Lippen aufgeplatzt. Man goss das Wasser einfach über ihn, so dass es in seinen Hals laufen könnte oder durch seine Haut aufgenommen würde. In Tamanrasset können die Gefundenen ein paar Nächte bleiben, dann müssen sie weiterziehen und Platz machen für die nächsten. Es sind einfach irgendwelche Algerier, die das machen, sie sind keine NGO, sie nehmen keine Spenden ein, sie haben diesen Pick-up, eine temporäre kleine Unterbringung und Empathie. Niemand wird jemals von ihnen hören, sie erhalten keinen Friedensnobelpreis, sie fahren raus in die Wüste und holen Menschen raus, die dann später KFZ-Mechatroniker geworden sind.

2022 erhielt der marokkanische Staat 140 Millionen Euro von der EU für Grenzsicherung. Das ist eine Stange Geld, um eine bereits gesicherte Grenze zu sichern. Eigentlich könnte es dem marokkanischen Staat egal sein, würde ich denken, ob Menschen durch das Land latschen, auf dem Weg nach Spanien, Belgien, Frankreich, Holland. Nach Deutschland weniger.

Der EU-Trust-Fund (EUTF) stellte für den Schutz von Geflüchteten in Marokko für ein Drei-Jahres-Projekt 5,5 Millionen Euro zur Verfügung, die an drei humanitäre Organisationen gingen, die sich unter vielen dafür beworben und gewonnen hatten. 1,8 Mio each. DDM hatte auch gewonnen.

Was sollten sie nun machen? Das Geld ausschlagen, wegen des Missverhältnisses zwischen Grenzsicherung und Geflüchteten-schutz? Sie brauchen es ja für ihre Arbeit.

Sie haben es angenommen.

Was können sie tun?! Sie können die Situation weder politisch noch wirtschaftlich lösen, sondern die Migranten nur begleiten, solange sie hier sind. Es ist eine abgefuckte Welt, sie ist längst im Eimer, wir strampeln nur noch ein bisschen, vor dem letzten Atem-zug. DDM sagt den Migrantinnen nicht, was sie tun sollen, sie hel-fen ihnen nicht, Boza zu machen oder anderweitig nach Europa zu schippern, sondern bieten an, was sie anbieten können, und zer-brechen sich den Kopf, was noch sinnvoll wäre. So begegneten sie im Jahr 2016 der Idee von Shelley Taylor (CEO von Trellyz, die Soft-ware entwickeln für Städte und Non-profit-Organisationen), die in-nerhalb eines Wochenendes 2015 eine App namens RefAid (Refugee Aid App) entwickelt hatte.

Jeder kann sie sich umsonst auf sein Telefon laden, ich hab' sie auch. Versuchen Sie es, ich warte so lange. Oder begleiten Sie mich, während sie lädt, an die Zäune von Beni Enwar.

Erbarme dich, mein Gott,
Um meiner Zähren willen!
Schaue hier, Herz und Auge
Weint vor dir bitterlich.
Erbarme dich, mein Gott.

(Matthäuspassion, Johann Sebastian Bach. Zähren sind Tränen.)

In Flüchtlingskreisen ist der Zaun des Grenzübergangs Beni Enwar bekannt. Berühmt eigentlich. Die Zäune schleppen sich vom Pass-kontroll-Übergang immer weiter durch die Landschaft, in beide Richtungen.

Alvar und José Luis haben mich hergefahren, lassen mich alleine aussteigen, damit ich am Zaun entlanglaufen und mir einen Eindruck machen kann.

»Wir warten weiter unten am Eingang des Friedhofs auf dich. Mach keine Fotos.«

Eine schmale Straße führt am Zaun entlang. Sie ist so gut wie nicht befahren. Kleine Geschäfte, Spätis, Gemüse, Friseur, Barbier, Western Union. Kein Café mit Stühlen auf dem Bürgersteig. Falls es das mal gab, hat es aufgegeben, die Aussicht ist zu düster, denn gegenüber liegt der Zaun. Die Zäune. Dreilagig. Eine Installation verrosteten Schreckens.

Soldaten treten heraus, als sie sehen, dass ich halb auf dem Bür-gersteig, halb auf der Straße gegenüber des Grenzungeheuers ent-langlaufe. Eine Frau fegt. Diese fegenden Frauen überall auf der Welt. Alle paar 50 Meter treten Grenzschutzposten heraus, als wä-ren sie die Puppenspieler dieser Riesenmarionette, nicht realisie-rend, dass sie längst aufgefressen wurden, denn sie sind ja hinter dem Zaun, zwischen den Zäunen, nicht auf der Straße wie ich.

Dick angezogen sind sie, die Schutzwesten machen sie ganz prall, darin sind Requisiten verstaut, die ich nicht erkennen kann, ver-mutlich Walkie-Talkies, Bewaffnung, Schutzmontur für die eigene Sicherheit, was man so braucht in diesem Beruf.

Drei Zäune sind hintereinander aufgestellt, davor ein Durchein-ander gedrehter Stacheldrähte, dreifach übereinandergestapelt auf Geröll, Fels, Gräben und Pflanzen, die auch auf Schotter nicht auf-geben zu wachsen. Ein verlassener Bagger steht herum, denn der Zaun ist eine ewige Baustelle, er soll immer sicherer werden. Ein Zaun besteht partiell aus dreifach gedrehtem Stacheldraht, un-entwirrbar, ineinanderverzahnt, verknotet, ineinandergeflochten;

manchmal glitzern Klingen dazwischen, obwohl sie doch abgeschafft wurden. Noch mehr Lagen bissigen Drahts, der zu einer gigantischen Foltermaschine mutiert. Ein Ort der Finsternis, der alles Freundliche verschluckt und bei dessen Betrachtung man den Atem anhält. Wer hat sich das ausgedacht? Saß da jemand an seinem Zeichentisch und hat den Trippelzaun entworfen und gezeichnet?

Acht Meter hoch so ein Zaun. An einem sind oben schräge Zinken aus dickem Stahl angebracht, wie Spieße, die darauf warten, etwas oder jemanden aufzuspießen. Unklar, auf wessen Grund und Boden welcher Zaun steht, No Man's Land, Todesstreifen, zerschnittene Landschaft, metallene Schlange, bezahlt mit EU-Geldern.

Im dritten Zaun befinden sich grün eingefasste Türen. Das sind die komfortablen Push-Back-Türen. Tür auf, Mensch durch, schon ist er wieder in einem anderen Land und raus aus Spanien und Europa. Ein Huhn hat sich im Zaundebakel verirrt.

Ich gehe am Zaun entlang, und im Verlauf wechselt er seine Gestaltung, ist eine Zeitlang aus groben verrosteten Eisenstangen gemacht, wie man sie vor den Fenstern altmodischer Gefängnisse kennt, und wird dann zu einem Stück Mauer, auf die Maschendrahtzaun an einbetonierten Pfählen aufgestellt wurde. Eine Verwirrkonstruktion. Alle martialischen Symbole wurden verwendet, um ein Grenzschutz-Ensemble zu bilden. Dazwischen drei Soldaten mit überdimensionalen Gewehren, die einem direkt den ganzen Kopf wegschießen können.

Als Donald Trump von einem Zaun zwischen den USA und Mexiko träumte, veröffentlichte das Satire-Magazin »Der Postillon« am 31.1.2017 einen Artikel, in dem für einen Zaun im Stile Ikeas zum Selbst-Zusammensetzen geworben wurde. Er hieß »Börder Wall«. In dem Artikel war zu lesen: »Mit einem Gesamtpreis von 9 999 999 999,99 US-Dollar ist ›Börder Wall‹ erheblich günstiger als eine herkömmliche Mauer, die Schätzungen zufolge 15 bis 25 Milliarden Dollar kosten würde.« Es gäbe auch weitere Produkte zur Ergänzung, wie beispielsweise der Wachturm »Glötz« oder die Selbstschussanlage »Råtåtåtåtå«.

Satire darf das. Muss das dürfen, ist von der sogenannten Kunstfreiheit gedeckt, der Schrecken wird sonst zu allmächtig und nimmt einem den Atem, den kann einem dann nur noch der Humor zurückgeben. Doch oft genug bleibt er auf der Strecke, sowohl der Humor als auch der Atem.

Die Grenze sieht aus wie ein Hochsicherheitsgefängnis, gemacht für Menschen, die mindestens Serienmörder sind.

HR Giger, der Schweizer bildende Künstler, der das Alien des gleichnamigen Films von 1979 in der Regie von Ridley Scott entwarf und dafür einen Oscar für Visuelle Effekte erhielt, würde dieses Alien eines Zauns vermutlich in künstlerischer Hinsicht inspirieren. Ich stelle mir vor, wie er in seinen Zeichnungen die Totenköpfe, die bei ihm zeit seines Lebens Thema waren (er starb 2014), zeichnerisch inkludieren würde, übersät wäre der Zaun davon. Dazwischen die Klingen, die Stachel, das Metall, der Schotter, all das Unwirtliche eines fremden Planeten, auf dem dieses Raumschiff einer europäischen Grenzsicherung gelandet ist und das Alien der Abschreckung im Bauch trägt. Ein Zaun, der Menschen verspeist und sie wie Wäsche an sich aufhängt. Erbarme dich, mein Gott.

Am 11. Mai 2013 hat mein Freund Jawara Boza gemacht und ist über diese Zäune geklettert.

Auf meinem Weg sehe ich schließlich einen Hund, der im gewickelten Stacheldraht seine Babys bekommen hat. Welpen im Stacheldraht. Unverletzt. Sie wohnen im Unkraut eines Unortes. Heimat.

Alvar und José-Luis erwarten mich vor dem kleinen zerzausten Eingangstor des muslimischen Friedhofs. Wir schweigen.

Diese beiden Jesuitenpriester könnten unterschiedlicher nicht sein, sowohl vom Erscheinungsbild als auch im Umgang mit Menschen. José-Luis ist der Intellektuelle, der vielleicht nicht der sozial kompatibelste Mensch ist, wobei … sein trockener Humor ist umwerfend.

Alvar kam 2018 zu DDM und ist körperlich von zarter Statur und aus Gold. Ich habe viele Stunden mit ihm verbracht und gesprochen, seine Nähe und Gedanken haben mich bereichert. Er ist unter und bei den Menschen, grüßt die Taxifahrer oder Teehausbesitzer auf der Straße in Arabisch (jaja, er spricht auch vier Sprachen), und Lachen und Herzlichkeit sitzen bei ihm an der Oberfläche, jederzeit bereit, sich über dem Gegenüber auszukippen. Er denkt konstant voraus: Der Tee ist schon bezahlt, während man noch sein Portemonnaie herauskramt, das Taschentuch schon gereicht, wenn man noch seine Tränen unterdrückt, die Nachricht mit den Planungsvorschlägen schon geschrieben, derweil man noch versucht, einen Plan zu erdenken. Dabei ist er unaufgeregt und interessiert. Aber wahrscheinlich mag ich ihn nur so gern, weil er sich über meine Witze schlapplacht.

»Alvar ist immer überall gleichzeitig. It's spooky«, sagt die spanische Volontärin Maria grinsend, die sich bei DDM um soziale Netzwerke kümmert, Clips dreht und im Kindergarten arbeitet.

»Ja, das ist mir auch schon aufgefallen«, antworte ich. »Kein Wunder, er hat Gott an seiner Seite.«

»Meine Rede«, sagt sie lässig, während Alvar neben uns steht und zuhört.

»Maria is challenging us, that is good«, sagt er und lacht. Und zack hat er schon wieder eine SMS an jemanden verschickt, um etwas zu organisieren. Maria und ich nicken uns nur schweigend zu. Meine Rede.

Es war Maria, die mir erzählte, dass sie im März 2022 nach einem großen Boza-Versuch (3500 Leute, 500 haben es auf die andere Seite geschafft) im Krankenhaus war, da jede Hand gebraucht wurde, angesichts der gebrochenen Beine und Kopfverletzungen, aufgeschnittener Arme und Beine, Hände und Füße, all das Blut. Sie konnte beobachten, wie marokkanische Polizisten, die verletzte Migranten brachten, mit ihnen sprachen. Um einen Jungen, der nur Arabisch sprach, kümmerte sich ein Polizist, blieb an seiner Seite, übersetzte und entschuldigte sich bei ihm und sagte schließlich zu den Volontären: »Ich hasse meinen Job, ich will das nicht machen müssen.«

RefAid müsste jetzt geladen sein. Es ist eine App, die Einrichtungen anzeigt, an die man sich auf der Flucht wenden kann. Mehr als 1400 Einrichtungen und Dienstleistungen von über 300 Organisationen in Spanien und Marokko sind mittlerweile verfügbar. Wenn Sie die App öffnen, werden Sie sehen, dass die Dienste geordnet sind nach: Bildung, Glaubensgemeinschaften, Essen, Gesundheit, Information/Administration, Juristisches, Männer, non-food-items, Eltern und Kinder, Schutz, Sozialleben, Toiletten/Duschen, Wasser, Frauen, Arbeit und Volontieren, Jugend/unbegleitete Minderjährige.

Und dann gibt es noch: Katastrophe und Krieg. Klickt man im Jahr 2023 darauf, sind Informationen in Polen für ukrainische Geflüchtete zu finden.

Man kann die Sprachen Englisch, Türkisch, Arabisch, Russisch, Spanisch, Französisch, Ukrainisch und Farsi auswählen.

Die zukünftige Idee ist, dass in der App flächendeckend die Einrichtungen des afrikanischen Kontinents erfasst werden. Denn das, so Alvar, wäre die größte Maßnahme gegen das Geschäft der Schmuggelmafia und die dadurch bedingte Gefährdung Geflüchteter.

Les femmes africaines

Im Patio der Residence von DDM cruisen die Kinder während der vormittäglichen Kindergartenzeit bunt und lärmend herum, Bewohner.innen spielen Spiele oder machen Work-out, erhalten Physiotherapie, kicken einen Fußball in eine Obstkiste oder sind am Handy. Wäsche wird hier aufgehängt, und die Tür zur Küche steht offen, da wird immer gewerkelt. Bei manchen kann ich Narben sehen, die sich über den gesamten Unterarm erstrecken und bis zu drei Zentimeter breit sind.

Der Patio ist ohne Einblick nach außen, und hereinschauen kann auch niemand, er ist grün und schmal und sicher und friedlich, überdacht mit einem Netz aus Pflanzen zur Kühlung. Es gibt einen Minigarten, in dem Schildkröten leben, aus Freude für alle oder womöglich auch aus therapeutischen Gründen. Wasser- als auch Landschildkröten. Genau, da ist ein Miniteich für die Wasserkollegen. Ich liebe Schildkröten, sie waren das Haustier, was ich als Kind haben durfte, und, gute Nachricht, meine Rosinuß lebt noch immer und hat vor vielen vielen Jahren Eier gelegt, bravo.

Ich setze mich zu zwei Jungs, die das Brettspiel »Damas« spielen. Die Spielfiguren sind aus kleinen, quadratischen Holzstückchen, jeweils schwarz oder weiß bemalt. Ich versuche, es zu verstehen, gelingt nicht. Die beiden spielen es mit hoher Energie und Ernsthaftigkeit, scheint kein Spaß zu sein, dieses Spiel, denn die Holzstückchen knallen nur so über das Brett, wie sind die Regeln? Neben uns springt einer Seil, ist schweißüberströmt. Man trainiert für Boza.

Bassiru ist 24, hat eine auffällige Narbe auf der Wange und kommt aus Guinea, er ist der Damas-Champion, was alle bestätigen, auch Joel aus dem psychosozialen Team sagt das, der aus Kamerun als Geflüchteter herkam und nun bei DDM arbeitet, wie Hadi. Bassiru fragt mich, ob ich mit ihm spielen möchte. Mir ist klar, dass ich mich blamieren werde, aber kneifen geht nicht. Die anderen Jungs, die zusehen, greifen manchmal ein, machen Spielzüge für mich, aber es nützt alles nichts, in einem irren Tempo und haushoch verliere ich, jedes Mal.

Während wir die nächste Partie aufbauen, sagt er: »Katja, du bist doch mein Freund, nimm mich mit nach Europa.« Er flüstert. Oder redet jedenfalls sehr leise, so dass nur ich seine Bitte hören kann.

Was ich geantwortet habe?

Bassiru hat noch niemals Boza versucht, manche sagen auch »risky« dazu, man weiß nicht, woher seine Narbe kommt. Seine Eltern hatten einen Unfall und sind nun tot oder verschwunden, sein Bruder wurde erschossen. »Nimm mich mit nach Europa, ich will nach Belgien oder Spanien, Fußballspielen.«

Wir spielen. Wieder verliere ich. Aber nur Damas. Nicht Boza, das Leben oder die Zukunft.

Christel betritt mit einem Babykorb, in dem ihr einige Monate alter Sohn Ismael liegt, den Patio. Sie trägt eine Mütze, so riesig wie die eines Chefs, nur in bunt. Christel ist aus der Demokratischen Republik Kongo. Ein weiter Weg. Sie spricht ein Französisch, das ich, im Gegensatz zu dem von Bassiru, gut verstehen kann. Wir erinnern uns: Der belgische König hat sich den Kongo als seinen »Privatbesitz« geschnappt, das war 1885. Es war keine Kolonie, es war sein Eigentum, fand er. Anfang des 20. Jahrhunderts ging das Land dann als Kolonie an den belgischen Staat über, seit 1960 ist das Land unabhängig.

Christel will zum Nähkurs gehen und fragt mich, ob ich so lange auf Ismael aufpassen könnte. So gern. Ich darf ihm auch sein Fläschchen geben. Er hat starke Hautprobleme, eine kleine Kruste überzieht seine weichen Babyhaare. Aber es wird schon besser, die Creme von Maira hilft.

Sie erzählt mir, dass die Situation in Kinshasa, zu der Zeit ihres Lebens dort, so gewesen sei, dass man nicht wusste, wann der Krieg plötzlich losging oder irgendeine Schießerei. Vormittags war alles ruhig, und mittags würden Menschen vom Balkon geschossen werden.

»Was??!«

»Ja«, sagt sie, »ich habe das mit eigenen Augen gesehen.«

Aus politischen Gründen, wegen ihres Vaters, der wohl oppositionell aktiv war, sind sie mit der gesamten Familie los. Vater, Mutter, Bruder, sie. In Algerien dann haben sie sich aus für mich unerfindlichen Gründen aus den Augen verloren. Ihre Familie ist sozusagen verschwunden. Sie erzählt das einfach so, ich wage nicht, genauer nachzufragen, denn wenn jemand so leichtherzig von einer so umfänglichen Katastrophe erzählt, dann geht es wohl nur so, indem man es versachlicht. Sie ist heiter, klug, eloquent und selbstbewusst.

Ihr wurden in Algerien Pass, Telefon und Kleidung abgenommen. Sie weiß nicht, ob die Familie tot oder lebendig ist … kein Kontakt. Weg.

Sie will Ärztin werden, sagt sie mir, oder wenigstens Krankenschwester. Und hofft, dass so eine Ausbildung oder ein Studium umsonst sei, da sie es sich nicht leisten könnte, dafür zu bezahlen. »Ich bin bis zur elften Klasse zur Schule gegangen, dann habe ich begonnen, in einem Supermarkt zu arbeiten, obwohl ich eigentlich studieren wollte.« Ich wünsche ihr, dass sie es schafft, sie wäre eine resolute Krankenschwester, die den Patientinnen Hoffnung gäbe und Halt.

Sie geht zum Nähkurs, Ismael isst in einem Affenzahn auf, und dann chillen wir im Patio. Er ist ein ruhiges Baby, schläft viel, und irgendeine Frau trägt ihn immer herum, heute bin ich es. Die Ärztin Lucia ist besorgt, weil Ismaels Reaktionen schwach sind.

Das zwanzigköpfige Team von DDM, das von der Kirche und EU-Geldern finanziert wird, hat verschiedene Abteilungen, abgesehen vom medizinischen und sozialpsychologischen Team und dem legalen Beistand gibt es Aktivitäten wie Spanisch lernen, Näh- und Malkurs, den Kindergarten, Stress-Abbau, Kooperation mit Jüngeren und die Spacenight zum Filme-Ansehen (fyi: Der legale Beistand, legal system protection project, beinhaltet ein Gespräch mit Migrant.innen, bei dem versucht wird herauszubekommen, ob die Person zurück möchte, ob eine Rückkehr sicher wäre, die Familie unterstützend oder abweisend einwirkte. IOM übernimmt in so einem Fall der freiwilligen Rückkehr die Verantwortung und Organisation und bringt diese Person in ihr Heimatland zurück.)

Außerdem gibt es die Frauenklasse, die Maira (die mit der Creme für Ismael) erdacht hat und anleitet. Sie ist aus Guinea-Bissau, dessen Amtssprache Portugiesisch ist, und ging, um Krankenschwester zu werden, zum Studium nach Rabat. Erst mal Französisch lernen, die Ausbildung allerdings war in Arabisch. Sie hatte drei Wörterbücher auf ihrem Tisch liegen. Bestand mit Auszeichnung, arbeitete bei »Ärzte ohne Grenzen« in Oujda (an der algerischen Grenze), dann im medizinischen Team von DDM, nun bietet sie einmal die Woche den Sensibilisierungsunterricht für Frauen an; es geht um Mutterschaft, Family Planning, Gesundheit. Heute ist das Thema HIV/AIDS. Ich darf mit. Maira trägt eine Kette um den Hals mit dem Puls eines Herzens.

Der Kurs findet neben der Kirche und der Résidence in einer Doppelgarage statt, deren Boden blau angemalt ist, nein eigentlich türkis (wie die UN-Tabletten), wodurch der Garageneindruck gemindert wird. Tische wurden zusammengestellt, und die zwölf teilnehmenden Frauen sitzen um ihn herum. Fünf Kinder rennen durch den Raum oder sitzen auf den Schößen der Frauen. Alle haben irgendwas um den Kopf gewickelt und riechen wahnsinnig gut.

Ein Papier geht herum, auf dem man seine Anwesenheit durch eine Unterschrift neben dem Namen eintragen muss. Ich schaue vorsichtig darauf, das Blatt wellt sich, so stark wird der Kugelschreiber draufgedrückt während des Schreibvorgangs. Viele sind des Schreibens nicht mächtig, dann stehen da drei XXX. Viele Kreuze sehe ich.

Sie leben nicht in der Résidence, sondern außerhalb Nadors in Bolingo in Häusern hinter den Schienen. Mit dem Auto von DDM werden sie abgeholt, zu weit zum Laufen, es gibt ein Frühstück, und dann geht die Klasse los.

Ich stelle mich kurz vor, und alle Augen sind freundlich und aufmerksam auf mich gerichtet.

Maira hält einen Vortrag, durch was AIDS übertragen wird, es wurde nicht gewusst. Man dachte, man bekäme es, wenn man verletzt wird; dass es um den Austausch von Blut oder anderen Flüssigkeiten geht, ist anscheinend neu.

»Ihr könnt nicht fühlen, wenn der Virus in euren Körper eindringt, sondern müsst einen Test machen.« Sie erklärt, wo man diese Tests umsonst erhält. Erklärt den Unterschied von AIDS und HIV.

Es dauert, bis das Wort Präservativ fällt, und prompt erntet es Gelächter. Maira macht das gut, sie nähert sich langsam dem Fakt an, dass ungeschützter Geschlechtsverkehr die größte Ursache ist. Und nicht Pipi, Schweiß oder Tränen.

»95 % der Ansteckungsgefahr kommt durch Geschlechtsverkehr. Außerdem überträgt es sich durch Drogen oder Rasieren«, sagt sie. Rasieren? Nun ja, wer hat die Klinge vorher benutzt ...

»Wenn ihr mit einem Mann seid, müsst ihr euch schützen. Oder besser noch, bleibt einfach unter euch.«

Die Frauen hören zu, es scheint, sie hörten das zum ersten Mal, man kann nicht glauben, dass sie es nicht wissen, aber woher soll man etwas wissen, wenn niemand es einem beibringt. Sie erklärt anschaulich, dass einen AIDS vulnerabel macht und man dadurch zusätzlich Tuberkulose bekommen kann.

Kinder kommen immer wieder in den Raum, ein Mädchen fängt an zu singen, Applaus. Ein kleines Kind wird über den Tisch gereicht, eine Frau hat ihr Baby mit einem Handtuch an sich rangebunden, nun sitzen sie zu zweit gemütlich auf dem Stuhl, die Frau vorn, das Baby hinten, irgendwann pennt es ein.

Gesundheit ist ein Riesenthema. Für wen nicht. Eine Frau hat Blasenentzündung.

Es ist nicht vorstellbar, dass diese Frauen auf ihrem Weg sind. Wo wollen sie hin? Was stellen sie sich vor, wie sie nach Europa gelangen könnten ... Und dann?

Die Zäune sind keine Möglichkeit für Frauen mit Kindern. Man könnte schwimmen – mit Baby? Oder mit einem Bootchen um den Hafen herumfahren, was aber unüberwindlich ist, da man dazu um den lang in das Wasser gestreckten Quai, der wie ein Arm den Hafen schützt, herumfahren müsste. Das sieht ja jeder. Polizei allerorts. Oder man fährt zu den drei kleinen Inselchen, auf dem niemand lebt außer Militär, ist also auch keine Möglichkeit. Das neue Ziel ist das westmarokkanische Laâyoune, von dort mit dem Boot zu den kanarischen Inseln. Ein Wahnsinn.

Also bleiben die Frauen erst mal hier um Nador herum und unweit der Jesuiten. Jawara erzählte mir von einer Frau in den Bergen Gourougous, die drei Kinder hatte und seit fünf Jahren dort lebte.

In dem Dokumentarfilm »Bolingo. The Forest of love« (2016) des spanischen Regisseurs Alejandro G. Salgado führte dieser mit vier kongolesischen Frauen lange Interviews über ihre Reise nach Nordafrika. Sie sagen Sätze wie:

»I left my family to survive. I left them, because I wanted them to improve. They need improvement in my family.«

»What is chasing me, is bigger than what I am chasing. But it's better to chase the future, then the future is chasing me.«

»I know a person, she got pregnant and she took many drugs and medicine to remove it, but it didn't work out, so she gave birth and the baby didn't have hands.«

»We were sitting in an open jeep for going to Algeria. It was a very ugly journey. 40 people passed that desert, 20 died, they lost their way.«

»We were driving in the desert with full speed. I was at the corner of that pick-up, about to fall. My friend she hold me at my trouser. If I would have fallen out, the Mafia they wouldn't have stopped for me. She saved my life.«

Bolingo heißt »Liebe« in der Sprache Lingala. Am Ende des Films sieht man, wie die Frauen mit ihren Kindern im Wald leben: Wäscheleinen mit daran aufgehängter Wäsche sind zwischen die Bäume gespannt, Plastikschüsseln mit frisch gewaschener Wäsche darin. Aus Stoffen, die mit Schnüren in die Äste gehängt wurden, haben sie Unterbringungen gebaut. Eine Frau hat ihr nacktes Kindchen auf dem Schoß und trocknet es ab, vor ihr steht der Eimer, in dem es gerade gebadet wurde. Andere Kinder flitzen währenddessen im Hintergrund an ihnen vorbei. Das ist Bolingo.

Dort fahren wir nun nach der Frauenklasse hin, vielmehr in die Umgebung Bolingos, denn die Frauen der Klasse sind nun in Häusern in Bolingo untergebracht. Hinter den Schienen.

Es sind sieben Frauen (die zum größten Teil aus Côte d'Ivoire und Guinea-Bissau kommen) und ihre vier Babys, plus der nette Fahrer, plus ich im Auto. Wir singen »Frère Jacques, dormez-vous?«, und es ist eine Stimmung im Auto, als wäre es Saturday Night out – les femmes africaines halt! Dann wird auf den Telefonen irgendein Animationsquatsch angemacht, der hochfrequentig aus dem Apparat herauslärmt, und die bunten Farben auf den kleinen Bildschirmen sind so quietschig, dass man direkt einen Zuckerschock bekommt.

Jetzt trötet »Old Macdonald had a farm« aus dem Telefon, und wir singen wieder alle mit, vor allem wir Frauen, die Kinder sind etwas überfordert, glaube ich, und fügen die Tiergeräusche dem Gesang hinzu.

Wir sind inzwischen aus Nador-Stadt hinausgefahren in die bewaldeten Hügel hinein, gen Bolingo. Wir müssen zu den Schienen, müssen sie überqueren, um zu einigen verlorenen Häusern am Bahndamm zu gelangen, da wird gewohnt. Drei Frauen und zwei Kinder in einem Zimmer. Fünf Jungs, zwei Mädchen, zwei Kinder in einem Zimmer. In anderen Häusern, irgendwo, leben zum Teil 30 Leute in einem Haus, die Preise steigen. Jeder zahlt Miete für dasselbe Zimmer und seinen Schlafplatz darin. Richtig, es ist nicht umsonst, 15–20 Dirham Miete zahlen die Frauen pro Tag an irgendeine Privatperson. Die Spannung ist allgegenwärtig, dass Polizei kommen könnte.

So auch jetzt.

»La police«, raunt es durch den Innenraum des Autos, und alle sind plötzlich still, Telefone aus, der Fahrer schaut aufmerksam und unbewegt in den Rückspiegel, fährt an der Straße, in die er hätte einbiegen müssen, vorbei, damit man nicht denkt, wir wollten dahin, wo wir hinwollen. Wir fahren einfach immer weiter, bis irgendwann das Polizeiauto, das hinter uns aufgetaucht war, verschwunden ist. Schließlich biegt der Fahrer ab in einen Sandweg Richtung Schienen, da gibt es aber keine Möglichkeit, mit dem Auto über sie hinwegzusetzen, um auf die andere Seite zu kommen. Also müssen die Frauen hier aussteigen, über die Schienen und weiter an ihnen entlanglaufen, bis zu den Häusern, die ich von hier bereits sehen kann.

Woher kommen die Schienen, wohin führen sie, was war der Grund, sie zu legen? Kommen hier noch Züge vorbei? Nein, sie sind stillgelegt. Sie waren im Ersten Weltkrieg verlegt worden für den Kohleabbau in dieser Gegend und führten direkt nach Melilla, zum Hafen. Das Leben hinter den Schienen kenne ich aus Sri Lanka oder Mumbai. Sie trennen das Sichtbare vom Unsichtbaren, das gesellschaftlich Anerkannte vom Illegalen.

Les femmes africaines haben viel Gepäck, denn die Distribution fand in der Kirche statt: Trockenlebensmittel, Wasser, Hygiene-Artikel, Windeln, Medizin. Sie wirken entspannt, setzen sich das Gepäck auf die Köpfe, binden die Kinder auf den Rücken, tragen die 1,5 Liter-Wasserflaschen im Sechserpack in einer Hand, Tüten in der anderen und gehen alle gleichzeitig redend los. Ich steige auch aus, wäre gern mitgekommen, aber der Fahrer sagt: »Pas possible, trop dangereux.« »Nicht möglich, zu gefährlich.« Nicht für mich, sondern für die Frauen und Kinder, und auch für DDM.

Es ist absurd, denn die Polizei weiß, dass die Frauen dort wohnen, doch in dem Moment, da sie bezeugen, wie sie unterstützt werden, geraten die Unterstützer in Schwierigkeiten und die Geflüchteten erst recht. Elegant und langsam schweben die Frauen mit ihren um sie herumfliegenden Kindern über die Schienen hinweg und werden auf dem Weg zu den Häusern immer kleiner.

Der nette Fahrer dreht noch ein paar Extrarunden und zeigt mir weitere Orte. »Gourougou.« Dort lagerte Jawara mindestens sechs Monate, inzwischen wurde mittenmang ein Militärposten errichtet.

»Ich habe ungefähr zwanzigmal versucht, Boza zu machen, fünfmal bin ich bis zum Zaun gekommen, sechsmal von der Polizei erwischt worden und nach Oujda, an die algerische Grenze, zurückgebracht worden, von dort sind es zu Fuß drei Tage zurück zum Mount Gourougou.«

In den Wäldern ist man nach Nationalitäten organisiert. Anscheinend gibt es einen Chef (oder mehrere), der organisiert, wann man gemeinsam losgeht. Eine diffizile Organisation, da sie aus vielen Gebieten kommen; es muss Treffpunkte geben. Auf einem Foto sah ich die nicht enden wollende, exakt hintereinander herlaufende Schlange aus Menschen.

»Ich werde früh sterben, denn ich habe das Glück so oft herausgefordert, zehnmal und mehr. Man kann diesen Trip nicht überleben ohne Glück.« (Jawara)

Er erzählt, dass im Bus von Mali nach Niger der hintere Teil mit dickem schwarzem Stoff abgesperrt war, so dass man nicht hindurchsehen konnte. Dahinter saßen die Frauen. Frauenabteilung. Sie waren komplett in Schwarz verschleiert. Mujaheddin betraten den Bus, kontrollierten, ob die Frauen korrekt gekleidet seien, stießen eine aus der rückwärtigen Tür hinaus, vergewaltigten und töteten sie am Straßenrand, der Bus fuhr weiter.

»Dort liegt nouveau Bolingo.« Der nette Fahrer zeigt mit dem ausgestreckten Arm durch das offene Fenster auf weitere bewaldete Hügel.

»Die Mujaheddin töten dich, nur weil du eine Zigarette rauchst. Sie nehmen ihr Gewehr und töten dich. Wegen einer Zigarette. Und sie rauchen dabei.«

Im nächsten Dorf, Ixan, gibt es eine Apotheke und ein Gesundheitszentrum, mit dem DDM zusammenarbeitet, weil man eben auch auf der Flucht krank werden kann und nicht nur im alltäglichen Leben des globalen Nordens.

Jawara wurde in Libyen so verprügelt, dass seine Schulter bis heute nicht ganz wieder in Ordnung ist. Doch er hatte Glück – er wurde, anders als vier seiner Freunde, nicht erschossen.

In allen Orten um Nador herum gibt es sogenannte »Boutiquen«, eine Mischung aus Kiosk und Lebensmittelladen (keine Bekleidung), vor denen Geflüchtete stehen, um hier ihre Telefone aufzuladen, gegen Gebühr, versteht sich. Ich lerne, dass man hier nach wie vor offen gegenüber den Migrantinnen sei, man kenne sich, wisse, was gebraucht würde, Wasser, chargen, triebe quasi Handel.

Am 14.5.2022 schrieb Jawara mir: »Ich vermisse den Platz, auch wenn er Horror war.« Wir waren in ständigem Kontakt während meiner Reise, denn ursprünglich war die Idee gewesen, dass er mich begleiten würde. Doch dann fiel er durch seine theoretische Abschlussprüfung und erhielt eine Woche später den Abschiebungsbrief. Der Zeitpunkt dafür sollte drei Wochen später sein. Plötzlich ging die Administration mal schnell, verrückt. Jawara war am Ende; die jahrelangen Fahrten morgens um 4.30 Uhr ins Brandenburgische zur Ausbildung, all die harte Arbeit, die Überstunden, die Samstage, die er für fünf Euro die Stunde in dem Ausbildungsbetrieb arbeitete, um finanziell irgendwie über die Runden zu kommen. Der Plan zu arbeiten, bis er genug zur Seite gelegt hätte, um in Gambia eine Autowerkstatt zu eröffnen, gone. Er wirkte wie gebrochen. Ich rief den Anwalt Inigo an und bat ihn, sich um diese Situation zu kümmern, die Rechnung an mich zu schicken, bitte. Die Geschichte ist gut ausgegangen, denn Inigo bewirkte Duldung mit Arbeitserlaubnis, Jawara wurde nicht abgeschoben. Inzwischen hat er eine unbefristete Aufenthaltserlaubnis. Doch der Schreck … Seine Mutter hatte sich auch erschrocken, als Jawara in Marokko ankam und er sie zum ersten Mal nach eineinhalb Jahren anrief. »Hallo«, sagte er. »Hallo, wer ist da?«, fragte sie zurück. »Ich bin's, Mama. Jawara.« Daraufhin fiel sie in Ohnmacht.

Der nette Fahrer fährt an kleinen Moscheen vorbei, in die sich Migranten freitags allerdings nicht mehr hineinwagen, wie früher, da inzwischen die Polizei zum Gottesdienst kommt, die Migranten abführt, in ein Automobil lädt und in den Süden des Landes oder den Westen nach Rabat fährt. Die Rabat-Route (erwähnte ich bereits). Nach einer solchen Abschiebung, auf Französisch »Réfoulement«, kehren die Binnen-Abgeschobenen oft wieder nach Nador zurück.

Die italienische Volontärin Anna, die mit zwei anderen Studentinnen an einer Studie über den Zusammenhang von Klima, häuslicher Gewalt und Migration arbeitet, erzählte mir die Geschichte einer Frau mit zwei Kindern. Eines Tages, als das ältere Kind im Kindergarten bei DDM und sie mit dem Baby in ihrer Unterkunft war, kam die Polizei, holte sie ab und brachte sie in eine Garage in Nador. Das DDM-Team spürte sie dort auf, konnte aber nichts erwirken. So verbrachte man Frau und Baby nach Rabat, was 500 km von Nador entfernt liegt. Das ältere Kind durfte sie nicht abholen.

Es war sicher bei DDM, dessen Team aufgrund ihrer Erfahrungen sofort wussten, was geschehen war. Sie mussten die Mutter zurückholen. Wie? Alvar nahm kurzerhand das Auto von DDM und fuhr die sechs Stunden nach Rabat, fand die Frau mit Baby und fuhr die Monsterstrecke direkt wieder zurück.

»Abends war in der Kirche eine Hochzeit, die er traute«, sagte Anna abschließend.

»Wow«, sagte ich. »Alvar ist krass.«

Sie lachte. »Ja, das ist er.«

Gegenüber der gelben Kirche gibt es ein Café, das, wie sollte es auch anders sein, »Casablanca« heißt, in der die männliche Nachbarschaft und die diverse Kirchenmannschaft Tee trinken. Oder Kaffee, wie Alvar. Der Kellner weiß bereits nach einem Mal die Wünsche seiner Kunden. Ich setze mich mit meinem Notizbuch draußen an einen Tisch.

»Comme toujours, Madame?«, fragt er.

»Oui, merci Monsieur«, antworte ich.

Und da kommt Alvar über die Straße und setzt sich zu mir, als hätte er gerochen, dass ich allein im Café sitze.

»Heute Abend geht die Grenze auf, wir fahren nach Melilla. Kommst du mit?«

An den Zäunen
Malaga
Ceutas
Nador
Al Hoceïma
Melilla
Beni Ensar

Ein Volksfest war das geradewegs, wie ein Nationalfeiertag, wie der 4. Juli in Amerika, der 14. Juli in Frankreich, der 3. Oktober in Deutschland. Nun also der 16./19. Mai in Melilla. So viele Menschen, Autos, Gedränge, Stimmung, Licht und Lärm und Lachen und Schubsen und Pässe und Kontrollpersonen. Die Corona-bedingte Grenzschließung zwischen Marokko und Spanien nahm an diesem Abend nach zwei Jahren ein Ende. Nur einer von vier möglichen Grenzübergängen wurde geöffnet, der in Beni Enwar. Nun wollten die Menschen von hüben nach drüben und von drüben nach hüben. (Zur Erinnerung: Dies gilt nicht für Migranten.) Wie in einer Choreographie, einem Tanz, lief man aneinander vorbei, verschiedene Richtungen vor den Augen, selbstredend in eingezäunten Gängen und durch stählerne Drehtüren hindurch und mit Abstand, dazwischen war der breite Übergang für die Autos, wir waren Fußgänger. Es dauerte. Lang. Egal, denn währenddessen wurde Stimmung gemacht, man kann sagen, dass die Grenzöffnungsparty eigentlich in den eingezäunten Gängen stattfand, aus denen man herüberrief zu den Ankommenden im gegenüberliegenden abgeriegelten Gang und vice versa. Und natürlich fand sie statt in den Cafés und Bars, deren Kunden wie Zaungäste rauchend und teetrinkend die Ankommenden und Abgehenden von der Seitentribüne des Grenzübergangs betrachteten und beklatschten. Als stiegen wir auf ein Schiff nach Amerika, in beide Richtungen, als sei dies das Treppenhaus von M.C. Escher, dem niederländischen Graphiker unmöglicher Figuren.

Als unsere Gruppe schließlich nach Mitternacht spanischen Boden betrat und Party in Melilla erwartete, waren dort bereits die Bürgersteige hochgeklappt. Egal. Wir liefen durch diese wunderschöne Stadt, und mir gefiel besonders gut, dass sie ganz still und leer dalag, wie evakuiert, es war eine Wohltat, keiner Seele auf den Straßen zu begegnen, nachdem wir Stunden gemeinsam mit anderen Seelen Schlange gestanden hatten, umgittert. Mir gefielen die hübschen Straßen und Plätze, Palmen, Springbrunnen, Häuser, Skulpturen und Denkmäler, gebadet in gelbem Licht, statt in grellem kontrollierendem Flutlicht. Wir spazierten durch Melilla, und natürlich war es José-Luis, der uns Historisches oder Wissenswertes mitteilen konnte.

JL war vor allem froh, dass er zukünftig wieder mit einem Sack Müll über die Grenze würde gehen können, um diesen in Melilla nachhaltig in Recycling-Containern zu entsorgen, wie man es in Deutschland kennt, aber nicht in Marokko. Die Schwestern freuten sich darauf, ihre Mitschwestern in Melilla zu besuchen. Und endlich könnte man wieder Wein für die Messe kaufen, der anschließend nur herumstand, weil hier niemand in der Gemeinschaft trank, als seien sie Muslime.

Eine Woche später fahre ich mit Alvar und den anderen erneut nach Melilla und mache mich selbständig, will den Zaun auf spanischer Seite entlanggehen, Richtung muslimischem Friedhof. Keiner da außer mir. Ausgestorben. Der Weg neben den Zäunen, durch die man kaum hindurchsehen konnte vor lauter hintereinandergesetztem Draht, führt unter einer Brücke hindurch, und sie ist dystopisch, diese Verlassenheit in Beton. Wie viel traurige Hässlichkeit die Menschen heutzutage in der Lage sind zu gestalten. Da kommt mir ein Auto der Guardia Civil entgegen, und sofort setzt Angst ein. Der Polizist hält an, grüßt, sagt, ich dürfe hier nicht sein, es wäre protección.

»Cementario?!«, frage ich.

Friedhof heißt zwar Cementerio, hat er trotzdem verstanden.

»Diese Richtung.« Handbewegung. Aber ich dürfe hier nicht laufen, Hochsicherheitsgebiet.

»Oh, das wusste ich nicht, Verzeihung.«

»Ok. Adios.«

»Adios.«

Er war freundlich. Ich wusste natürlich, dass dies der Kontrollweg der Guardia Civil ist und man auf keinen Fall, Ausrufezeichen, hier spazieren sollte. Er führt am Zaun entlang zu einem Grenzübergang, der noch nicht wieder geöffnet und fingerdick mit Sand bedeckt ist. Wüstensand. Die Straße versandet hier. Ein altes Fahrrad liegt herum. Eine Brücke über einem ausgetrockneten Fluss, und dann sehe ich den Golfplatz, der durch ein Foto Berühmtheit erlangte, auf dem man Personen vor dem Zaun, an dem Geflüchtete kleben, Golf spielen sieht. Deutlicher ist die Absurdität des Ortes nicht auf ein einziges Bild zu bannen.

Die Straße gen Friedhof ist dominiert von Betonbolzen, als wäre hier unlängst jemand mit einem Laster in eine Menschenmenge hineingefahren.

Ich komme am Friedhof an, er ist schön und gepflegt. Auch barrierefrei. Am Eingang gibt es Möglichkeiten, sich die Füße zu waschen. „Der »Cementerio de Sidi Guariach« endet am Grenzzaun. Hinter der halbhohen Friedhofsmauer steigt er direkt auf. Wie gut, dass die Toten das nicht mehr sehen können. Sterben Geflüchtete an diesem Zaun, erfahre ich, werden sie direkt hierhergebracht, kurzer Weg, wie praktisch.

Eine Palme blüht in einem kleinen durcheinanderen Grab, das mit zerbrochenen Kacheln eingefasst ist. Da liegt Mohammed A. N.: n (né) 16.3.1998 – f (foudroyé) 21.6.1998. Der Friedhof der Kinder. Und da, ganz in der Ecke der curryfarben verputzten Friedhofsmauer, gibt es ein Wunder: Eine einzelne weiße Rose blüht in einem duftenden Busch, der über und über mit orangenen Blüten bedeckt ist. An die Currymauer geschmiegt, wächst eine dunkelrote Kletterpflanze, dahinter steht eine grüne Push-Back-Tür. Rot und grün,

Komplementärfarben, sich ergänzende Farben. Ich kann von hier sehen, wo ich auf der marokkanischen Seite des Zauns mit Alvar und José-Luis stand. Ob das mal ein zusammenhängender Friedhof war? Möglich.

Was ist das für ein Sound? Ich kann ihn nicht orten, schaue schließlich nach oben und sehe eine Drohne, die direkt über meinem Kopf kreist, sie hat mich ganz offensichtlich im Visier. Irgendjemand beobachtet mich, fliegt mir hinterher, während ich mich durch die Grabreihen bewege. Ich schaue direkt in das Objektiv hinein, muss mit mir ringen, nicht zu winken, das würde provokativ wirken. Also schaue ich ein bisschen irritiert und dümmlich, als wüsste ich nicht, was das sei. Das kann ich, Schauspielhandwerk, stelle mir vor, wie jemand an einem Bildschirm in ein Close-up von mir zoomt, als würde man eine Friedhofsszene drehen. Nur mit dem Unterschied, dass Schauspieler niemals in die Kamera sehen – es sei denn, man ist Fleabag.

Nachdem ich den drohnenüberwachten Friedhof verlassen habe, nehme ich die Autostraße zu Fuß zurück und komme beim CETI (»Centro de Estancia Temporal de Inmigrantes«) vorbei, dem »Zentrum für den vorübergehenden Aufenthalt von Einwanderern«, das mit sehr hohen Gittern, 10 Meter oder was, gesichert ist. Das große Eingangstor steht offen, man kann hineinsehen, geschäftiges Treiben. Derzeit leben dort 400 Menschen, die Kapazität liegt bei 700 Personen. 2016 waren im CETI 2000 Migranten untergebracht. Das war übrigens auch das Jahr, in dem in Griechenland besonders viele Geflüchtete aus Marokko ankamen. Ich glaube, das ist der Ansturm aus Afrika.

FYI: Bis 2050 werden 60 Millionen Afrikaner und Afrikanerinnen ihr Heimatland verlassen müssen, aufgrund der Klimakrise, für die sie nicht verantwortlich sind.

Nachdem Jawara über sechs Monate in Marokko verbracht hat, gelangte er nach Melilla, wo er acht Monate im CETI blieb. Im November 2011 war er in Gambia aufgebrochen, eineinhalb Jahre später hatte er Spanien erreicht, und nochmals eineinhalb Jahre später, im Dezember 2014, kam er in Berlin an, wo er bis heute lebt. Er war minderjährig und zuerst im Zentrum für Minderjährige in Melilla untergebracht, doch die Minderjährigen wollten lieber im CETI sein, das angenehmere Bedingungen hatte, da man dort frei hinein- und hinausgehen durfte. Gegenüber liegt ein Fußballplatz, der wohl nicht zum CETI gehört, aber hochfrequentig von dessen Insassen benutzt wird.

Ich gehe mit Azir, der bei dem »Servicio Jesuita Migrantes« (Übersetzung selbsterklärend) arbeitet, mit dem wir uns in Melilla trafen, gen Bolzplatz, vorbei an Müllcontainern und einer Baumgruppe, unter der ungefähr acht Jungs chillen, Migranten, und irgendwas grillen, man grüßt. Aziz wetzt plötzlich los, straight auf den Fußballplatz zu, wo ein Spiel im Gange ist. Er macht direkt mit. Ich habe keinen Plan, wie das funktioniert. Man ruft sich irgendwas zu, und ich weiß nicht mal, welche Sprache das sein soll, die sie da sprechen, ob das überhaupt Worte sind oder Codes. Woher weiß er, bei welcher Mannschaft er mitmacht und wer zu welcher Mannschaft gehört, in welches Tor man schießt? Toll. So geht das. Einfach so. Ganz einfach. Es geht. Das gibt's doch nicht, da spielen Menschen miteinander Fußball, und plötzlich ist scheißegal, woher du kommst, wer du bist, ob du einen Pass hast, welchen, wann du geboren bist, ob überhaupt und blablabla!

Aber das ist eben nur die halbe Wahrheit, wenn man bedenkt, dass es so ein Fußballfeld war, samt Spieler, das Jawara den Garaus gemacht hat. Er war der einzige Geflüchtete, Azir ist hier der einzige Spanier, unter Mitspielern, die, wie ich erfuhr, in ihrem Herkunftsland zum Teil professionell Fußball spielten.

In Melilla hat Jawara Autos gewaschen, um ein bisschen Geld zu verdienen und etwas zu tun zu haben. 3 Euro pro Auto, bingo. Auch illegale marokkanische Teenager-Migranten und unbegleitete marokkanische Kinder sind in der Stadt, versuchen sich am

Autowaschen. Sie sind obdachlos, leben auf der Straße, schlafen am Strand, in leer stehenden Häusern oder vogelgleich oben in den Höhlen der Klippen. Sie versuchen nicht aufzufallen, haben für die Nacht Decken oder Jacken in die Höhle gelegt. Es ist wenig, was man ihr Gepäck nennen könnte, und aus der Ferne verschmilzt der Anblick der kleinen menschlichen Behausung mit der großen Fläche steiler Felswand, die zwanzig, dreißig Meter hinabstürzt und auf ein tobendes Meer blickt, wo Wellen zu Schaum werden und das Gewässer, im Kampf gegen die Felswand, sich schreiend daran bricht. Ein Anblick, der furchteinflößend und schön zugleich ist und die Macht der Natur über den Menschen zurechtrückt. Wenn man also in diesen hohen Höhen lebt, dann ist man entweder ohne Höhenangst, mutig oder hat schlichtweg nichts zu verlieren und sonst keinen Ort, zu dem man gehen kann.

Leben und Mut.

Die minderjährigen Marokkaner, die von einer lokalen Organisation unterstützt werden, die mehrmals die Woche, unweit der Festung, abends Suppe, Brot und Getränke verteilt, dürfen bei den Schwestern duschen, und, wenn sie 18 werden, können sie Asyl beantragen, im Sinne von: überlebe illegal die Straße als Kind, dann darfst du volljährig legal werden. Oder so. Oder wie?

Leben und Mut.

Leben und Mut heißen in der westafrikanischen Sprache Wolof »Geum Doudou«. Und das ist auch der Name einer Sprachschule, die zu der Einrichtung »L'école de La Salle Melilla«, kurz »La Salle«, gehört, die eine Partner-Organisation von DDM ist. Der Franzose Johannes Baptist de La Salle gründete im 17. Jahrhundert einen Orden, der es sich zur Aufgabe machte, Armen kostenlosen Zugang zu Bildung zu ermöglichen. (Der Orden hieß »Fratres Scholarum Christianarum«, FSC, in Französisch »Frères des Écoles chrétiennes«, in Deutschland gibt es die »Brüder der christlichen Schulen« nicht mehr.) Sie unterrichteten in Französisch statt in Latein und schafften körperliche Strafen ab. Heute arbeiten sie mit Migranten. Darum sind wir hier.

In »Geum Doudou«, was in Spanisch mit »Vida & Coraje« über-setzt wird, sind wir also jetzt, und ich spreche mit dem dreiund-zwanzigjährigen Van aus Mali, nachdem der Sprachunterricht be-endet ist, in den wir uns leise hineinschleichen durften, um ein wenig zuzuhören.

Drei Levels werden in einem Raum unterrichtet: Alphabetisie-rungsklasse, Anfängerklasse, Fortgeschrittenenklasse. Die drei Klassen, mit insgesamt 30 Schülern (ungegendert) in einem Raum, sitzen in jeweils entgegengesetzter Richtung, mit Blick auf drei Whiteboards, neben denen die drei Lehrerinnen (ungegendert) stehen und ihre Hefte auf dem Schoß haben, da für Tische kein Platz ist. Sie sind konzentriert, schauen nicht hoch, als wir eintre-ten und uns in Luft auflösen. Die Schüler kommen aus Mali, Burki-na Faso, dem Sudan, aus Guinea-Bissau und Äquatorialguinea. Die Klassen sind nicht nach Alter, sondern nach Bildungsstand aufge-teilt.

Van aus der Fortgeschrittenenklasse heißt gar nicht wirklich Van. Ihm wurde der Name gegeben, weil er mal ein T-Shirt besaß, auf dem Van stand, wie Vans, die Schuhe. Heute aber trägt er ein T-Shirt, auf dem »Warrior« zu lesen ist, scheint Absicht zu sein.

Er lebt im CETI und ist dort Mediator. Er sagt, alle würden ihn kennen, denn er sei die Person, die Konflikte im Zentrum schlich-tet.

Ich frage ihn nach seiner Zukunft, und er erzählt von seiner Ver-gangenheit. Dass er fünfjährig von seinem Onkel im Kofferraum entführt worden sei, lang ging die Fahrt, er fiel schließlich in Ohn-macht. Der Onkel hätte ihn versklavt und missbraucht, und er durfte nicht zur Schule gehen. Auch seine Großeltern, bei denen er gern gelebt hätte, konnten nichts ausrichten. Wo sind die Eltern? Ich frage nicht. Er kommt aus Mali.

»Ich weiß nicht, wo meine Eltern sind, vermutlich an der Elfen-beinküste«, sagt er da, ohne dass ich gefragt hätte. Seine Stimme ist leise, seine Augen melancholisch, er ist groß und sein Französisch langsam und gewählt. Ich kann mir gut vorstellen, dass er ein Streitschlichter ist. Er hat bezeugen müssen, wie Menschen erschossen wurden, und wollte zur Schule gehen, aber der Onkel ließ ihn nicht.

Dann ist er weggegangen. Aus Mali. Einst gab es dort in der Nähe Bamakos ein berühmtes Musikfest in der Wüste, dort spielten die musikalischen Größen Afrikas. Malische Musiker haben die Musikwelt beeinflusst. Der Blues, er kommt aus Mali. Das Festival gibt es nicht mehr. Wer die Erinnerung daran aufrechterhalten möchte, kann sich den Film »Mali Blues« ansehen.

»Ich liebe die englische Sprache«, sagt Van, und sein Lächeln überstrahlt die Erinnerung an den Kofferraum. Traumatologinnen gibt es hier nicht.

Auf meine Frage, was sein Plan sei, sagt er nach einer Pause des Überlegens:

»Mon plan c'est d'apprendre.« »Mein Plan ist zu lernen.«

»Ich möchte Spanisch lernen, dann Englisch, Portugiesisch und Deutsch.«

Ich wundere mich, dass Deutsch dabei ist, und höre mich aus Versehen sagen:

»Je suis allemande.« (»Ich bin Deutsche.«)

»Oh«, sagt er erstaunt, »könntest du mir vielleicht per E-Mail Unterricht geben, zweimal die Woche eine kleine Lektion?« Hat er direkt einen Plan gemacht. Ich muss lachen, da ich keine Ahnung habe, wie man Deutsch unterrichtet, ich spreche es nur.

»Je veux apprendre«, sagt er noch mal und sein Gesichtsausdruck ist so ernst, dass die Zeit stillsteht. »Ich glaube, das ist das Wichtigste im Leben, nur so kannst du etwas ändern, wenn du Wissen erlangst.«

Wir schweigen einen Moment, bin ich zu weit gegangen?

»Bist du auch seit März hier?« Im März 2022 gab es ein großes Boza, 800 Leute kamen an.

»Oui.«

»Warst du vorher in Gourougou? Oder Bolingo?«

Er wundert sich, wie ich diese Frage überhaupt stellen kann, natürlich war er da, lange.

»Ich war so lange da …« Fast muss er darüber lachen, wie viel Zeit seines Lebens er in den Wäldern um Nador verbracht hat.

»Wie lange? Ein Jahr?«

»O nein.«

»Noch länger?«

»Viele Jahre.«

Immer wieder hat er Boza versucht, und immer wieder kehrte er in den Wald zurück. Ich frage ihn, ob er DDM kennt. Er muss kurz überlegen, und ich erkläre ihm, was sie tun.

»O ja, natürlich kenne ich sie, sie haben uns allen sehr geholfen im Wald. Ils font la distribution.«

Wir verabschieden uns. Ich habe ihm keinen Deutschkurs per E-Mail geschickt. Wo er jetzt wohl ist.

An den Zäunen
Malaga
Ceuta
Nador
Al Hoceïma
Melilla
Beni Ensar

Ungefähr einen Monat nach meiner Abreise aus Nador, am Freitag, den 24. Juni 2022, versuchten 2000 junge Männer, von Marokko aus den Grenzzaun nach Melilla zu überqueren. Genaue Zahlen wusste man auch später nicht, doch vermutlich waren es zwischen 21 und 37 Menschen, die dabei ihr Leben ließen. Migranten. Subsaharische Afrikaner, alle männlich. Viele aus dem Sudan. Wer anschließend seinen Verletzungen, ausgelöst durch die Perfidie der Zäune oder die Prügel der Bombola, der marokkanischen Polizei, erlag, weiß man nicht. Sie sind illegal, namenlos, sind nicht registriert, man weiß nicht, woher sie kommen, ob sie eine Geburtsurkunde haben oder ein Geburtsdatum. In Deutschland bekommen Menschen ohne Zertifikat ein Geburtsdatum staatlich zugewiesen. Und weil man immer bei A oder 1 überhaupt von vorn beginnt, weil wir immer wieder von vorn beginnen mit unserem menschlichen Tun, um zu wiederholen, was andere vorher bereits sinnloserweise taten, gibt man den Geburtslosen den 1. Januar als Geburtstagstermin.

Die Humanitären aus Nador schickten mir nach dem Vorfall Videos von der Katastrophe. Verstörende Videos, die durch die Netzwerke gespült wurden und sogar die deutschen Tagesthemen erreichten, mit unverständlicher Kommentierung.

Verstörende Aufnahmen, die sich in der Geschichte der Katastrophen, der Konflikte, Kriege und Auslöschungen gleichen. Hunderte von Menschen, die eng nebeneinander- und aufeinanderliegen oder dorthin geworfen wurden. Auf rohem Boden, Steinboden, Schotter, was da ist. Menschliche Körper, hier zu 100 Prozent mit schwarzer

275

Haut, liegen da, als wären sie hingerichtet worden oder warteten darauf, hingerichtet zu werden, nachdem man sie genötigt hat, ihr Grab zu schaufeln. Sie liegen bewegungslos, und es ist wirklich nicht auszumachen, ob sie tot sind. Sie sind es nicht, sie sind am Ende ihrer Kraft angelangt, ausgelaugt, zu Tode erschöpft, verwundet, erledigt, erlegt. Die Kleidung zerrissen, von Blut getränkt.

Ein Junge wird von zwei Polizisten durch das Bild geschleppt, er kann sich kaum aufrecht halten, auf seiner dunklen Haut mischt sich Schweiß mit dunklem Blut, das über sein Gesicht den Körper hinabrinnt. Manchen auf dem Bauch Liegenden ist die Hose heruntergerutscht, ihre Unterwäsche wird sichtbar. In den Zäunen stecken Schuhe, Mützen, Abgerissenes; fast möchte man vermuten, dass dort auch Extremitäten zurückgeblieben sind, Finger, Hände, Arme, zerfetzt von den Klingen der Nato-Zäune, den Stacheldrähten, all dem Metall, das eine Landschaft sofort in ein Gefängnis verwandelt und jede Person, die daran klebt, kriminalisiert. Weil da dieses Metall ist, dieser Zaun, diese Abgrenzung, die das Gute vom Schlechten trennt, das Weiße vom Schwarzen, das Reiche vom Armen, das Gebildete vom Illiteraten. Die Zäune hier repräsentieren vermutlich das wahre Gesicht der EU, zeigen, dass diese Union keine Wertegemeinschaft darstellt, sondern sich lediglich damit schmückt. Wir sprechen von Werten, europäischen Werten, doch wer an diesem Zaun war oder weiß, was dort passiert, erkennt die Unverhältnismäßigkeit, mit der hier Geld investiert wird, um »die Müden, die Armen, die geknechteten Massen, die frei zu atmen begehren« (Emma Lazarus, 1849–1887), abzuweisen, in Metall zu erdrosseln und mit Schlagstöcken zusammenzuprügeln, nachdem sie vom Zaun gefallen sind. Strange fruit.

Auf einem Video sieht man einen Polizisten mit einem Schlagstock auf einen am Boden liegenden Jungen einprügeln. Auf einem anderen liegt ein Junge auf dem Rücken, der Mund geöffnet, der Kopf nach hinten überstreckt. Mit dem Stock wird ihm in die Rippen gestoßen, keine Reaktion, sein Arm wird angehoben, er fällt zurück, dann kommt eine Hand ins Bild, die seinen Puls erst am Handgelenk, dann am Hals prüft. Nichts. Dunkel.

Er ist nur irgendeiner. Black lives don't matter.

Bei einem der vielen Versuche Jawaras, den Zaun zu überklettern, saßen sie anschließend wieder in dem Wald in den Bergen um Nador herum, erschöpft, hoffnungslos, verwundet. Neben ihm stand ein Junge auf einem Vorsprung, von dem aus es steil hinabging. Mit einer schnellen Bewegung, die man nicht erwartet hatte, so entschieden kam sie aus ruhender Position, sprang er hinab. Er hatte aufgegeben. Jawara und die anderen, die sich dort wieder versammelt hatten, konnten ihn nicht abhalten, so zügig und entschieden war dieser Vorgang gewesen, das Leben mit einem Schritt zu beenden. Der letzte Versuch, irgendetwas zu retten, die letzte Bewegung und Mühe.

Das Bild der Hunderten, die am Boden lagen, bewegungslos, irgendwo dort auf der marokkanischen Seite oder zwischen den Zäunen, wird mich niemals mehr verlassen. Erst retrospektiv werden eines Tages Historiker diese Bilder sammeln und das Unrecht vieler Staaten in Studien zusammentragen, und die zukünftigen Menschen werden sich fragen, wie die heutigen Menschen und Gesellschaften und Politiker dies bezeugen und erlauben und initiieren konnten. Aber wir haben gelernt: Es können nicht alle kommen. Da muss man mal einen Riegel vorschieben, der im Jahr 2022, wie gesagt, der Union 140 Millionen Euro für Marokko wert war.

Wovor hat man Angst und woher nur kommt sie?

Diese Bewegungslosigkeit der liegenden Körper …

Hunderte wurden verletzt, Migranten und Polizisten. Die Gewalt eskalierte so sehr wie niemals vorher. Meine Freunde aus Nador durften nicht in das städtische Krankenhaus gehen, um zu helfen, sie warteten auf das, was sich entwickeln würde, um zu sehen, wo sie sinnvoll unterstützen können. Ob überhaupt noch irgendetwas Sinn macht.

Dass in der Geflüchtetendebatte permanent Situationen kreiert werden, die traumatisierend wirken und Leben ruinieren, welche voraussichtlich schon keinen guten Start hatten, ist sicher. Eine traumatisierte Welt.

Wir wissen nicht, was wir tun. Wir haben keinen Plan. Die Situation ist zu verfahren. Sind wir zu viele Menschen? Das wird doch gern mal gesagt, nicht wahr, aus den Ländern heraus, die eine Geburtsrate von 1,53 Kindern pro Frau haben, nicht realisierend, dass es nicht die vielen sind, die uns an das Ende der planetarischen Grenze gebracht haben, sondern die wenigen. Die Mächtigen und Wohlhabenden, die das Wohl haben, nicht das Leid.

(Fun Fact: »Die kumulierten jährlichen Ausgaben für die ungefähr 6000 in Betrieb befindlichen Superyachten könnten die gesamten Schulden der sogenannten ›Entwicklungsländer‹ tilgen.« *Aus einem Artikel des Journalisten Ruper Neate, Mai 2018. Gefunden im Buch »Superyachten« von Grégory Salle, erschienen 2022.*)

Liegt es an dieser destruktiven Ungleichverteilung von Macht und Kapital? Oder fühlt sich der Mensch nur als solcher, wenn er kriegerisch sein darf? Der Regierungschef Spaniens, Pedro Sánchez, sagte direkt nach dem Ereignis, dies sei eine geplante Aktion der Schmuggler-Mafia. Achso.

Es ist einfach, jene zu kriminalisieren, die keine Stimme haben. Es ist einfach, jene, die am Boden liegen, mit einem Schlagstock zu prügeln. Und aus der Not schlägt man, wie wir gelernt haben, am meisten Kapital.

Wie geht es nun weiter? Ein vierter Zaun? Noch mehr Polizei und Soldaterei? Mehr geht immer. Bestimmt.

Die Fluchtbewegung in Marokko ist im Begriff, sich in den Westen nach Laâyoune zu verlegen, erstaunlich, dass sich überhaupt noch so viel Fliehende in den Wäldern um Nador aufhielten.

Kann man sich ein Melilla und ein Ceuta ohne Zaun noch vorstellen? Können wir uns noch eine Welt ohne Abgrenzung vorstellen? Vorstellen kann man sich alles, ich weiß das, es ist mein Beruf. Der Zeitpunkt der Realisierung jedoch ist fraglich.

Wir tanzen wieder auf dem Vulkan, sind alle müde von der Gleichzeitigkeit der Krisen, der sogenannten, also ist es jetzt auch egal, wir feiern bis zur Apokalypse. Bis zum Ende, nach uns die Sintflut, sie wird kommen, die Gletscher schmelzen schon.

Nik, den ich auf Lesbos kennenlernte, begleitet nun als Produktionsleiter einer Filmproduktion deutsche Personen, die nach Amerika auswandern. Das ist dem deutschen Privatfernsehen eine Reality-Serie und Investment wert, das Abenteuer im, sagen wir mal nostalgisch, Wilden Westen. Freiheit, die ich meine, die ich suche. Irgendwie verschwommen. Freiheit halt. Einfach mal das Wort sagen, da fühlt man sich ganz revolutionär. Auch Pferde irgendwie.

Die Auswanderer aus Deutschland hinein ins »Land of the Free«, das geht. Einfach so. Sie fahren direkt los. Ob mit dem Flugzeug oder vielleicht auch einem Schiff, egal. Sie dürfen das, Visum egal, Reisepass und Geburtsurkunde und richtige Nationalität vorhanden, das Privatfernsehen begleitet sie dabei und schaut zu, wie sie ihre ersten Schritte auf einem anderen Kontinent machen, mit großer Zuschauerzahl. Menschen, die nach Europa auswandern und dabei womöglich zu Fuß die Sahara durchqueren und für den eher unwahrscheinlichen Fall, dass sie das überleben, auch noch im Gummiboot das Mittelmeer durchfahren, werden dabei nicht begleitet, denn ihre Sehnsucht nach dem meinetwegen »Continent of the Free« ist nicht wirklich gern gesehen und auch irgendwie nicht so richtig juristisch vertretbar, weißt schon. Das ist nämlich kein inszeniertes Reality-TV, das ist, aha, Menschenschmuggel, ausgeführt von der Zivilgesellschaft, die mit immer weniger Unterstützung versucht, das Recht einzuhalten, dass man sich verpflichtet, Ertrinkende vor eben diesem Ertrinken zu retten. Das Narrativ greift, man muss nur oft genug wiederholen, dass diese humanitären Aktivist*innen Menschenhändler seien, dann wird es geglaubt, weil die vertrauenswürdigen Informationen gesucht und gefunden sein wollen. Das ist mit Mühe verbunden. Und mit Interesse. Nein danke.

Die Menschen wandern, schon immer. Bis heute kann man das an den Sprachen ablesen, die sich ähneln, weil sie irgendwo mit hingebracht wurden. Wir sind Nomaden und im besten Fall Suchende, Forschende und Erfindende – mit Daumen. Wir können Frieden in uns finden, allein, wenn wir uns damit beschäftigen, wenn wir lernen, achtsam zu sein, gewahr, bewusst, empathisch und mitfühlend, nächstenliebend, doch wir können den Frieden in einem unterdrückerischen System, einem kriegs- oder konfliktgebeutelten, menschenrechtsbrechendem Land nicht allein beenden. Der Mensch will überleben, das ist wohl seine Natur. Also geht er von dort, wo sein Leben oder das seiner Liebsten bedroht ist, weg. Also geht er von dort, wo keine Zukunft oder Perspektive sichtbar wird, weg – oder wird verrückt. Oder macht einen Schritt und fällt den Abgrund hinunter, in dem er sich innerlich schon lang befunden hat.

Es ist richtig, was geht uns das an. Das geht uns nichts an. Lassen wir das. Nur ruft nicht nach Hilfe, wenn ihr selbst in Not seid.

Gespräch mit Inigo Valdenebro

Inigo Valdenebro ist Anwalt, er hat in San Sebastián, Tübingen und Heidelberg Jura studiert. Das Asylrecht hat er sich, wie er sagt, selbst beigebracht. Er war ehrenamtlicher Deutschlehrer in Geflüchtetenlagern und als er seine Kanzlei eröffnete, kamen seine ehemaligen Deutschschüler.innen zu ihm, da es nicht genug Anwälte für ihre Situation gab. Er wollte eigentlich eine deutsch-spanische Kanzlei eröffnen, doch aufgrund der vielen Klienten, die wegen Asyl kamen, hat er sich darauf spezialisiert.

Er sagt: »Die Asylanwaltschaft ist sehr großzügig und solidarisch, wir teilen uns Informationen, die für die Kolleg.innen hilfreich sein können.«

Er ist der Anwalt meines Freundes und ehemaligen Mitbewohners Jawara. Ohne ihn wäre Jawara vermutlich abgeschoben worden, obwohl er ein hart arbeitender, gut ausgebildeter, fleißiger, interessierter und sehr geschickter KFZ-Mechatroniker ist.

Inigo war bereit, mit mir noch mal ganz an den Anfang zu gehen und grundsätzliches Asylrecht zu erläutern, denn wir sprechen immer darüber, doch was wissen wir schon …

Katja
Kannst du mir erklären, was Asyl eigentlich ist und wer es in Deutschland bekommt?
Inigo
Das ist ein weites Feld, aber ich versuche, ein paar Grundgedanken zu erklären.

Um in Deutschland eine Aufenthaltserlaubnis, ein Aufenthaltsrecht zu erhalten, muss man einen sogenannten Aufenthaltszweck vorweisen oder angeben können. Es gibt gewisse Gründe oder Absichten, die als Zweck akzeptiert werden, wie Studium, Ausbildung, Arbeit, Familie oder humanitäre Gründe. Darüber hinaus ist das Tourismus-Visum bekannt, das einen befähigt, in andere Länder zu reisen, und auf eine bestimmte Zeit beschränkt ist; und innerhalb Europas existiert das Freizügigkeitsrecht, so dass Eu-Bürger.innen ohne Visum sich in einem anderen Land aufhalten können. Alle Personen also, die *nicht* aus einem anderen EU-Land nach Deutschland kommen für einen langfristigen Aufenthalt, müssen einen der genannten Aufenthaltszwecke angeben können, um eine Aufenthaltserlaubnis zu erhalten. Studium, Ausbildung, Arbeit, Familie, humanitäre Gründe – das Asyl fällt unter letzteren Grund.

Menschen, die einen Asylantrag stellen, sagen somit: Ich beantrage aus humanitärem Grund ein Aufenthaltsrecht in Deutschland. Im Asylverfahren prüft Deutschland, vertreten durch das Bundesamt für Migration und Flüchtlinge (BAMF), das zum Bundesinnenministerium (BMI) gehört, ob die entsprechende Person ein Aufenthaltsrecht erhält. Die Prüfung basiert auf dem Asylgesetz, innerhalb dessen es zwei Möglichkeiten für Schutz gibt: zum einen den Flüchtlingsschutz, zum anderen den subsidiären Schutz. *(Anmerkung: subsidiär bedeutet unterstützend oder behelfsmäßig.)*

Flüchtlingsschutz: Wenn die Person berechtigte Angst vor Verfolgung im Herkunftsland haben muss, aus politischen, religiösen, geschlechtsspezifischen oder anderen Gründen, wenn es einen Verfolgungsgrund, einen Verfolgungsakteur gibt, dann wäre das der juristische Grund, Flüchtlingsschutz zu erhalten.

Subsidiärer Schutz: Wenn die Person Angst vor ernsthaftem Schaden ohne konkreten Verfolgungsgrund haben muss. Meistens tritt der subsidiäre Schutz ein, wenn es einen bewaffneten Konflikt gibt und Gefahr bestünde, bei Rückkehr in das entsprechende Land einen Schaden davonzutragen. Wie beispielsweise in Syrien.

Die Freiheitsrechte in Europa sind unterschiedlich, und es gibt arme und reiche Länder. Die Menschen, die Asyl beantragen wollen, versuchen dies zumeist in reicheren europäischen Ländern zu tun, weil sie sich dort bessere Bedingungen erhoffen als in Ländern wie Griechenland, Italien, Spanien oder Osteuropa. Daher gibt es seit 2003, ausgehend von Ländern wie Deutschland, Holland, Österreich und anderen reichen Ländern, die Dublin-Verordnung, von der bestimmt jeder schon mal gehört hat.

Diese regelt, welches Land zuständig ist für den Asylantrag in der europäischen Union. Und besagt, dass das zuständige Land für die ankommenden Menschen jenes ist, wo sie zuerst erfasst wurden. Diese Verordnung zu etablieren war im Interesse der reichen Länder, die mittig im Kontinent liegen, da die meisten Geflüchteten über Anrainerstaaten wie Spanien, Italien, Griechenland oder inzwischen auch Bulgarien oder Polen ankommen.

(Anmerkung: Ich frage mich, wie südeuropäische Länder dem überhaupt zustimmen konnten ...)

Es führt dazu, dass Geflüchtete, die in Deutschland ankommen, zuerst das Dublin-Verfahren durchlaufen müssen, bevor sie angeben dürfen, was das Problem in ihrem Herkunftsland ist, das sie zur Flucht bewogen hat. Auf diese Weise versucht man, viele Menschen zurückzuschicken in das Land, in dem sie quasi erstmals europäischen Boden betraten.

Die Europäische Union hat eine biometrische Datenbank erstellt, die sich »Eurodac« nennt, eine Fingerabdruckdatei sozusagen, für Personen, die Asyl beantragen, in der Fingerabdrücke zum Abgleich zwischen den Mitgliedsstaaten der EU gespeichert werden.

(Anmerkung: Auf der Eurodac-Webseite steht: »Ziel ist: Die vereinfachte Festlegung der Zuständigkeit für die Prüfung eines Asylantrags.« (und) »Strafverfolgungsbehörden die Möglichkeit zu geben, unter strengen Voraussetzungen eine Eurodac-Abfrage für die Untersuchung, Aufdeckung oder Verhütung terroristischer oder sonstiger schwerer Straftaten vorzunehmen.« Geflüchtete und Terroristen in einem Atemzug genannt, zack.)

Inigo

Wenn man also beispielsweise in Spanien angekommen ist, nachdem man über die Zäune geklettert war, werden dort Fingerabdrücke genommen und hochgeladen in diese EU-weite Datei. Wandern diese Personen dann weiter nach Deutschland und beantragen dort erneut einen Asylantrag, dann werden wieder die Fingerabdrücke genommen, und so weiß Deutschland durch die Eurodac-Datei genau, wann die Personen bereits zu einem anderem Zeitpunkt und an einem anderen Ort ihre Fingerabdrücke gegeben haben. In Spanien in diesem Fall. Daraufhin leitet Deutschland das Dublin-Verfahren ein und schickt eine Anfrage an das entsprechende Land bzw. die entsprechenden Länder, die zuständig sind für diese Personen, um sie aufzunehmen, und Deutschland versucht, diese Personen zurückzuschicken.

Nachdem dieses Procedere überstanden ist, würde es in Deutschland überhaupt erst zu einem Verfahren kommen, wo die Asylgründe geprüft werden.

Als 2015/16 vermeintlich die Grenzen offen blieben und viele Menschen nach Deutschland kamen, wurden sie nicht zurückgeschoben, da man dafür hätte Gewalt einsetzen müssen, sondern es wurde erlaubt, dass sie einreisten, doch sobald sie in Deutschland erfasst waren, leitete man das Dublin-Verfahren ein, das entschied, dass sie zurückkehren müssten, wo sie zuerst aufgenommen worden waren. Anderes EU-Land.

2016/17 war meine Haupttätigkeit zu verhindern, dass schwertraumatisierte Menschen, die auf ihrer Flucht Libyen durchquert hatten, von Deutschland nach Italien zurückgeschickt werden, da sie dort ihren Fingerabdruck bei Ankunft abgegeben hatten.

Katja

Wie gelang dir das?

Inigo

Also, es ist so, die Personen hatten bereits oftmals eine Traumatisierung oder schwerwiegende Probleme in ihrem Herkunftsland erfahren und kamen dann z. B. nach Libyen, wo in Gefängnissen Geflüchtete eingesperrt, gefoltert und vergewaltigt wurden und immer noch werden. Es gab quasi eine Industrie, die Menschen folterte, sie ihre Familie anrufen ließ, damit diese die Schreie hören und Geld schicken würden, erst dann wurden sie freigelassen. Nach diesen Erlebnissen in Libyen erfolgte eine weitere Traumatisierung durch die Fahrt über das Mittelmeer. Oft in überfüllten und kaputten Booten, die zügig begannen zu sinken. Menschen ertranken oder bezeugten, wie Menschen ertranken. Dann kamen sie in Italien an. Wenn sie in Deutschland waren und ich sie betreute, habe ich sie zuerst zu Psychiatern geschickt, so dass attestiert wurde, dass diese Leute posttraumatische Belastungsstörungen und depressive Episoden haben und als vulnerabel eingestuft werden. Viele Gerichte haben zum Glück bestätigt, dass man sich in Italien nicht um vulnerable Geflüchtete kümmern würde, da es dort keine medizinische Versorgung, keine Unterkünfte gibt, und damit haben wir es geschafft, dass diese Menschen nicht nach Italien zurückgehen mussten. Deutschland hat laut Gesetz sechs Monate, um Personen abzuschieben, und uns ist es oft durch medizinische Atteste oder Kirchenasyl, wo Menschen bleiben konnten, gelungen, dass die Frist ablief, ohne dass Abschiebungen vorgenommen wurden. Dazu kam, dass es für Deutschland auch logistisch schwierig wurde aufgrund der großen Zahl der Angekommenen, sie alle innerhalb der gesetzten Frist abzuschieben.

Manchmal war es wie ein Katz-und-Maus-Spiel, aber wir haben mit unserer Technik großen Erfolg gehabt, viele Menschen zu schützen.

Katja

Was passiert nach dem Ablauf der sechs Monate?

(Anmerkung: Seit der Reform des »Gemeinsamen Europäischen Asylgesetzes« GEAS im Juni 2023 haben sich diese sechs Monate auf 18 erhöht, man tut, was man kann, um »die Zahlen runterzukriegen«, wie ein CDU-Politiker es im Sommer 2023 pragmatisch zusammenfasste. Er meinte damit

nicht die Temperaturen des Klimawandels oder CO$_2$-Emissionen, das wär's gewesen, sondern ach, Sie wissen schon. Weiter geht's, was also passiert nach Ablauf der sechs Monate?)

Inigo

Dann wird der Abschiebebescheid aufgehoben. Und die Leute werden zu einer sogenannten Anhörung, zu einem Interview eingeladen, in dem sie nun endlich über ihre Verfolgungsgründe im Herkunftsland befragt wurden. Oft haben sie dann einen Schutz bekommen, je nach Land. Wenn sie aus Syrien kamen oder aus Eritrea, wo Diktatur herrscht, aus Somalia usw. Die Asylanträge von Menschen, die aus afrikanischen Ländern wie Kenia, Gambia, Kamerun, Ghana kamen, wurden zumeist abgelehnt, da diese Länder entweder als »sicheres Herkunftsland« eingestuft wurden oder jedenfalls als nicht so unsicher galten oder gelten. Kenia beispielsweise hat nicht das Etikett »sicheres Herkunftsland« erhalten, dennoch und de facto wurden 98 % oder 99 % der Asylanträge abgelehnt. Wir haben eine Klage eingereicht, doch die Gerichte waren völlig überlaufen, so dass es dauerte und viele der eingereichten Klagen aus dem Jahr 2017 erst ab 2022 zum Abschluss gelangten. Zwischenzeitlich haben die Menschen auf anderem Weg ihr Aufenthaltsrecht erhalten, durch eine Berufsausbildung mit anschließendem Job oder weil sie Kinder bekommen haben, eine Familie gründeten. So dass, wenn nun, nach einigen Jahren, über den Asylantrag entschieden werden soll, sie das Asyl nicht mehr benötigen, da sie bereits ihr Aufenthaltsrecht auf anderem Weg als über den des Asyls, also des humanitären Rechts erhalten haben. Wie ich eingangs erläuterte, gibt es ja verschiedene Möglichkeiten, das Aufenthaltsrecht zu erhalten.

Ich hatte Mandanten aus Kenia, die in ihrem Interview, ihrer Anhörung äußerten, dass sie homosexuell sind und deswegen das Land verlassen hätten, da Homosexualität in Kenia strafbar ist. Sie erhielten eine Ablehnung des Asyls mit der Begründung durch deutsche Behörden, dass die Strafe nicht vollstreckt werden wird. Eine abstruse Argumentation: Es steht zwar im kenianischen Strafgesetzbuch, dass Homosexualität eine Strafe darstellt, aber deutsche Behörden sagen den Antragstellern, sie würden schon nicht im Gefängnis landen, weswegen es keinen Anspruch auf Schutz gäbe. Wenn es eine Straftat ist, wer sagt einem, dass das Gesetz nicht angewandt werden wird?

Aber wir wussten schon, dass wahrscheinlich eine Ablehnung kommen würde, so dass wir unseren Mandanten sagten: »Also, Leute, das Klageverfahren beim Gericht wird drei Jahre dauern oder noch länger, ihr müsst euch in der Zwischenzeit was suchen, sonst wird das nicht funktionieren.« Und bei vielen hat das auch gut funktioniert. Andere, die nicht so fit waren, haben jetzt massive Probleme, denn sie erhielten eine Ablehnung des Klageverfahrens. Ja, so ist das. Aber bei vielen hat es geklappt!

Aber grundsätzlich muss man einschätzen: Welche Chancen haben die Asylsuchenden überhaupt? Sind sie aus Kenia oder Gambia, oder sind sie aus Afghanistan, Eritrea, Syrien?! Syrer werden einen Schutz bekommen, und in diesem Fall, anders als bei dem Beispiel aus Kenia, wollen wir keinen Tag verlieren, denn oft ist die Familie in Syrien und gefährdet. Also arbeiten wir daran, dass sie möglichst schnell zu ihren Rechten kommen. Wenn der positive Bescheid vorliegt, beginnen wir direkt mit der Antragstellung für Familiennachzug, was extrem kompliziert ist. Da gibt es abenteuerliche Geschichten, aber das ist ein Kapitel für sich.

Es kommen zum Beispiel Menschen in meine Kanzlei mit einem Brief in der Hand, in dem steht: »Abschiebung nach Italien«, und es ist wirklich 5 vor 12. Schnelles Handeln ist gefordert. Dann haben wir erst mal das mit Italien geschafft, also dass sie im Asylverfahren einen Schutz bekommen, dann machen wir den Familiennachzug, dann machen wir vielleicht noch die Einbürgerung. Ich habe Menschen, die sind seit 2015 bei mir, und wir gehen von Etappe zu Etappe, und so langsam erreichen sie ihre Ziele, aber es zieht sich, es zieht sich, es zieht sich. Ein Familiennachzugsverfahren je nach Land kann bis drei Jahre dauern, bis es erteilt wird, das ist ganz zäh. Und absurd, was man machen muss, damit die Familie kommen darf. Ein anderes Kapitel.

Katja

Kannst du noch mal erklären, was Duldung ist? Es gibt sie mit und ohne Arbeitserlaubnis, habe ich gelernt, ist das richtig?

Inigo

Eine Duldung hat nicht direkt mit Asyl zu tun. Sie ist für Menschen, die kein Aufenthaltsrecht in Deutschland haben, entweder weil sie es nie hatten oder es verloren haben. Eine Duldung ist ein Papier, das sagt: »Du bist ausreisepflichtig, du musst das Land verlassen, du hast kein Aufenthaltsrecht.« Jedoch ist dies nicht durchsetzbar,

– wenn kein Reisepass vorliegt, denn bei Passlosigkeit wird das Herkunftsland die entsprechende Person nicht wieder aufnehmen

– wenn die abzuschiebende Person in Deutschland Familie hat und somit der Schutz der Familie eine Abschiebung unmöglich macht

– wenn die Person eine medizinische Indikation hat, also krankheitsbedingt nicht abgeschoben werden kann

Wir versuchen, dass Menschen mit Duldung eine Perspektive erhalten und eine Aufenthaltserlaubnis bekommen. So war es ja auch bei Jawara, als er in die Duldung gerutscht ist.

Die deutsche Politik hat inzwischen verstanden, dass es ein Verlust sein kann, wenn diese Menschen, die bereits ausgebildet wurden, die hier seit mehreren Jahren arbeiten und Steuern zahlen, abgeschoben werden und das Land verlassen müssen und somit ihr Beitrag dem deutschen Staat verlorengeht. Selbst die Wirtschaft macht Druck, dass die Menschen bleiben statt abgeschoben zu werden, daher gibt es einige legale Wege, die im Gesetz verankert sind, damit die Leute von einer Duldung zu einer Aufenthaltserlaubnis kommen.

»Ausbildungsduldung« oder »Beschäftigungsduldung« kennt man vielleicht. Und es gibt ein neues Aufenthaltsrecht für Menschen, die seit fünf Jahren mit Duldung in Deutschland leben, so dass sie bleiben können. Ja, dieses neue Aufenthaltsrecht wurde hauptsächlich aus wirtschaftlichen Gründen geschaffen, es ist die Erkenntnis da, dass diese Leute gebraucht werden. Als Fachkräfte, aber auch für unqualifizierte Tätigkeiten. Die Politik hat eingesehen, dass ein Großteil dieser geduldeten Menschen ohnehin in Deutschland bleiben wird, weil eine Abschiebung auch langfristig nicht möglich ist. Daher erscheint es sinnvoller, sie mit einem Aufenthaltsrecht auszustatten, damit sie sich besser in den Arbeitsmarkt einbringen können. Geduldete Menschen, die vor Oktober 2017 eingereist sind, können so automatisch eine Aufenthaltserlaubnis erhalten. Generell ist aber allen geduldeten Menschen möglich, nach sechs Jahren Aufenthalt in Deutschland ein Aufenthaltsrecht zu bekommen, wenn sie eine Beschäftigung haben und ausreichende Deutschkenntnisse vorweisen.

Das ist die Duldung. Sie ist ein Papier, das sagt, es gibt eine Ausreisepflicht, aber wir können es gerade nicht durchsetzen, deswegen ist die Ausreisepflicht ausgesetzt.

Katja

Noch mal nachgefragt, Verzeihung: Duldung mit und ohne Beschäftigungserlaubnis? Wie stellt sich das dar? Was bedeutet es?

Inigo

Wenn die Identität des Menschen geklärt ist, wird es eine Arbeitserlaubnis geben. Die Identität klärt man durch eine Geburtsurkunde oder einen Pass. Legt man dies vor, erhält man eine Beschäftigungserlaubnis. Das kann aber wiederum gefährlich werden für jene, die Duldung wegen ihrer Passlosigkeit erlangt haben. Diese erlaubt ihnen, geduldet zu werden, die Abschiebung wird wegen der Passlosigkeit nicht durchgeführt. Legt man nun aber einen Pass vor, dann wäre die Abschiebung möglich.

Es gibt Leute, die waren im Asylverfahren, das wurde erfolglos abgeschlossen, es wurden keine Identitätsdokumente abgegeben. Wenn sie nun arbeiten bzw. weiterarbeiten wollen, müssen sie Identitätspapiere vorlegen, womit sie arbeiten dürfen, andererseits ermöglichen genau diese vorgelegten Papiere wiederum eine Abschiebung wegen des erfolglosen Asylverfahrens.

Das bedeutet, dass Menschen, die z. B. nach der Ablehnung ihres Asylantrages ausreisepflichtig werden und eine Duldung erhalten, sehen müssen, wie sie folgenden Spagat schaffen: Einerseits müssen sie ihrer gesetzlichen Pflicht nachkommen, einen Reisepass und Identitätsdokumente zu besorgen und diese abzugeben, erst dann haben sie eine Perspektive auf ein dauerhaftes Aufenthaltsrecht. Andererseits könnte Deutschland diese Dokumente nutzen, um die Personen abzuschieben, wenn sie nicht gewisse Voraussetzungen erfüllen, wie beispielsweise einen Ausbildungsplatz oder eine unbefristete Arbeit. Solche Duldungsfälle sind sehr beratungsintensiv und setzen die Betroffenen wie auch ihre Rechtsanwälte massiv unter Stress und Handlungsdruck.

Es ist nicht einfach, sie zu lösen, man muss schauen, was bei der Ausländerbehörde los ist. Während Corona beispielsweise gab es nicht so viele Abschiebungen, so dass viele unserer Klienten ihre Identitätspapiere abgeben konnten, da sicher war, dass sie nicht abgeschoben werden würden, weil wegen Corona keine Ausreise möglich war.

Aber wie gesagt, wir müssen die Personen engmaschig betreuen, denn wenn man etwas Falsches macht, sind die Leute weg. Sie sind dann einfach weg …

Katja

Syrien und Ukraine ist klar: Bewaffneter Konflikt. Krieg. Wie ist es mit Menschen aus Afghanistan? Erhalten sie Asyl?

Inigo

Da gab es in den letzten Jahren eine Wandlung. Für afghanische Männer ist es noch schwieriger als für afghanische Frauen, die eine höhere Prozentrate von Schutz haben. Aber auch da haben wir absurde Dinge erlebt. Argumente, die, wenn man sie veröffentlichen würde … Das war grausam, was da gesagt wurde, mit welchen Argumenten Frauen abgewiesen und abgelehnt wurden, sowohl vom BAMF als auch von den Gerichten. Nach dem Motto: »Afghanische Frauen waren doch immer in ihrem Leben unterdrückt, insofern, wenn sie jetzt zurück nach Afghanistan gehen, werden sie ja keine Verschlechterung erleben.« Wir dachten, das kann nicht wahr sein, denn genau das ist ja das Problem.

»Sie kennen keine Freiheit, darum würden sie diese, zurück in Afghanistan, auch nicht vermissen.« Was soll man dazu sagen …

Aber inzwischen gibt es, bedingt durch die Machtübernahme der Taliban, eine Wandlung. Wenn Frauen einen Umstand benennen können, der sie in ihrem Herkunftsland gefährden würde, wie dass sie verfolgt worden sind, dass sie in Afghanistan einen Beruf ausgeübt haben, dass sie sich westlich kleiden oder auch dass sie sich in Deutschland gut integriert haben, dann werden sie wahrscheinlich einen Schutz bekommen.

Bei den Männern ist es so, wenn sie einen konkreten Grund haben, der ihnen humanitären Schutz gewährleisten würde, wie beispielsweise den, dass sie als Journalist oder für die Amerikaner oder die Polizei gearbeitet haben oder in der Armee waren oder andere spezifische Berufe hatten, dann sieht es gut aus für sie, aber wenn sie in der Landwirtschaft oder dem informellen Sektor gearbeitet haben oder minderjährig sind, bekommen sie erst mal keinen Schutz, sondern man prüft stattdessen, ob sie in Afghanistan überleben könnten. Also, ob sie dort Familie oder Arbeit haben. Wenn dem so ist, bekommen sie in Deutschland keinen Schutz.

Katja
Braucht man als Geflüchteter einen Anwalt, wenn man Asyl beantragen will?

Inigo
Ohne Anwalt oder eine Beratungsstelle ist es nicht möglich. Es ist zu kompliziert. Die Fristen sind knapp. Wenn man eine Dublin-Ent-

scheidung bekommt, die besagt, dass man in ein anderes Land zurückmuss, hat man sieben Tage!

Aber viele Menschen wohnen in Unterkünften, die abgelegen sind. In Eisenhüttenstadt oder Wünsdorf gibt es kaum Beratungsstellen. Wie soll man also in sieben Tagen lernen, wie man eine Klage einreicht? Dazu die Sprache ...

Für eine Kündigungsschutzklage gibt es eine Frist von drei Wochen. Aber auch für Anwälte ist es problematisch, denn wir sind sehr überarbeitet, und man bekommt wenig Geld für diese Arbeit, woher sollen unsere Klienten das haben?

Katja

Gibt es eigentlich in Deutschland Unterschiede in der Gesetzgebung, je nach Bundesland?

Inigo

Das Gesetz ist in allen Bundesländern gleich, aber es gibt Handlungsspielräume. Zum Beispiel variiert es, wie lange Menschen in einer Erstaufnahme-Einrichtung verbleiben. Es ist so, dass man in diesen Einrichtungen Sachleistungen erhält: Frühstück, Mittag, Abendbrot, weiterhin Hygieneartikel und 40 Euro im Monat, womit der Zugang zu Anwälten natürlich sehr reduziert ist. Rechtlich ist es gestattet, die Menschen bis zu 18 Monaten in der Erstaufnahme zu lassen. Aber es gibt Länder, in denen diese Etappen kürzer sind. Also Beispiel: In Bayern wird diese Zeit ausgeschöpft, in Berlin nicht. Da kommt man früher aus der Erstaufnahme-Einrichtung heraus und es ist einem erlaubt, in einer regulären Flüchtlingsunterkunft zu wohnen. Dort wiederum erhält man Leistungen, die zwar weniger als Hartz 4 sind, aber mehr als nur die vormalige Sachleistung. Es ist so, dass, solange die Pflicht besteht, in einer Erstaufnahme-Einrichtung zu wohnen, es ein Arbeitsverbot gibt. Nach der Beendigung dieser Pflicht darf man einer Arbeit nachgehen.

Ein anderes Beispiel: In manchen Bundesländern werden mehr, in anderen weniger Kinder eingeschult. In Berlin gibt es ein breites Angebot an kostenlosen Deutschkursen, in Brandenburg nicht. Je nachdem, wo man lebt oder lebte, hat oder hatte man Zugang zu diversen Angeboten oder Möglichkeiten oder eben nicht.

Es macht tatsächlich einen Unterschied, ob man in Berlin oder Sachsen oder Bayern untergebracht ist, es ist wie ein Lotteriespiel.

Viele Jahre war es in Deutschland so, dass von Anfang an ein Integrationskurs, ein kostenloser Deutschkurs für das Niveau A1 bis B1 mit anschließendem Orientierungskurs, in dem Grundkenntnisse über deutsche Kultur, Geschichte und Gesellschaft vermittelt werden, über das BAMF angeboten wurden. Darauf hatten ausschließlich Menschen aus Syrien, Eritrea und Somalia Anspruch, die von Anfang an eine Schutzquote von über 50 % erhielten. Alle anderen geflüchteten Menschen hatten keinen Anspruch darauf und mussten sich diese Kurse privat finanzieren.

Das hat sich vor kurzem, Anfang 2023, geändert, so dass dieses Angebot nun für alle Asylsuchende vorhanden ist. Die Schule sucht man sich selbst aus.

Es gibt eine Studie, in der hat man die Erfolgsquote des Asyls je nach Unterbringung in den verschiedenen Bundesländern verglichen. Laut dieser Studie hatte beispielsweise ein afghanischer Mensch in NRW eher die Chance, Asyl zu bekommen als in Brandenburg. Was nicht zu verstehen ist, da es ja dasselbe Gesetz ist.

Ich habe viel in Brandenburg gearbeitet, da in Berlin viele Anwälte vorhanden sind, es aber in Brandenburg aufgrund der Entfernung für die Menschen schwierig war, zu mir zu kommen, doch ich habe gesehen, dass es eine wichtige Funktion war, es war wichtig, dort vor Ort zu sein. Wir haben viel Erfolg gehabt, mein Team und ich. Es hat Sinn gemacht.

So weit erst mal.

Irgendwann konnte Inigo nicht mehr. Es war zu viel Arbeit, zu viel Druck und Belastung, er hatte keine freien Abende, kein Wochenende, keinen Urlaub. Mittlerweile waren seine zwei Kinder zur Welt gekommen. Seine Selbständigkeit hat ihn fast kollabieren lassen: »Ich war echt am Ende. Menschen riefen mich um 6.00 Uhr morgens an, es war nie Ruhe. Immer Drama. Menschen wurden nachts aufgesucht und zu Hunderten in Busse gestopft und nach Serbien abgeschoben. Ich konnte diese Arbeit nach ein paar Jahren nicht mehr machen und dachte, jetzt müssen frische Leute kommen, es macht einen so fertig.«

Und so arbeitet er seit 2021 bei der Diakonie und kann nun seine Selbständigkeit mit der geregelten Arbeit dort verbinden. Er hat seine Kanzlei heruntergefahren, sucht sich die Fälle aus und berät in der Diakonie Menschen aus dem arabischen Raum, fokussiert sich auf Familienzusammenführung.

»Ich habe in der Diakonie die Freiheit, selbständig zu entscheiden, was ich machen möchte. Ich habe mehr Ressourcen und sowohl die Logistik als auch das Büro sind bereits vorhanden.« Er lächelt.

Hinter ihm, während unseres Zoom-Gesprächs, ist plötzlich eine seiner zwei Töchter aufgetaucht und hält schweigend ein gelbes Buch in die Höhe. Ich kann nicht glauben, was ich da sehe: Es ist mein Kinderbuch, das ich vor ewigen Zeiten schrieb: »Der Name der Sonne.«

Ich lächle.

Katja
Danke Inigo, für alles, was du tust, you're my hero.
Inigo
Ach Quatsch …

Dancing Bells

»*Die kommunistischen Regierungen in Osteuropa haben
nach dem Zweiten Weltkrieg alles dafür getan, durch
Vertreibung, Zwangsassimilation und die strikte Kontrolle
von Ein- und Auswanderung Gesellschaften zu formen,
die der polnische Anthropologe Michael Buchowski ›super-
homogen‹ nennt.*«

(Volker Heins)

Dann kam der Krieg in die Ukraine und nach Europa. Und Hun-
derttausende flohen aus der Ukraine nach Polen, in die Republik
Moldau, nach Rumänien, nach Deutschland. Russ*innen flohen ins
Baltikum. Zwei Drittel aller ukrainischen Kinder waren auf der
Flucht. Frauen und Kinder, die ihre Männer in dem Land, das von
Putin und seinen Soldaten mit entfesselter Gewalt im Begriff war,
zerstört zu werden, zurücklassen mussten, um die Ukraine zu be-
schützen und zu verteidigen.

Deutschland erließ ohne den üblichen administrativen Wahnsinn eine einfache Struktur, die den Ankommenden eine humanitäre Aufenthaltserlaubnis und eine Arbeitserlaubnis bis Februar
2024 gewährte. In Polen war die Zivilgesellschaft auf den Beinen
und leistete unermüdlich Unterstützung, Beistand, Hilfe und nahm
die Menschen in ihre Privathäuser auf.

100 Kilometer vom ukrainisch-polnischen Grenzübergang entfernt verlief die polnisch-belarussische Grenze, die einer Festung
glich, um Menschen, die aus Syrien oder dem Irak, die visumsfrei

nach Belarus eingereist waren, um weiter nach Polen und in die EU zu gelangen, genau davon abzuhalten.

20 000 polnische Soldaten waren in der sogenannten »Zone«, die durch einen Wald auf belarussischer Seite verlief, und hinderten Nicht-aus-der-Ukraine-Geflüchtete daran, Polen zu betreten. Die Menschen erfroren im Wald, es war osteuropäischer Winter, und es gibt gute und schlechte Geflüchtete. In Berlin hörte man, quasi über Nacht, auf den Straßen die ukrainische Sprache, zumeist waren die Menschen an Telefonen.

400 000 Menschen waren in das ärmste Land Europas geflohen, in die Republik Moldau, deren Bevölkerung keine monetären Ressourcen besaß, wohl aber die Kunst des Teilens verstand und sie einließ. 300 000 reisten weiter, 100 000 blieben. Die Zahlen waren verstörend, in nur drei Wochen waren vier Millionen Menschen geflohen, die Grenze nach oben blieb offen.

Meine Freunde von ReFOCUS Media Labs, Sonia und Douglas, die von der polnisch-belarussischen Grenze berichtet hatten, fuhren nun an die polnisch-ukrainische Grenze und weiter südlich in das Kriegsgebiet hinein, nach Lviv, zu Deutsch Lemberg.

2017 hatten wir im Konzerthaus von Lviv unseren Abend »East West Street« vorgestellt. Der englische Menschenrechtsanwalt Philippe Sands, der französische Bariton Laurent Naouri, der französische Pianist Guillaume de Chassy und ich, die deutsche Schauspielerin. Es war eine musikalische Lesung, basierend auf Philippe Sands Buch »East West Street«.

Lviv war in Sands Buch zentral: vor hundert Jahren polnisch, dann kamen die Russen, dann die Nazis, dann die Sowjets und dann die Unabhängigkeit.

In den 1910er und 1920er Jahren studierten die polnisch-jüdischen Anwälte Raphael Lemkin und Hersch Lauterpacht an der juristischen Fakultät Lvivs, damals hieß es noch Lwow, und leisteten einen wichtigen Beitrag zu den »Nürnberger Prozessen« 1946. Sie waren es, die die Konzepte des »Verbrechens gegen die Menschlichkeit« und des »Genozids« rechtlich definierten und juristisch vor das Tribunal der Alliierten brachten, um die Kriegsverbrecher des deutschen Nationalsozialismus damit anzuklagen. Lemkin hatte das Wort »Genozid« eingeführt, was man bis dato »Völkermord« nannte, das erstmals im 19. Jahrhundert von einem österreichischen Schriftsteller und später von Friedrich Nietzsche verwendet worden war. (Und 1997 der Autorin J. K. Rowling vermutlich als Inspiration für den Namen des Bösewichts diente.)

Was oftmals übersehen wird, ist der Umstand, dass die Nazis nicht wegen Genozid angeklagt und verurteilt wurden. Warum? Dem amerikanischen Chefankläger Robert Jackson wurde bei der Erwägung deutlich, dass dies ein Präzedenzfall werden würde, der für die USA Konsequenzen haben könnte bezüglich ihres Umgangs mit afroamerikanischer und indigener Bevölkerung. Auch die Briten haderten, da erst 1947, im Jahr nach den Nürnberger Prozessen, Mahatma Gandhi die britische Kolonialmacht mit gewaltlosem Widerstand vom Rückzug aus Indien überzeugte. 1946 jedoch war das britische Kolonialreich umfänglich existent, was ihnen Grund genug war, auf die Anklage wegen Genozid zu verzichten. Später änderten sie ihre Haltung, aber da war es bereits zu spät.

Wir spielten also zu Friedenszeiten in Lemberg, und mit uns konzertierte der ukrainische jüdische Pianist Emmanuel Ax, der 1959 und zehnjährig mit seinen Eltern sein Heimatland verlassen und später eine große Musikerkarriere in Amerika gemacht hatte. Niemals war er seitdem wieder in der Ukraine gewesen – bis zu dem Tag unseres Konzerts. Als er spielte, standen wir in der Seitengasse, hörten ihm zu und weinten. Über 50 Jahre war er nicht hier gewesen, die Zuschauer erhoben sich von ihren Plätzen, und Emmanuel lächelte wie ein Zehnjähriger.

»Warum bin ich nicht schon früher wiedergekommen«, sagte er später zu Philippe. »Ich danke dir, dass du mich eingeladen hast.«

Das Feiern, habe ich nach unserem Konzert gelernt, das verstehen die Ukrainer. Neben mir saß eine Schriftstellerin, gebürtige

Lembergerin, in Krakau lebend, Zanna Słoniowska. Sie erzählte mir von ihrem Buch »Das Haus mit dem Buntglas-Fenster«, das gerade herausgekommen war, in dem es um drei Generationen von Frauen in Lviv ging.

»Wenn dein Buch auf Deutsch übersetzt wird und du nach Berlin zu einer Lesung kommst, bitte melde dich«, schlug ich vor. Ein Jahr später rief sie mich tatsächlich an, und wir machten eine gemeinsame Lesung im Literaturhaus, umarmten uns wie alte Freundinnen. Das war schön. Das war Lemberg. Als der Krieg kam, schrieb ich Zanna; sie war in Krakau, ihre Familie in Lviv. Lemberg, eine ukrainische Stadt, schön und wie aus der Zeit gefallen. Die ikonenbestückten Kirchen waren außen schwarz und innen gold. Auf den Straßen wurde Musik gemacht, in der Kirche sang ein Knabenchor. Die Touristen waren polnisch und ukrainisch und interessiert an allem, was es zu entdecken gab.

In den Jahrhundertwendehotels sind die Flure breit wie Straßen, Thomas Mann hätte seine Freude gehabt, war er jemals in Lemberg? In den Cafés gab es gutes Essen, gute Heizung, gutes WLAN. Ich habe mich in Lemberg verliebt und zu Hause begeistert davon erzählt. Von dort kamen nun Douglas und Sonia nach Berlin, um für einige Zeit bei mir zu wohnen und mit ihren Studierenden einen Kurzfilm zu drehen. Wir saßen am Abend beim Essen, und plötzlich gab es Bombenalarm in meinem Wohnzimmer. Ein entfernter Sound, den ich nicht gleich als Alarm deuten konnte, sondern der mich nur beunruhigt wunderte.

»Oh, Entschuldigung«, sagte Douglas und zog sein Handy hervor.

Nicht überall in der Ukraine gibt es Bombenalarm-Sirenen. So hatten schlaue Leute eine App entwickelt, in der man die Region einstellen konnte und die dann eben in der Hosentasche Alarm schlug.

Die beiden hatten nicht ermitteln können, wie man die App stumm schaltet, also Dinner mit Bombenalarm. Und so wussten wir, da drüben in Lviv und um Lviv herum, da gehen die Menschen nun in den Keller, wollen wir hoffen, dass sie einen haben.

»Wann fangt ihr an zu drehen?«, fragte ich, als der Bombenalarm vorbei war.

»In drei Tagen.«

»Oh, so bald. Und wo? Habt ihr die Location schon?«

»Ein Motiv drehen wir in der BUFA.«

»Okay, und sonst?«

Ich kann das abkürzen, sie haben alles andere in meiner Wohnung gedreht. Es war mir bis dato nicht klar, dass meine Räumlichkeiten so viel afghanisches Kolorit aufwiesen.

Der Kurzfilm, der gedreht werden sollte, wurde geschrieben und inszeniert von Yaser, der inzwischen mit seiner Familie, in Norddeutschland angekommen war. Seine drei jüngeren Geschwister gingen in eine normale öffentliche Schule, zu der Yaser sie mit dem Bus begleitete und auch wieder abholte. Sein kleiner Bruder kam in die erste Klasse, er würde vermutlich in ein paar Monaten fließend Deutsch sprechen. Wann hört es auf, dass wir so schnell Sprachen lernen? Oder nein, die Frage müsste so heißen: Warum hört es auf?

Für Yaser sah die Situation etwas diffiziler aus, er wollte Abitur machen, aber er musste auf eine Berufsfachschule gehen, wegen seines Alters. Ich erkundigte mich, ob das richtig sei, weil es wirklich sehr verwirrend ist, diese vielen Regeln, je nach Bundesland womöglich verschieden usw. Eine sehr nette Frau vom Amt hatte ich am Telefon, die mir versicherte, das sei so in Ordnung, und Yaser würde auf diese Weise auch das Abitur machen können. Vorsichtshalber gab sie mir ihre Mobilnummer, er könne sie jederzeit anrufen, wenn er Hilfe brauche. Ob sie Englisch spreche, fragte ich schnell. Ja, sagte sie, und ein Lächeln schwang in ihrer Stimme mit. Ich war so dankbar ob ihrer Hilfsbereitschaft und Freundlichkeit, das hätte ich nicht erwartet.

Aber es kam anders. Yaser bewarb sich für einen Studiengang, der in einer Stadt, ich sage aus Sicherheitsgründen nicht den Namen, explizit für Geflüchtete eingerichtet worden war. Für Kunst und Medien. Selbstverständlich gab es eine Aufnahmeprüfung, der

Geflüchtetenstatus reichte nicht für die Aufnahme, Talent musste vorhanden sein. Er arbeitete an seinem Portfolio, auch darum der Kurzfilm. Dancing Bells.

Dafür hatte er sich mit dem Thema afghanischer Bacha Bazi beschäftigt. Bacha heißt Junge. Bazi Spiel. Spiel mit Jungen. Es ist kein Spiel, das Jungs spielen, sondern es wird mit ihnen gespielt.

Die Jungen kommen aus armen Familien oder von der Straße. Man zieht ihnen Mädchenkleider an, schminkt sie, bindet Glöckchen an ihre Füße und lässt sie vor einer Gruppe Männern tanzen. Aber es geht noch weiter, sie werden genötigt die verheirateten Männer sexuell zu befriedigen. Es ist Kinderprostitution. Sie erhalten dafür Geld und Geschenke, es kann für Familien die Einkunftsquelle sein. Manche Jungs wissen nicht, wie sie tanzen sollen, sie werden von den klatschenden, grölenden Männern angefeuert, Kinder sind schüchtern, sie müssen das Tanzen lernen, die Schüchternheit ablegen, müssen Extrovertiertheit lernen, schnell, es geht hier auch ums Überleben.

Ich sollte vielleicht erwähnen, dass Yaser mir weit vor den Dreharbeiten einen Underground-Dokumentarfilm über Bacha Bazi gezeigt hatte, der ihn zu dem Kurzfilm inspirierte, daher bin ich in der Lage, das Verhalten der Kinder hier zu beschreiben, und weiß, dass auf Männerseite geklatscht und gegröhlt wird.

Yaser hatte nun eine Geschichte entwickelt, in der die Schwester des Jungen krank ist und die Familie Geld brauchte für ihre Behandlung, für Medizin, vielleicht sogar einen Krankenhausaufenthalt. Der Junge wusste, er muss mitmachen, um seine Schwester, zu retten. Doch im Laufe der Geschichte stirbt die Schwester und der Junge sieht sich in einer Situation, in der er sich aus der Prostitution befreien könnte, indem er seinen Zuhälter umbringt. Der Versuch scheitert, der Mann erschießt den Jungen. The End. Ja, so geht afghanisches Kino. Tragödien.

Nun war die Frage, wie die Gewalt dieses kurzen Films dargestellt und fotografiert werden könnte, ohne dass man sie explizit zeigte, was niemand wollte. Douglas und Yaser machten zunächst aus dem Revolver ein Messer. Was übrigens ein Rührlöffel aus meiner Besteckkiste war, dessen Kunststofflöffelaufsatz abgebrochen wurde, so dass es nur noch eine silbrige Stange war. Ich mochte den Löffel. Aber bitte, was tut man nicht alles für den Filmnachwuchs.

Dann war die Frage, wie der sexuelle Missbrauch gefilmt werden könnte.

Douglas hielt mir eine DVD vors Gesicht, die er aus meiner DVD-Bibliothek, ja, so was habe ich noch, daran kann man mein Alter ablesen, gezogen hatte. »Miral«, ein israelischer Film von Julian Schnabel. Dort wird eine Vergewaltigung aus der Perspektive des Opfers gezeigt. Man sieht während des gewalttätigen Vorgangs, was das Mädchen sieht: Bäume vor dem Fenster, eine überblendende Sonne, die Einstellung ist instabil. So wollten sie es auch machen.

Inzwischen war das ganze Team eingetroffen, ehemalige Studierende von ReFOCUS Media Labs. Sie kamen aus Berlin, Stuttgart, Hamburg, Karlsruhe, Amsterdam. Und auch Nazanin und Aziz waren aus Lesbos gekommen. Zehn Leute oder mehr in meiner Wohnung, Sonia machte das Catering, mein Küchenschrank war leer, alles war in das Motiv geschleppt worden, wo gedreht wurde und sich zwischendurch gestärkt werden sollte.

Sie begannen zu drehen. Ich ließ sie in Ruhe arbeiten. Nur bei einer Szene war ich zufällig dabei, als der Vater sich von seinem Sohn verabschiedet, der ab jetzt bei seinem Zuhälter wohnen soll. Eine ehemalige syrische ReFOCUS-Studentin, die nun in Amsterdam lebt und dort Dokumentarfilm studiert, mischte sich ein, obwohl Yaser der Regisseur war. Sie sprach mit dem Darsteller des Vaters und versuchte, ihn mit Hilfe einer psychologischen Methode dazu zu bewegen, an ein reales Ereignis zu denken, um an das Gefühl für die Spielszene zu kommen.

»Wie lange hast du deine Mutter nicht mehr gesehen?«

»13 Jahre.«

»Vermisst du sie?«

Ich sah, dass es Douglas überhaupt nicht gefiel, dass hier so übergriffig über Yaser hinweggegangen wurde. Doch bevor er etwas sagen konnte, passierte etwas anderes.

Ein Junge aus dem Kamerateam setzte sich in die Hocke, wendete sich ab und vergrub das Gesicht in seinen Händen. Nazanin, die neben mir stand und den Ton machte, begann zu zittern. Ich schaute sie an und sah, dass ihr Tränen über das Gesicht liefen.

Douglas unterbrach.

Nazanin verließ das Zimmer. Ich folgte ihr. Sie weinte immer schlimmer, zitterte am ganzen Körper. Ich nahm sie in den Arm, und sie klammerte sich regelrecht an mir fest. Sie konnte nicht sprechen.

»Komm, wir gehen spazieren, Nazanin.«

»Ok.«

Wir gingen um den See, und Nazanin hing in meinen Armen, bis sie sich irgendwann beruhigte.

Sie war von der Szene getriggert worden. Ich erlebte, wie das Gefühl zum Wort aussieht …

»I don't know, where this sadness comes from«, sagte Nazanin.

Wusste sie es wirklich nicht?

Der Film wurde fertig. Yaser schickte mir einen Link, und es war seltsam für mich, ihn anzusehen … Yaser wurde damit auf der Schule in Leipzig aufgenommen und gewann im Februar 2023 auf dem Filmfestival in Brüssel den Preis für »Best Student Film Honors«. Ausgerechnet in der Stadt der EU gewinnt ein ehemaliger geflüchteter afghanischer Junge einen Filmpreis. Wenn das nicht zeigt, dass Ankommen möglich ist, dass es uns Vielfalt beschert, dann weiß ich auch nicht.

Er hat neue Pläne und will in Berlin auf eine »richtige« Filmhochschule. Noch ist er zu jung, aber bis er alt genug ist, wird er üben und sein Talent und Können schärfen, Geschichten entwickeln, mit denen er sich bewirbt, und ich drücke die Daumen, dass er aufgenommen und eines Tages der afghanische Quentin Tarantino wird, wie er es mir mit 16 Jahren im Flüchtlingslager Moria bereits sagte.

Aziz und Nazanin sind auf Lesbos geblieben, obwohl ihre Familien inzwischen in Deutschland leben. Sie sind mittlerweile Lehrer bei ReFOCUS Media Labs, verdienen sich damit ihren Lebensunterhalt und wohnen in Mytilini, nebeneinander. Sie sind beste Freunde und sich gegenseitig Familie. Ihre Familien verstanden es nicht. »Was soll ich in Deutschland?«, sagte Aziz zu mir. »Hier auf Lesbos kann ich das machen, was ich am meisten liebe. Film.«

Ich glaube, wenn man für sich die Welt der Kunst, egal in welcher ihrer vielgestalteten Möglichkeiten, entdeckt hat, dann ist sie einem mehr als eine berufliche Tätigkeit. Sicherlich kann man sich für das Talent bedanken, bei wem auch immer, das einem gegeben wurde, aber nur mit Handwerk, ungeheurer Arbeit und Fleiß ist man in der Lage, diesen Weg zu gehen. Er ist oft schmerzhaft und lässt einen mit Zweifeln kämpfen, aber das Bedürfnis nach Gestaltung wird immer überwiegen. Und wir sind es, die Künstlerinnen und Künstler, die im besten Fall Menschen eine Tür zu Welten öffnen, sie berühren, Ängste nehmen, von Ängsten erzählen und Grenzen obsolet werden lassen. Die erinnerbare Momente schenken, wie den, als nach 50 Jahren ein Musiker in seiner Heimatstadt Klavier spielte. Wir haben keine Zeit mehr für Kriege, die Vergangenheit hat oft genug bewiesen, dass sie nur Zerstörung hinterlassen und nur mehr humanitäre Katastrophen, Flüchtlinge und Traumata produzieren. Wir leben in einer Zeit, in der wir nicht wissen, wie lange wir auf diesem Planeten noch überleben können. Warum uns daher die eigene Sicherheit, der Schutz unseres Lebensraums und Lebensmittelpunktes nicht am meisten am Herzen liegt, ist für mich unbegreiflich.

Der berühmteste Flüchtling der Welt

»Auf die Frage, die auf dem berüchtigten Proust'schen
Fragebogen steht: ›Welche militärische Tat bewundern Sie
am meisten?‹, antwortete ich seinerzeit: ›Die Flucht‹.«

(Romain Gary, »Chien blanc«, 1970)

Mobilmachung

Am Mittwoch, den 21. September 2022, nach sieben Monaten Krieg, kündigte Wladimir Putin eine Teilmobilmachung an. 300 000 russische Reservisten wurden eingezogen und in den Krieg geschickt. Tausende Menschen, vornehmlich wehrfähige Männer, flohen daraufhin in Länder, für die man kein Visum benötigt, wie die Türkei, Georgien, Usbekistan, Kasachstan. Länder, in die auch Ukrainerinnen flohen, als Russland ihr Land überfiel. Im Exil begegnet man sich.

Am Donnerstag, den 22. September 2022, wollte ich über Istanbul und Delhi nach Dharamsala, Nordindien fliegen. Im Istanbuler Flughafen blieb ich hängen. Dort sprach man nun hauptsächlich Russisch. Letzte Flüge von Moskau nach Istanbul kosteten auf dem Schwarzmarkt 10 000 Euro.

Wladimir Putin schränkte im nächsten Schritt die Reisefreiheit ein, vor allem Auslandsurlaube meinend. »Sie können weiter ruhig auf Dienstreise nach Krasnodar oder Omsk fahren, aber ich würde Ihnen nicht raten, in türkische Kurorte zu fahren, erholen Sie sich lieber in den Badeorten der Krim und des Gebiets Krasnodar«, sagte der Leiter des Verteidigungsausschusses Andrej Kartapolow.

Einmal mehr wurde mir deutlich, wie alles zusammenhängt, in welchem Abhängigkeitsgefüge Menschen balancieren. Das Gleichgewicht der Welt steht auf vielen zarten Beinchen, wird eines weggekickt, brechen auch andere durch. Das System, in dem wir leben, ist so fragil und vulnerabel, dass die Vorstellung, wie schnell, umfänglich und gewaltig alles kollabieren kann, kaum auszuhalten ist.

Die mit dem Kapital kaufen sich derweil Sicherheit, wenn es, auch im übertragenen Sinne, brennt, kaufen die Megayacht, wenn die Erde versalzen ist, den Hubschrauber, wenn die Flut kommt, oder ein Asyl, wenn der Krieg vor der Tür steht. Kaufen sich ein neues Flugticket statt eine Umbuchung vorzunehmen. Oder gleich die ganze Fluggesellschaft.

Die Menge jedoch, vielfältig und unübersichtlich, kämpft gegen Staub, Hitze und Kälte, lebt in Häuserblocks oder Shantytowns, mit zu wenig Platz und vielen Kindern, ist nicht immer freundlich, sondern überfordert, manchmal hässlich, ignorant, ungebildet, prügelnd oder alkoholisiert. Es sind jene, die im Krieg sterben oder in Geflüchtetenlagern warten. Die mit den Existenzängsten, die übrigens nicht das Beste in einer Persönlichkeit hervorbringen. Sind auch die, die auf dich aufpassen, wenn du nicht mehr weiterweißt. Die teilen statt zu geben. Die Not lässt uns näher aneinander heranrutschen. Aber vielleicht auch nicht.

Allein verloren zu gehen kann bildend wirken, erweitert den Horizont, zeigt, dass der vorgenommene Plan abhängig ist von diversen Komponenten, über die man keine Kontrolle hat.

Ankommen zum Beispiel. Da denkt man, dass es einfach so ginge und gelänge, das Ankommen. Man fährt los, und dann kommt man an. Fertig.

Doch von wo fährst du los und wo willst du hin? Wer bist du und wie heißt dein Land? Was für einen Pass hast du? Hast du einen? Wo möchtest du ankommen? Benötigst du dafür ein Visum und wirst du es erhalten? Was kann dir in den Transitländern passieren?

Klaus Mann schrieb in seinem Exilroman »Der Vulkan« von 1939: *»Im Exil begegnete man sich zunächst ohne Voreingenommenheiten. (...) Eine neue Herzlichkeit stellte sich her, wie nach Naturkatastrophen; die Bewohner eines brennenden Hauses, die sich auf der Straße vor den Trümmern ihrer Habe zusammenfinden, oder die Passagiere eines sinkenden Schiffes im Rettungsboot, vergessen Unterschiede, die noch vor Stunden bedeutsam waren.«*

Die Fluggestrandeten Istanbuls bildeten ebenfalls eine (Not)gemeinschaft, der vorab nicht aktiv zugestimmt wurde; es vereint, dass es eine Überschneidungsmenge gibt und zumindest an dieser Stelle alle gleich sind. Obwohl ...

Im Shuttle-Bus saß ein Mann neben mir mit langen Haaren und einem blau-weiß gestreiften T-Shirt, wie Stuckrad-Barre. Auf dem kurzen Weg zum Bus hatte er die Gelegenheit genutzt zu rauchen, wie SB es wohl ebenfalls getan hätte. Ich frug ihn, welchen Flug er verpasst hätte.

»Zürich.«

»Ah.«

Er war von Georgien gekommen.

»Ich glaube, der Flughafen in Istanbul platzt aus allen Nähten und hat krasse Flugverspätungen, weil so viele Russen das Land verlassen, um in die Türkei zu kommen, wegen Putins Mobilmachung«, sagte ich.

»Ja, auch nach Kasachstan und Georgien und Usbekistan.«

»Sind Sie aus Georgien?«

»Nein, ich bin aus der Ukraine.«

Kurze Stille.

Er war im Februar, als der Krieg begann, nicht im Land gewesen. Das war sein Glück. Männer zwischen 18 und 60 Jahren dürfen die Ukraine nicht verlassen, es sei denn, sie sind krank oder haben mehr als drei Kinder. Sie kämpfen als Soldaten oder Reservisten im

Krieg, oder sie haben einen Plan, wie man fliehen kann. Oder sie sind Oligarchen.

Der Mann im gestreiften Shirt lebt nun in Zürich, inzwischen hat er seine Arbeits- und Aufenthaltspapiere erhalten und darf die Schweiz zum Reisen verlassen.

»It is the first time Switzerland is doing such a thing.«

Mir ist nicht ganz klar, was er genau meint und ob das stimmt, was er etwas unklar verallgemeinernd formuliert.

Ich weiß nur, dass es den europäischen Juden seitens der Schweiz seinerzeit nicht leicht gemacht wurde. Andererseits gab es viele Künstler.innen, die aus politischen Gründen Deutschland Anfang und Mitte der 30er Jahre bereits Richtung Schweiz verließen, wie Erika und Klaus Mann beispielsweise, die in Zürich ein Kabarett gründeten. Die Lyrikerin Else Lasker-Schüler fuhr, nachdem sie in Berlin auf offener Straße zusammengeschlagen worden war, mit dem Zug im April 1933 nach Zürich. »Sie weiß, dass sie als Jüdin dieses Land so schnell wie möglich verlassen muss. (…) In Zürich taumelt sie aus dem Zug, fast besinnungslos. Sie zieht durch das abendliche, kalte Zürich, mit drei Taschen behängt, sie hat nichts zu essen, sie bettelt, und sie schläft die ersten Nächte unter einem Baum am See, von ihrem Mantel nur notdürftig bedeckt. Die größte Dichterin des deutschen Expressionismus, sie ist am Ende.« (»Liebe in Zeiten des Hasses«, Florian Ilies, 2021)

>»Wie lange war kein Herz zu meinem mild …
>Die Welt erkaltete, der
>Mensch verblich.«
>
>(Else Lasker-Schüler, im Exil geschrieben)

Die von anderen verordnete Interimszeit, sie kann dein Leben werden.

Das Gleichgewicht der Welt, es ist am Ende.

Bergsteiger und Esoteriker

Der Nangpa-Pass liegt zwischen Tibet und Nepal, er markiert eine bekannte Fluchtroute. In der Gegend befinden sich ebenfalls Basislager für individualistische Bergsteiger aus aller Welt, die, aus welchen Gründen auch immer, meinen, die hohen Berge erklimmen zu müssen. Dass sich dort am Nangpa-Pass Bergsteiger und geflüchtete Kinder begegnen, bewegt mich. Menschen aus Kanada, Europa, USA, Australien, die zum Klettern hierherfliegen, und andererseits tibetische Kinder, die in einer Gruppe das von China besetzte Heimatland verlassen, das ihnen keine Chance auf Zukunft bietet, sondern sie in Entbehrung und Bedrohung leben lässt, treffen hier im Himalaya aufeinander und laufen in unterschiedlich professioneller Bekleidung durch die verschneite Landschaft.

»Das Einatmen von Schnee ist gefährlich in dieser Höhe. Die Kristalle setzen sich in der Lunge ab und lassen den Wanderer langsam ersticken.« *(Maria Blumencron)*

Kinder, die von ihren Eltern einem Fluchthelfer übergeben wurden, weil es das Letzte ist, das sie für ihre Mausis noch tun können. Bei der Vorstellung will man immer nur weinen … Und genau das tun die Menschen. Sie weinen, sie reißen sich zusammen, doch die Tränen laufen über ihr Gesicht, die geretteten tibetischen Fluchtkinder lernen hart in den Schulen und Colleges Indiens, den tibetischen Exil-Eliteschulen, und nachts liegen sie im Bett und weinen und vermissen ihre Mama.

»Ich will zu meiner Mama«, sagt ein siebenjähriges Kind auf der Flucht, in den höchsten Bergen der Welt, in einem der zahllosen Dokumentarfilme, die ich mir anschaue: »Goodbye Tibet« von Maria Blumencron, 2011. Und es kann die Tränen gar nicht so schnell wegwischen, wie sie nachfließen. Es weint still aus dunklen Augen, die Tränen laufen über die von der Eiseskälte rot gefärbte Haut bis zu den aufgeplatzten Lippen.

»Ich weiß, ich kann besser sein in der Schule«, sagt eine Siebzehnjährige, die mit einer Gruppe von sechs Kindern Tibet verließ, deren Flucht von der österreichischen Dokumentarfilmerin Maria Blumencron filmisch begleitet wurde, »aber ich kann mich nicht konzentrieren. Es ist schwer, ohne Liebe und Zuneigung zu leben.«

Und auch wenn ich der tibetischen Sprache nicht mächtig bin, höre ich, wie ihr die Worte wegbrechen, wie sie nach Luft schnappt, die sie mit dem Mund fängt, es ihr kaum gelingt, klar zu sprechen. Man bezeugt, aus welchen dunklen Tiefen ihre Traurigkeit und Verlorenheit aufsteigen. Sie lässt die Tränen während des stoßweisen Sprechens laufen, da es einfacher ist, sie laufen zu lassen als stoppen zu wollen.

Es ist so viel Leid in der Welt. So much suffering. »Too much suffering«, würde mein gambischer Freund Jawara, würden die afghanischen Studierenden von ReFOCUS sagen. Was in diesem Zusammenhang absolut richtig ist, andererseits zumeist mit der Verwechslung der Worte »too« und »so« (zu viel und so viel) zu tun hat. Douglas und Sonia und ich haben diese Formulierung inzwischen übernommen. Demnach textet mir der Amerikaner Douglas inzwischen so: »Too much love and see you soon.« (Zu viel Liebe und auf bald.) Wir fühlen uns dadurch verbunden. Es ist gut, verbunden zu sein, denn es ist too much suffering in the world, zu viel Leiden in der Welt, und niemand kann ohne Liebe und Zuneigung und Umarmungen leben.

Der Prinz Siddharta hatte die Erkenntnis des Leidens in der Welt bereits vor 2500 Jahren, als er seinen königlichen Palast verließ für eine Spazierfahrt und voll Entsetzen auf das Leben und Leiden außerhalb der Palastmauern schaute.

Der Dalai Lama sagte: »*Die Welt braucht nicht noch mehr Revolutionäre, was wir brauchen, sind Liebende und Wiederaufbauende.*«

Ich bin kein Buddhist, ich studiere nur eine tibetisch-buddhistische Meditationstechnik, die sich Shamatha nennt. Aber so wie ich das sehe, ist das Leiden nicht überwunden worden. Mütter und Väter weinen, Großeltern sterben an gebrochenem Herzen, Kinder, Teenager und junge Menschen weinen, denn die Flucht wird immer in ihnen bleiben, wie ein zusätzliches Organ, das sich jederzeit entzünden kann oder losschmerzt.

»Die Flucht wirkt fort, ein Leben lang«, sagt der Schriftsteller Ilija Trojanow, selbst als Kind geflüchtet, in seinem Buch »Nach der Flucht«, und auch: *»Nichts an der Flucht ist flüchtig. Sie stülpt sich über das Leben und gibt es nie wieder frei.«*

Am 30. September 2006 begegneten sich Bergsteiger und Geflüchtete im Basislager am Fuße des Berges Cho Oyu, zwischen Tibet und Nepal. Auf 70 Geflüchtete war seitens der chinesischen Volksbefreiungsarmee geschossen worden, eine Nonne war dabei ums Leben gekommen, was der britische Bergsteiger Steve Lawes bezeugte. Unter den Flüchtenden war eine ca. zwölfköpfige Gruppe von Kindern zwischen sechs und zehn Jahren gewesen, die schließlich von bewaffneten chinesischen Soldaten durch das Basislager hindurch abgeführt wurden. Ich stelle mir vor, wie diese Kinder mit gesenkten Köpfen an den internationalen Bergsteigern vorbeigingen, während diese ihnen hinterhersahen und nichts auszurichten vermochten. Parallelwelten, die, wenn auch unabsichtlich, von Ignoranz gespeist werden.

Die zumeist nepalesischen Sherpas, die Bergsteigende begleiten und deren unermüdliche Unterstützung unentbehrlich ist, sind zumeist wiederholte Male auf den entsprechenden Berg gestiegen und haben dabei auch noch das Gepäck getragen. So verdienen sie sich ihr Geld, derweil ihre Frauen für sie beten. In der Freizeit ist einer unter ihnen Fluchthelfer für Kinder, die er über die Grenze nach Nepal führt. Kommt er der Grenze näher, muss er sich in Acht nehmen, nicht nur vor den chinesischen, sondern auch vor den nepalesischen Soldaten, die wiederum ein Geschäft machen könnten mit Fliehenden, die sie dort auffinden. Aus Not lässt sich immer Kapital schlagen. Wissen wir schon.

Manchmal sterben Kinder auf der Flucht. Was dann? Soll die

Gruppe das tote Kind bis über die Grenze nach Nepal schleppen? Das schafft kein Mensch. Also verbleiben sie in den Bergen … Manchmal werden sie von Bergsteigern gefunden, wenn der Schnee geschmolzen ist. »Wie still der Tod in den Bergen ist«, sagt ein Fluchthelfer der Kinder in der Doku »Auf Wiedersehen, Tibet«.

Der Name des heiligsten Berges, laut buddhistischen Schriften und Sanskrittexten, ist Kailash (6638 Meter). Er wird als »Meru« bezeichnet, was in Tibetisch »Nabel der Welt« bedeutet. Seit 4000 Jahren ist er mythisches Zentrum und somit die älteste Wallfahrtsstätte des Planeten. Niemals wurde es einem Bergsteiger genehmigt, ihn zu beklettern, bis zum Jahr 1985, als Reinhold Messmer die Erlaubnis erhielt. Er tat es nicht, das ist ihm anzurechnen. Es ist gut zu wissen, dass es noch ein paar Dinge gibt, die respektiert werden …

McLeod Ganj

Auf harten Bänken gelungert, die durch Armlehnen in Stücke zerteilt sind, damit sich bloß niemand zum Schlafen darauf niederlegt, in zu stark klimatisierten Flughäfen gewartet, nach drei verpassten Anschlussflügen und 50 Stunden unvorhergesehener Reisezeit schließlich im regnerischen Dharamsala angekommen. Fünfzig Stunden scheint für unsereins eine Herausforderung zu sein, doch was wissen wir schon von Fluchtrouten durch den Himalaya …

Hier im Norden des indischen Subkontinents, ein Land, das selbst zu ringen hat mit Herausforderungen von Wirtschaft, Kastensystem, Bildung, Menschenrechtsbrüchen, Vergewaltigungen und großer Geburtenzahl, hier in Indien sah und erlebte ich, wie es gehen kann, diese Sache mit dem Ankommen im Exil.

McLeod Ganj ist der von Exil-Tibetern gebaute und bevölkerte Ort oberhalb des namentlich besser bekannten und hauptsächlich von Indern bewohnten Dharamsala. Der Regen, der mich dort bei

Ankunft begrüßte, war nur der Prolog zu etwas Größerem, das noch kommen würde. Eigentlich war der Monsun bereits auf der Zielgeraden, doch anscheinend hatte er noch einmal alle Kraft zusammengenommen, um die Landschaft aus dem Himmel heraus zu überfluten. Und so bestand mein erster Eindruck des wirbligen McLeod Ganjs aus Menschen, die unter überdimensionalen Regenbogen-Regenschirmen durch die schmalen Krickelkrackel-straßen liefen oder, sinnigerweise, Badelatschen bzw. Ganzkörper-Duschhauben trugen. Kuhbabys und Hundesenioren stellten sich zum Schutz unter die schmalen Überdachungen von Schmuckläden, Autos stauten sich hupend bis zum Stillstand, wollte man an ihnen vorbei, geriet man in Gefahr, durch verrostete Roste in die brausend darunter sichtbar werdende Kanalisation zu fallen. Über dem Tal sammelte sich in den Wolken so viel Feuchtigkeit, dass die Welt wie weggewischt erschien. Dort, wo vor einer halben Stunde noch Berge und Hügel, Wälder und die kleine Stadt mit ihren grünen und roten Dächern zu sehen war, leuchtete nun weiß-graues aquarelliertes Nichts.

»Leer ist die Welt.« (Buddha)

Dieser Regen war ein Ereignis, selbst für die heimische Bevölkerung, die dennoch gelassen blieb im alltäglichen Trubel dieses Ortes, in dem Konstruktionen zusammengebaut worden waren, aus Plastikplanen, Holz, Kabeln, Schläuchen, Rosten, Wellblechen, die zu Architektur aus Häusern, gebaut aus Stein, Stahl und Glas wuchsen, zu Gästehäusern und Hotels, mit umsäumten Balkonen, bis zu Dachterrassen hoch und zu einer eleganten, hochpreisigen Hotelanlage außerhalb des Ortes hin, die in den Wäldern des steil ansteigenden Berges liegt, wo auch das Meditationszentrum Tushita, was »himmlische Welt« heißt, seinen Platz gefunden hat. Wir sind auf 2000 m Höhe. Viel Glück. (Berlin: 34 m Höhe)

An einem Imbiss, der von Hühnereiern nur so umzingelt ist, und im Angesicht kreuz und quer stehender und pupsender Tuktuks werden hauchdünne feurige Omeletts gebraten, daneben befindet sich der Alkohol-Ausschank »Papa Whiskey«, gefolgt von der »Western Union«, die in Ländern des Globalen Südens bzw. Schwellenländern nie fehlen darf; dort chillen ein paar Menschen, die sich vor dem Regen untergestellt haben und weil es hier gut funktionierendes oder, sagen wir mal, einigermaßen funktionierendes Internet gibt, man trägt Sonnenbrille und bietet pseudogute Deals für Währungsumtausch an. In den kleinen Restaurants, die zum Beispiel »Hot Yak« heißen und vor Feuchtigkeit dampfen, sitzen Kleinkinder, Babys eigentlich, auf den Tischen, werden von den sich energisch unterhaltenden Eltern mit einer Hand festgehalten und schauen lautstarke Knall- und Bängfilme auf dem Smartphone, während am Nachbartisch vegetarische indische und tibetische Gerichte serviert werden, denen ich sofort einen Michelinstern geben würde. Genau, wir sind's, die durchnässt am Nachbartisch sitzen.

Nachdem der Regen etwas abgeklungen ist, betrete ich die Straße, inhaliere Abgase und Sandelholzdüfte im selben Atemzug, schrecke auf, wenn mich Autos anhupen oder anhauchen, als würde mir der Sensenmann kurz auf die Schulter klopfen. Alles ist in Bewegung einer unüberschaubaren Choreographie. Dazwischen die Hunde, die bettelnden Unberührbaren und ein frisch gewaschenes schwarzes deutsches Auto, das in dieser Umgebung wie ein Raumschiff wirkt.

Die Architektur erscheint nicht unbedingt stabil, ist es aber, enorm sogar, denn sie meistert die Herausforderungen des Klimas bravourös. Allerdings regnet es in mein Bett, da sich die Fensterhebel nicht mehr vollständig schließen lassen, falls sie es jemals taten.

In McLeod Ganj leben ungefähr 10 000 Exil-Tibeter.innen, der Tempel des Dalai Lama ist hier zu finden, und es liegt 20 Minuten von Dharamsala entfernt, wo die tibetische Exilregierung ihren Sitz hat. McLeod Ganj ist quasi ein Upper-Dharamsala, und beide Orte sind in das Dhauladhar-Bergmassiv gequetscht, das südlichste Bergmassiv des größten und höchsten Gebirges der Welt. Der indische Bundesstaat heißt hier Himachal Pradesh, und darin ist bereits das Zauberwort »Himalaya« enthalten.

Ich bin angekommen, danke. Angekommen im hier allseits bekannten und selbstredend tibetisch geführten Kunga-Guesthouse, in dem auch Richard Gere und andere bekennende Buddhisten Hollywoods logierten. Erst mal Stromausfall.

Rangzen, Freiheit

»Wenn der eiserne Vogel fliegt und das Pferd auf Rädern läuft, wird Tibet zerschlagen. Dann werden sich die Tibeter wie Ameisen zerstreuen. Und die Lehre Buddhas wird Einzug in den Westen halten.«

(Tibetische Prophezeiung aus dem 8. Jahrhundert, Guru Rinpoche)

Seine Heiligkeit, der 14. Dalai Lama, ist der berühmteste Flüchtling der Welt, könnte man sagen. Er lebt seit über 60 Jahren im Exil und ist somit ein Exil-Tibeter, was meiner Meinung nach ein netteres Wort ist als »Flüchtling«. Die Bezeichnung »Flüchtling« gibt keinen Anhaltspunkt einer Herkünftigkeit, die eng mit Biographischem verknüpft ist; sie ist verlorengegangen, in dem Moment, da das Heimatland verlassen wurde. Selbst schuld.

Ein Blick zurück. 1578 wurde Sonam Gyatso als erster Dalai Lama, was mit »Ozean der Weisheit« übersetzt werden kann, vom Mongolenherrscher Altan Khan ausgezeichnet. Denn 1240 eroberten die Mongolen Tibet und nahmen den buddhistischen Glauben an – und die Tibeter die Herrschaft der Mongolen. Bereits 1750 sandte China erstmals militärische Truppen nach Tibet. 1904 dann waren es die Briten, die die Macht in Tibet ergriffen, und das Land stand zwei Jahre später unter britischem Protektorat, was die Schutzherrschaft eines Staates über einen anderen Staat ist.

Ein Jahr drauf wurde von England, Russland und China die chinesische Souveränität über Tibet festgestellt. »Die Souveränität eines Staates besteht darin, dass er selbst entscheiden kann, was im Inneren sowie in den Beziehungen zu anderen Staaten geschehen soll. Der souveräne Staat hat die Macht, seine Gesetze und seine Regierungsform selbst zu bestimmen, fremde Staaten dürfen sich nicht einmischen.« (Bundeszentrale für politische Bildung)

Mao Zedong, Parteiführer der Kommunistischen Partei Chinas, wurde 1949 Staatspräsident und Diktator der Volksrepublik China. 1950 erreichte die chinesische Volksbefreiungsarmee Osttibet. 40 000 chinesische Soldaten standen 5000 tibetischen Soldaten gegenüber. Es dauerte nur ein paar Tage, dann kapitulierten die Tibeter. Tibet wurde besetzt, die tibetischen Gebiete Amdo und Kham wurden von China annektiert, Meinungs- und Religionsfreiheit waren somit perdu. Und nicht nur das. Zur Erinnerung: »Annexion ist die erzwungene endgültige Eingliederung eines bis dahin unter fremder Gebietshoheit stehenden Territoriums in eine andere geopolitische Einheit. Sie ist völkerrechtswidrig und daher unwirksam.«

Am 17. März 1959 floh der 14. Dalai Lama über Nepal ins Exil nach Indien, die Flucht dauerte drei Wochen. In Tibet formierte sich daraufhin Widerstand gegen die Besatzer. 80 000 Tibeter und Tibeterinnen wurden bei der Niederschlagung des Widerstands getötet.

1965 wurde das »Autonome Gebiet Tibet« (TAR) ausgerufen, dessen Autonomie aber nur auf dem Papier existiert. Während der chinesischen Kulturrevolution 1966–1976 wurden fast alle religiösen Zentren und Kulturdenkmäler Tibets zerstört. Von 6000 Klöstern blieben acht übrig, eine Million Tibeter.innen starben.

2008 fanden die Olympischen Sommerspiele in Beijing statt, in dem Zusammenhang begannen erneute Proteste in Lhasa, und wieder starben tibetische Menschen, diesmal jedoch wurde es von der Weltöffentlichkeit bemerkt. Man solidarisierte sich, und die EU und die UN forderten China auf, mit dem Dalai Lama ins Gespräch zu kommen. Genützt hat es nichts. Im selben Jahr gab es Selbstverbrennungen von tibetischen Nonnen.

Lhasa wird das »Dach der Welt« genannt und ist die Hauptstadt Tibets bzw. mittlerweile der »Tibetan Autonomous Region«, TAR, die 1,22 Millionen Quadratkilometer umfasst. 2019 lebten dort 3,5 Millionen Menschen (Stand 2021). Deutschland ist 350 000 Quadratkilometer groß und hat deutlich mehr Einwohner. Die schiere Größe Tibets ist einem bei einem Blick auf die Landkarte nicht gleich ersichtlich, da das Land zwischen den beiden Flächen-Giganten Indien und China liegt.

70 % der Einwohner Lhasas sind inzwischen Chines.innen, und vom einstigen, historischen, tibetischen Lhasa ist nicht mehr viel übrig. Im 7. Jahrhundert wurde der Potala Palast vom 33. König Tibets gebaut, 50 Jahre lang. Er umfasst 1000 Zimmer, 130 000 Quadratmeter, ist 360 Meter lang, auf 13 Etagen gebaut, die eine Höhe von über 110 Metern bilden, und seine Mauern sind bis zu fünf Meter dick. Was für eine Architektur. Uralt. Die Krone der Stadt, das Dach der Welt, UNESCO Weltkulturerbe.

2006 wurde die Bahnstrecke Peking-Lhasa fertiggestellt. Fast 1000 Kilometer der ca. 3700 Kilometer langen Zugverbindung liegen auf über 4000 Meter Höhe, und sie führt durch den am höchsten gelegenen Bahnhof der Welt, der sich in Tanggula, Tibet, auf 5068 Metern befindet. Superlativ. Der Bau der Lhasa-Bahn kostete 3,3 Milliarden Dollar, die Idee geht auf Mao Zedong zurück, um Tibet enger an China zu binden. Man kann in 48 Stunden mit diesem Zug von Peking nach Lhasa gelangen, aber die eigentliche Absicht ist wohl, Bodenschätze aus Tibet in die Hauptstadt Chinas zu verbringen. In Tibet soll das größte Uranvorkommen der Welt liegen. Noch ein Superlativ. Außerdem Kohle, Gold, seltene Erden und weitere 90 Arten von Bodenschätzen.

Im Barkhor-Viertel Lhasas, wo der Jokhang-Tempel, das größte Heiligtum der Tibeter.innen steht, der ebenfalls im 7. Jahrhundert erbaut wurde, sind noch traditionelle tibetische Häuser zu finden, Dank eines deutschen Architekten, der Anfang der tausender Jahre rund 100 Häuser renovierte. Nach getaner Arbeit wurde er des Lan-

des verwiesen, und die chinesische Regierung ließ einige renovierte Häuser wieder abreißen, um sie durch sozialistische Bauten
zu ersetzen. Sie hielten allerdings den harten Witterungsverhält-
nissen nur wenige Jahre stand, im Gegensatz zu den traditionellen
tibetischen Bauten.

Tibeter und Tibeterinnen wurden im eigenen Land Menschen
zweiter Klasse. In ihrem Lebensalltag sind sie konfrontiert mit auf-
gezwungener Familienplanung, Abtreibung, Sterilisation, Kinder-
mord, Rassenhygiene. Das Krankenhaus in Lhasa wurde »Metzge-
rei« genannt. Frauen werden genötigt, dort zu entbinden, da sie
nur in diesem Krankenhaus die offiziellen Papiere erhalten, die sie
brauchen. Es kann passieren, dass sie sterilisiert werden oder ihre
Neugeborenen durch Injektionen getötet werden. Auch außerhalb
Lhasas sind es chinesische Ärzte, die Geburten kontrollieren. Die
Idee dahinter ist wohl, dass Tibeter aussterben sollen, anders kann
man es nicht verstehen.

Ein Programm aus den 90er Jahren, das »Patriotische Umerziehung« hieß, war für tibetische Mönche die Aufforderung, den Dalai
Lama schriftlich zu denunzieren. Tat man es nicht, gab es Verhaftungen oder Exekutionen oder die Vertreibung aus ihren Klöstern,
deren Konsequenz der Absturz ins soziale Nichts war. Was blieb?
Exil.

Umerziehen. Das geht nur mit Gewalt. Nichts Gutes kann daraus
entstehen. Immer wieder wird es versucht, die Umerziehung, die
Auslöschung, allerorts. Die mit der Waffe in der Hand, mit der Gewalt im Gepäck und ohne Empfindsamkeit im Sinn werden nicht
nur diktieren, sondern auch gewinnen, wenn man denn das Leben
als Wettbewerb ansehen möchte, in dem gewonnen und verloren
werden kann. Man verliert sein Leben. Was gewinnt man? Lebenszeit?

Über die Unbarmherzigkeit in chinesischen Gefängnissen zu
lesen ist nicht auszuhalten. Über Foltermethoden und jahre- und
jahrzehntelange Quälerei von Personen, die buddhistischen Glau-

bens sind oder gegen Unterdrückung protestierten, was Grund genug war, um sie zu verhaften, einzusperren und zu foltern.

»Jeden Morgen wurde ich aus meiner Zelle geholt und an meinen Armen in die Äste des Baumes gehängt. Die Kälte meiner Heimat sollte meine Seele zermürben.« (Kalsang, Fluchthelfer der Kinder, aus dem Dokumentarfilm »Auf Wiedersehen, Tibet« von Maria Blumencron)

Der China-Experte Frank Sieren, der seit 1994 in China lebt, zeichnet ein anderes Bild von China, verurteilt aber deutlich die menschenrechtsbrechenden Maßnahmen Chinas gegenüber den Tibeterinnen und Uiguren. Er sagt zum Beispiel: »Wenn der Westen (pauschaliert gesprochen) von der internationalen Weltordnung spricht, dann sagen Asiaten, nicht nur China meinend, ›Das ist nicht unsere Weltordnung. Das ist eure.‹«

Er spricht von einem epochalen Wandel, da eine Periode mehrerer Jahrhunderte von Kolonial- und Postkolonialzeit, in der der Westen die Spielregeln bestimmte und sich nicht auf die anderen einstellen musste, zu Ende geht und der Westen eine multipolare Weltordnung, bei der gemeinsam entwickelt wird, nicht berühren will.

Seit 1971 ist China ständiges Mitglied im UN-Sicherheitsrat, in dem weiterhin Frankreich, USA, UK und Russland vertreten sind.

Die Grenze zwischen China und Russland ist 4200 Kilometer lang. Russland, mit einer fast doppelt so großen Landmasse wie China, hält einen Anteil der Weltwirtschaft von 2,8 %, China von 18 %. (Stand 2023) Früher schauten Russen auf Chinesen herab, heute ist es umgekehrt.

China blickt anders auf die Welt, das Verhältnis zu Individuum und Gemeinschaft ist verschieden zu den westlichen Lebensverhältnissen und -vorstellungen. In China gibt es einerseits Armut, partiell leben Menschen wie im 19. Jahrhundert, haben zwar kein Klo, aber 5G, doch es gibt keine Obdachlosigkeit. Andererseits leben manche Chinesen bereits in der Zukunft: In Restaurants in

Shen Zhen, der modernsten Stadt Chinas, bereiten Roboter traditionelle chinesische Gerichte zu. Guten Appetit.

China hält einige Weltrekorde: Nummer eins in Fotovoltaik. Nummer eins bei E-Autos. Sie bauen die meisten Atomkraftwerke und Kohlekraftwerke. Sind Weltmeister in Solar-, Wind- und Wasserenergie. Sie realisieren, dass Fleisch als Statussymbol verhängnisvoll sein kann, weswegen durchgesetzt wird, dass in Kantinen dreimal die Woche fleischlos gegessen werden soll. Aufgrund der Abwesenheit von Demokratie führen sie derartige Maßnahmen quasi über Nacht ein.

Das Land der Mitte war jahrhundertelang das innovativste und wohlhabendste Land der Welt, doch dann übersahen sie die industrielle Revolution, die aus einem kleinen verregneten Land namens Großbritannien heraus entwickelt wurde. Kolonialmächte kamen auf modernen Schiffen, China fiel auseinander und verblieb in einem bürgerkriegsähnlichen Zustand, der Kaiser dankte ab. Mao Zedong einte das Land wieder, dachte aber, China könne es aus eigener Kraft in der Abschottung schaffen. In den 1980er Jahren reformierte Präsident Deng Xiaoping das Land, holte die »Imperialisten und Kapitalisten« her, um von ihnen zu lernen. Zuerst importierte China mehr, als es exportierte, und die Inflation lag 1988 schließlich bei 30 %. In den 90ern wurde dann mehr exportiert als importiert, und eigenständige Innovationen begannen. Der Wohlstand kam nach China. Heute belegt es nach den USA den zweiten Platz im Ranking des höchsten Bruttoinlandprodukts (BIP) der Welt. (Stand 2021)

Und dafür brauchen sie anscheinend Tibets Landfläche und Bodenschätze. Da sind sozusagen die Mönche im Weg.

So weit Geschichtliches. Wenn wir nicht wissen, woher wir kommen, können wir nicht entscheiden, wohin wir gehen sollten, befürchte ich, nur leider ist das Weltgewissen dement.

Pah-Lak

»We need more drama«, sagte der Dalai Lama vor ein paar Jahren, womit er nicht das Weltgeschehen meinte, sondern das Theater. Das sich in McLeod Ganj befindliche »Tibetan Institute for Performing Arts«, kurz TIPA, hatte er bereits 1959 gegründet. Dort werden traditionelle tibetische performative Künste, hauptsächlich Oper und Tanz, unterrichtet. Das Sprechtheater gibt es in der Geschichte der tibetischen performativen Kunst nicht.

Ich war hergekommen, um dabei sein zu dürfen, wie nun zum ersten Mal, zum allerersten Mal, ein Theaterstück aufgeführt werden würde. Tataaa! Wir schreiben das Jahr 2022. Inszeniert wurde es von dem deutschen Regisseur Harry Fuhrmann, der der tibetischen Gemeinschaft seit langer Zeit verbunden ist. Er und sein tibetischer Coregisseur Lhakpa Tsering, der das Stück ins Tibetische übersetzt hatte, probten bereits seit einigen Wochen im Theatersaal des TIPA mit den tibetischen Studentinnen und Studenten des TIPA und mit Laiendarstellern das Stück »Pah-Lak«, geschrieben von dem indischen Dramatiker Abhishek Majumdar.

2019 hatte Pah-Lak (gesprochen Pah-La) seine Uraufführung am Royal Court Theatre in London erlebt. (Und viel Wirbel veranstaltet.) Der Titel ist das tibetische Wort für Vater (Ama-Lah heißt Mutter), und es erzählt von gewaltlosem Widerstand gegen gewalttätige Unterdrückung. Ein Drama über das heutige Tibet und seinen gewaltfreien Protest gegen die chinesischen Besatzer.

»Es ist in dieser Welt viel leichter, ein Buddha zu sein als ein ganz gewöhnlicher Tibeter.«

Es basiert auf der zentralen Frage: Ist Gewaltlosigkeit in der heutigen Welt, in der die meisten Revolutionen eine gewaltsame Wendung genommen haben, noch relevant?

»I burnt long ago. In the mind. In the mind is where it matters.«

Basierend auf und inspiriert von realen Ereignissen während

der Aufstände in Lhasa 2008, als sich tibetische Nonnen aus Protest selbst verbrannten, erinnert das Stück daran, wie schwierig es für die Menschen in Tibet ist, sich angesichts von Gräueltaten weiterhin für Gewaltlosigkeit zu entscheiden.

»Meine Tochter ist die Letzte ihrer Art. Eine Revolutionärin, die ihren Unterdrücker nicht hasst.«

Es gibt Einblick in die Hoffnungen und Sehnsüchte des tibetischen Volkes und thematisiert die Rolle des Buddhismus im Leben der Tibeter.innen und den Zwiespalt der Widerstandsbewegung, welche durch jahrzehntelange Unterdrückung, Diskriminierung und Marginalisierung entstanden ist.

»Sie haben die Gewalt zur Normalität gemacht. Sie sind bloß überrascht, dass sie sich gegen sie selber richtet.«

Deshar, eine selbstbewusste junge Frau, kommt aus einem abgelegenen Dorf Osttibets und hat sich entschieden, als buddhistische Nonne zu leben. In Lhasa arbeitet der chinesische Kommandant Deng für die Zukunft des Landes. Als sich die Nonnen gegen ihre Umerziehungsmaßnahmen wehren, wird das Kloster auf Anordnung Dengs geschlossen. *»Ich bin hier nicht in deinem Kloster, du bist in meinem Gefängnis«*, sagt die Nonne zum Kommandanten. Deshar verliert ihr letztes Stück Freiheit. Das Gefühl der Ohnmacht angesichts permanenter Unterdrückung führt sie auf den Weg der ultimativen Gewaltlosigkeit.

»Ich glaube, wir hassen das, was wir nicht verstehen.«

Im März 2022, ein paar Monate, bevor ich nach Nordindien reiste, hatte es eine weitere Selbstverbrennung gegeben. Ein fünfundzwanzigjähriger populärer Musiker, Tsewang Norbu, übergoss sich vor dem Potala-Palast in Lhasa mit Benzin, zündete sich an, brannte und starb. Er ist der 158ste Tibeter innerhalb Tibets, der sich aus Protest in Brand gesteckt hat. Zehn Tibeter im Exil haben sich in den letzten zwei Jahrzehnten ebenfalls selbst verbrannt.

Man weiß nicht, wie es weitergehen soll. Und ob es der Bewegung des gewaltlosen Widerstands und Protests gelingen wird, Tibet wieder den Tibetern zu überlassen. Selbstbestimmt. Mit einer wirklich autonomen Regierung statt der fake TAR. Vorbereitet ist man in der tibetischen Exilregierung in Dharamsala jedenfalls. Sie wurde vom Dalai Lama 1959 als »Tibetan Parliament in Exile« (TPiE) gegründet. 2001 hat er alle politischen Ämter an einen Premierminister übergeben.

Ich war da, im Regierungsviertel in Dharamsala (was unter Eingeweihten »Dhasa« genannt wird, das Exil-Lhasa), habe in der Kantine mit den Mitarbeitenden Mittag gegessen und mir das System erklären lassen. Es ist umfänglich, durchdacht, modern und wird aktualisiert, sie könnten in Tibet quasi sofort losregieren. Die tibetische Gemeinschaft ist registriert, so sie es möchte. Für eine bestimmte Summe, ungefähr 100 Euro, erhält man seit 1972 einen grünen Pass, als Identitätsnachweis auch innerhalb der internationalen tibetischen Diaspora, womit finanzielle Mittel für die Exilregierung generiert werden. Alle fünf Jahre wird die CTA, die Central Tibetan Administration, wie es jetzt heißt, gewählt. Wahlberechtigt ist man ab 18 Jahren, ab 25 kann man als Volksvertreter ins Parlament gewählt werden. Der grüne Pass ist innerhalb der tibetischen Exilgemeinschaft Voraussetzung für die Schulaufnahme, ein Stipendium oder eine berufliche Anstellung. Ansonsten hat er hauptsächlich Symbolgehalt, man kann damit nirgendwo einreisen oder ein Visum beantragen. Die Tibeter.innen in Indien erhalten einen gelben Pass, ein Reisedokument, mit dem sie sich ausweisen und in gewisse Länder reisen können. (Nicht nach Deutschland, dazu braucht es eine persönliche Einladung.)

Man hat aus der Geschichte gelernt, und ich lese in den Broschüren im Regierungsviertel das Zitat eines tibetischen Politikers: »Wir Tibeter sind ein sehr religiöses Volk. Wir kümmerten uns Jahrhunderte lang nur um unsere Religion und Kultur. Politik hat uns nie besonders interessiert. Wir haben wie hinter einem Vorhang gelebt, und das ist uns zum Verhängnis geworden. Wandel ist ein Gesetz der Natur, und daran haben wir uns nicht gehalten. Wir haben

322

uns nicht entwickelt, wie die restliche Welt es getan hat. Irgendwann sind wir aus unserem Schlaf erwacht und konnten nur noch zusehen, wie China unser Land besetzte. Zu diesem Zeitpunkt hatten wir keine außenpolitischen Verbindungen, geschweige denn einen Sitz in der UN, wie China ihn hat. Weil wir keine Verbündeten hatten, gab es keine Regierung auf der Welt, die uns zu Hilfe gekommen wäre.«

Der Dalai Lama sagte: »Veränderungen nehmen auch im tibetischen System der Politik Einzug. Es ist bedauerlich, dass dies im Exil stattfindet, doch es wird uns nicht daran hindern, das Wesen der Demokratie zu erlernen.«

Gandhi gelang es, mit gewaltlosem Widerstand die Briten aus dem Land zu befördern. Wird den Tibetern dasselbe gelingen? Man weiß es nicht. Wir wissen es nicht. Die Verzweiflung kann so übermächtig werden, dass man sich tötet und den Selbstmord öffentlich macht. Ein grausames Bild: brennende Nonnen, brennende Musiker, brennende Mönche, brennende Menschen …

Darum das Stück.

Der Regisseur Harry Fuhrmann und sein internationales Team (Timo Dentler und Okarina Peter waren für das Bühnenbild verantwortlich) probt liebevoll, geduldig und mit großem Wissen, Respekt und Verständnis für tibetische Tradition und buddhistischen Glauben mit den Laien und Studierenden des Ensembles. Verliert weder Geduld noch Humor. Seit 2015 unterrichtet er regelmäßig am TIPA, und man munkelt, dass er vermutet, in einem anderen Leben Tibeter gewesen zu sein.

Kalsang, die die Hauptrolle, die Nonne Deshar, spielt, kommt aus Südindien, sie ist Tibeterin der zweiten Generation und Studierende am TIPA. Sie sagt, dass sie wenig wisse von tibetischer Geschichte; sie ist eine junge moderne Frau, die im heutigen Indien lebt, in einer tibetischen Siedlung, die meinetwegen auch Camp genannt werden kann, in der man, so habe ich es verstanden, ziemlich unter sich bleibt, auch wenn partiell Inder.innen unter bzw. mit den Tibeter.innen leben. Die Settlements haben keine Zäune um sich herumgeschlungen.

In den dokumentierenden Videos über die 1966 entstandenen sechs Settlements im südindischen Bundesstaat Karnataka sieht man gut gebaute Häuser, Krankenhäuser, Schulen, Gemeinschaftseinrichtungen, Geschäfte und Tempel, die in 1600 Hektar fruchtbarem Gelände liegen, das der indische Präsident Nehru damals den ankommenden Tibeter.innen zur Verfügung gestellt hat. Selbstverwaltete Siedlung statt Camp. Grund und Boden, die Eigentum wurden und Zukunft ermöglichten. Und Ankommen. Hier haben die Zäune einmal nicht obsiegt. »Niemand hat für die Tibeter so viel getan wie die Inder und die indische Regierung«, sagt mir der ehemalige Direktor des Tibetischen Kinderdorfs TCV (Tibetan Children Village), das der Dalai Lama 1960 nach seiner Ankunft im Exil einrichtete und das von seinen Schwestern geleitet wurde.

Kalsang hat sich für diese Produktion ihre langen Haare bis zur Schulter abgeschnitten, damit die Glatzen-Perücke auf den Kopf passt. Sie sagt, wenn sie die Haare zu einer Kurzhaarfrisur abschneiden würde, hätte sie keine Chance, in den traditionellen tibetischen darstellenden Künsten einen Job zu finden.

Warum Glatze?

Für das Stück wurde an einem Abend auf dem Institutshof eine Filmaufnahme gedreht, die als Projektion in das Bühnengeschehen integriert wurde, in der in Slow Motion die Darstellerin der Nonne, Kalsang, sich mit Benzin, was hier selbstredend warmes Wasser war, aus einem schwarzen Metallkanister übergießt. Sie verbrennt sich in »Pah-Lak« aus Protest, überlebt mit schweren Verbrennungen und ohne Haare. Darum die Glatze.

Ich fungierte als Stand-in. Während die Film-Einstellung eingeleuchtet wurde und ich in der nordindischen kurzen Dämmerung herumstand, dachte ich: Wie kann man es aushalten, dieses Wissen, gleich zu verbrennen und qualvoll und schmerzhaft zu sterben? Was sind deine letzten Gedanken? Denkst du noch, während du bereits brennst? Im europäischen Mittelalter wurden Hexen während der Inquisition im Namen Gottes verbrannt, vermutlich weil sie zu viel wussten, heute zünden sich junge asiatische Menschen an, um ein Zeichen zu setzen für die Unterdrückung, unter dem ihr Land und die Bevölkerung leiden, so dass man dort nicht mehr leben kann. Manche wagen es, ins Exil zu gehen. Oder zu flüchten – was nur ein anderes Wort für denselben Umstand ist.

Ein Zeichen setzen. Das ist eine Methode, mit der versucht wird, auf Missstände aufmerksam zu machen. Diese Missstände sind allerorts zu finden. Die Zeichen versanden oft. Für wen werden sie gesetzt? Für die Mitmenschen, andere Nationen, für Staatenlenker oder um Solidarität zu erfahren? Hören die, die hören sollen?

Ins Exil gehen, das kann man nicht mehr, wenn man im Jahr 2022 in Tibet lebt. Der Weg ins Exil ist abgeschnitten, so sicher, wie wohl sonst nirgendwo auf der Welt. Nach den Olympischen Sommerspielen 2008 in China, deren allgemeine Maßnahmen bereits die Flucht erschwerten, war es ausgerechnet die Pandemie, die auch noch die letzten Möglichkeiten auslöschte. Trotzdem schaffen es manche Waghalsige, aber sie sind an einer Hand abzuzählen.

Wir drehen. Kalsang übergießt sich mit Benzin aus dem martialischen schwarz-metallenen Benzinkanister. Es dauert lange, die Flüssigkeit läuft über ihre Haare, ihr Gesicht, ihre geöffneten Augen, ihre Kleidung. Der Hof der Hochschule ist totenstill und dunkel, auch die Hunde, die sonst herumwetzen, haben sich abgelegt, nur ein Licht wirft Schlagschatten, und da steht Kalsang ganz allein, schaut mit klarem Blick in die Kamera, und das Bild trifft die Zuschauenden direkt ins Mark. Später im Stück wird diese Aufnahme auf einen Vorhang projiziert, dessen sanfte Bewegungen die Slow-Motion-Aufnahme noch komplexer erscheinen lassen. In der nächsten Szene dann tritt sie mit Glatze und verbundenen Armen und Beinen auf, schreit vor Schmerz während des Verhörs, das der chinesische Hauptmann durchführt, derweil er sie an einen Lügen-detektor angeschlossen hat. Am Ende dann wird sie von ihm er-schossen, weil sie seine Lügen entlarvt hat.

Zu einer der Hauptproben wurden die Studierenden des Instituts eingeladen. Harry bat sie anschließend um ihr Feedback. Sie sagten nichts, außer, dass sie manchmal den Text nicht verstanden hät-ten und dass die Mitschüler.innen gut gespielt hätten. Was sie emo-tional mitgenommen haben, wissen wir nicht, sie sind Kinder der nächsten Generation und schauen nach vorn, nicht zurück. Dazu kommt, so habe ich es verstanden, in meiner Zeit dort ganz im Nor-den Indiens, an einem Ort, der tibetisch geprägt ist, dass man tra-ditionell oder kulturell oder mentalitätsbedingt sein Gefühl nicht auf der Zunge trägt.

Lhakpa, der Übersetzer und Coregisseur, ist mit neun Jahren aus Tibet geflüchtet. Vor seinem gewalttätigen Vater. Er hat sich in die-sem jungen Alter selbständig entschieden zu fliehen, sagt er, und ging mit einer Kindergruppe über den Himalaya. Mit 20 Jahren dann hat er sich aus Protest gegen die chinesische Besatzung an-gezündet und wurde gelöscht; sein Körper unterhalb des Halses ist völlig vernarbt – und nun spielt er den Chinesen Deng. Ausgerech-net.

Seine Übersetzung muss sehr gut geworden sein, »er fand für jedes englische Wort eines in Tibetisch«, wunderte sich der Autor Abhishek und war beeindruckt von Lhakpas Übersetzungskünsten, obwohl wir alle kein Wort Tibetisch verstehen. Es ist eine uralte Sprache, die vermutlich ausgelöscht werden soll, da in der von der chinesischen Regierung gegründeten »Autonomen Region Tibets« an den Schulen kein Tibetisch, sondern nur Chinesisch gelehrt wird. »Sprache kann eine mächtige Waffe sein«, sagt Abhishek.

Auch deswegen hat der Dalai Lama entschieden, dass es notwen-dig ist, in den Schulen des Kinderdorfes in Tibetisch zu unterrich-ten, so dass die Kinder ihre Mutter- oder Vatersprache nicht vergessen. Man beginnt mit der Alphabetisierung bereits im Kindergarten, ein hübsches rundes Gebäude, zentral gelegen. Auch indische Kinder können dort, gegen eine Gebühr, als Externe zur Schule gehen, die eigentlich ein Internat ist, da die Kinder ja ohne Eltern in Indien angekommen sind. Die indischen Kinder lernen auf diese Weise Tibetisch, die tibetischen Kinder lernen im Unterricht Hindi. Und Englisch auch.

Die Kinder leben in Gruppen mit Pflegemüttern zusammen, um einen Familienersatz zu gewährleisten. In den 60er, 70er und 80er Jahren kamen so viele Kinder, dass die Häuser überbelegt waren. So wohnten partiell 60 Kinder zusammen, statt 25 wie vorgesehen.

Das Dorf ist inzwischen wirklich ausnehmend groß geworden, die Strecken, die man zurücklegen muss, sind beeindruckend, vorbei an Sportplätzen, Tempeln, Recycle-Studios und einem Krankenhaus. Lobsang, die mich herumführt und seit 30 Jahren hier in der Administration arbeitet, erzählt mir, dass die Lehrer aus vielen Ländern kämen, auch ein deutscher Lehrer sei darunter, der Mathematik unterrichtet. Das Lehrergehalt liegt inzwischen bei 1000 Rupien pro Monat, was ungefähr 15 Euro sind. Dazu kommen Unterkunft, Essen und Lehrmittelfreiheit. Lobsang sagt, sie hätte anfangs nicht gewusst, was sie mit so viel Geld anstellen solle. Sie kam als geflüchtetes Kind im Dorf an, ging zur Schule, studierte in Mumbai und Delhi und kam schließlich ins TCV zurück, auch ihre Kinder gehen hier jetzt zur Schule.

Der Dalai Lama wurde gefragt: »Wie können wir Ungleichheit bekämpfen und die Kluft zwischen Arm und Reich verringern?« Seine Antwort war: »Bildung ist der Schlüssel zur Schaffung einer egalitären Welt. Alle Menschen auf dieser Erde, ob reich oder arm, haben das gleiche Potenzial, durch Bildung Großes zu erreichen. Deshalb sollten wir uns auf die Bildung von Kindern konzentrieren.«

Es ist ein gewaltiger Unterschied, ob man in ein Land flüchtet, in dem alle und alles fremd sind und niemand einen erwartet, oder ob da bereits der Oberboss, der verehrte geistige Führer auf dich wartet, dich empfängt und schon vorausgedacht und vorbereitet hat, was benötigt wird, um anzukommen, sicher und aufgehoben zu sein, um Gemeinschaft zu finden, Versorgung, Gesundheit, Freiheit, eine Perspektive und Zukunft. Das ist, was die tibetischen Geflüchteten von allen anderen Geflüchteten deutlich unterscheidet. Deswegen nennt man sie wohl auch Exil-Tibeterinnen. Weil sie in der Hierarchie irgendwie besser dastehen. Man fürchtet sie nicht.

Zwei Tage vor der Premiere kam Abhishek Majumdar angereist, um sich die Inszenierung seines Stückes, das er für diese Aufführung mit dem Regisseur Harry Fuhrmann überarbeitet hatte, anzusehen.

Er hat Mathematik, Physik und Umweltentwicklung in Bangalore studiert und anschließend Schauspiel an der »London International School of Performing Arts«, LISPA. Während er als Schauspieler arbeitete, schrieb er bereits nebenher.

Das Leben als Künstler ist ungewiss, sagte er, aber er wusste, wenn nichts mehr klappt, dann wäre da immer noch seine ältere Schwester. Das konnte ich gut verstehen, ich habe auch eine ältere Schwester, die sich kümmern würde, wenn nichts mehr geht.

Nach der Uraufführung von »Pah-Lak« in London im April 2019 im »Royal Court Theatre« erzählte er in einem Interview von seiner Recherche für das Stück.

Er hatte ein Jahr über Tibet, den Buddhismus und Chinas Kommunismus gelesen, hatte Interviews mit Exil-Tibeter.innen geführt, sich auf chinesischen Chatseiten getummelt und erhielt von der Stiftung des Dalai Lama, die er nach dem Erhalt des Friedensnobelpreises 1989 gegründet hatte, Unterstützung.

Dann reiste Abhishek nach China und Tibet. »Tibetische und chinesische Bars sind gut für die Recherche«, sagte er mit Schalk in den Augen. Die Reise war schwierig, da man herausgefunden hatte, dass er Schriftsteller sei und plane, etwas über Tibet zu schreiben. Woher wusste man das? Zack, war seine gekaufte Zugfahrkarte von China nach Tibet weg.

Schließlich traf er den Dalai Lama, der sagte: »Ich bin froh, dass Sie das machen und alle diese Fragen stellen, Sie sind Schriftsteller, seien Sie kritisch.«

Im Stück sagt die Figur des Pah-Lak namens Tsering Folgendes:

»Und was sagt Seine Heiligkeit zum Beijing-Lhasa-Express?«

»Er sagt, er sei bloß ein Schiff. Er ist nicht gut und nicht schlecht«, wird ihm geantwortet.

»Ein Schiff, das die Bestie zu uns bringt, ist bloß ein Schiff?! Seine Heiligkeit kennt offensichtlich nur eine Bedeutung des Wortes ›bloß‹. Dass die Würde der Tibeter bloßgestellt wird, ist ihm anscheinend nicht bekannt. Seine Heiligkeit hat meine Bewegung zurückgepfiffen, weil er entschieden hat, gewaltfrei zu sein.«

Wegen dieser und anderer Aussagen im Stück entstand Unbehagen bei dem Darsteller des Tsering. Kritik am Dalai Lama, hui, das darf nicht sein. Was sagen da die Eltern?! Gerüchte, ohne das Stück zu kennen, kursierten in der Familie des Darstellers und darüber hinaus.

Doch auch wenn Seine Heiligkeit, der Dalai Lama, Kritik zulässt und selbstkritisch ist, vermisste man ein öffentliches Statement seinerseits, als 2018 Vorwürfe des Missbrauchs seitens buddhistischer Lehrer im Westen laut wurden.

Während der Proben für die englische Uraufführung in London erhielt Majumdar ein Angebot von einem Theater in Shanghai. Sie würden ihm den dreifachen Preis zahlen. Die Idee war wohl, sein Stück zu kaufen und es dann zu verbrennen. Es auszulöschen. (Sprache ist eine mächtige Waffe.) Abhishek lehnte das lukrative Angebot selbstredend ab.

So wurde er von chinesischen Agenten in London zu einem Treffen in China Town, unweit des Trafalgar Squares, gebeten. In eine Wohnung im ersten Stock. Da ihm die Sache nicht geheuer war, hatte er einer Freundin mitgeteilt, wo er sei und dass sie, wenn er sich nach 40 Minuten nicht bei ihr zurückmelden würde, dorthin kommen solle.

Als er die Wohnung betrat, in der er drei chinesische Männer vorfand, wurde ihm von einem direkt in die Achilles-Sehne gekickt. Gleich danach schlug ihm ein anderer aufs Auge. Sein Nerv ploppte, das Auge war sofort blutig, Abhishek schlug zurück und sagte: »Lasst uns so was nicht machen, ich habe ein Stück über Gewaltlosigkeit geschrieben.« Erneut wurde er gedrängt, das Stück zu verkaufen. Erneut lehnte er ab. Wer hinter ihm stehe und was seine Motivation sei, wurde er gefragt, man dachte, er agiere im Namen einer Institution. Die Menschen schließen doch wirklich immer von sich auf andere.

Wenn er nicht verkaufe, solle er Änderungen vornehmen. Erstaunlicherweise kannten sie das Stück, obwohl es zu diesem Zeitpunkt nur dem Theater bekannt war ... Woher wussten sie das?

»Welche Änderungen?«, fragte er die Agenten.

Die Figur des chinesischen Kommandeurs Deng sei zu weich, sagten sie. Er müsse tougher sein, es gäbe keine sanften Kommunisten. Exakt dieser Einwand war ebenfalls seitens der tibetischen Community gekommen, auch sie hatten kritisiert, dass die chinesische Figur zu freundlich gezeichnet sei.

»Es gab unterschiedliche Reaktionen auf das Stück, und alle hatten, von ihrer Perspektive aus betrachtet, recht«, sagte Abhishek.

Seine Heiligkeit wurde gefragt: »Wie definieren Sie tibetische Kultur?« Seine Antwort war: »Tibetische Kultur ist eine Kultur der Gewaltlosigkeit, eine Kultur des Friedens, die letztlich auf Mitgefühl beruht.«

Tushita

Das Tushita-Meditationscenter in Dharamkot liegt oberhalb von McLeod Ganj. Da will ich hin. Also noch höher steigen. Dann bin ich auf über 2000 Meter. Am ersten Tag laufe ich die Strecke und komme mir vor wie ein kaputtes Auto. Warum dauert das denn so lang, herrje? Es ist doch nur ein Kilometer. Aber diese Meter gehen steil bergan. Die letzten 150 Meter sind nur noch in den Berg gehauene Stufen. Klatschnass komme ich schließlich an. Die Höhe, sie ist nicht zu unterschätzen. Wie gehen die Kinder durch den Himalaya?

In Dharamkot war einst das israelische Militär stationiert. Über die Jahre hinweg hat sich daher eine größere israelische Crowd entwickelt, auf der Suche nach Spiritualität. Hippies 2.0 irgendwie.

Das Meditationszentrum ist wunderschön, der Altar blumenüberströmt und prachtvoll, der Buddha darauf groß und golden, viele Kissen für die vielen Meditierenden, alles strahlt in Rot und Orange und Gelb. In mir breitet sich ein warmes Gefühl aus, und ich setze mich weiter hinten hin. Mehr und mehr Menschen betreten barfuß den Raum, die Tür schlägt hinter jedem zu, und ich denke, wenn man mit schlagender Tür die Meditation beginnt, ist das kein gutes Omen, man kann doch darauf achten, dass sie nicht in die Angeln donnert, nein? Es geht ja um Achtsamkeit und Gewahrsamkeit in der Meditation, da kann man ja mal mit der Tür anfangen. Aber bitte. Der Meditationslehrer leitet mit einem klaren Englisch, in dem ein kleiner Akzent schwingt, durch die Klasse. Erläutert, dass wir über die Frage »What is a thought?« kontemplieren würden. Tja, was ist ein Gedanke? »The mind is not the brain«, fährt er fort, der Geist ist nicht das Gehirn.

Ob es eine Seele gibt, weiß man auch nicht, fällt mir dabei unzusammenhängend ein. Wissenschaftlerinnen haben sie jedenfalls bislang nicht gefunden. In Russland hat man bis 1860 die »Seele« als Zahlungsmittel verwendet, 250 Rubel waren eine Seele. Man kaufte mit Seelen ein. Als würde man mit Menschen einkaufen: zehn Laib Brot für einen Menschen. Gab's alles, also bitte nicht wundern.

Der Meditationslehrer sagt: »Ihr könnt manchmal auch einfach irgendwo verweilen und innehalten, wahrnehmen, was geschieht, und achtsam sein. Hier in diesen Wäldern waren Buddhisten fünf, zehn, zwanzig Jahre im Retreat, im selbst gewählten Rückzug, man spürt die Energie bis heute. Versucht das einmal, statt eine weitere Pizza zu bestellen.«

Word.

Nach der Klasse begebe ich mich auf den Fußweg durch den Wald, der abkürzend ins Zentrum Dharamkots führen soll. Doch da lungern so viel selbstbewusste Affen herum, dass ich wieder umdrehe und den längeren Weg nehme. Ja, ich habe Angst vor Affen. Angekommen, suche ich nach einem Café und lerne von den Tuktuk-Fahrern, dass der heiße Scheiß hier der »Teashop Himalaya« ist. Er befindet sich direkt neben dem Tuktuk-Stand und sieht so aus: sechs Plastikstühle an Wackeltischen, fertig. Okay. An der Seite eine Theke mit Küchenzeile, wo toppes Omelette fabriziert wird. Ich setze mich.

Und da kommt auch der Meditationslehrer und trinkt Masalatee aus einer der durcheinanderen Tassen. Ich wage es, ihn in Englisch anzusprechen, bedanke mich für die schöne Klasse und erfahre auf diese Weise nicht nur von den asiatischen Orten, an denen er Buddhismus studierte, sondern auch, dass er herkünftig aus Österreich ist und Renato heißt. »Na, da können wir ja auch Deutsch sprechen«, sage ich und weiß nun, woher der leichte Akzent kommt.

An einem anderen Tag begegnete ich nach der Klasse im Zentrum einem jungen israelischen Musiker, der auf Reisen war. Er hatte gerade seinen Militärdienst beendet, den er als Trompeter in der Armee-Brass-Band abgeleistet hatte, eine angenehmere Vorstellung als zu schießen, fand er, fand ich auch. Gerade kam er aus der Mongolei, wo er und seine vier Kumpels von Mongolen in ihr Tipi aufgenommen worden waren. Sie konnten nicht kommunizieren, kein Englisch weit und breit, aber die mongolische Familie hat die fünf Reisenden in ihr Zelt eingeladen und ihnen zu essen, zu trinken und einen Platz zum Schlafen gegeben. Welch Gastfreundschaft, die von den fünf Kumpels als ein Abenteuer angesehen worden sein mag, im Sinne von: Wir haben in einem Tipi geschlafen, we did it!

Ein Ort, der ein Zuhause ist für die Gastfreundlichen und das auch hoffentlich bleiben wird und nicht eines Tages verlassen werden muss, um sich auf die Flucht zu begeben. Die Flucht, die einen dann möglicherweise nach McLeod Ganj oder Dharamkot führt, wo viele junge Menschen sind, die Yoga machen und irgendwie meditieren und vielleicht ihr Glück hier suchen oder Sinn oder Erfüllung.

»Das Gefühl von Offenheit, das die Menschen erfahren, wenn sie ihren Geist einfach friedlich ruhen lassen, ist im Buddhismus als Leere oder Leerheit bekannt, wahrscheinlich einer der am meisten missverstandenen Begriffe der buddhistischen Philosophie. Wenn wir über die Leerheit sprechen, meinen wir nicht das Nichts, sondern ein grenzenloses Potenzial, aufgrund dessen alles in Erscheinung treten, sich verändern oder verschwinden kann. Weil die Natur oder das Wesen unseres Geistes Leerheit ist, besitzen wir die Fähigkeit, eine potenziell grenzenlose Vielfalt an Gedanken, Gefühlen und Empfindungen wahrzunehmen und zu erfahren.« (Mingyur Rinpoche)

Ich habe den österreichischen Meditationslehrer zu unserer Vorstellung eingeladen.

Ich habe den israelischen Musiker zu unserer Vorstellung eingeladen.

Beide kamen.

Einige Tage vor der Premiere, gab es eine Privataudienz bei seiner Heiligkeit, dem 14. Dalai Lama himself. Er weihte die Buddha-Statue, die Teil des Bühnenbilds war, und gab jeder einzelnen Person der Theatertruppe seinen Segen. Um 7.00 Uhr morgens. Rechtzeitig aufstehen, lieber früher da sein. Es war ein großes Ereignis, vor allem für die Tibeter und Tibeterinnen, die sich in ihre schönsten Kleider warfen. Ich begleitete die Truppe auf ihrem Fußweg zum Tempel. Harry und der 45 kg schwere Buddha fuhren verständlicherweise mit dem Taxi.

Die Sonne schien warm und sanft und orange und blinzelte in den großzügigen und offenen Tempel hinein, wo wir uns tummelten und unsere Gesichter der Sonne entgegenhielten. Ein paar Tage später würde der Dalai Lama hier seine Teachings halten, für die Hunderte Menschen angereist kamen und bei denen ich ebenfalls gegenwärtig war, um 5.30 Uhr. Aber das ist eine andere Geschichte und soll ein anderes Mal erzählt werden, genauso wie jener eindrückliche frühe Morgen, 4.30 Uhr, an dem wir das Orakel kennenlernten, das Seiner Heiligkeit zur Seite steht, wenn es darum geht, Entscheidungen zu treffen.

Premiere

Vor einem illustren Publikum und in einem voll besetzten Saal fand am 1. Oktober 2022 die Premiere statt. Hochschule hin oder her, dies hier ist ernst, denn es geht um die tibetische Existenz.

Abhishek, der Autor, tigerte nervös über den Hof des TIPAs, und die Hunde begleiteten ihn und liebten die heutige Aufregung, die vielen Menschen, denn irgendeiner war immer bereit, sie richtig durchzustreicheln, oder trug sogar etwas Essbares in der Tasche.

Abhishek wollte mit allen reden und mit niemandem sprechen, er wollte sehen, wer da ist, und sich ins Getümmel werfen und gleichzeitig einfach nur herumstehen und starren, er wurde vorgestellt, herumgereicht, alle ranghohen Parlamentsmitglieder wollten mit ihm sprechen, und er freute sich und redete und redete und war gleichzeitig völlig überwältigt. Auch mit mir sprach er kurz, bevor er wieder über den weiten, in gelbes Licht getauchten Hof des Geländes hastete, auf dem Opernvorstellungen der Studierenden stattfinden und an dessen Kopfseite extra eine Loge für den Dalai Lama eingerichtet wurde. Um den Hof herum sind auch die Werkstätten und weiter hinten die Mensa und die Mädchen- und Jungstrakte.

»Ich kann nicht glauben, dass das gerade passiert«, sagte er zu mir. »Ich habe das Gefühl, als würde ich aus einem siebenjährigen

Retreat kommen. Dass es wahr geworden ist, dass hier im tibetischen Exil mit tibetischen Schauspielern in ihrer tibetischen Sprache ihre Geschichte erzählt wird, dass dies möglich ist und wahr wurde – ich kann es nicht glauben. Excuse me please.« Und schon rannte er wieder davon, damit das Tempo seiner Schritte sich seinem klopfenden Herzen anpasst.

Sein Traum, er wird heute Wirklichkeit. Und nicht nur seiner.

Dolma Tsering Teykhang, die Vizepräsidentin des 17. Tibetischen Parlaments im Exil, war ebenfalls im Theatersaal. Sie hielt im Anschluss an das Stück eine Rede, erst in Tibetisch, während der sie begann zu weinen, dann in Englisch:

»Als ich dies intensive Stück sah, wurde mir klar, dass die Tibeter in Tibet, obwohl sie Brutalität und Gräueltaten durch das autoritäre kommunistische Regime Chinas erleben, immer noch wissen, wie man mitfühlend, tolerant und gewaltfrei ist. Sie haben hier die Essenz der tibetischen Lebensweise und Kultur sehr deutlich dargestellt. Dafür danke ich Ihnen aus ganzem Herzen.

Wenn wir die Opfer unserer Brüder und Schwestern in Tibet sehen … *(Sie macht eine Pause, hebt ratlos die Hände, lässt sie wieder fallen und den Satz in der Luft hängen)* Tun wir genug? Das ist die Frage, die sich jeder von uns stellen muss, anstatt mit dem Finger auf andere zu zeigen. Ich denke, es ist nicht genug, wir müssen mehr tun. (…) Wir müssen die tibetische darstellende Kunst anspruchsvoller machen und sie mit dieser Art von Stücken bereichern.«

Nach der Premiere ist die Theatertruppe auf Tour gegangen, zuerst durch Indien und 2023 durch Europa. In Berlin haben das Ensemble und ich uns bei einer Vorstellung wiedergesehen und backstage umarmt. Ich war gerührt, dass sich alle an mich erinnerten und meinen Namen wussten. In ihren Gesichtern konnte ich neues Selbstbewusstsein lesen, sie waren zu Schauspielerinnen und Schauspielern gereift, denn sie waren durch die Welt gefahren, mit einem Stück, das von ihrem verlorenen Heimatland erzählt, und die Menschen haben ihnen zugehört.

Das ist wohl, was wir tun können, als Künstlerinnen; wir können Realität in Kunst verdichten, geben Zuschauenden für einen Moment ihres Lebens die Möglichkeit, in einem abgedunkelten Raum zu verweilen, eine Auszeit zu nehmen, um sich konzentrieren zu können, auf das beleuchtete Bühnengeschehen, zu dem nichts beigetragen werden muss, außer daran Anteil zu nehmen, mit offenen Sinnen, Herz, Hirn und Geist.

The mind is not the brain. Der Geist ist nicht das Gehirn.

Ich danke Ihnen.

Vorhang.

Black.

Post Scriptum

Am 11.4.2023 ging ein Video des Dalai Lama viral, in dem ein kleiner Junge vor ihm steht, dem der Dalai Lama seine Zunge herausstreckt und offenkundig wollte, dass der Junge daran lutsche. Man sieht deutlich an der Körpersprache des Jungen, wie sehr er das nicht möchte. (Wer möchte das schon.)

Der Dalai Lama hat sich anschließend öffentlich entschuldigt. Anscheinend soll das eine tibetische traditionelle Begrüßungsform sein. Keine Ahnung. Mit diesem Video jedenfalls wurde auf einen Schlag grundlegendes Vertrauen zerstört. Was ein Desaster ist, wenn man bedenkt, was der Dalai Lama alles geleistet, aufgebaut, ermöglicht und erdacht hat, wovon viele nichts wissen, doch seit dem viralen Video wissen die Menschen nun, dass Seine Heiligkeit gern kleine Jungs mit der Zunge begrüßen möchte, und danach wird's dann auch schon dunkel.

»Wenn jeder eines jeden Feind ist, dann ist kein Platz für Fleiß und Ackerbau, keine Wissenschaft, keine Zeitrechnung, keine Künste, keine Literatur, keine Gesellschaft. Und was das Schlimmste ist: Es herrscht stetige Furcht und die Gefahr eines gewaltsamen Todes. Das Leben des Menschen ist einsam, armselig, garstig, brutal und kurz.«

(Thomas Hobbes, »Leviathan«)

Schauspiel-Workshop

Aziz, der inzwischen 20 ist, und ich fahren über die Insel Lesbos, wir machen einen Ferientag, wollen über Schauspielerei sprechen und schwimmen, für einen Tag dem Alltag und Mytilinis Enge fliehen. Lesbos ist keine kleine Insel, drittgrößte des Landes. Wir fahren mit geöffneten Fenstern und sind uns gegenseitig entspannte Ausflugspartner, die sich was zu sagen haben, aber nicht unentwegt reden müssen.

Das Regelwerk des neuen Camps, das es nun seit fast einem Jahr gibt, erlaubt den Bewohnern, wöchentlich vier Stunden das Lager zu verlassen, die anderen 164 Stunden der Woche bleibt man hier, in Kara Tepe oder Moria 02 oder wie immer man es nun nennen will. Das neue Camp. Um die vier Stunden auch sicher gewährleistet zu sehen, muss man sich rechtzeitig in Listen, analog oder digital, eintragen.

Die Regelung für das Wochenende ist etwas anders: Kehrt man samstags vor 14.00 Uhr nicht von seinem Slot zurück, darf man erst Montag früh wieder das Lager betreten. Also kehren Studierende nicht von ihrem Slot zurück und bleiben das Wochenende bei Freunden in Mytilini.

Auch heute verhält es sich so, es ist Samstag, wir fahren los, kehren nicht vor 14.00 Uhr zurück, und Aziz kann in der Wohnung von Douglas und Sonia übernachten, sie sind über das Wochenende weggefahren.

Die beiden sind inzwischen verheiratet, in Warschau haben sie geheiratet, ich war per Zoom dabei. Corona-Hochzeit. Nur ihre Mitbewohnerinnen durften live dabei sein. Und so waren aus diversen Ländern Freunde und Familie online dazugeschaltet, und ich sah Yaser in Norddeutschland, Aziz in Mytilini und andere Studierende im Camp sitzen, die als digitale Hochzeitsgäste teilnahmen, als auch Lehrer aus Lesbos, Dougs amerikanische Familie aus New York und anderen Bundesstaaten und polnische Freunde von Sonia.

Es war der offizielle Akt, zu dem sich die beiden trotzdem sehr schön und in Weiß und Anzug gekleidet hatten und aussahen wie Hollywood-Stars. Die Party würde später kommen. Sie kam 2022.

Douglas war nun mit einer EU-Bürgerin verheiratet und erhielt die Erlaubnis, wieder nach Griechenland einreisen zu dürfen, wo immerhin seine Wohnung, seine Arbeit und sein Zuhause vorzufinden waren.

Juli 2021 war schon wieder der heißeste Juli seit Beginn der Wetteraufzeichnung im Jahr 1881. Der Süden Europas brennt: Frankreich, Italien, Spanien, Griechenland. Die Türkei brennt, Israel, Kalifornien, Australien. Deutschland ringt mit der Flut in Nordrhein-Westfalen und Rheinland-Pfalz. In Athen regnet es Asche, während vor seinen Toren das Feuer die Landschaft frisst wie ein mythologisches Tier.

Jetzt ist August, und ob es der heißeste August seit Wetteraufzeichnung wird, bleibt abzuwarten. Wir knattern über die Insel gen Norden, wo die meisten Fliehenden aus der Türkei ankommen. Und auch die meisten zurückgeschoben werden. Die Idee des Non-Refoulements, das in den Genfer Konventionen verankert wurde, die Nicht-Abschiebung, ist in Realität längst Vergangenheit. Der Grundsatz der Nichtzurückweisung, »the principle of non-refoulement«, ist in Artikel 33 der Konvention von 1951 wie folgt festgelegt: *»Keiner der vertragschließenden Staaten wird einen Flüchtling auf irgendeine Weise über die Grenzen von Gebieten ausweisen oder zurückweisen, in denen sein Leben oder seine Freiheit wegen seiner Rasse, Religion, Staatsangehörigkeit, seiner Zugehörigkeit zu einer bestimmten sozialen Gruppe oder wegen seiner politischen Überzeugung bedroht sein würde.«*

Das nur beiseit'. Im Anschluss an dieses Kapitel kann man von dem Menschenrechtsanwalt Wolfgang Kaleck, der 2007 den ECCHR (European Center for Constitutional and Human Rights) gründete, ein Netzwerk europäischer Human-Rights-Anwälte, hören, was er zum Thema von verschriftlichtem Recht und dessen konkreter juristischer Handhabe und Umsetzung zu sagen hat.

Von der östlichen Seite der griechischen Insel Chios, die drei Stunden mit der Fähre von Lesbos entfernt ist, bis zur türkischen Küste beträgt die Luftlinie über das Meer nur 8 Kilometer. Abends blinken die Lichter der auf den türkischen Hügeln verteilten Windräder rot und die Lichter in den Häusern gelb. Ich war da, ich habe die Lichter gesehen, es war heimelig und sehnsuchtsvoll zugleich, ich saß dort mit griechischen und türkischen Frauen in einer Taverne am Wasser beisammen, und wir sagten: Die Lichter sind so nahe, man meint, kurz hinüberschwimmen zu können. Kann man ja auch, siehe Mardini-Schwestern. Die Frage, ob du ankommst, hat allerdings mit der Richtung, in die du möchtest, zu tun.

Im Sommer treffen sich hier türkische Exil-Intellektuelle, die nun in Griechenland leben, und schauen von den Tavernen Chios' hinüber in ihr Heimatland, dessen Zutritt ihnen aus politischen Gründen verwehrt wurde. Sie sitzen die Nacht über beieinander, trinken, rauchen und reden über Heimat, Politik, Verlust, über das Leben, Geschichte und Philosophie. So stelle ich es mir vor, sie sind Schriftsteller, Journalisten, Künstlerinnen, Akademikerinnen.

Während des Zweiten Weltkrieges saßen deutsche Schriftsteller und Künstlerinnen in der Feuchtwanger-Villa Kaliforniens und führten vermutlich ähnliche Gespräche, nur mit dem Unterschied, dass sie nicht hinüberblicken konnten auf ihr Heimatland, das im Begriff war, die Welt und Menschen nachhaltig zu zerstören.

Ich saß mit den Enkelinnen türkischer und griechischer Groß- oder Urgroßeltern, die vor 100 Jahren einen groß angelegten Austausch von Teilen der Bevölkerungen erlebten. »Zwangsumsiedlung«

nannte sich das. Es betraf alle griechisch-orthodoxen Staatsangehörigen des osmanischen Reiches, die im Gebiet der heutigen Türkei lebten, sowie alle muslimischen Staatsangehörigen Griechenlands. Die Betroffenen erhielten die Staatsangehörigkeit des Aufnahmelandes. Die »Konvention über den Bevölkerungsaustausch zwischen Griechenland und der Türkei« wurde 1923 in Lausanne unterschrieben. Sie betraf 1,6 Millionen Personen, etwa 1,2 Millionen anatolische Griechen und 400000 Muslime in Griechenland. Heute leben die Enkelinnen in Deutschland und probieren das rudimentäre Griechisch und Türkisch aneinander aus. Man kann also nicht behaupten, dass in der Vergangenheit immer alle in ihren Herkunftsländern verblieben seien; diese Idee von Nationalstaatlichkeit, sie ist ein Konstrukt, das Veränderungen umarmen statt ablehnen sollte. Aber bitte.

Ich bin vom Weg abgekommen. Aziz' und mein Weg führt, wie gesagt, in den Norden der Insel Lesbos, er kopilotiert, während er mir Fragen über Schauspielerei stellt, da er Schauspieler werden will, schon lange, und ich diesmal nach Lesbos gekommen war, um bei ReFOCUS Media Labs einen Schauspiel-Workshop anzubieten.

Ich hatte zu Douglas und Sonia gesagt, dass im Department Schauspiel noch Luft nach oben sei. Technisch sind die Studierenden sehr weit. Geschichten wissen sie zu entwickeln, haben Anliegen und genug Themen, aber wenn es um Schauspiel geht, tut mir leid, Leute, da ist Ödnis. Beide hatten zugestimmt und mich direkt eingesackt. Nein, stimmt nicht, ich hatte es angeboten, sie würden niemanden einsacken. Ich hatte es wiederholt angeboten und musste dem Gelabere endlich Taten folgen lassen. Darum war ich hier, der Workshop hatte bereits begonnen, und Aziz befragte mich zur Schauspielerei. Über Methoden, Vorbereitung, innere Haltung, die Annährung an emotionale Zusammenhänge, das Entwickeln von Figuren undsoweiterundsofort.

Zu tun, als sei man jemand anderes, scheint absurd als ernst zu nehmende Job-Description, ich weiß. Es ist ein Beruf, der vielen Rätsel aufgibt, gern missverstanden wird, man meint, es hätte mit roten Teppichen zu tun, der gefährlich ist auf viele Weisen (anderes Thema) und bei dem alle immer genau wissen, wie es geht, und kaum einer weiß, wie man ihn ausübt, Schauspielende inklusive.

Zu tun, als sei man jemand anderes, ist auch etwas sehr Archaisches, Eskapistisches, und ist auch das, was Kinder machen, wenn sie Geschichten und Welten und Figuren imaginieren. Wenn sie beispielsweise im Kindergarten »Vater Mutter Kind Hund« spielen. Identitätssuche, Reflexion der Realität. Bis eines Tages das Kind, das immer den Hund spielen soll, weint und sagt: Ich will auch mal den Vater spielen.

Wir wollen alle gern mal die Hauptrolle spielen, nicht nur im Kindergarten oder im Film, sondern auch in unserem persönlichen Leben und wollen es uns nicht nur vorstellen müssen.

Während meiner Vorbereitung auf den Schauspiel-Workshop hatte ich mich gefragt, wie ich es anstelle, dass die Teilnehmenden, die alle eine Fluchtgeschichte hinter sich haben, durch Schauspielübungen nicht getriggert werden. Immer wieder notierte ich etwas und verwarf es wieder, da ich dachte, zu gefährlich, das kann direkt etwas auslösen. Da kommen Erinnerungen, da kommt ein Gefühl und zack. Ich sah mich nicht in der Lage, mit dem emotionalen Tumult, der dabei entstünde, umgehen zu können, abgesehen davon, dass ich unbedingt vermeiden wollte, dass es überhaupt dazu käme.

Also kam ich zu dem Entschluss, dass wir so viele grundlegende, körperliche Dinge machten wie möglich.

ReFOCUS Media Labs hatte wieder eine neue Schule, es durfte Präsenzunterricht durchgeführt werden. Die Wohnung, in der die drei Schulräume untergebracht waren, lag mitten in Mytilini. Douglas nahm ebenfalls an meinem Workshop teil. Das beruhigte mich, so konnte ich sicher sein, dass, falls doch etwas passieren sollte, jemand Vertrauenswürdiges anwesend war, der Sicherheit gäbe und vor allem wüsste, was zu tun sei. Falls.

Wir begannen im Kreis, mit Rennen auf der Stelle, schlugen die Hacken hinten gegen die Oberschenkel, klatschten in die Hände – und schrien. Schüttelten Arme und Beine, wackelten mit dem Po, beugten uns vornüber, rannten durch den Raum und ließen laute Töne aus dem aufgewärmten zappelnden Körper herausfallen. Sie lachten sich kaputt, und zu meiner Freude machten alle lauthals und ohne Schüchternheit mit. So einfach beginnt Schauspielerei. Man traut sich, dem Atem Platz zu geben, bis Töne auf dem Atem wie auf einer Rutsche herauspoltern. Dabei spürt man den ganzen Körper, der Sauerstoffgehalt im Blut erhöht sich, man fühlt das Herz klopfen, spürt alle Arme und Beine und auch die Ohren, die eventuell anfangen zu kribbeln. Ich hätte nicht gedacht, dass schlichtes Aufwärmen bereits so eine große Begeisterung und so viel befreites Lachen auslösen würde.

»Okay, verteilt euch im Raum, ich mach' auch mit. Wenn jeder seine und ihre Position gefunden hat, werde ich meine verändern, und ihr reagiert darauf. Schaut, ob eure Position noch Bestand hat, durch die veränderte Spannung im Raum.« Sie verstanden.

Dann spielten wir »Master to Jack, Jack to the Master«. Ein Spiel, das ich in Südafrika, im Township Kayelitsha, gelernt hatte, bei dem es um Rhythmus, Koordination und Konzentration geht. Ich schaute in die heiteren Gesichter der Studierenden und bemerkte, wie frei sie wurden. Sie spielten! Wir spielten miteinander ein Spiel, das tricky war, man musste auf die anderen achten, während man gleichzeitig seinen eigenen Rhythmus hielt.

Dann legten sich alle auf den Rücken. Ich wollte, dass sie sich ihres Körpers und dessen, was darin gerade passierte, bewusst werden. Machte mit ihnen eine Imaginationsübung, bei der ich sie auf eine Reise durch die Natur schickte, deren Bilder bei jeder Person anders assoziiert würden. Das Fokussieren auf das, was ich sagte, und das Erkennen der Bilder, die sich dabei assoziativ einstellten, machte, dass alles andere ausgeblendet wurde, umso mehr, nachdem der Körper durchgerüttelt worden war und man daher mit ihm verbunden war.

So gingen wir durch den Nachmittag, von einer Situation zur anderen, auch ich fühlte mich stabiler, sah, dass ohne Furcht angenommen wurde, was ich anbot. Es gab keine Leerzeit, kein Handy, höchstens mal einen Schluck Wasser, ansonsten weiter, sich verbinden mit den anderen und sich selbst. Ein paar Stunden, in denen es nur die Realität dessen gab, was in diesem Raum stattfand. Alles andere: weg. Zum Schluss bat ich, dass wir uns alle in einen Kreis stellen, nach rechts drehen und dem Vordermann und der Vorderfrau auf die Schulter klopfen: Bravo, well done.

Nach dem zweiten Nachmittag des Workshops sagte der französische Fotograf, der im Raum nebenan unterrichtete und sich sicherlich über unsere anfängliche Schreierei gewundert hatte, zu mir: »Was machst du? Ich habe die Studierenden noch nie so befreit und strahlend gesehen.« Und ich glaube, das war eines der schönsten Komplimente, die ich je gehört habe.

So. Aziz und ich sind im Norden angekommen, in Molyvos, ein Ort, in dem eine riesige Festung zu Hause ist. Wir trinken eiskalte Limonade unter den Augen der vermutlich heißesten Augustsonne seit Wetteraufzeichnung, und Aziz erzählt mir von seinem Leben im Iran.

»Afghani rief man mir auf dem Schulhof zu statt meines Namens.« Seine afghanische Herkunft war zu einem Schimpfwort geworden in der Schule und nicht nur dort.

Es war keine angenehme Schulzeit, und seine Freunde waren daher nicht Iraner, sondern Afghanen. Auch sie waren Flüchtlinge. Auch sie waren im Iran geboren. Auch sie waren niemals in Afghanistan gewesen. Auch sie hatten einen afghanischen und keinen iranischen Pass. Auch sie waren, wie Aziz und die iranischen Mitschüler, immer dieselben Wege zur Schule gegangen, und alle wurden vermutlich im selben Krankenhaus um die Ecke geboren, in einem kleineren Ort unweit Teherans. Die afghanischen Kinder wurden im Iran als Geflüchtete geboren und werden dort auch als solche sterben. Es sei denn, sie gehen vorher weg. Das Wort für Flüchtling ist in Persisch: farāri oder panāhande. Aber man kann auch einfach »Afghani« rufen, dann wissen die schon, dass sie gemeint sind, die Dings. An einen iranischen Pass ist nicht zu denken. Zweite Generation Flüchtlinge. Irgendwann kommt die dritte. So geht das immer weiter.

»Ich weiß nicht, was das soll«, sag' ich. Aziz lacht. »Ich auch nicht. It's crazy.«

Es gab einen iranischen Theaterregisseur auf Lesbos. Und wahrscheinlich ist es so, dass die Einwohner eines Landes die stärksten Kritiker desselben sind. Das war vielleicht auch ein Grund, warum Iman hier war und mit den zumeist afghanischen jungen Leuten seit zwei Jahren Theater machte.

Ich habe das Stück gesehen, das sich, während unseres Schauspiel-Workshops, in den Endproben befand. Nazanin, die beste Freundin von Aziz, spielte auch mit. Ich habe Nazanin durch die Arbeit an meinem Dokumentarfilm kennengelernt.

Das selbst entwickelte Stück hieß »The Boat« und war ungefähr 40 Minuten lang. Gespielt wurde es in einer mit Kisten voll gestellten Lagerhalle der Initiative #leavenoonebehind. Bis eine Stunde vor der Voraufführung wurden noch Kisten rausgeschleppt und Paletten, auf denen das Publikum sitzen sollte, aufgebaut.

Die Bühne ist aus Sand. Drum herum und darüber sind schwarze Moltonbahnen und Scheinwerfer aufgehängt. Mittig im Sand liegt ein Boot. Aus dem ein Körper heraushängt. Weitere Körper liegen im Sand um das Boot herum verteilt, Kinder darunter.

Aus der Seitengasse tritt ein Mann mit Trommel und beginnt zu trommeln. Langsam und nach und nach beginnen die liegenden Körper sich zu bewegen, erwachen, versuchen, sich zu orientieren und aufzustehen. Sie blicken sich um, sehen die anderen und realisieren, dass sie leben. Sie haben die Fahrt über das Meer überlebt und umarmen sich, weinen und lachen. Die Trommel. Alle sind inzwischen aufgestanden. Ein Körper bleibt liegen. Er liegt ganz vorn an der Bühnenrampe, die auch eine Wasserkante sein könnte. Es ist ein kleiner Junge.

Das Foto von 2016, des dreijährigen syrischen Jungen Alan Kurdi, schießt sofort in die Köpfe des Publikums.

Auf der Bühne setzt Regen ein. Wasser fällt auf die Sandfläche. Die Menschen nehmen den Jungen auf ihre Schultern und tragen das Kind gemeinsam von diesem Ort weg, weinend … Dunkel. Das Weinen bleibt im Dunkel noch hörbar, bis es verglimmt.

Alle Szenen, die nacheinander gespielt werden und nur thematisch einen Zusammenhang haben, aber kein Stück im eigentlichen Sinne bilden, wurden mit den Elementen des Tanztheaters inszeniert. Keine Sprache. Musik und gemeinsame Bewegung, die mit Unterstützung des Lichts theatrale, eindringliche Bilder kreieren.

Das Publikum klatscht wie verrückt.

Die Schauspieler und Schauspielerinnen sind glücklich, verbeugen sich und hüpfen. Sie hüpfen immer noch, als ich sie anschließend treffe. Nazanin umarmt mich und lässt nicht mehr los.

»Ich freue mich so, dass du gekommen bist.«

»Natürlich, was denkst du denn.«

Sie ist klatschnass.

»Du musst dir was anziehen, Nazanin, sonst erkältest du dich«, sagt die Mutter in mir.

»I am so happy.«

Der Regisseur Iman kommt zu uns, er ist an beiden Armen vollständig tätowiert und strahlt die düstere Energie eines Menschen aus, der seit Wochen so gut wie nicht mehr geschlafen hat.

»Ich war 24/7 im Theater und habe hier auch gepennt.«

Es sei schwierig, auf Lesbos Theater zu machen, sagt er. Ständig geht jemand weg, verlässt die Insel oder kommt nicht zu den Proben, weil sie nicht aus dem Lager gelassen werden.

Eine der Mitspielenden hat gleich um Mitternacht Geburtstag, sie wird 18. Morgen früh wird sie mit der Familie das Lager gen Athen verlassen. Aber noch steht sie neben uns und hüpft und ist happy.

»I hate NGOs«, sagt Iman, »erst unterstützen sie uns nicht, und später wollen sie aber mitgemacht haben, wenn sie sehen, dass das Bemühen zum Erfolg führte. Ich glaube an die Kraft der Kunst, wir sind Künstler, wir sind keine NGO.«

Ich gratuliere ihm zu der Vorstellung.

»Musik ist noch nicht perfekt«, meint er daraufhin. Theaterleute.

Als Aziz und ich am Abend unseres Ferientages nach Mytilini zurückfahren, kommen uns viele Menschen auf der Straße entgegen, die alle Rucksäcke tragen. Zu zweit und ganze Gruppen. Kilometerlang geht das so. Es sind keine Geflüchteten, das können wir erkennen, aber die Laufenden erinnern daran.

»Was ist hier los?«, frag' ich.

»Fußball?«, meint Aziz.

»Oder Konzert?«

Kein Fußballstadion, keine Konzertbühne weit und breit.

Wir finden es heraus. Morgen ist Sonntag, der 15. August 2021. Mariä Himmelfahrt, einer der bedeutendsten griechisch-orthodoxen Feiertage, und die flüchtlingsgleichen Menschen sind Pilger und pilgern nach Agiasos, in die Kirche der Panayia von Ayasos, um dort am nächsten Tag an religiösen Feierlichkeiten teilzunehmen.

Am Samstag, den 14. August 2021, während Aziz und ich an den laufenden Pilgern vorbeifahren, rücken in Afghanistan die Taliban auf Kabul vor. In den letzten Wochen hatten sie das gesamte Land und zuletzt die Städte Herat und Jallalabad eingenommen. Nur die Provinz Pandschir wurde noch von Ahmad Massoud und seinen Mitstreitern eisern verteidigt.

Am Sonntag, den 15. August 2021, fiel Kabul wieder in die Hände der Taliban, die zu Fuß die Stadt betraten, wie Pilger. Der Tag, an dem Christen die Aufnahme einer Frau im Himmel feiern, markiert das Ende für die Frauen Afghanistans, als gleichberechtigter Teil der Gesellschaft gesehen zu werden.

Am Montag, den 16. August 2021, war der letzte Tag des Workshops. Und es passierte am Ende doch, dass Aziz bei einer Improvisation begann zu weinen.

Am Abend gingen wir alle zusammen auf den Sappho-Platz, der schon voll mit Menschen war, um dort gemeinsam zu schweigen.

Das ECCHR, »European Center for Constitutional and Human Rights«, ist eine gemeinnützige und unabhängige Menschenrechtsorganisation mit Sitz in Berlin. Sie wurde 2007 von Wolfgang Kaleck und weiteren internationalen Jurist*innen gegründet, um die Rechte, die in der Allgemeinen Erklärung der Menschenrechte sowie anderen Menschenrechtsdeklarationen und nationalen Verfassungen garantiert werden, mit juristischen Mitteln durchzusetzen. Um »mit Recht gegen Unrecht« vorzugehen. Gemeinsam mit Betroffenen und Partner*innen weltweit nutzen sie juristische Mittel, um Verantwortliche für Folter, Kriegsverbrechen, sexualisierte Gewalt, wirtschaftliche Ausbeutung und abgeschottete Grenzen nicht ungestraft zu lassen.

Wolfgang Kaleck und ich sprachen über die Frage, ob und wie die EU oder europäische Länder zur Rechenschaft gezogen bzw. verklagt werden können. Ich kann vorwegnehmen: Das geht, und es ist dem ECCHR auch gelungen, am Beispiel des Falls von »ND und NT gegen Spanien«, die von Jurist.innen des ECCHRs vertreten wurden. *(Anmerkung: ND und NT sind die anonymisierten Namen zweier Geflüchteter aus Mali und der Elfenbeinküste, deren Fälle auf Initiative und mit Expertise des ECCHR im Februar 2015 beim EGMR eingereicht wurden. Es ging um ein Pushback von Spanien zurück nach Marokko.)* Es ist schwer. Gesetze lesen sich leichter, als sie durchzusetzen sind.

»Unsere Organisation, der ECCHR, konzentriert sich seit 2015 auf das Ziel, Pushbacks an den europäischen Außengrenzen und zunehmend auch an den Binnengrenzen zu bekämpfen. Wir hatten darauf gehofft, dass sich der »Europäische Gerichtshof für Menschenrechte«, als das oberste europäische Menschengericht, der klaren Gesetzeslage bewusst ist und Kollektivabschiebungen, was Pushbacks ja sind, verbietet. Und das Verbot aus dem Zusatzprotokoll der ›Europäischen Menschenrechtskonvention‹ vor Gericht bestätigt.«

Es gibt verbriefte Rechte, die aber auch durchgesetzt werden müssen, wobei es drei Ebenen bzw. Voraussetzungen geben muss. Zum einen ist da die Frage, ob es das materielle Recht gibt. Ja, es gibt die Europäische Menschenrechtskonvention, die Genfer Konvention, es gibt das deutsche Grundgesetz, die spanische Verfassung. Das Recht muss also auf deiner Seite sein, sprich menschenrechtliche Schutzmechanismen müssen in den nationalen Gesetzen, den europäischen Gesetzen und/oder im Völkerrecht verankert sein.

Die zweite Voraussetzung ist, dass die Verfahren überhaupt existieren, in denen diese Rechte geltend gemacht werden können. Bei Pushbacks ist es der bewusste Ausschluss aus dem Verfahren, denn jeder einzelne Pushback wäre jeweils ein Fall. Man hat es hier also mit einer Rechtsverweigerung anstatt mit einem rechtlichen Verfahren zu tun. Was auf dem Spiel steht, ist das Recht, Rechte zu haben, und somit das grundlegendste aller Rechte.

Und die dritte Voraussetzung, um sein Recht nach eben einem solchen Pushback vor den europäischen Ländern oder der EU einzuklagen, ist, ob man materiell, persönlich, psychisch, emotional dazu in der Lage ist. Oft handelt es sich hier um Menschen, die zwischen den Staaten hin- und hermigrieren, in Zeltlagern leben, keine Unterstützung durch NGOs oder Anwälte erfahren. Alle drei Voraussetzungen müssen gewährleistet sein für die Durchführung eines solchen Falls, einer solchen Klage, doch zumeist spricht man nur von der ersten Ebene, meinend: Es steht doch im Gesetz, da ist es doch, jeder hat das Recht zu klagen.

»Gesetze vollstrecken sich nicht von selber. Sie müssen erkämpft und konkret gemacht werden«, sagt Wolfgang Kaleck in unserem

Gespräch, das wir im Sommer 2023 führten, vor dem 7. Oktober. »Es sind juristische und gesellschaftliche Kämpfe, die hier geführt werden müssen.«

»Verklag doch die EU« ist also leichter gesagt als getan.

Mo

Warum die meisten Jungs hier im Camp Moria denselben Namen haben, ist mir ein Rätsel. Gibt es nicht genug Namen da drüben in Afghanistan? Und nicht nur dort?! Haben sie keine neuen Ideen? Es können doch nun wirklich nicht alle so heißen wie der Prophet. Doch dann realisiere ich, wie viele europäische Vornamen mit Christ beginnen: Christian, Christoph(er), Christa, Christine, Christina, Christiane. Und sehr viele Hindus heißen Siddharta, auch ohne a am Ende. Ich glaube, ich hätte auch Christian geheißen, wenn ich ein Junge geworden wäre, wobei meine Familie gar nicht religiös ist, aber vielleicht ist es auch nur eine verwischte Erinnerung, ich kann meine Eltern leider nicht mehr fragen.

Mohammed jedenfalls stellte sich mir mit »Mo« vor. Vielleicht um sich zu unterscheiden oder weil es cool ist und man ihm den Namen in Deutschland gegeben hatte, als liebevollen Spitznamen oder Rapper-Kürzel, wobei er gar kein Rapper ist, sondern Fliesenleger.

Mo hat afghanische Eltern und wurde im Iran geboren, ging dort zur Schule und dann zu Fuß nach Deutschland. Nach Würzburg, machte eine Ausbildung in Schweinfurt zum Fliesenleger mit Abschluss, fand einen Job, hatte ein gutes Verhältnis zu seinem Boss, lebte weiterhin in einer Unterkunft für Geflüchtete und hatte eine deutsche Freundin.

»Kuck mal, ich hatte niemals afghanische Freundin, es ist schwierig mit sie. Tradition, Vater, blabla, du darfst dich nicht treffen, man muss gleich heiraten, es ist so anstrengend.«

Es ist absurd, in Moria in einer Konstruktion zu sitzen und Deutsch zu sprechen.

Mo hatte ein gutes Leben in Deutschland, hatte Kumpels, liebte Klamotten, alles lief. Leider war er zu dämlich oder zu lahm, um rechtzeitig aufs Amt zu gehen und die Verlängerung für seine Aufenthaltsgenehmigung zu beantragen. So wurde er nachts aus seiner Unterkunft geholt und in ein Flugzeug verfrachtet, Richtung Kabul.

»O Gott«, sagte ich, weil alles anders wird, sobald man jemanden kennenlernt, der oder dem eine Geschichte widerfahren ist, die man sonst nur aus den News kennt.

»Es war voll witzig, ich saß in Mitte und rechts ein Polizist, links ein Polizist.« Er macht die Geste des Unterhakens nach beiden Seiten hin, und fast sieht es aus, als würde er mit den imaginären Polizisten schunkeln. »Wir waren 28 Leute, die abgeschoben wurden, und 56 Polizisten.« Er schüttet sich aus vor Lachen. Handschellen waren ihm angelegt worden, befestigt an den Polizisten auf beiden Seiten; diese waren demnach auch gehandcuffed.

Ich sage nichts, stelle mir das Flugzeug mit den 84 Leuten vor.

»Ich war erste Mal in mein Heimatland. Ich war noch nie in Afghanistan, weißt du, ich kenn da niemand.« Er grinst, ich finde es eigentlich nicht lustig, aber ich habe gelernt, dass es starke Verhaltensunterschiede gibt, je nach Mentalität und Herkunft, und dass manche Menschen auf schwerwiegende Ereignisse mit Lachen reagieren, wo man in Deutschland sich vielleicht empören, beschweren oder schimpfen würde. Vielleicht ist es auch ein Coping-Mechanismus.

Da wird ein junger Mann nach Afghanistan abgeschoben, weil sein Pass afghanisch ist, obwohl er letztlich nichts mit dem Land zu tun hat. Um die Einreisegenehmigung für den Iran zu erhalten, erklärt er mir, hätte es mindestens drei Monate auf den Ämtern gebraucht, also lief er über die grüne Grenze in seinen iranischen Heimatort zu seiner Mutter.

»Ist sie nicht in Ohnmacht gefallen, als du plötzlich wieder vor ihr standest?«

»Nee, hab sie angerufen vorher. Aber ja, hat sie sich gefreut, wir haben gute Verhältnis, meine Mutter und ich.«

Mo ist ein schöner junger Mann, dessen Augen immer ein bisschen lächeln und der akkurat gekleidet und frisiert ist, weswegen wir uns oft im Barbershop Morias getroffen haben, wo er Stammkunde zu sein scheint.

Tja, und dann ist er eben irgendwann wieder los, weil es im Iran keine Zukunft für ihn gab oder gibt, weil er ja immerhin eine Arbeitsstelle, einen Beruf in Europa hat, einen Boss, der auf ihn wartet und ständig anruft, wann er zurückkommen würde, weil er in seinem Herkunftsort nicht genug Geld verdienen kann, weil er deutsche Mädchen schön und lustig findet, vielleicht auch weil er so jung ist und die Reise ein Abenteuer sein kann. Er schloss sich einer kleinen Gruppe an, und sie gingen zehn Tage durch die Berge, ich vermute, es war das Zāgros-Gebirge, Richtung Türkei.

»Kuck mal, der Schnee war so hoch, bis hier.« Er zeigt auf die Mitte seines Oberschenkels. »Es war so krass schwer zu laufen.«

Und dann ging's weiter durch die Türkei und auf das Boot bis nach Lesbos. Jetzt lebt er seit fast neun Monaten (seit Ende 2019) in einer Konstruktion ziemlich weit oben am Hang Morias. Er hat einen Mitbewohner, mit dem er die ordentliche Hütte teilt, und eine Nachbarsfamilie, die mit ihren zwei kleinen Kindern direkt nebenan wohnt. Während Mo und ich uns unterhalten, taucht immer mal wieder eines der Kinder an der Tür auf und hört dieser fremden Sprache ernsthaft zu. Die Eltern bieten mir Tee an und stellen einen Schemel hin, der aus einer abgesägten Palette besteht, eine Decke wurde darübergelegt wegen möglicher Splitter. Es ist mir unangenehm, aber die Gastfreundschaft ist selbstverständlich, das Wasser kocht schon.

Mo liebt Kleidung, sie hängen ordentlich an Nägeln, seine T-Shirts. »Ich wasche jede Woche alle Klamotten. Moria ist krass staubig.«

»Wo machst du das?«

»Wir haben hier Dusche gebaut.«

Er schüttelt sich vor Ekel bei dem Gedanken an die Klo- und Duschhäuschen weiter unten, die jeglicher Hygiene entbehren. Also haben ein paar Jungs hier eine Holzhütte zusammengekloppt, sie absurderweise außen mit Wolldecken umnagelt, die mittlerweile mit Grünspan vollgesogen sind, und innen steht ein Schemel, und ein Schlauch liegt am Boden. Wir stehen davor und schauen rein.

»Wäre schöner, wenn es gefliest wäre, oder?!«

»Stimmt.«

»Könntest du machen.«

»Ja, kein Problem, aber hier geht nicht.«

»Wie kriegt ihr das Wasser in die Hütte?«

Mo windet sich kurz. Alles klar, jetzt kommt was Illegales. Eine Handvoll Leute geben einem Typen monatlich Geld, der auf unerklärliche Weise fertiggebracht hat, hier das Wasser hochzuverlegen. Manchmal geht es auch nicht, und keiner will so richtig wissen, wie er das angestellt hat, wo er das Wasser herbekommt, welche Pipeline er angezapft hat. Hauptsache duschen und Wäsche waschen können.

Dann wurde Mo ausgeraubt, als er duschen war. Alles weg, am schlimmsten war der Verlust des Handys. Pass und Abschlusszeugnisse waren noch da, puh. Einige Wochen später waren aber auch sie verloren, da seine Hütte mit allen T-Shirts und Papieren abbrannte. Nun würde er zukünftig nicht mehr seine guten deutschen Zeugnisse vorweisen können, in denen nicht nur viele Zweien zu sehen waren, sondern ihm auch seine gute Mitarbeit und sein einnehmendes soziales Wesen bestätigt wurden.

Als wir vor dem Barbershop standen, in dem es, neben Spiegel und Frisiergerät, auch einen Kühlschrank gibt – anfangs hatten sie Griechen alte Kühlschränke abgekauft, gereinigt, flottgemacht und vertickt –, sagt er mir, dass er bald losgehen werde über die Balkanroute nach Österreich.

»Da wird doch auch Deutsch gesprochen, oder?«

»Ja, aber die Balkanroute ist geschlossen, Mo, da kommst du nicht durch.«

»Ach, mach dir keine Sorgen, ich schaff das, vielleicht geh ich auch nach Italien.«

Nach Deutschland darf er fünf Jahre nicht mehr.

»Weißt du, Moria macht mich kaputt im Kopf, ich muss hier weg.«

Als ich zwei Monate später wiederkam, um meinen Dokumentarfilm über Morias Filmschule »ReFOCUS Media Labs« für arte zu drehen, war er noch da.

Aber er wird seinen Weg gehen, da bin ich mir sicher, seine gute Laune ist sein Überlebensmotor.

Ein Jahr später bin ich wieder da, wegen des Schauspiel-Workshops bei ReFOCUS, und Mo und ich begegnen uns zufällig auf den sonnendurchfluteten Straßen Mytilinis.

»Katja«, ruft er über die Straße, eine Frau mit einem Kinderwagen geht neben ihm.

Er weiß meinen Namen noch. Wir umarmen uns zur Begrüßung. Ich frage, was er macht und wo er lebt, und er sagt, er arbeite jetzt als Übersetzer für »leave noone behind« und hätte eine Wohnung in Mytilini. Das sei seine Freundin, das Kind sei nicht von ihm. Sein Lachen ist unverändert, seine innere Stärke auch.

»Bleibst du hier?«

»Ja«, sagt er. »Griechenland ist schön, hier ist Sonne, ich habe meine Aufenthaltspapiere und eine Arbeit und Freunde, was soll ich woanders.«

»Du hast völlig recht, Mo. Das freut mich so sehr.«

»Danke«, sagt er und senkt kurz den Kopf.

Dann geht er mit seiner Patchworkfamilie davon.

Als ich im darauffolgenden Jahr, 2022, zur Hochzeit von Douglas und Sonia wieder auf der Insel bin, treffen wir uns nicht zufällig, aber ich weiß, es geht ihm gut.

Al-'Urdunn

Die Wüste breitet sich immer weiter vor uns aus, je mehr wir Amman, die Hauptstadt Jordaniens, hinter uns lassen. Jordanien, in Arabisch Al-'Urdunn (hört sich gesprochen wie das englische »Jordan« an, nur ohne das J), ist ein Wüstenstaat. Angrenzend liegen Saudi-Arabien, Irak, Syrien, Israel. Grüne Streifen gibt es erst wieder in den Golanhöhen oder im Libanon.

Absurd, dass Landschaft in Länder aufgeteilt wurde, mit gezirkelten oder gewundenen Grenzlinien und man gemeinhin meint, nach der Grenze erwarte einen etwas anderes – doch da geht einfach die Wüste weiter. Dieselbe Sonne scheint, das Wetter ändert sich auch nicht mit Grenzübertritt und in diesem Gebiet der Welt nicht einmal die Sprache, Bekleidung oder Rezepte: Taboulé wird überall genossen – ist grün, kalt und frisch.

Steht man auf der jordanischen Seite des Toten Meeres, das 430 Meter unterhalb des Meeresspiegels liegt, sieht man hinüber nach Israel und Palästina und meint, man könne hinüberschwimmen, wenn das Salzwasser schwimmen zuließe. In der Mitte des Toten Meeres verläuft die Grenze. Ich frage mich, ob da ein Seil als Abtrennung baumelt oder Stacheldraht, als Grenzdemarkation oder Grenzschutz, denn hier sind die Grenzen in alle Richtungen mächtig und stark beschützt.

Die Wüste ist schön, weit und still. Geheimnisvoll und kräftig. Es ist diesig, Kamele tummeln sich in Gruppen am Straßenrand und strahlen eine Gelassenheit aus, die sich über alle Grenzen und Konflikte hinwegsetzt. Sie halten das Klima aus, gehen wie Balletttänzer auswärts und bewegen sich elegant fort durch die Hitze der Wüste, die einen anweht wie ein auf äußerste Stufe geschalteter Föhn. Der Sonnenuntergang erscheint biblisch, und ich verstehe energetisch, dass dieser Teil der Welt es war, der alle drei monotheistischen Religionen hervorgebracht hat. Umarmt, umklammert von Hitze und Staub, ist das Leben stark zu spüren. Warum?

»Oh, ich will in der Wüste leben«, sagt meine Tochter, die mich auf dieser Projektreise begleitet, die eigentlich bereits ein halbes Jahr früher hätte stattfinden sollen, aber wegen Pandemie ausgefallen war.

Wir fahren zwei Stunden in das Camp Al Azraq gen Osten, Richtung Irak. An Kamelen, Solarpanels, Steinbrüchen, Duty-free-Fabriken, der Zarqa Universität (Anagramm zu Azraq) und Militärcamps vorbei.

Azraq heißt »blau«. In Al Azraq leben 42 700 Syrer und Syrerinnen, die vornehmlich aus Aleppo und Ar-Rakka kommen.

750 000 Syrer lebten im Jahr 2021 in Jordanien, davon waren 650 000 bei UNHCR registriert. Ein Land mit 10 Millionen Einwohnern und in absoluten Zahlen 1,3 Millionen Geflüchteten. Zwei große Camps gibt es mit insgesamt 125 000 (17 %) geflüchteten Syrern, alle anderen leben in urbanen Unterkünften, also in Wohnungen in den Städten (83 %). Die Kinder gehen in zwei Schichten in die Schule. So wird es auch im Libanon geregelt. Oder in Kurdistan. Vormittagsschicht für die jordanischen Kinder, Nachmittagsschicht für die syrischen. Die Sprache stellt hier nicht die Herausforderung dar, es ist dieselbe, schon mal gut, lediglich das Curriculum, das in Jordanien gelehrt wird, gibt Anlass zur Beschwerde seitens der syrischen Eltern.

75 % der Jordanier haben palästinensische Wurzeln. Palästinenser.innen kamen nach Jordanien seit 1948. Menschen aus dem Irak flohen wegen der diversen Kriege, die ihr Land durchschüttelten, ebenfalls nach Jordanien, und die tschetschenische Gemeinde Jordaniens floh bereits vor über hundert Jahren vor den Kaukasus-

kriegen in dieses Land, und dabei fällt mir ein, dieses Jahr, 2021, feiert Jordanien seinen 100. Geburtstag.

Nun sind es Geflüchtete aus Syrien, seit über zehn Jahren. 2015 wurde die Grenze zwischen Syrien und Jordanien geschlossen, bis dahin gab es einen legalen Grenzübertritt, danach nicht mehr. 110 00 Geflüchtete aus Jemen, Sudan, Somalia, Irak sind hier registriert.

Die Bevölkerung Jordaniens hat niemals ihre Willkommenskultur, die sogenannte, verloren, scheint mir. Ein gastfreundschaftliches zugeneigtes Volk, das selbst nicht mit wirtschaftlichem Reichtum oder Bodenschätzen gesegnet ist. Ein Land, umgeben, eingekesselt geradewegs, von konfliktreichen arabischen Staaten, das von der internationalen Gemeinschaft anteilig subventioniert wird, um seinen Sicherheitsstatus zu stabilisieren, damit der letzte Zufluchtsort des Nahen Ostens nicht verlorengeht, wie mir der Head von UNHCR Jordanien, Dominik Bartsch, erklärte.

Doch UNHCR macht sich bereits Sorgen, was passieren wird, wenn sich das Willkommenheißen einstellen sollte. Der Krieg im Nachbarland muss dringend aufhören.

Andererseits sind Menschen schon immer und seit immer ausgewandert, geflohen, migriert und zwar aus den verschiedensten Gründen. Um etwas Besseres als den Tod zu finden oder ihr Glück oder ihresgleichen. Oder eine Arbeit. Eine Ausbildung. Eine Zuflucht. Die Liebe, Gott oder Wasser. Die Liste lässt sich fortsetzen.

»Unaufhörlich ist das Hin und Her der Menschheit«, sagte der römische Philosoph Seneca, der ungefähr im Jahr eins geboren wurde. *»Durch unwegsames, durch unbekanntes Gelände tummelte sich menschliche Wendigkeit.« »Sie schleppten ihre Kinder, Frauen und vom Greisenalter gebeugte Eltern mit.« »Manche Stämme verschlang auf ihrer Fahrt das Meer, manche ließen sich dort nieder, wo sie der Mangel an allen Mitteln abgesetzt hatte.«* (Humana Levitas).

»Normal war für Seneca die Migration, nicht die lebenslange Sesshaftigkeit.« (Volker Heins, *»Offene Grenzen für alle«*)

Das lateinische Wort »levitas« bedeutet »Leichtigkeit« oder bezeichnet einen Schwebezustand. Der Mensch schwebt quasi. Etwas Sicheres weiß man nicht.

Das römische Imperium hat zwischen die sieben Hügel Amanns vor 2000 Jahren eine Zitadelle und ein Amphitheater gebaut, denn die Römer sind überall hingewandert und haben Zeichen ihrer Anwesenheit gesetzt. Sie durften das. Die Europäer sind ebenfalls aufgebrochen in die Welt, wohin es sie zog, wollten forschen und entdeckten die »Americas« und wurden zumeist freundlich von den Einwohnern empfangen. Christoph Columbus berichtete 1492 dem Hof in Madrid über seine erste Reise nach Hispaniola (er dachte, es sei eine Insel vor der chinesischen Küste), das heutige Haiti/Dominikanische Republik, er schrieb:

»Hispaniola ist ein Wunder. Berge und Hügel, Ebenen und Weiden sind fruchtbar und schön zugleich. Es gibt große Goldminen und andere Metalle.« Die Indians »sind so naiv und so frei mit ihren Besitztümern, dass es niemand, der es nicht erlebt hat, glauben würde. Wenn man um etwas bittet, das sie besitzen, sagen sie niemals nein. Im Gegenteil, sie bieten an, mit jedem zu teilen.« (Howard Zinn, »A people's history of the United States«)

Tja.

Das Camp Al Azraq wurde 2014 errichtet und hat Kapazität für bis zu 100 000 Geflüchtete auf 15 Quadratkilometern Fläche. Man begann mit dem Bau, bevor andere Möglichkeiten überlastet sein würden. Das nenne ich mal Prävention. Als der Krieg in Syrien begann und 2012 ungefähr 4000 Menschen pro Tag ins Land kamen, nahmen die Jordanier die Geflüchteten zuerst bei sich privat auf, bis absehbar wurde, dass man eine alternative Lösung bräuchte.

Als wir in Al Azraq ankommen, steht ein Kamel vor den Toren. Natürlich.

UNHCR arbeitet in den jordanischen Camps mit Unicef, der »Internationalen Organisation für Migration« (IOM), dem »World Food Program« (WFP), dem »International Medical Corpse« (IMC), lokalen NGOs und der »Internationalen Föderation der Rotkreuz- und

Rothalbmondgesellschaften« (IFRC) zusammen. IFRC ist die größte humanitäre Organisation der Welt, gegründet 1919 nach dem Ersten Weltkrieg, nur einige Jahre nachdem durch das Sykes-Picot-Abkommen der Nahe Osten unter den Kolonialmächten Frankreich und Großbritannien aufgeteilt wurde. Andere Geschichte. (UK bekam Jordanien.)

Al Azraq ist UNHCRs »Vorzeigecamp«, wird mir gesagt, es ist gut ausgestattet, man hat versucht, die Grundversorgung einer Stadt zu gewährleisten. Ein Ort, so groß, zum Vergleich, wie die deutschen Städte Gifhorn (Niedersachsen), Bernau (Brandenburg), Wismar (Meck-Pom) oder Amberg (Bayern).

Das Camp ist aufgeteilt in vier Ortsteile (hier »villages« genannt), die auf sechs ausgeweitet werden könnten. Es gibt zwei Kliniken, vier Ambulanzen, ein Covid-Behandlungszentrum mit Impfstation und Quarantänemöglichkeit. Schule, Kindergarten, Geschäftsstraße, einen Wasserturm, der auf einem Hügel liegt, damit man nicht so viel pumpen muss, eine Einrichtung, die sich um das Problem häuslicher Gewalt kümmert und ein Detention-Center, was man mit »Haftanstalt« übersetzen kann. Außerdem werden bezahlte Arbeitsmöglichkeiten angeboten. Zum Beispiel im Krankenhaus. Dort wird seitens der Flüchtenden, die Ärzte oder Krankenschwestern oder Medizinstudierende aus, sagen wir mal, Damaskus sind, unterstützend gearbeitet. Allerdings werden syrische Ärzte in Jordanien nicht lizensiert, darum können sie hier nicht ihrem Beruf als Arzt in einem Krankenhaus nachgehen, sondern nur in eben jener unterstützenden anderen Position Hilfe leisten und arbeiten. Kennt man aus Deutschland, da werden ebenfalls Medizinstudien nicht oder nur partiell anerkannt und Ärzte nicht lizensiert. Und durch meinen Kopf blitzt für einen Bruchteil die Vorstellung, wie »meine« verehrten Berliner Ärzte und Ärztinnen, zu denen ich bei Krankheit gehe, in einem Lager irgendwo in der Welt stranden. Erfahrene, brillante Mediziner.innen. Und dann?!

Das Camp als Parallelwelt. Von außen konzipiert für die Menschen im Camp, nicht von ihnen. Wobei es natürlich eine Einkaufs-straße gibt, wo man Lebensmittel kauft, Obst, Gemüse, Hygieneartikel, Elektrisches, Süßigkeiten, Plastikramsch und so weiter. Kleine Geschäfte in der Fußgängerzone, ganz Al Azraq ist Fußgängerzone.

Hier cruisen kleine Jungs auf ihren Rädern herum und vollführen Stunts, die fünf Zentimeter vor uns enden. Wow. Sie wollen uns beeindrucken, und wir scheinen wie eine Parade zu sein, man kann uns begucken und hinterherlaufen, sich über uns lustig machen oder sich für uns begeistern, rüberrufen, und vor allem kann man lautstark angeben, und es ist schön, die Jungs, und auch eins, zwei Mädchen, laut und ein wenig übertrieben lachen zu sehen und zu hören. Sie sind wirklich waghalsig auf ihren kleinen Rädern, artistisch geradewegs. Wurden zügig zu Spezialisten ihres Spiels. Wie schnell die Kinder adaptieren, wundert mich immer, sie können überall blühen. Und als Mutter muss man hier zumindest keine Angst haben, dass die Kinder, wenn sie mit dem Rad unterwegs sind, von einem Auto überfahren werden. Und so wie ich es verstanden habe, dürfen sie das Camp sowieso nicht verlassen, entweder, weil es die Lagerleitung verbietet oder die Eltern. Viele Verbote. Wie viele Verbote es in der Welt gibt. Ein Zaun scheint materialisiertes Verbot zu sein, mit inkludierter Bestrafung in Form von Stacheln und Klingen und Strom. Andererseits sind sie auch Schutz, die Zäune, beschützen uns oder etwas oder die Liebsten, das darf man nicht vergessen.

Wir wackeln durch die Einkaufsstraße, und wären da nicht die tobenden Fahrradkinder um uns herum, würde man denken, hier ist dann das Ende der Welt erreicht, dahinten, wenn die Fußgängerzone zu Ende ist und nichts mehr kommt. Da kommen dann das Ende oder die endlose Wüste, die kein Ende nimmt und somit das Ende ist, keine Ahnung.

Hier sind jedenfalls keine Menschen auf der Straße, obwohl hier doch so viele Menschen leben, keine Mütter auf den überall herumstehenden Bänken zu finden, die ihren Kindern energisch irgendwelche Maßregelungen zuwerfen. Hier ist niemand unterwegs, das ist irritierend und wirkt verloren und ein bisschen traurig.

Ich denke an die Einkaufsstraßen anderer Camps und Dschungel, die ich auf meinen Reisen kennenlernte, die selbstredend keine Einkaufsstraßen sind, sondern einfach nur nebeneinandergestellte Konstruktionen, denen man aber den Namen »Einkaufsstraße« geben könnte, da ihre Existenz der Anerkennung bedarf, und Menschen, die nur denken, sie seien unverletzbar, es aber nicht sind, allzu schnell die Augenhöhe verlieren. In diesen Lebensmittelgeschäften kauft man Reis, Öl, Tomaten, Knoblauch und Seife ein, genauso wie in einem illustren oder abgefuckten Supermarkt irgendeiner großen oder kleinen Stadt. Ich kann sagen, dass ich lieber in diesem Lebensmittelgeschäft einkaufe als in den gigantischen Supermärkten, die mein Herz zum Rasen bringen.

Es waren auch die Geflüchteten Al Azraqs, die sagten, es sei für sie sinnvoller, Bargeld zu erhalten, anstatt dass alle Familien gleichermaßen mit notwendigen Haushaltsdingen seitens der Lagerleitung ausgestattet würden. Denn die Gaskartusche, die pro Monat ausgetauscht wird, muss noch nicht zwingend bei jeder Familie ersetzt werden. Oder man braucht nicht so viele Decken, wie gegeben werden. Bekommen die Familien stattdessen die dafür kalkulierte Summe, könnte man selbständig entscheiden, wofür es eingesetzt wird.

Es macht also Sinn, mit Camp-Bewohnenden zu gestalten statt für sie, so gut gemeint und durchdacht es möglicherweise auch ist.

»It is a very sad camp«, sagte der ägyptische Regisseur Ali El Arabi zu mir, Al Azraq meinend, der einen Dokumentarfilm, der in Al Zaatari spielt, dem zweiten Camp Jordaniens, gedreht hat. Zaatar ist übrigens der Name eines Gewürzes, ob es da einen Zusammenhang gibt, weiß ich nicht.

Wir durften pandemiebedingt nicht nach Al Zaatari hinein, ich kenne also nur die durch Alis Film gewonnenen Impressionen des Camps, dennoch verstand ich, was er vielleicht damit zu sagen versuchte. Die Lebendigkeit wurde aus Al Azraq hinausorganisiert. Frieden kann auch in bedrückende Stille umschlagen. Wirkt aber möglicherweise nur bedrückend für Außenstehende wie mich. Und Ali.

Denn als ich mit einer syrischen Familie in Al Azraq sprach, begriff ich, dass ein Camp auch eine Chance sein kann, sein Leben neu in die Hand zu nehmen. Dass es eine Verbesserung der Lebensumstände und -verhältnisse zur Folge haben kann und es Personen in ihrem Alltag, der Routine und sogar ihrem Selbstwertgefühl zu stärken vermag.

Es wohnen fünf Leute in der tadellos aufgeräumten und ausgefegten Containerunterkunft. Gerade haben der Mann und die Frau ihr drittes Kind im Krankenhaus des Camps bekommen. Ein großer Fernseher ist an der Wand angebracht. Er läuft. Die Kinder sitzen davor. Der TV ist das Ergebnis der Arbeit des Vaters hier im Camp.

Ich frage, wie sein Alltag aussieht. Er ist jung und ernst. Sagt, dass er um 6.00 Uhr aufstehe, frühstücke, die Kinder in den Kindergarten brächte und dann direkt zur Arbeit ginge. Was die Arbeit sei, frage ich. Er würde hier mit dem Reinigungsteam arbeiten. Was er in Syrien gearbeitet hätte? Verschiedenes ist die vage Antwort. Die Frau, die Tee gekocht hat und sich um das Baby kümmert, frage ich nicht, was sie in Syrien gearbeitet hat. Es ist eine traditionelle Familie, die ganz offensichtlich in Syrien Schwierigkeiten hatte, über die Runden zu kommen. In Al Azraq nun ist alles anders, es gibt einen Alltag in einem sicheren Zuhause, eine Regelmäßigkeit, eine Struktur, auf die man sich verlassen kann und die sogar Prosperität bringt, denn es ist ein Kühlschrank angeschafft worden, der seit neuestem in der Küche steht. Dort bin ich später mit der Frau, die mit mir zu sprechen beginnt und davon erzählt, welchen Unterschied der Kühlschrank in ihrem Alltag macht.

Auch eine Klimaanlage gibt es, gegen die schwer erträgliche Sommerhitze in der Wüste. Um Al Azraq herum ist – nichts. Außer

Sand und Hitze und, richtig, den Kamelen, ist hier nur das Camp und dort verbleibt man.

»Was macht ihr, wenn ihr frei habt?«

»Wir fahren ein- oder zweimal im Jahr in die Stadt. Mit dem Bus«, sagt mir der siebenundzwanzigjährige Mann, der unerschütterlich ist in seiner Ernsthaftigkeit. Dann machen sie sich einen schönen Tag. Aber die Arbeit sei wichtiger, fügt er noch mal hinzu.

Der syrische Präsident Bashar al-Assad hat ein Gesetz verabschiedet, das besagt, dass Hauseigentümer persönlich vorstellig werden müssen, um ihr Eigentum zu verifizieren. Wenn sie also bereits geflohen sind, verlieren die Besitzer auf diese Weise ihr Haus, es sei denn, sie kommen zurück ins kriegsgebeutelte Land. Falls sie das unwahrscheinlicherweise tun sollten, kann es aber sein, dass ihr Haus ihnen bereits aberkannt wurde. Kennt man aus Nazi-Deutschland. Die Häuser deutscher Juden wurden enteignet, auch ohne ein ominöses Gesetz des Vorstelligwerdens. Einfach weggenommen. Weg.

Diese Familie hier hatte sicher kein Haus, das ihnen gehörte, sie müssen nicht zurück, um ihr Eigentum zu verifizieren, und dem, was die Übersetzerin sagt, kann ich andeutungsweise entnehmen, dass der Mann auch kein wirkliches Interesse daran hat, nach Syrien zurückzukehren. Denn dort würden der Alltag und der Job und die Unterkunft und der Werdegang der Kinder nicht mehr so sicher geregelt und aussichtsreich sein, wie es hier den Anschein hat.

Es ist schwierig für uns Menschen, ein Leben zu gestalten, und es hängt von vielen Faktoren ab, ob es gelingt. Es beginnt bereits damit, in welches Land, in welche Familie man hineingeboren wurde. Der Gedanke des amerikanischen Traums, dass man vom Tellerwäscher zum Millionär werden oder jedenfalls viel erreichen kann, wenn man nur hart genug arbeitet, ist eine Illusion. Ich habe auf meinen Reisen für dieses Buch eigentlich nur geflüchtete Menschen getroffen, die vor allem davon gesprochen haben, dass sie arbeiten wollen. »I would do anything«, ist ein Satz, den ich oft gehört habe. Sie wollen hart arbeiten, meinetwegen auch als Tellerwäscher ohne Aussicht auf die Millionärsoption. Hauptsache arbeiten und ein Einkommen haben und der Familie Geld schicken. Oder einen Kühlschrank kaufen. Man kann hart arbeiten, ohne dass man deswegen reich wird. Oder berühmt. Oder Geschichte schreibt. Die Welt ist vor allem voll mit hart arbeitenden Menschen, die gerade so zurechtkommen. Oder die sich eine Arbeit wünschen ... »Ich würde alles tun.«

In dem Dokumentarfilm »Captains of Zaatari« von Ali El Arabi, erschienen im Jahr 2021, geht es um zwei syrische geflüchtete junge Männer, die 1998 und 1999 geboren wurden und Fußballer werden wollen. Sie leben in der riesigen Zeltstadt des Lagers Zaatari und lieben nicht nur, Fußball zu spielen, sondern sehen darin auch eine Möglichkeit für eine Zukunft. Bessere Zukunft. Manchmal kommt eine Delegation aus Katar in das Lager, um neue Talente zu scouten. Das ist die Chance. »Die beiden Freunde haben gute Chancen, es auf die ›Akademie Aspire‹ in Doha für Nachwuchstalente zu schaffen.« (Trigon-Film)

Es gelingt ihnen, in Katar zu spielen, in einer Mannschaft, die sie »Syrian Dream« nennen. Auf einer Pressekonferenz dort sagt der jüngere Spieler: »Wir müssen Chancen für Flüchtlinge auf der ganzen Welt schaffen. Möglichkeiten für Bildung, medizinische Behandlung und Sport. Ein Geflüchteter braucht Möglichkeiten statt Mitleid.«

Nachdem sie einen Trip in eines der reichsten Länder der Welt machten, in eleganten Hotels übernachteten und mit aller Kraft gespielt haben; nachdem sich der ältere der beiden verletzte und dennoch weiterspielte, kehrten sie schließlich wieder in das jordanische Camp Zaatari zurück.

Die Orte, an die wir die beiden jungen Männer begleiten, könnten gegensätzlicher nicht sein, und die Selbstverständlichkeit, mit der sie sich durch Luxushotels, Pressekonferenzen und Sportstadien bewegen, hinterlassen beim Zuschauenden möglicherweise ein Gefühl des Erstaunens. »Moment, das sind doch zwei Flüchtlinge, die sind doch aus Zaatari, wie kann es sein, dass sie so leichtherzig durch Orte der Zivilisation rauschen und auf Augenhöhe Gespräche mit Anzugmännern führen? Dass sie ein eindrückliches Statement bei einer internationalen Pressekonferenz abgeben? Sie kommen doch aus einem Zeltlager?!«

Wir schweben. Wir sind nicht unverletzbar. Sich bei Voreingenommenheit zu ertappen ist wohl der erste Schritt für eine funktionale Gesellschaft. Aber vielleicht auch nicht.

Zurück in Zaatari ist klar, der Traum von der »Akademie Aspire« hat sich nicht erfüllt. Aber die Motivation, Englisch zu lernen, ist gewachsen, als Türöffner in die Welt. Sie wollen wieder die Schulbank drücken, damit sie vorwärtskommen, weiterkommen, rauskommen aus Zaatari.

Als der Film anlässlich des »Human Rights Film Festivals Berlin« gezeigt wurde und es anschließend ein Filmgespräch gab, schaltete der Regisseur die beiden Jungs über Videocall dazu, und sie hörten einen Applaus, der ihnen galt.

Der Regisseur sagte: »Sie wollen ein Teil der Welt sein. In Dokumentarfilmen können wir es schaffen, Geflüchtete anderen nahezubringen, denn sie sind ja Menschen, Individuen, keine Statistiken oder Diagramme.«

Sein Film war Auslöser für syrische Scouts, in die Lager zu kommen, um in allen Sportarten Talente zu finden und sie in die syrischen Nationalteams zu holen. Zwei Spieler des »Syrian Dreams« spielen nun in der offiziellen syrischen Fußballmannschaft. Es sind nicht die Protagonisten des Films.

Wir besuchen Mario in Amman. Er ist katholischer Priester aus Mailand, hat 20 Jahre im Irak gearbeitet und steht nun der katholischen Gemeinde in Amman vor. 15 000 irakische Christen und 65 000 muslimische Irakis leben in Jordanien.

Mario ist ein freundlicher, lebendiger Mensch mit Schalk in den Augen, obwohl diese Augen vermutlich viel Desaster und Katastrophen gesehen haben. Neben der Kirche steht das Gemeindehaus und daran angrenzend ein Restaurant. Dort lehrt er irakischen jungen Männern, Pizza zu backen und Eis herzustellen. Haben wir beides gegessen.

Das Problem war, diese verdammte Eismaschine nach Jordanien zu bekommen. Überhaupt erst einmal jemanden zu finden, der eine hätte und sie spenden würde. Mario erzählt: »Ich habe in Mailand Freunde kontaktet und sie gefragt, ob sie eine Eismaschine organisieren könnten. Und dann passierte das Wunder.« Er lacht, das Lachen sitzt ihm leicht. Ein Priesterkollege hatte einen Bekannten, dessen Sohn Besitzer einer Gelateria ist, und ausgerechnet dieser Priester ging in den Irak. Des Bekannten Sohn hat die Maschine gestiftet, der Priester hat sie mitgebracht. Vom Irak nach Jordanien war nicht mehr das Problem.

Inzwischen sind einige von Marios Schützlingen in Australien und arbeiten dort in italienischen Restaurants, mit kulinarischem Wissen, dank Mario, im Gepäck. Happy End.

Unter dem Dach der Kirche gibt es auch eine Ausbildungsmöglichkeit zum Designer. Und dort sind die Frauen zu finden. Na, Gott sei Dank.

In dem 2018 von UNHCR eröffneten »Al Nuzha Community Support Center«, einer bunten inklusiven Einrichtung, offenbaren sich verschiedene Möglichkeiten. Der Fokus liegt auf der Begegnung, dem Austausch und der Förderung der friedlichen Koexistenz zwischen der sogenannten aufnehmenden Gesellschaft, sprich den Jordanier.innen, und Geflüchteten aller Nationalitäten und Religionen. Als auch der Koexistenz zwischen den Flüchtlingsgruppen selbst, »wodurch negative Einstellungen abgebaut und ein besseres Schutzumfeld für alle geschaffen wird«. (UNHCR Jordan)

Jordanische Teenager und syrische Teenager gehen also zusammen in Englisch- oder Mathematikkurse, zu Workshops, machen Projekte, führen angeleitete Gespräche, um diese negativen Einstellungen abzubauen. Das ist die Idee. Gemeinsam tätig werden, sich kennenlernen. Dabei werden sie beiderseits vor kulturelle Schwierigkeiten gestellt, wird mir erläutert.

Mir ist nie klargeworden, was diese Kultur eigentlich ist oder sein soll. Das Wort wird oft verwendet und hat sich durch die häufige Benutzung abgerieben, hat sich irgendwie entleert. Kulturbeutel. Da tut man Seife und Zahnpasta rein. Hygiene ist auch Kultur, sonst gäbe es keinen Beutel dafür. Kultur meint ebenfalls Religion und Tradition. Beides bezieht sich jedoch auf Ereignisse vor langer Zeit, als man etwas erfand, was zu der entsprechenden Zeit wohl maßgeblich oder notwendig war, und jetzt schwimmen wir da immer noch drin rum. In dieser Kultursuppe. Entstanden in Zeiten, als man Kinder selbstverständlicherweise mit Requisiten verprügelte, Frauen kein Teil der Gesellschaft waren und Demokratie, die sich Griechen ausgedacht hatten, obsolet war, bevor sie ausprobiert werden konnte. Kultur ist auch gemeinsames Essen als sozialer Akt. Oder Kunst. Gemeinsam Musik zu machen. Anderen zuzuhören. Vermutlich ist es das. Zuhören, ohne dass man ständig das Gefühl hat, dass man dabei etwas von sich verliert oder das Gegenüber korrigieren muss, recht haben muss. Kultur ohne Wettbewerb und Zensur. Viel Glück.

Die Teenager sollen also nun das lernen, was ihre Eltern nicht können. Und ihren Kindern vermutlich auch nicht beigebracht haben. Und dazu muss man weder in einem Camp leben noch in Jordanien. Das wird überall, weltweit, sichtbar. Was hier also angeboten wird, ist letztlich Völkerverständigung. Im Mikrokosmos.

Auf dem Spielplatz des Support Centers, ein schöner Spielplatz, tummeln sich somalische und irakische Mütter mit ihren Kindern. Subsaharische und arabische Kinder flitzen herum, versehrte und unversehrte Kinder spielen zusammen, Mütter und Betreuerinnen stehen sich unterhaltend an Bänken; die Kleidung ist bunt, die

Hautfarben sind vielfältig. Ein Rollstuhl wird gemeinsam auf eine große Wippe gehievt. Geschafft, Wippen im Rollstuhl, Applaus.

Ein Mädchen ist taub, seitdem es 2014 bezeugen musste, wie sein Vater vor seinen Augen getötet wurde. Ein somalisches Trisomie-21-Mädchen in einem sehr schönen Kleid, dessen Gesicht als Schmetterling geschminkt ist, nimmt mit uns Kontakt auf, und seine gute Laune ist ansteckend, so dass wir mit ihm über den Spielplatz wetzen und zusammen schaukeln.

Im Support Center werden manchmal Kino-Abende veranstaltet, was organisatorisch herausfordernd ist, und ohne die Volontär.innen würde das, wie so oft, nicht gehen. Viele Volontäre haben selbst eine Fluchtgeschichte.

Ahmed zum Beispiel ist herkünftig aus Somalia, lebte in Syrien, dann kam der Krieg, nun ist er ein Flüchtling. »Niemals hätte ich gedacht, dass so etwas passieren könnte.« Er hat sein konfliktgebeuteltes und nahezu unregierbares Heimatland hinter sich gelassen, um sich ein Leben in Syrien aufzubauen, da erwartet man doch nicht, schließlich in Jordanien als Geflüchteter unterkommen zu müssen.

Auch ein UNHCR-Kollege erzählt uns seine Geschichte. Er wurde in Saudi-Arabien von somalischen Eltern geboren und durfte nicht in eine öffentliche Schule gehen. Kein Saudi, keine öffentliche Schule, so ist die Regel. Also sind sie nach Syrien ausgewandert, wo ihm Einlass in die Schule gegeben wurde. 2008 dann siedelte er nach Jordanien über, um Biomedizinische Technik zu studieren. Allein bei der Benennung des Studiengangs wurde mir schwindelig. In Jordanien wurde ihm nicht erlaubt, sein Studium zu beenden, weil er kein Geflüchteter ist. Ja, ich weiß, das versteht man nicht. Jetzt also der Job bei UNHCR, der ihm Freude macht und ihn erfüllt. Gut. Ob er sich nach der Biomedizinischen Technik zurücksehnt? Warte, woher kommt die Musik?

»Heute ist Markt«, sagt der UNHCR-Mitarbeiter und zeigt uns den Weg.

Im Haus hat eine Kapelle begonnen zu spielen. Ein Ensemble aus acht blinden Männern: Geige, Gitarren, Tamburin, Flöte, Trommeln, Gesang. Auf dem Markt wird die Kultur (!) der Herkunftsländer vorgestellt. Irak, Jemen, Syrien, Sudan, Somalia. Musikinstrumente liegen neben Kochgeräten, Lebensmittel neben Schmuckstücken. Vor allem aber erzählen die Aussteller.innen von der Heimat. Über Heimat kann man viel sagen.

»Unsere Heimat ist da, wo wir gern gesehen sind, wo wir Arbeit und Brot finden.« (Ré Soupault)

»Heimat ist der eigene Geruch.« (Ilija Trojanow)

»Heimat ist die widersprüchlichste Landschaft der Literatur.« (F. M. Esfandiary)

»Heimat und Abschiebung sind eng miteinander verknüpft. Die Heimat der einen ist der Ort, an dem die anderen, die Fremden, als Fremde auffallen. Zugleich ist die Heimat der Ort, an den die Fremden zurückgebracht werden.« (Volker Heins)

Heimat.

Nach ihr wird sich, vor allem in ihrer Abwesenheit, gesehnt. Sie kann unser Refugium sein, was »Zuflucht« oder »Zufluchtsort« heißt. Das Refugium hat also auch mit Flucht zu tun. Das Sichere, danach sucht man während der Flucht, in die Sicherheit möchte man flüchten. Ist man also an einem Ort, in einem Raum der Sicherheit, mag diesem eine unstete Zeit der Flucht oder der Herausforderung, des Tumults oder Konfliktes vorausgegangen sein, sonst wäre der Ort nicht so emotional aufgeladen und bedeutungsvoll. Sonst wäre es nicht ein Refugium, sondern einfach ein Zimmer.

Am 20. Juli ist der »Weltflüchtlingstag«, den wir passenderweise bei UNHCR verbringen. Welch besseren Ort gäbe es dafür. Vor dem Bürogebäude findet selbstredend eine Veranstaltung statt. Eine syrische Sängerin mit Kinderchor kommt auf die Bühne und beginnt zu singen. Sie trägt einen engen Lederrock, sieht wahnsinnig gut aus und singt so wunderschön, dass meine Tochter und ich uns nur schweigend ansehen. Als der Chor einsetzt, steigen uns Tränen in die Augen, und wir müssen über unsere schnell einsetzenden Emotionen lachen. Kultur kann gemeinsames Musizieren sein und – zuhören. Sag ich ja.

Im Jahr 2020 produzierte UNHCR Deutschland einen Film, für den elf Schauspieler*innen einen Text der dänischen Autorin Jenifer Toksvig lasen, basierend auf Interviews mit Geflüchteten, die gefragt wurden, was sie auf ihre Flucht mitgenommen hätten.

Was sie mitgenommen haben.

Brieftasche, Brieftasche, Brieftasche, Geld,
Münzen, Kleingeld
(…)
Drei Taschen. Eine Tasche. Rucksack. Kiste.
Gelbe Plastiktüte für die Papiere; wasserdicht dank Klebestreifen.
und die gelben Karten, für Flüchtlinge und mein Ausweis
(…)
Telefon, Telefon
Telefonnummer, Telefonnummer, Telefonnummer,
SIM-Karte, Ersatzkarte, Telefon, Telefon
(…)
Gesichtsaufheller. Ich will, dass meine Haut weiß ist
Und mein Haar glatt. Sie sollen nicht wissen,
dass ich ein Flüchtling bin.
(…)
Öl in der Flasche, Zitronen, Zitronen,
Datteln, Datteln, Datteln, Datteln.
(…)
Ich habe meine eigene Tasse. Sie gibt mir Unabhängigkeit,
wo immer ich auch hingehe.
(…)

Ich habe meine beiden Kinder getragen.
In Körben, die an einer Stange über meiner Schulter hingen.
(…)
Ich bin entkommen
mit meinen Kindern
meiner Schwester
meinem Bruder
meinem Mann
meiner Frau
Mit meiner Seele.
Mit meinem Lächeln.
Mit meinem Leben.

Gespräch mit Katharina Lumpp
Vertreterin von UNHCR in Deutschland

(geführt am 29. März 2023,
in der UNHCR-Vertretung zu Berlin)

Die Genfer Flüchtlingskonvention wurde 1951 verabschiedet und trat 1954 in Kraft. Offiziell ist sie ein »Abkommen über die Rechtsstellung der Flüchtlinge« und definiert, was der Begriff »Flüchtling« bedeutet. Sie bestimmt die Rechte von Flüchtlingen wie Religions- und Bewegungsfreiheit, den Zugang zum Arbeitsmarkt, das Recht auf Bildung und den Erhalt von Reisedokumenten. Sie benennt andererseits die Pflichten von Flüchtlingen gegenüber ihrem Aufnahmeland, sich an die Gesetze des Landes zu halten. Die zentrale Verpflichtung der Konvention ist das Verbot, Flüchtlinge in ein Land zurückzuweisen, in dem sie Verfolgung befürchten müssen. [Außerdem benennt sie jene Personen oder Gruppen, denen laut Konvention kein Schutz zusteht.]

Katja
In wie vielen Ländern gibt es UNHCR?

Katharina
Wir arbeiten in 135 Ländern mit rund 20 000 Mitarbeitenden, von denen der Großteil im jeweiligen Land lebt. Die internationalen Mitarbeitenden rotieren wie im diplomatischen Dienst zwischen den verschiedenen Ländern.

Katja
Wie lang ist eine Runde?

Katharina
Das hängt von der jeweiligen Situation vor Ort ab. Zwischen zwei und fünf Jahren. Ein Großteil unserer Einsatzgebiete sind soge-

nannte »Non-Family-Duty-Stations«, also Orte, an denen man nicht mit der Familie leben und arbeiten kann, so dass die Einsatzzeiten kürzer sind.

Katja

Warum kann man dort nicht mit der Familie leben?

Katharina

Weil es beispielsweise keine internationalen Schulen gibt oder weil die Gesundheitsversorgung nicht ausreichend gewährleistet ist. Oder weil die Sicherheitslage problematisch ist. Afghanistan zum Beispiel.

Katja

Was muss man studiert haben, um bei UNHCR mitmachen zu dürfen?

Katharina

Mitmachen dürfen ist eine gute Frage ... Wir haben sehr viele unterschiedliche Funktionen, darum kann man das nicht so einschränkend beantworten, dass eine bestimmte Ausbildung zu UNHCR führen würde. Was sicherlich eine wichtige Voraussetzung ist, sind Sprachen, man muss mindestens zwei der UN-Sprachen sprechen. Englisch, Französisch, Spanisch, Chinesisch, Russisch, Arabisch.

Katja

Welche sprechen Sie?

Katharina

Englisch und Französisch. Weiterhin ist ein wesentlicher Teil unserer Arbeit Rechtsschutz und Schutzmaßnahmen für Schutzsuchende und Flüchtlinge. Deswegen gibt es einige unter uns, die Jura und insbesondere Völkerrecht studiert haben. Aber das ist eben nur ein Teil der Arbeit. Wir haben Statistiker, Logistiker, IT-Experten. Und dann gibt es natürlich noch die vielen Kolleginnen und Kollegen, die vor Ort sind und in direktem Kontakt mit Binnenvertriebenen und Flüchtlingen, so beispielsweise auch in den Camps, stehen. Soziale Kompetenz ist gefordert und die Fähigkeit, mit einem sich ändernden diversen Team zusammenzuarbeiten, mit Menschen verschiedener Herkunft, Kultur und Religion.

Katja

Was ist UNHCR?

Katharina

Das Akronym steht für »United Nations High Commissioner for Refugees«. Wir sind eine internationale Organisation der Vereinten Nationen mit einem spezifischen Mandat und Auftrag, der uns von der internationalen Staatengemeinschaft durch die Generalversammlung der Vereinten Nationen erteilt wurde. 1951 wurde die Genfer Flüchtlingskonvention verabschiedet, und unser Auftrag ist, wie es auch in unserem Statut steht, der internationale Schutz von Flüchtlingen und die Zusammenarbeit mit Staaten, um Lösungen für Flüchtlinge zu finden und umzusetzen. Dazu kommt die sogenannte Überwachungsfunktion der Einhaltung der »Genfer Flüchtlingskonvention«. Dabei wird überprüft, wie die Konvention in den Vertragsstaaten in Recht und Praxis umgesetzt wird. Mittlerweile haben 149 Staaten entweder die Genfer Flüchtlingskonvention oder ihr Protokoll von 1967 oder beide ratifiziert, was mehr als zwei Drittel der Staaten sind.

Die Konvention definiert, wer Flüchtling ist. Sie verbietet den Staaten, die Menschen, auf die diese Definition zutrifft, in Länder oder Gebiete zurückzuschieben, in denen ihnen Verfolgung droht. Artikel 1 definiert, wer ein Flüchtling ist, Artikel 33 formuliert das Verbot der Zurückweisung und Zurückschiebung, und dazwischen wird geregelt, was für Rechte und Pflichten ein Flüchtling in einem Aufnahmeland hat wie Zugang zu Bildung, zum Arbeitsmarkt usw.

Katja

UNHCR gab es aber bereits, bevor die Genfer Flüchtlingskonvention geschrieben wurde, oder steht dies in unmittelbarem Zusammenhang?

Katharina

Die Gründung der Organisation als solches steht in Zusammenhang mit der Entwicklung der Konvention. Vorher gab es spezifische Ad-hoc-Aufträge für bestimmte Situationen, doch es gab nicht das »Amt des Hohen Flüchtlingskommissars der Vereinten Nationen« *(Anmerkung: im Folgenden nur noch »Amt« genannt)* und die Organisation, die sich daraus entwickelte.

Katja

War UNHCR auch ein Ergebnis des Zweiten Weltkrieges und der vielen Kriegsflüchtlinge?

Katharina

Ganz klar. Die Entwicklung der Konvention als auch das Amt wurden aufgrund der Erfahrungen des Zweiten Weltkrieges geschaffen, um für Menschen, die wegen der Kriegsereignisse vertrieben waren, Lösungen zu finden. *(Anmerkung: Mit »Lösung« meint sie das gesamte Paket von UNHCR, das mehr ist als Unterkunftsmöglichkeit.)*

Zunächst waren Amt und Konvention auf Flucht wegen Ereignissen vor 1951 begrenzt. Die Konvention enthielt auch eine Klausel, mit der die Verpflichtungen auf Flüchtlinge aus Europa beschränkt werden konnte. 1967 wurden diese zeitlichen und geographischen Begrenzungen der Verpflichtungen aus der Konvention mit einem Protokoll für Vertragsstaaten, die diesem beitraten, aufgehoben, als man gesehen hatte, dass sich die Situation von Flüchtlingen nicht ausschließlich auf die Ereignisse von vor 1951 oder auf Europa beschränkt. Man hat also die Genfer Flüchtlingskonvention auch für andere Fluchtsituationen geöffnet.

Ursprünglich war das Mandat von UNHCR temporär, und die Generalversammlung musste seinerzeit alle vier oder fünf Jahre dieses Mandat verlängern, das habe ich noch miterlebt. Im Jahr 2003 dann wurde das Mandat entfristet.

Man merkte, dass man dauerhaft eine Organisation benötigte, die mit der Unterstützung nach einer Flucht betreut wird, da Fluchtsituationen kein temporäres Phänomen darstellten und es die Notwendigkeit gibt, die Betroffenen zu unterstützen und gemeinsam mit Staaten Lösungen für sie zu finden.

Katja

Und diese Idee der Ausweitung wurde 1967 innerhalb eines Protokolls verschriftlicht?

Katharina

Richtig. Technisch hieß es, dass die temporäre Beschränkung der Flüchtlingsdefinition und die Möglichkeit der geographischen Limitierung auf Flüchtlinge aus Europa aufgelöst wurden.

Katja

Was ist passiert, dass man es ausgerechnet 1967 machte? Vietnamkrieg?

Katharina

Es war vor allem die Erkenntnis, dass so ein Instrument sinnvoll wäre für andere Flüchtlingssituationen, die sich nicht auf Europa beschränken.

Katja

Zu Beginn arbeitete UNHCR in und für Deutschland, das ist ja nicht mehr so ...

Katharina

Die Zentrale wurde in Genf etabliert, und in Deutschland wurde bereits 1951 eines der ersten Länderbüros eingerichtet. Deutschland gehörte außerdem zu den ersten sechs Unterzeichnern der Genfer Flüchtlingskonvention und ist somit historisch eng mit UNHCR verbunden. Heutzutage ist Deutschland im Flüchtlingsschutz und in der globalen Flüchtlingspolitik ein ganz wichtiger Akteur, als derzeit das viertgrößte Aufnahmeland von Flüchtlingen und weltweit zweitgrößter staatlicher, humanitärer Geber für UNHCR. Es hat daher eine sehr starke und glaubwürdige Stimme im internationalen Flüchtlingsschutz.

Durch Programme wie beispielsweise das Stipendium DAFI wurde Deutschland Vorreiter in bestimmten Fragen des Flüchtlingsschutzes und der Integration von Flüchtlingen.

(Anmerkung: Seit 30 Jahren gibt es die »Deutsche Akademische Flücht-lingsinitiative Albert Einstein«, kurz DAFI genannt. Sie wurde 1992 von der deutschen Bundesregierung ins Leben gerufen, um besonders begabten Flüchtlingen ein Studium in ihrem jeweiligen Aufnahmeland zu ermög-lichen. UNHCR sorgt seitdem für die Umsetzung dieses Programms.)

Katja

Nach dem Zweiten Weltkrieg, gab es ja auch deutsche Binnen-geflüchtete, IDPs. Heutzutage »produziert« Deutschland keine Ge-flüchteten mehr wie z. B. Afghanistan oder Burkina Faso.

Katharina

Unser Mandat war ursprünglich beschränkt auf Menschen, die in-ternationale Grenzen überquert haben. Die Logik dahinter ist die, dass sich diese Personen nicht mehr auf den Schutz des Landes ihrer Nationalität beziehen können oder im Fall von Staatenlosigkeit auf das Land, in dem sie sich niedergelassen haben. Hier greift dann die internationale Staatengemeinschaft ein, um den Schutz durch das Herkunftsland, den sie nicht mehr genießen, zu ersetzen.

Für Binnenvertriebene bleibt das eigene Land zuständig. Oft sind es die gleichen Gründe, die Menschen zur Flucht über internatio-nale Grenzen wie auch im eigenen Land zwingen, und häufig benö-tigen sie die gleiche humanitäre Unterstützung. Doch der Rechts-status, die Verantwortung für den Schutz ihrer Rechte, bleibt beim Herkunftsland.

Katja

Aber UNHCR ist doch in Burkina Faso, ich war in Kontakt mit ihnen, dort sind inzwischen zwei Millionen Binnengeflüchtete im Camp.

Katharina

Ja. Für sie sind wir aber nicht qua Mandat zuständig, sondern dort arbeiten wir mit anderen UN-Organisationen zusammen. Es gibt Richtlinien für Binnenvertriebene, da wird sichergestellt, dass die Verantwortung und die Wahrung der Rechte bei dem Herkunfts-land, in dem sie sich ja noch immer befinden, bleiben. Es gibt keine Regelung über eine spezielle Rechtsstellung, sie benötigen ja keinen Aufenthaltstitel, der sie vor Abschiebung schützt. Sie müssen in ihrem eigenen Land unterstützt und geschützt werden. UNHCR ist zuständig für Schutzmechanismen, z. B. Prävention und Schutz vor geschlechtsspezifischer Gewalt. Unterstützung, um weiterhin Personenstandsdokumente erhalten zu können, wie die Registrierung von Geburten und anderes. Wir arbeiten mit Partnern. Das »World Food Programm« ist beispielsweise für die Versorgung mit Grundnahrungsmitteln und die dazu gehörende Logistik und Koordination zuständig. UNICEF für Bildung. Und viele andere Partner mehr. Man nennt das Cluster, in denen die UN-Organisation, lokale und internationale NGOs zusammenarbeiten. UNHCR ist in diesem Cluster-Mechanismus die federführende Organisation für Schutzfragen, Unterbringung und äh … non-food-items. Gibt es da eine gute Übersetzung ins Deutsche?

Wir schauen uns ratlos an. Wie sagt man das in Deutsch?!

Katja

Ich weiß, was Sie meinen, Katharina, aber nein, ich weiß auch kein gutes Wort dafür.

Katharina

Hilfsgüter vielleicht?

(Anmerkung: Die sogenannten non-food-items sind zumeist Decken, Hygiene- und Kochartikel, Windeln, also alles, was benötigt wird, aber nicht essbar ist.)

Katja

Vermutlich. Etwas allgemein, aber warum nicht.

Katharina

Wie gesagt, UNHCR kümmert sich innerhalb der Cluster um Schutz, Unterbringung, non-food-items oder eben Hilfsgüter und das Management der Camps. Die Cluster werden etabliert mit Zustimmung des entsprechenden Landes.

Katja

Aber so ein großer Unterschied ist es dann ja nicht zu den Nicht-Binnengeflüchteten-Camps.

Katharina

Nun, es ist ein Unterschied, ob man im eigenen Land oder in einem fremden Land untergebracht ist ...

Katja

Natürlich, für die Geflüchteten ist es ein riesiger Unterschied, unberufen, aber ich meine für euch, für UNHCR, was ist da der Unterschied? Ihr partnert doch auch für die internationalen Camps und könnt auch da nur mit Zustimmung der entsprechenden Länder eure Arbeit gut etablieren, richtig?

Katharina

Nun, bei Menschen, die über internationale Grenzen fliehen, bei Flüchtlingen, haben wir durch unser Mandat eine verantwortliche Rolle in der Koordination.

Katja

Vielleicht können Sie mir das unterschiedliche Procedere einmal erläutern: internationale Geflüchtete versus Binnengeflüchtete. Refugees versus IDPs.

Katharina

Nehmen wir Ägypten, in dem Land habe ich vier Jahre gearbeitet. Dort sind wenig humanitäre Akteure, da es keine sichtbar großen Zahlen an Flüchtlingen gibt.

Katja

Woher kommen die Geflüchteten?

Katharina

Aus dem Sudan, Eritrea, Äthiopien, Somalia, Syrien.

In der 20-Millionen-Stadt Kairo leben ungefähr 120 000 Flüchtlinge. UNHCR ist qua Mandat verpflichtet, dort präsent zu sein und Mechanismen aufzubauen, um die geflüchteten Menschen in einem städtischen Gebiet (keine Lager) zu schützen. Wir haben mit der Regierung eine Abmachung, dass wir für die Registrierung von Schutzsuchenden und Flüchtlingen zuständig sind, dass wir Flüchtlingsfeststellungsverfahren, also Asylverfahren, durchführen, so dass auf dieser Grundlage die Menschen von der ägyptischen Regierung einen Aufenthaltstitel bekommen. Unsere ägyptischen Partner dabei sind unter anderem Wohlfahrtsorganisationen.

Katja

Der ägyptische Staat erlaubt euch, diese Arbeit zu machen, da Ägypten die Genfer Flüchtlingskonvention unterschrieben und ratifiziert hat?

Katharina

Ja …

Katja

Kann UNHCR nur in Ländern arbeiten, die sich zu den Genfer Flüchtlingskonvention verpflichtet haben?

Katharina

Nein, wir arbeiten auch in Ländern, die die Genfer Konvention nicht ratifiziert haben.

Katja

Jordanien?

Katharina

Genau, beispielsweise Jordanien, aber auch der Libanon, Bangladesch, Pakistan.

Katja

Aber ihr braucht doch die Erlaubnis und den Goodwill der Regierung, um vor Ort eure Arbeit machen zu dürfen, oder?

Katharina

Ja, genau.

Katja

Wie kann ich mir das vorstellen, wenn das Land die Konvention nicht unterschrieben und ratifiziert hat?

Katharina

Wir haben eine Flüchtlingssituation, beispielsweise die Rohingya. Wir bieten an zu unterstützen, wobei wir in Bangladesch schon vor Ort waren. Doch was wir dann letztlich vor Ort genau tun können, hängt davon ab, was uns erlaubt wird seitens der Regierung.

Katja

Ist es euch mal verweigert worden?

Katharina

Ich weiß von Situationen, in denen uns nicht gestattet wurde, Neuankommende zu registrieren oder die Registrierung nicht beachtet wurde.

Aber es gibt ein Prinzip der Genfer Flüchtlingskonvention, das »Non-Refoulement«, die Nicht-Zurückweisung, was rechtlich inzwischen als Völkergewohnheitsrecht anerkannt ist, wodurch auch Staaten, die die Genfer Konvention nicht ratifiziert haben, zur Einhaltung verpflichtet sind. Da es zu einem allgemeinen Rechtsgrundsatz geworden ist, dass man Menschen nicht in die Gefahr schwerer Menschenrechtsverletzungen zurückschickt und ihnen nicht den Zugang zu Schutz verwehrt.

Katja

Aber es wird doch andauernd abgeschoben oder gepush-backed. Überall. DAS ist doch eher der Verhaltensgrundsatz geworden und bedeutet in meinem Verständnis, dass die Genfer Konvention einfach nur eine nette Verabredung ist, ohne Konsequenz, da niemand habhaft gemacht werden kann oder wird.

Katharina

Ja, wir haben als internationale Organisation keine Möglichkeit, eine Strafe zu verfügen. Aber wir können unsere Stimme erheben, uns für Flüchtlinge einsetzen und auch in der Öffentlichkeit dafür eintreten. Solch eine Kritik mag niemand, nicht einmal Diktatoren.

Katja

Ich muss noch mal fragen: Wer gegen die GK verstößt, verstößt gegen die GK – und das war's dann, oder wie?

Katharina

In vielen Ländern gibt es Rechtsmittel für die Betroffenen, die sich an nationale Gerichte oder den Europäischen Gerichtshof für Menschenrechte wenden können. Es gibt Möglichkeiten, als Betroffene, sich rechtlich gegen Abschiebungen zu wehren. Wie immer im Völkerrecht hängt die Durchsetzung von Rechten des Einzelnen von den nationalen Rechtssystemen ab. Streitigkeiten zwischen den Vertragsstaaten über die Anwendung des Abkommens können dem Internationalen Gerichtshof in Den Haag vorgelegt werden. Von dieser Möglichkeit ist bisher allerdings noch nie Gebrauch gemacht worden.

Katja

Ich hab noch mal eine ganz banale Frage: Wo werden die UNHCR-Planen hergestellt? In der UNHCR-Fabrik?

Katharina

Wir haben globale Rahmenverträge mit bestimmten Produzenten.

Katja

Wird das in einem Land produziert oder immer da, wo ihr seid?

Katharina

Wir haben globale Lager in Stockholm und Dubai, aber wir versuchen auch immer zu sehen, was man lokal und günstig herstellen kann. Das gilt nicht für die Planen, aber für basics wie Matratzen, Decken, Küchenausstattung. Das ist nicht nur ökologischer, sondern auch hilfreich für die Wirtschaft der oft armen Länder, die Flüchtlingen Schutz bieten.

Katja

Wie lange braucht ihr, um ein Camp aufzubauen? Oft muss es schnell gehen, wenn ein paar tausend Menschen pro Tag kommen.

Katharina

Wir haben eine Notfall-Gruppe von Personen, die wir innerhalb von 48 Stunden vor Ort haben können, um die Mitarbeiter in der Notfall-Situation des entsprechenden Landes zu unterstützen.

Nehmen wir beispielsweise das fürchterliche Erdbeben in der Türkei, wo ja auch sehr viele syrische Geflüchtete waren. In Gaziantep haben wir ein Lager, da waren Zelte, die wir unmittelbar verwenden konnten, zwei Tage später kam Nachschub. Das Aufbauen und die Einrichtung minimaler Infrastruktur wie Wasserversorgung und Toiletten ist ein Prozess, ein Lager ist nicht sofort fertig.

Katja

Wie viele Geflüchtete gibt es derzeit?

Katharina

Derzeit gibt es 29,4 Millionen Flüchtlinge unter UNHCR-Mandat, die über internationale Grenzen hinweg Schutz gesucht haben, 5,9 Millionen unter UNWRA-Mandat und 53 Millionen Binnenvertriebene.

Katja

90 Millionen? Im Jahr 2023?

Katharina

Dazu kommen Asylsuchende, die im Verfahren sind, deren Flüchtlingsstatus noch nicht festgestellt ist. Und 5,2 Millionen Venezolaner, die zwar Schutz bedürfen, aber wo es keinen Konsens gibt, dass sie rechtlich Flüchtlinge sind. Unter den 32 Millionen internationalen Geflüchteten sind 5,8 Millionen Palästinenser, die unter das Mandat der UNRWA fallen.

(Anmerkung: UNRWA ist das Hilfswerk der Vereinten Nationen für Palästina-Flüchtlinge im Nahen Osten. »United Nations Relief and Works Agency for Palestine Refugees in the Near East«)

Katja

Als ich mit diesem Buch anfing, gab es, laut UNHCR 80 Millionen Geflüchtete, jetzt, drei Jahre später sind es …

Katharina

… über 100 Millionen.

Wir atmen beide einmal durch. Dann sagt Katharina:

Im Grunde wäre es so einfach, wenn es politische Lösungen gäbe. Es sind vor allem sechs Situationen, die für die größte Zahl der Geflüchteten verantwortlich sind: Syrien, Ukraine, Afghanistan, Venezuela, Süd-Sudan, Myanmar.

Katja

Welche Länder haben die meisten Flüchtlinge bei sich aufgenommen?

Katharina

Die Türkei. Dann Iran. Dann Kolumbien. Dann Deutschland.

Katja

Was wird von eurer Seite als Lösung vorgeschlagen?

Katharina

Freiwillige Rückkehr in Sicherheit wäre natürlich das Beste. Die Menschen sind zum Beispiel nach Côte d'Ivoire zurückgekehrt, nachdem der Konflikt dort vorbei war. Auch die vollständige Integration, Einbürgerung im Aufnahmeland, so dass sie nicht mehr als Geflüchtete gelten, wäre eine Lösung. Die internationale Staatengemeinschaft scheint nicht mehr in der Lage zu sein, Konflikte zu lösen oder Kriege zu beenden, was dramatisch ist, denn das wäre es, was zu verringerten Fluchtzahlen führen würde.

Katja

Was sagen Sie zu der Idee, Schutzsuchende aus europäischen Staaten in Camps in Ruanda zu transferieren?

Katharina

Wir halten das für mit der Genfer Flüchtlingskonvention nicht vereinbar.

Katja

Wie sieht die Zukunft aus für UNHCR und für geflüchtete Menschen?

Katharina

Eine Entwicklung im Flüchtlingsschutz, die wir begrüßen, ist der »Globale Pakt für Flüchtlinge«. Das ist eine nicht bindende politische Vereinbarung, die mit großer Mehrheit in der Generalversammlung der UNO 2018 verabschiedet wurde. Dieser Pakt ist aus den Erfahrungen der Fluchtbewegungen aus Syrien, insbesondere von 2015/16 entstanden. Die Bestrebung ist, dass es zu einer besseren und verlässlicheren Verantwortungsteilung im Flüchtlingsschutz kommt. Das Ziel des Paktes ist die Unterstützung von Aufnahmeländern, da sie ja für die internationale Staatengemeinschaft einstehen und Geflüchtete bei sich aufnehmen. Dabei wäre es so, dass andere Akteure als Humanitäre zusätzlich mit ins Spiel kommen, um die Eigenständigkeit von Geflüchteten zu unterstützen.

Katja

Sie waren viele Jahre in Ägypten, wo waren Sie noch überall?

Katharina

Angefangen habe ich in Brüssel mit UNHCR. Dann 1998 bis 2002 in Afghanistan.

Katja

Krass, Sie waren am 11. September in Afghanistan?!

Katharina

Genau, da war ich sechs Stunden östlich von Kabul auf dem Land.

Katja

Wie haben Sie davon erfahren?

Katharina

Aus dem Radio.

Katja

Afghanisches Radio?

Katharina

Afghanen hören viel Radio, BBC Pashtu oder Dari World Service. Wir saßen gerade beim Abendessen im Freien und afghanische Kollegen teilten es uns mit. Wir konnten es nicht glauben. Die Bilder dazu habe ich erst am nächsten Tag in Kabul gesehen.

Katja

Wo waren Sie nach Afghanistan?

Katharina

In Genf, nochmals in Afghanistan. Ägypten, Südeuropa, Naher Osten, Amman, Deutschland, Türkei und nun seit zwei Jahren wieder in Deutschland.

Katja

Das ist beeindruckend. Vielen Dank, Katharina, für Ihre Zeit und das Gespräch.

Katharina

Sehr gern.

Liebe Mama!

Berlin im Mai 2023

Ich vermisse dich. Und wünschte, du wärest hier, dann könnten wir zusammen Tee trinken, oder vermutlich würdest du einen kleinen Whiskey bevorzugen und rauchtest eine Zigarette dazu, eine überlange, die du in deine Zigarettenspitze einfädeltest, so dass du schließlich 20 cm Eleganz zwischen deinen Lippen balanciertest, wie man es in den 20er Jahren des letzten Jahrhunderts rauchenderweise tat. Du fandest dich nicht elegant, schütteltest lachend und fast angeekelt deine Locken bei der Vorstellung, man brächte das Wort Eleganz und dich in Zusammenhang, dennoch hast du dir deine Fingernägel rot lackiert, womöglich um dir den Anschein zu geben, dass die Hände, die so viel gearbeitet haben, allerdings den Sinn des Schöngeistigen in sich tragen – was der Wahrheit entspricht.

Ich vermisse dich. Seit über 20 Jahren. Wenn du jetzt hier wärest und wir zusammensäßen, dann würde ich dir von meiner Tochter erzählen, die inzwischen eine erwachsene Frau und Künstlerin ist, und du würdest vermutlich weinen vor Glück, wie großartig und selbsttätig sie ihren Weg gegangen ist. Du hast sie in ihren ersten Lebensjahren auf diesem Weg begleitet, bis du einen anderen Weg gehen musstest, der aus diesem Leben herausführte.

Wir alle vermissen dich, es ist schwer, ohne dich zu leben, das Loch, das du in meinem Leben durch deine Abwesenheit hinterlassen hast, hat sich niemals geschlossen.

Und darum möchte ich dir die Geschichte von Amal erzählen, die ein kleines Mädchen ohne Mama ist, ungefähr in dem Alter, wie es deine Enkeltochter damals war, als du gingst. Amal ist neun Jahre alt und sucht ihre Mutter. Sie ist herkünftig aus Syrien und hat sich auf den Weg gemacht, ihre Mama zu finden, die sie in Manchester vermutet. Sie geht den langen Weg von der syrisch-türkischen Grenze, von Gaziantep bis nach England, auf die britische Insel, und du warst niemals in England und weißt nicht, dass deine Enkeltochter dort lebt. Du warst auch niemals in Syrien, so wie mein Vater, der Damaskus liebte und oft bereiste und dir von dort Tücher und Kleider und metallene Teekannen mitbrachte. So lebte Damaskus ein wenig in unserem Haus, nun tobt seit zwölf Jahren der Bürgerkrieg in Syrien, und auch das weißt du nicht, und das ist gut, denn du hast den ganzen beschissenen, grausamen Zweiten Weltkrieg erlebt, als junge Frau, in dieser prallen Jugend, als man losleben wollte, sich ausbilden, küssen, tanzen und die Welt bereisen, stattdessen haben die Nazis alles plattgemacht und deine Familie ausgelöscht.

Und nicht nur darum erzähle ich dir die Geschichte von Amal, sondern auch, weil Amal Hoffnung heißt, und die hast du niemals aufgegeben – bis dir die Luft wegblieb.

Was du vermutlich wissen solltest, ist, dass Amal eine Puppe ist. Ihre Väter sind die beiden weltbekannten südafrikanischen Puppenspieler Adrian Kohler und Basil Jones, die 1981 die »Handspring Puppet Company« gründeten mit Sitz in Kapstadt. Sie erfanden und gestalteten beispielsweise das Pferd für das Londoner Musical »Warhorse«, das Steven Spielberg als Film adaptierte. Amal ist dreieinhalb Meter groß, und ihr wird von drei Schauspielern Leben eingehaucht. Sie hat lange Haare, trägt rote Stiefelchen und einen Rock. Ihre Wimpern sind lang (und elegant) und ihre Augen groß und erstaunt. Sie läuft und tanzt, sitzt und liegt, schläft, lacht, weint, kämpft und sucht. Bei und mit ihr ist eine ganze Theatertruppe, eine große Produktion steht dahinter, die sich das »Good Chance Theatre« nennt und ihren Sitz in London hat. Die Truppe ist international.

2015 wurde das »Good Chance Theatre« gegründet, von zwei Schriftstellern, die wir seitdem als »die beiden Joes« kennen, Joe Robertson und Joe Murphy, junge Männer, die sich bis heute mit ihrer Kunst humanitärer Themen annehmen und diese durch Theater und performative Projekte sichtbar machen wollten. Sie wollten es nicht nur, sie taten es – das kann nicht jeder von sich behaupten.

Das Erste, was sie anstellten, war, dass sie nach Calais reisten, in ein inoffizielles Flüchtlingslager, das man unter dem Namen »Dschungel« kannte. Dort hielten sich übergangsweise bis zu zehntausend Menschen aus 22 Nationen auf. Subsaharische Länder, Syrien, Irak, Iran. Sie wollten, wie Amal auch, nach England.

Der Weg von Syrien oder aus dem Sudan oder Äthiopien bis nach Nordfrankreich ist weit, doch die Strecke von Calais nach Dover, über den Ärmelkanal, der an der schmalsten Stelle zwischen Calais und Dover (auch als »Strait of Dover«, bzw. »Pas de Calais« bekannt) nur 34 Kilometer misst und den man zwischen Calais und Folkestone mit dem Eurotunnel seit 1994 in einer halben Stunde überquert, vielmehr unterquert, stellte und stellt immer noch, immer mehr, die größte Herausforderung dar. Man kann nicht rüberschwimmen. Obwohl bereits ungefähr 600 Schwimmer.innen das gewagt haben, was nur von England nach Frankreich erlaubt ist, andersherum nicht. Im Jahr 2013 starb eine vierunddreißigjährige Britin bei ihrem Versuch.

In dieser Ecke Europas ist das Wasser kalt, die Strömung stark, das Wetter und überhaupt die ganzen Verhältnisse unwirtlich, gefährlich, herausfordernd und abweisend. Die Insel des ehemals größten Imperiums neben dem römischen hat geostrategisch eine Lage, die keine angrenzenden Länder und somit Grenzen kennt (im Gegensatz zu Deutschland, das von neun Ländern umgeben ist), sondern von Wasser umspült wird. Die überirdisch schönen Kreidefelsen vor Dover und Beachy Head, ebenfalls in Südengland, haben traurige Berühmtheit erreicht für lebensmüde Menschen. Anscheinend soll es dort vor dem digitalen Zeitalter Telefonzellen gegeben haben, die ohne Kleingeld einen Telefonanruf ermöglichten, wenn man sich als hoffnungslose Person spontan entschied, das Vorhaben abzubrechen. Dann konnte man anrufen und wurde abgeholt. Von wem, weiß ich nicht. Polizist? Psychologin? Und ob es die Telefonboxen noch immer gibt, ebenfalls nicht. Und vielleicht stimmt die Geschichte auch nicht.

Joe und Joe, wie gesagt, Autoren und Gründer des »Good Chance Theaters«, blieben sieben Monate im Dschungel von Calais und machten sich dort vertraut mit den Lebensumständen, lernten Menschen und deren Geschichten, Gedanken, Nöte und Sehnsüchte kennen.

Joe Murphy: »Die Geschichte wird auf uns schauen, sie wird auf die Art und Weise schauen, wie wir reagiert haben. Als Kollektiv können wir etwas tun und uns selbst dabei überraschen.«

Dann bauten sie ein Theater. The Dome, den Dom, der elf Meter hoch und aus zweiter Hand und daher günstiger war. 50 Menschen aus dem Camp halfen, ihn aufzubauen. Unterstützt wurde dieses Projekt vom »Young Vic Theatre«, dem »National Theatre« und dem »Royal Court Theatre«. Der Dom, der, wie der Name schon sagt, aussah wie eine Kuppel, war mehr als ein Theater, wurde Begegnungsstätte, ein Community Center, das lebendig und kreativ war und Hoffnung und Miteinander versprühte. *»Es war als ein Ort konzipiert, an dem sich Menschen ausdrücken konnten, und bot einen Raum, um für eine Weile der Situation zu entkommen, in der sie sich befanden oder sich ihr zu stellen.«* (Good Chance Theatre)

Workshops wurden angeboten, von Künstler.innen, die aus UK und Frankreich und der Welt kamen, es wurde musiziert, getanzt, gemalt, sich verkleidet, gefeiert, es gab Veranstaltungen für Kinder, Akrobatik und Jonglage. Montags war Filmabend, zumeist wurde »Star Wars« gezeigt. Ungefähr 1000 Personen der im Dschungel Lebenden nutzten den Dome. Der Raum war groß im Vergleich zu den Zelten und Konstruktionen, er war trocken, und man konnte darin hin- und herlaufen, im Gegensatz zu den Zelten und Konstruktionen. Ein Innenraum, in dem man sich bewegen konnte. Ein Mann geht durch einen Raum, ein anderer schaut ihm dabei zu, so beginnt Theater, fällt mir dabei ein. Ein (ungefähres) Zitat des englischen Regisseurs und Theatermachers Peter Brook.

Im selben Jahr, noch während die beiden Joes vor Ort waren, wurde der südliche Teil des Dschungels geräumt, und 3500 Menschen verloren ihr ohnehin trauriges Obdach. Die Polizei setzte Tränengas und Wasserwerfer ein. »Why teargas?«, schrieb ein Bewohner auf eine Plane.

Joe Robertson: »Die Polizei kann den ›Good Chance Dom‹ zerstören, aber das ›Good Chance Theatre‹ wird weiterhin existieren. Und einen Ort bieten, an dem Menschen ihre Geschichten über die schreckliche Situation, in der sie sich befinden, zum Ausdruck bringen.«

Sie wuchsen zusammen und mit ihnen die Ideen und Freundschaften, die sich, wie wir gleich sehen werden, über den Dschungel hinaus fortsetzten.

Alsadig, ein siebzehnjähriger Junge aus dem Sudan, schrieb: »Meine lieben Freunde! Ich danke den Menschen, die dieses großartige Theater organisieren. Wir werden viele Dinge dadurch erkennen. Beispielsweise erleben wir unterschiedliche Kulturen, unterschiedliche Menschen mit unterschiedlichem Denken und unterschiedlicher Sprache. Es spielt keine Rolle, wie du aussiehst, sei einfach die beste Version deiner selbst. Kommt ins Theater, ihr werdet Wissen erlangen. Wir lesen Geschichten von der Antike bis heute und singen ein Lied. Ladies and Gentlemen, folgen Sie Ihren Ideen, nicht den Ideen der anderen. Dein Verstand ist der beste Verstand.«

Schließlich kehrten die beiden Joes zurück nach England und schrieben ein Stück, das sie, wie sollte es auch anders sein, »The Jungle« nannten, in dem es um die Räumung des Camps geht. Es spielt in einem behelfsmäßigen afghanischen Restaurant, in dem sich eine Gruppe Menschen trifft, Bewohnende des Camps aus Kurdistan, Sudan, Eritrea, Syrien, Afghanistan, Iran, Irak, wie auch

Personen aus Frankreich und Groß-Britannien. Immer mehr Menschen versammeln sich zu Beginn des Stückes in dem kleinen Raum mitten in der Nacht, es ist kalt, man umarmt sich zur Begrüßung, raucht, redet, trinkt milchigen Chai, Naan wird herumgereicht, man wartet ... Die Menschen hier sind erschöpft, schmutzig, auf Energy-Drinks, emotional, ängstlich, verfroren. Tiefes rasselndes Husten unterbricht immer wieder mal die Gespräche, die in vielen Sprachen geführt werden. Im Dschungel passiert alles schnell, gleichzeitig, darum sind alle zu jeder Zeit aufmerksam und präsent.

Hier ein kleiner Auszug.

Derek

Heute Morgen wurde ein weiterer Räumungsbescheid
angekündigt. Er gibt der Polizei die Befugnis, die gesamte
südliche Hälfte des Dschungels zu räumen. Dazu gehören
die Schule, die Moscheen, die Kirchen. Eine sanfte Räumung,
was bedeutet, dass sie keine Bulldozer einsetzen dürfen.
Wir haben gehört, dass die Polizei vielleicht morgen schon
anfangen wird. Es ist also wahrscheinlich, dass sie die Leute
auffordern werden, den Dschungel zu verlassen.

Omar *(in Arabisch)*
Wo zum Teufel sollen wir hin? Da ist nichts!

Mohammed
Wie kann das legal sein? Sie können uns doch nicht im
Winter vertreiben!

Derek
Sie meinen, dass sie das können.

Salar

Das war's mit dem Dschungel. Wir sagen es seit Monaten.
Nun wird es wahr.

Derek

Die Zählung ist abgeschlossen, wir haben die Ergebnisse!
5497 Menschen leben im Dschungel. Davon befinden sich
3455 in der Räumungszone. 445 sind Kinder. 305 unbegleitet.
Jetzt wissen wir, wer wir sind. Diese Räumung ist illegal.

Im Dezember 2017 inszenierten die Regisseure Stephen Daldry, (der
unter anderem die Filme »Billy Elliot« und »Der Vorleser« inszeniert
hat) und Justin Martin (der unter anderem Episoden für die Netflix-
Serie »The Crown« und das Stück »Billy Elliot« im Westend inszeniert hat) »The Jungle« am »Young Vic Theatre« in London. (Koprodu-
ziert mit dem »National Theatre« und dem »Good Chance Theatre«.)
Das Stück erzählt von 19 Figuren, die aus verschiedenen Ländern
kommen; um es auf die Bühne zu bringen, brauchte man also ein
internationales Ensemble.

Unter den Schauspieler.innen des Ensembles waren auch ehemalige Dschungel-Bewohnende. Beispielsweise ein Musiker aus dem
Sudan, ein Zirkusartist aus Äthiopien und ein Visual Artist aus dem
Iran. Nachdem dieser auf der Ladefläche eines Trucks in Groß-Britannien angekommen war, lernte er schließlich dank »Good Chance« Elton John kennen und schrieb und animierte für ihn das offizielle Musikvideo für seinen Song »Rocket Man«, kein Witz.

Wenn ich könnte, würde ich es dir zeigen, Mama, man findet es
auf YouTube (oh, du weißt nicht, was das ist, egal) oder der Webseite
von »Good Chance«. Im Video ging er mit der Situation im Camp
und seiner Flucht im Lastwagen um und verwandelt sich dabei in
den Rocket Man, der über alle Grenzen hinwegfliegen kann.

Das Stück »The Jungle« wurde in London an verschiedenen Orten
gespielt und ging 2019 nach San Francisco. Als die Einladung nach

New York kam, schlug die Pandemie alle weiteren Vorhaben kaputt. Aber 2023 werden sie die Vorstellung nachholen.

2019 bereits waren weitere Domes gebaut worden. Zum Beispiel in Paris, in der Bastion de Bercy, wo nicht nur Geflüchteten, sondern auch Migrantinnen und obdachlosen Franzosen die Möglichkeit geboten wurde, gemeinsam an Workshops teilzunehmen. Zum Abschluss machten sie eine große Parade durch das Quartier.

Im Oktober 2016 wurde der Dschungel schließlich und final zerstört und offiziell geschlossen durch die französische Polizei. Oder vielleicht waren es auch Soldaten oder Grenzschützer. Wer auch immer es war, sie waren weisungsgebunden durch die französische Regierung. Aktivisten und Journalistinnen kritisierten diesen Vorgang, und ich erinnere mich, dass ich damals Videos sah, die sich mir eingebrannt haben. Aufnahmen von Konstruktionen aus Holz und Wellblech, auf die die Bewohner in Windeseile den Satz gesprüht hatten: »This is my home, please do not destroy it.«

Ich weiß, du verstehst kein Englisch, liebe Mama, darum übersetze ich dir diesen Satz, er sagt: »Dies ist mein Zuhause, bitte zerstören Sie es nicht.« Es wurde zerstört, mit einem Bulldozer, die sanfte Räumung war vorbei. Man konnte auf online gestellten Videos sehen, wie das Wellblech zusammengefaltet und zerknickt, die Unterkunft unter den schweren Reifen der Bulldozer dem Boden gleichgemacht wurde und alle persönlichen Requisiten, die darin aufbewahrt waren, ins Nichts verschwanden.

Das inoffizielle Camp hatte im Laufe der Zeit kleine Shops hervorgebracht. Friseure, Imbisse, Einkaufsmöglichkeiten. Eine französische Organisation hatte Einzelteile für Holzkonstruktionen vorgefertigt, die sie in den Dschungel fuhren und vor Ort gemeinsam mit den Bewohnern aufbauten. Planen und Wellblech wurden um diese Holzkonstruktionen genagelt, so dass Neuankommende zügig eine Unterkunft hatten. Es gab Gotteshäuser für die verschiedenen Götter und kleine Schulen, die einfach irgendeine Konstruktion waren, in der man lehrte: Sprachen. Lesen. Schreiben. Egal was, Hauptsache etwas lernen, den Kopf beschäftigen, den Geist, der auch für unsere Gefühle verantwortlich ist. Die Menschen gestalten, sie warten nicht einfach ab, bis sie tot oder erstarrt sind, sie werden aktiv. Was gibt es Aktiveres, als sich aufzumachen in die Fremde, über Kontinente hinweg, um die Existenz deiner Liebsten zu retten. Die vielen kleinen Hütten des Geflüchtetenlagers, das nicht sein sollte, vor den Toren von Calais, in denen gekocht wurde, wo man miteinander feurige Mahlzeiten aß – alles unter den Ketten der gewaltigen Maschinen ins Aus katapultiert.

Der Dschungel war kaputt und jene, die sich für Menschenrechtliches interessierten, das sind ja nicht so viele, zeigten mit dem Finger auf Frankreich, doch Fakt war, dass die hier im Transfer oder Interim Lebenden gar nicht in Frankreich bleiben wollten, sie haben sich nicht nach Frankreich geflüchtet, sie waren hier nur im Übergang auf dem Weg nach England, nach Manchester vielleicht, wo Familienangehörige leben, eine Tante, ein Cousin, einer aus dem gambischen Dorf, in dem man geboren wurde, oder eben Amals Mutter; sie wollen zu einer vertrauten oder auch einer entfernt bekannten Person, die ihnen eine Atempause bietet, nach der langen Flucht, um so schnell wie möglich zu arbeiten, damit man Geld nach Hause schicken kann. Und wenn da keiner war, der sie erwartete, wollten sie trotzdem dorthin, es würde, es wird sich etwas ergeben, Menschen sind überall, I just want to work, je veux travailler.

Auf einer Unterkunft stand in strahlendem Rot: »Bonjour. Hello, we come from Dafour. We would like to go to England. Thanks France, but we ♥ UK.«

Man zeigte auf Frankreich, dabei hatte das Vereinte Königreich die Zugbrücke hochgefahren und ließ niemanden ein, sondern zeigte Abwehr, in Form von zügig erlassenen Strafandrohungen, Zäunen, Stacheldraht und Geldstrafen für LKW-Fahrer, die sie, selbst knapp bei Kasse, zahlen müssten, wenn sie mit einem oder mehreren Geflüchteten auf der Ladefläche oder unter dem LKW englischen Boden betreten, vielmehr befahren würden.

Kannst du mir noch folgen, Mama? Ich weiß, es ist viel Information. Ich sehe dich nicken, okay, ich mache weiter, du zündest dir noch eine Zigarette an.

Im Stück »The Jungle« gibt es eine Figur, die »Little Amal« heißt, ein neunjähriges Mädchen, das in der Gruppe mitschwimmt. Ein englischer Mittvierziger, genannt »Boxer«, sagt zu Little Amal, während er ihr warme Sachen anzieht:

> Boxer
> Amal? Hier wird es jetzt ein bisschen chaotisch, und darum werden du und ich auf eine Abenteuerreise gehen. Hat dir schon mal jemand von England erzählt? Es ist ein Land voller grüner Felder und langen Flüssen. Es ist eine kleine Insel, die ganz allein im Meer liegt. Und weil es so klein ist, muss jeder freundlich sein. Dort gibt es Parks mit Rutschen, Schaukeln, schöne alte Schulen …

> Amal
> Schulen …

> Boxer
> Richtig. Mit Lehrern, die dich lieben. Und wo auch immer du hingehst, du wirst immer willkommen sein, lass dir bloß nichts anderes erzählen.

Während der Pandemie also entwickelte das Theater ein neues Projekt, um genau diese Figur, die ja schon in der Welt war, herum. Sie nannten das Projekt »Walk with Amal«, und die Idee war, von dem Weg zu erzählen, den ein unbegleitetes Kind auf der Flucht einmal durch Europa geht. Und wo immer es ankommen wird, soll es empfangen werden, von Künstlern und Künstlerinnen. Von Tänzern, Musikerinnen, Erwachsenen- und Kinderchören, Kapellen, perkussiven Gruppen, von Lichtdesignern oder bildenden Künstlern. Sie gingen los und suchten ihre Partnerinnen und fanden sie in ganz Europa. Ich bekomme Gänsehaut, während ich dir das erzähle, denn sie haben über 100 verschiedene Gruppen oder Personen in sieben europäischen Ländern gefunden, die Amal, wo auch immer sie ankäme, begrüßen würden. Danke, Europa, du bist bunt, du kannst so viel!

Amal ging im Sommer 2021 in Gaziantep los, durchquerte die Türkei von Ost nach West und als sie mit einem Boot nach Griechenland, auf die Insel Chios, übersetzte und somit erstmals europäischen Boden betrat, war ich vor Ort. Und niemals werde ich dieses Erlebnis, dieses Ereignis vergessen.

Wir hatten uns alle am Hafen von Chios versammelt, Hunderte und abermals Hunderte von Menschen. Die Sonne schien, wir schauten hinaus aufs Meer gen Osten.

Und da kam sie, wie Odysseus auf einem Boot stehend, während ihr Haar im Wind flatterte. Sie betrat vorsichtig den Quai von Chios und drehte sich immer wieder um gen Meer, in die Richtung, aus der sie gekommen war. Zögerlich lief sie den langen Quai hinunter auf die vielen bunt gekleideten Menschen zu, die sie auf der Hafenstraße stehend erwarteten. Sie war ängstlich, was war hier los? Der Quai war leer, man wollte sie nicht gleich bestürmen, und so hatte sie zuerst die Bühne für sich allein, wie einen Catwalk, was respektvoll war, aber auch ihre absolute Verlorenheit demonstrierte. Sie schaute noch einmal auf das Meer, blieb vorsichtshalber stehen, wo sollte sie hin? Schloss kurz die Augen.

Und da setzten die Trommeln ein!

Tiefe rhythmische Töne erklangen, wie es sie seit Urzeiten in menschlichen Gemeinschaften gibt. Amal öffnete die Augen und schaute auf die Gruppe der Trommelnden, die sich in einer gemeinsamen Choreographie zu ihrer Musik bewegten. Sie hörte zu, blickte kurz über ihre Schulter zurück nach Syrien, doch nun war sie hier, da waren Menschen, die sie mit Musik begrüßten und sich synchron bewegten. Der Rhythmus der Trommeln kroch ihr ins Gebein. Und so hob Amal schließlich ihren Fuß und begann, sich rhythmisch zu bewegen, mit geschlossenen Augen; und um mich herum konnte ich sehen, wie den Zuschauenden, die alle ihre Gesichter nach oben zu dem Mädchen erhoben hatten, was ihnen etwas Andächtiges gab, die Tränen über das Gesicht liefen: Amal tanzte!

Sie war in Griechenland angekommen. Und irgendwie fühlten wir uns verantwortlich für sie. Willkommen. Kalos Irthate.

Dann lief sie entschieden los, begleitet von der Hundertschaft. Weiter die Straße hinunter standen Kinder auf einem Balkon im ersten Stock. Sie hatten Luftballons und selbst gemalte Transparente angebracht. »Welcome Amal«, stand darauf. Amal streckte einen Arm zu ihnen aus, die Kinder wagten es, sie zu berühren. Sie waren auf gleicher Höhe mit ihrem Gesicht.

Vor dem Haus saß ein Kinderchor auf Kartons im Halbkreis, der die letzten Tage unermüdlich geübt hatte. Kinder aus dem Geflüchtetenlager Vial in Chios. Sie sangen in allen Sprachen, die ihnen zur Verfügung standen, was nicht wenige waren, und Amal hörte zu, breitete ihre Arme aus und wiegte sich ein wenig ... Weiter ging es die Hafenstraße hinunter, eine weitere Gruppe begann zu musizieren, eine kleine Kapelle, wie ein Spielmannszug, allerdings nicht im Dresscode Uniform, sondern in Hippie-Outfits. Amal folgte ihnen, und wir folgten Amal.

»Amal!«, riefen die Kinder, »Amal, I love you!«, und die kleine Amal, die so groß war, schloss die Augen und lächelte.

Auf dem Marktplatz war eine Bühne aufgebaut worden, und große Lichtballons hingen in den Bäumen und standen in der Luft über dem Platz. Eine Sängerin, die von einem Gitarristen begleitet wurde, begann zu singen, und Amal spielte in Slow Motion mit dem zwei Meter durchmessenden Lichtballon. Dieses Pas de deux war ein Bild der Poesie und Zärtlichkeit, bis sie sah, dass vor ihr eine Gruppe winzig kleiner Kinder in Glitzerkleidern stand, mit Briefen für sie. Vorsichtig beugte sie sich hinunter zu ihnen, so dass die Kinder die Briefe und Zeichnungen in ihre große Hand legen konnten.

»Amal, Amal, Amal«, wurde gerufen, skandiert geradewegs, von den Kindern, die sich leichten Herzens mit Amal, der Puppe, verbanden und sie zu ihrem Rockstar machten.

Die verschiedenen Musikgruppen waren inzwischen auf dem Marktplatz angekommen, und die Luft absorbierte die Musik, hüllte Amal darin ein, bis sie schließlich vom Platz ging, unter Bäumen hindurch und verschwand …

Es war wirklich bewegend, das muss ich sagen, so viel Zuneigung und Interesse und Neugier und Aufmerksamkeit wurde diesem geflüchteten Mädchen entgegengebracht, das eine Puppe ist und den Menschen allein durch seine Anwesenheit zeigte, wie viel Empathie doch letztlich in ihnen steckt. In uns allen, wenn wir sie denn hinauslassen. In der gemeinsamen theatralen Situation wurde sie sichtbar. Die Menschen lächelten, und dieses Lächeln bedeutete Freude oder Hoffnung oder auch irgendetwas anderes.

Später saß ich mit der Theatertruppe in einem uralten (niemand weiß wie alt, Chios zeigte vor 3000 Jahren erste Besiedlungen) ziegelsteinernen Gebäude ohne Dach, in dem ein Restaurant untergebracht war, und einer der Puppeteers, Seb, ein junger englischer Schauspieler, lachte und sagte zu mir: »Ich habe die kleinen Leutchen erst gar nicht gesehen, sie standen so direkt vor mir.« Er meinte die Glitzerkinder mit den Briefen.

Der »Walk with Amal« ist so etwas wie Livetheater, wo unentwegt mit den entstehenden Situationen der Menschenmenge umgegangen werden muss und wenn nichts passiert, muss man etwas passieren lassen, was nur teilweise vorab inszeniert werden kann. Das erfordert enorme Konzentration und Aufmerksamkeit und Einfallsreichtum, zusätzlich zu den technischen Anforderungen, die die Schauspielerinnen, die in der Puppe stecken, leisten müssen. Die Person in der Puppe läuft auf Stelzen, an deren Ende die Stiefel angebracht sind, und die beiden Personen, die die Arme führen, müssen sich synchronisieren, auch mit der dritten Person, die durch das Gitter-T-Shirt von Amal auf den Weg vor sich schaut und auch die Augen und Lippen bewegt, denn nur im gemeinsamen Atem gelingt es den dreien, eine Person, gelingt es ihnen, Amal zu werden. Gleichzeitig müssen sie aufpassen, dass sie niemanden anrempeln oder gar stolpern. Selbstredend sind unter das Volk um die Puppe herum weitere Personen des Theaters gemischt, die den Weg bahnen, um die Sicherheit für alle Personen zu garantieren, durch eine Telefonstandleitung mit den anderen verbunden. Ein anspruchsvoller strategischer Vorgang, der nur gemeinsam gelingt. Wie es im Theater immer der Fall ist.

Dafür hatten die Theaterleute drei Wochen in Gaziantep geprobt.

Ich erzähle dir dieses technische Hintergrundwissen, damit du weißt, wie die Show funktioniert. Auch wenn es ernüchternd sein mag, da die Vorstellung, dass Amal lebt, atmet und dich ansieht, deinen Brief liest, eure Musik hört und sich freut über eure Begrüßung, eine schöne Imagination ist. Doch der Eindruck bleibt bestehen, obwohl man die drei Schauspieler sieht. Auch das Bühnengeschehen im Theater gelingt nur durch die Verabredung zwischen Zuschauenden und Ensemble. Die Kinder allerdings sind vermutlich überzeugt, dass Amal lebt, und möchten, dass sie ihre Freundin wird, weswegen sie ihr einen Brief schreiben oder ein Bild malen, in der Hoffnung, dass sie sich diesen an den Kühlschrank pappt.

Ich habe die beiden südafrikanischen Väter von Amal in dem dachlosen Restaurant kennengelernt. Adrian Kohler und Basil Jones, die 1981 das »Handspring Puppet Theatre« in Kapstadt gründeten und seit 50 Jahren Puppenspieler, Geschäftspartner und Liebespaar sind. Sie erzählten mir, dass sie eigentlich gerade mit ihrer Arbeit aufhören wollten, als sie die Anfrage von »Good Chance« erreichte. »Da konnten wir schlecht absagen«, sagte Adrian lächelnd.

Am nächsten Tag ging die Truppe nach Vial ins Camp, und ein ganzer Trupp Kinder lief uns hinterher. Es war das erste Mal, dass Amal ein Flüchtlingslager sah, und sie bewegte sich langsam und vorsichtig durch all die Zäune und Containerbauten, über die staubigen Wege, vorbei an selbst gebauten Konstruktionen und verstand wohl nicht recht, was das sein soll ...

Ich war bereits im Jahr zuvor auf Chios und in Vial gewesen und hatte über einen lokalen Verein aus Brandenburg mit dem energetischen Namen »Wir packen's an« die Chiotin Toula kennengelernt, die ein Hostel leitet und sich entschieden hatte, nachdem immer mehr Menschen am Strand von Chios aus Syrien ankamen, das Hostel in eine Unterkunft zu verwandeln und aktiv zu werden. Ich begleitete sie zu dem Ort, an dem ihre Distribution stattfand, über die sie Kleidung, Hygieneprodukte, Windeln und Decken an Flüchtende von Vial verteilte.

Die Leute von »Wir packen's an« waren ihre Unterstützer und kamen mit einem Truck voller Spenden aus Brandenburg angefahren. Toula hatte ein System erfunden, mit dessen Hilfe die Verteilung geregelt und ohne Gedrängel oder Ungerechtigkeit vonstattenging. Man erhielt Marken, auf denen genau stand, wer von was wie viel erhält, und ging damit »einkaufen«. Der Store war wie ein Kaufhaus nach Männer-, Frauen- und Kinderabteilung organisiert. Eine Herausforderung stellten die traditionellen Kleider für ostafrikanische Frauen dar. Auf den Straßen zur Distribution oder von ihr weg liefen die Menschen zu Fuß und bildeten die Verschiedenheit der Welt ab, die bei uns zu dem Wort »Diversity« verkommen ist.

Warst du mal in der Ägäis, Mama? Nein, oder? Dort ist das blaueste schönste Meer, die Inseln tragen die griechische Mythologie in ihren Steinen, und es kann passieren, dass man quer durch eine Insel fährt, bis der Sandweg in stacheligen Büschen endet; dann geht man zu Fuß weiter, einen Pfad hinab und steht plötzlich vor den Resten eines Amphitheaters, das direkt ans Meer gebaut wurde.

Die Vorstellung, wie das damalige Theaterpublikum vor über 2500 Jahren an diesen (scheinbar) abgelegenen Platz segelte, um sich das Stück »Odyssee« des Dichters Homer anzusehen, stellt sich unmittelbar ein, wie eine Fantasy-Zeitreise im eigenen Geist.

> *»Sage mir, Muse, die Taten des vielgewanderten Mannes,*
> *Welcher so weit geirrt, nach der heiligen Troja Zerstörung,*
> *Vieler Menschen Städte gesehn, und Sitte gelernt hat,*
> *Und auf dem Meere so viel' unnennbare Leiden erduldet (…)«*
> *„Alle die andern, soviel dem verderbenden Schicksal entflohen,*
> *Waren jetzo daheim, dem Krieg entflohn und dem Meere.«*

Kennst du. Homer stand in deinem Bücherregal, und ich habe mir den Einband angesehen, mit einer von der Zeit abgeschubberten Skulptur von Homer als Cover, was etwas gruselig war. Las ich hinein, verstand ich kein Wort.

Von Chios in Griechenland lief Amal weiter durch Europa, das zu ihrer Bühne wurde für eine viermonatige Odyssee über acht Grenzen hinweg. 8000 Kilometer hat sie in der Zeit von Juli bis November 2021 zurückgelegt, durch 70 Städte, Orte und Dörfer. Insgesamt gab es 120 künstlerische Veranstaltungen.

»Expression is a human right«, sagt das »Good Chance Theatre« und auch: »In dieser Zeit beispielloser globaler Veränderungen muss Kunst in einer außergewöhnlichen Weise antworten. ›The Walk‹ ist diese Antwort.«

In Italien, in Rom, traf sie Papst Franziskus, der ihre Hand nahm und ihr seine Unterstützung versicherte. In Neapel bekam sie einen Wutanfall, auf einem Platz in der Menge, es war ihr alles zu viel geworden. Fässer wurden als Trommeln verwendet, der Platz war voll mit Menschen, der Rhythmus dröhnte, und sie schlug mit ihren Armen um sich, trat mit den Füßen nach Menschen, die sich versuchten, ihr zu nähern, bis sie stürzten. Man beruhigte sie,

sie ließ sich schließlich beruhigen und atmete mit geschlossenen Augen tief ein und aus.

Die Performance zwischen den Musikern, Schauspielerinnen und Puppenspielern dort auf einem Platz in Neapel, eingefasst von italienischer Baukunst anderer Zeit, war beeindruckend, die Aufnahmen, die die mazedonische Filmemacherin Tamara Kotevska (die mit dem Dokumentarfilm »Honeyland« 2019 für Aufsehen sorgte) mit ihrem Team anfertigte, waren bewegt fotografiert und geschnitten. Selbstredend war der Wutanfall inszeniert, und die Menschen, die gestürzt sind, waren Schauspieler.

In Frankreich, in Marseille, standen Hunderte von Tänzer.innen in Rettungswesten am Strand, dem Plage de Catalans, die unter der Leitung des palästinensischen Choreographen Samar Haddad zusammengekommen waren, »um den Schmerz des verlorenen Lebens und die Lebendigkeit des menschlichen Körpers« in ihrer Willkommens-Vorstellung für Amal zu erforschen.

In Deutschland, in Recklinghausen, fand sie sich in einem »echten« Theater wieder, sie war zu den »Ruhrfestspielen Recklinghausen«, einem Theaterfestival, eingeladen worden und stand dort auf der Bühne – mit anderen puppengespielten Gestalten und Lichtbällen. Kinder hatten Steine für sie bemalt, die später zu einem Mosaik zusammengesetzt wurden.

Auch durch die Schweiz und Belgien war sie gelaufen, und schließlich, Mitte Oktober 2021, kam sie in Nordfrankreich, in Calais an – dort, wo alles angefangen hatte.

Von hier würde sie weiter nach England ziehen und den europäischen Boden, vielmehr die EU, wieder verlassen. Und auch hier, in Calais, war ich wieder dabei, als Zuschauerin eines wirklich ganz speziellen und äußerst emotionalen Events, der am 17. Oktober 2021 in Bray-Dunes stattfand.

Ich war schon früher angekommen, um den Ort ein wenig kennenzulernen und in der Refugee Community Kitchen für einen Tag zu arbeiten. Davon erzähle ich dir gleich noch, Mama, was und wie das war und wen ich dort kennenlernte. Doch vorher würde ich dir gern den Text vorlesen, den ich damals in Calais schrieb. Du warst oft in Frankreich, aber niemals in Calais, und so bekommst du vielleicht einen kleinen Eindruck, vielmehr ich erzähle dir von meinen Eindrücken und der Suche nach Schönheit. Soll ich? Okay.

Calais scheint wie versiegelt. Da liegt das Meer, und dann kommt direkt der Hafen mit seiner für Laien unübersichtlichen Architektur und Fähren erschreckenden Ausmaßes. Ein Steg reicht weit ins Meer hinein, da will man immer gleich drüberlaufen, weil man denkt, da ereignet sich etwas, oder eine Sehnsucht wird erfüllt. Wird aber nicht. Neben dem Hafen kann man etwas finden, das einer Uferpromenade nahe käme, nur ist sie zubetoniert mit ausufernden Skating-Plätzen, was wirklich sehr schön sein mag für junge Skater. Von dort geht es über große fugenlose Steinplatten direkt zu den Terrassen von Restaurants, die im Erdgeschoss von Plattenbauten liegen. Platte direkt an den Strand gebaut? Wer kommt auf so eine Idee? Stein, Pflaster, Beton, Zement und Teer, wohin man schaut, da ist kein Atmen möglich.

Hafenstädte gleichen sich. Oder vielleicht sind es auch nur die europäischen Hafenstädte, die ähnlich sind – und Frage: Sind alle Städte am Meer Hafenstädte?

Dass man sich in der Nähe des Meeres befindet, erkennt man am Klang der Vögel. Das Meer spült aufgrund des starken Seegangs den Sand des Meeresgrunds hoch und ist daher schlammig braun verfärbt. Außerhalb des Hafenbeckens wird das Wasser ungesund grün, durch das sich die dinosauriergroßen Fähren hindurchpflügen. (Absurderweise läuft tatsächlich ein metallener Dinosaurier über die betonierte Uferpromenade als Attraktion und macht technisch verstärkte brüllende Dinosauriergeräusche, derweil seine Augen blau blinken. Man kann ihn beklettern, wenn man sich traut. Kinder sollen das machen und sind dabei ängstlich.)

Die in den Ärmelkanal einbiegenden Schiffe hinterlassen toxische Abgase in der Luft, die aber unerschütterlich Meeresgeruch verbreitet. Die Franzosen sagen »La Manche« zum Ärmelkanal, was übrigens Ärmel heißt. Vor 10 000 Jahren war hier nur ein breiter Fluss zwischen Großbritannien und Europa. Jetzt ist es ein Ärmel.

Dennoch – Calais liegt am Meer, und egal, was die Menschen daraus machen, das Meer ist immer mit dem Wort oder dem Gefühl von Freiheit verknüpft. Wären da nicht die Zäune … Über dem Meer und den Zäunen (und dem Beton) geht die Sonne dramatisch auf und unter, in all den Farben und doppelten Regenbögen, die ihr zur Verfügung stehen, und der Wucht ihrer Schönheit können auch Hartgesottene nicht widerstehen. Der Himmel, er ist frei, er kann nicht betoniert werden, danke Gott oder wem.

In der Stadtmitte wohnt die »L'Église de St. Pierre«, vor ihr liegt ein Platz aus Pflastersteinen. Darauf steht kein Brunnen, und auch keine Bäume umarmen ihn, er wurde für Autos eingerichtet. Ach so.

In der Kirche findet derzeit ein Hungerstreik statt, la grève de la faim, was ich, wenn ich es nicht sowieso gewusst hätte, am Plakat, das über dem Eingangsportal hängt, erkennen kann. Drei Menschen sind daran beteiligt: Ludo, Anaïs und Philippe.

Heute ist der achte Tag des Streiks. Ich lungere ein bisschen vor der Kirche herum, wage mich einmal bis zum Portal vor, schaue in die Kirche und sehe dort Menschen im Gespräch, gehe wieder hinaus, da ich nicht als respektloser Voyeur der Streikenden hineinspazieren und beim Hungern zuschauen will. Was ich selbstredend nicht will, aber wie stelle ich es an, sie anzusprechen? Es braucht Überwindung, am Ende bin ich eben doch sehr viel schüchterner, als man gemeinhin denken würde. Schließlich wage ich es, verharre ein bisschen hinter der Tür, schaue mir Informationsmaterial an und sehe das Lager der drei Personen, das sie am Ende des Kirchenschiffs, quasi um die Ecke vom Eingang errichtet haben. Schlafsäcke, ein Campingbett, ein Wasserkocher, Decken.

»Bonjour«, sage ich.

405

»Bonjour«, erwidert man mir mit offenen, blassen Gesichtern. Den beiden Männern ist ein Bart gewachsen.

»Darf ich Sie etwas fragen?«

»Natürlich.«

»Wofür genau streiken Sie?«

Der Grund ist so einfach wie erschreckend. Der Winter kommt, und sie versuchen mit ihrem Hungerstreik, darauf hinzuweisen und zu bewirken, dass Geflüchteten erlaubt sein wird, Wurfzelte aufzubauen oder eine irgendwie geartete Unterkunft zu errichten mit einem kleinen Feuerchen, um sich zu wärmen, einen Tee zu kochen oder eine Konservendose aufzuwärmen. Das ist verboten. Einheiten ziehen durch das Gebiet, zertreten die Feuer, nehmen die Zeltchen und Decken mit, werfen sie auf einen Pick-up und rauschen davon. Ich habe ausreichend viel Videos gesehen, die das dokumentierten, so dass diese Information zuverlässig ist. Sie hungerstreiken dafür, dass Menschen im Winter in der Kälte nicht erfrieren. Sie streiken nicht für eine französische oder europäische Lösung der Fluchtsituation oder gegen die Abschottung an den europäischen Außengrenzen oder gegen Menschenrechtsbrüche oder die Nicht-Einhaltung der Genfer Konvention. Nein, sie hungern für ein Wurfzelt.

Ich bin sprachlos.

»Wie geht es euch?«

»Es geht uns gut, danke, dass du fragst.«

»Wie lange wollt ihr das durchhalten?«

»Solange wir durchhalten«, lächelt Philippe und gibt mir den Namen ihres Instagram-Accounts, damit ich verfolgen kann, was passieren wird.

Sie haben 33 Tage durchgehalten. Der etwas ältere holländische Pastor Ludo musste früher abbrechen. Das, wofür sie streikten, wurde nicht erreicht.

Ich laufe weiter durch die Stadt und lerne, dass die Dynastie der Tudors in Calais gewesen ist, vielmehr haben sie über Calais geherrscht, während der englischen Besatzung vor ca. 500 Jahren, und davon kann der Garten, der die Kirche »Notre-Dame de Calais« mit ihren schweren Mauern umgibt, noch erzählen, denn er heißt »Jardin de Tudor«, und ich bin in ihm herumgelaufen, vorbei an Beeten voller Blumen und Heilpflanzen und durch Rosenarkaden hindurch, bei denen man erwarten würde, dass einem Frauen in langen Kleidern aus den Romanen von Jane Austen entgegenkämen. Gegenüber der Tudor-Gesellschaft sitzen ein paar Jungs aus subsaharischen Ländern auf dem Bürgersteig und essen einen Döner aus Aluminiumfolie …

Der Leuchtturm, der ein Wachturm ist, der »Tour du Guet« befindet sich am Place d'Armes, was übersetzt »Exerzierplatz« heißt und aus dem 13. Jahrhundert stammt. Ja, Calais ist geschichtsträchtig und uralt und umkämpft. Europa halt. Auf dem Platz der Waffen gibt es neben einem Brunnen eine Bronzeskulptur von Charles de Gaulle und seiner Frau Yvonne Vendroux, die Calaisienne war. Der berühmte Präsident war daher eng mit diesem Küstenstädtchen verbunden und hat hier auch geheiratet. Genau, kirchlich im Notre-Dame de Calais, standesamtlich in dem prächtigen, von Louis Debrouwer gebauten »Hôtel de Ville«, vor dem übrigens eine Skulptur von Auguste Rodin steht!

Vor der Bronzeskulptur des Präsidentenpaares steht ein Informationsschild, »Suite à sa rencontre avec Charles de Gaulle, Yvonne Vendroux déclara à ses parents: ›Ce sera lui ou personne.‹«

Die deutsche Übersetzung, die auf dem Schild stand, war umwerfend: »Aufgrund ihrer Zusammenkunft mit Charles de Gaulle erklärte Yvonne Vendroux an ihren Familienmitgliedern: ›dies sein ihn oder Person‹.«

Soll heißen: Er oder keiner.

Während ich durch die Stadt laufe, sehe ich überall Plakate, wie sie wohl derzeit in allen Städten und Orten hängen, in denen es ein Kino gibt: Der neue James Bond wird angekündigt, der letzte mit Daniel Craig. Bei James-Bond-Filmen ist alles in Ordnung, da weiß man immer, wer der Böse ist, und Bond regelt das dann, auch unter Einsatz seines Lebens, wobei man weiß, dass ihm niemals etwas passieren und er die Welt retten wird. The end.

Und dann stehe ich vor dem Theater, das, 1904 gebaut, im Ersten Weltkrieg demoliert und restauriert wurde und im Zweiten Weltkrieg erneut demoliert und restauriert wurde. Davor eine weitere Bronzefigur, die eine weitere berühmte Figur Calais' abbildet. Jacquard. Kennt man, weil er eine besondere Art von Spitzen erfunden hat. Die wurden hier auch gleich in den Manufakturen hergestellt, und viele Menschen wurden sozusagen zu »Spitzenarbeitern« ausgebildet und konnten so ihre Familien ernähren.

Auf dem Spielplan wird ein Kurt-Weill-Abend und ein Konzert mit Kompositionen von Alban Berg angekündigt. Und ein Stück von Ernst Toller, »Hinkemann, l'allemand«, »Der deutsche Hinkemann«, wird derzeit gespielt, in dem es um einen Kriegsheimkehrer aus dem Ersten Weltkrieg geht, dessen Genitalien weggeschossen wurden.

Ich war erstaunt, so viel deutschsprachige Literatur und Musik zu finden.

»... wir haben erkannt, dass zweierlei Not drückt: die Not, die gegeben ist durch das menschliche Leben, und die Not, die gegeben ist durch die Ungerechtigkeit des gesellschaftlichen Systems.« (Ernst Toller, Der deutsche Hinkemann)

Ich habe die Schönheit gefunden, eine Schönheit aus anderer Zeit, in einer Stadt, die von der deutschen Wehrmacht überfallen wurde.

Mama? Bist du noch da? Ich weiß, der Krieg, den du als junge Frau erlebt hast, sitzt tief in dir, die schnell einsetzende Panik in engen Räumen, die Angst vor jeglicher aufkommender Gewalt in der Welt; der Verlust deiner Familie resultierte im Bedürfnis, zügig eine eigene zu gründen, mit am liebsten sechs Kindern, immerhin drei sind es geworden, ein Zwillingspaar kam nicht, wie erhofft, zustande. Inzwischen sind wir eine große Familie geworden mit fünf Enkelkindern und sechs Urenkeln, das würde dir gefallen. Ich erzähle weiter von Amal.

Amal lief durch die Nachbarschaften und Plattenbauten von Calais und Dunkirque, und so wie Möwen einen Fischkutter umflattern, so wurde sie von einer Gruppe Menschen umflattert, und die hüpfenden Kinder wurden, im Gegensatz zu Amal, von ihrer Mama oder anderen Familienangehörigen begleitet. Manchmal blieb Amal an einem Balkon stehen, wechselte ein paar Worte mit den Balkoniern; einmal stand sie vor einem Campingbus, auf dessen Dach Hippies saßen und sich vor ihr verneigten, Amal verneigte sich zurück. Französische Lieder wurden von jungen Leuten gesungen, während sie durch die Straßen zogen, sie wirkten selbstbewusst und energetisch, und Amal war es, die all diese Menschen verband und so oft fotografiert wurde wie wohl kein anderes neunjähriges Mädchen in Europa.

Schließlich wurde es Abend, und die Abschlusszeremonie begann am Strand von Braye-Dune, dort, wo während des Zweiten Weltkriegs die Schlacht von Dunkirk, Dunkerque, Dünkirchen Ende Mai/Anfang Juni 1940 stattfand. In Folge deren England mit der »Operation Dynamo« 360 000 Soldaten evakuierte, darunter etwa 139 000 Franzosen – in nur drei Tagen. Zumeist mit Kriegsschiffen, doch die Mär, die im Gedächtnis bestehen blieb, ist die von den unbestimmt vielen privaten Booten, die durch einen Aufruf an die britische Bevölkerung ermutigt wurden, den Kanal zu passieren, um von der französischen Küste die englischen Soldaten, die unter deutschem Luftbeschuss lagen, nach Hause zu holen. Segelboote, Fischkutter, kleine Yachten, Bootchen kamen also mutig an und holten, gemeinsam mit den Kriegsschiffen, die Jungs ab. Die größte Evakuierungsaktion, die die Welt je gesehen hat. Bis heute gibt es Boote, die zum Hausboot auf der Themse umfunktioniert wurden, auf denen eine Plakette davon zeugt, dass sie dieser Evakuierung dienten. »Dunkirk-Boats« heißen sie. Ich habe jemanden getroffen, der auf so einem Boot lebte.

Man kann also sehr viele Menschen innerhalb von drei Tagen, so viel Zeit hatten die Briten aufgrund eines bis heute unerklärlichen

Haltebefehls Hitlers, von Frankreich nach England transportieren. Der Haltebefehl ermöglichte dem eingekreisten britischen Expeditionskorps und französischen Einheiten den Rückzug nach Dünkirchen, um von dort über den einzigen ihnen noch zugänglichen Hafen auf dem Seeweg evakuiert zu werden. Über den Ärmelkanal. Dieselbe Route, die Geflüchtete nehmen. Darunter Menschen aus ehemals britisch kolonisierten Ländern. 2021 wagten 28 300 Menschen die Überfahrt, laut der britischen Nachrichtenagentur Press Association, basierend auf Zahlen des Londoner Innenministeriums.

Im selben Jahr wollte die damals amtierende Innenministerin Priti Patel das Gesetz verbieten, das Menschen verpflichtet, Leben zu retten. Dazu äußerte sich die Gründerin der Organisation »Care4Calais«, Clare Moseley, wie folgt: »Wenn es der Regierung ernst damit wäre, Schmuggler zu stoppen, würde sie einen sicheren Weg schaffen, Asyl zu beantragen und Menschenschmugglern das Handwerk zu legen«.

Aber ich wollte ja von Amals Farewell-Abend erzählen, Verzeihung.

Es ist also der 17. Oktober 2021, wir sind am Strand von Braye-Dunes, und du musst dir dazu einen weiten, breiten Sandstrand vorstellen. Hier ist nichts zementiert, wir können durchatmen, er ist leer, die Zuschauenden sitzen und stehen oberhalb des Strandes und schauen auf ihn, als wäre er eine Bühne mit dem Meer und dem Himmel als Kulisse dahinter. Mittig steht ein Holzboot, wie gestrandet steht es da oder wie eine Skulptur oder die Knochen eines Dinosauriers. Es ist beleuchtet von einem Strahler. Darin sitzen zwei Menschen. Musiker. Die amerikanische Opernsängerin Joyce DiDonato und der Gitarrist Miguel Rincón Rodriguez. Sie sind ganz still, denn jetzt kommt Amal und läuft langsam über den Strand, die Sonne geht unter in Orange, als wäre sie ein weiterer theatraler Beleuchtungskörper, und Amals Figur bildet sich in dieser Lichtstimmung fast silhouettig ab. Dann beginnt die Musik. Joyce singt ein altes englisches Lied, das einen in andere Zeiten wirft, während Amal allein über den breiten Sandstrand Richtung Meer wandert.

Die Regie für den gesamten »Walk with Amal« hat der palästinensische Regisseur Amir Nizar Zuab, der in Paris lebt, übernommen. Er hat für diesen Abend weitere große Puppen gefunden, die Amal begleiten würden, um ihr Gesellschaft zu leisten in ihrer Solitude. So kamen von rechts und links vorsichtig Gestalten auf die Bühne des Strands: ein Priester, eine Magd, ein afrikanischer Vater mit seinem Sohn, ein Gekrönter und viele mehr. Eine Gruppe formierte sich um Amal, die ihre Gesichter schließlich gen das hinter dem Ärmelkanal liegende Vereinigte Königreich wendeten. Hinüberschauten zu dem Land ihrer Sehnsucht. Kitschig hört sich das an, aber es ist die Wahrheit, und sie ist oft schmerzhaft, so dass die Seele davon aufgefressen werden kann. Da standen sie schließlich in einer Gemeinschaft, wurden ganz ruhig, standen und schauten – und Joyce sang ihr letztes Lied. Sie sang »Somewhere over the rainbow«, und da heißt es:

»… the dreams that you dare to dream really do come true. Somewhere over the rainbow blue birds fly, birds fly over the rainbow, why, oh, why can't I?«

Warum nicht ich …?

Die Welt wurde nicht durch Krieg, sondern durch Zusammenarbeit erobert. Der Physiker Dirk Brockmann, Wissenschaftler für komplexe Systeme, sagt dazu: »Das Kooperative ist das wesentliche Element der Natur.« Der »Walk« ist eine Kooperation, hier haben Tausende von Menschen aus vielen Ländern gemeinschaftlich etwas geschaffen, das vielleicht nur in einem Moment sichtbar geworden ist, aber von allen emotional nach Hause getragen wurde und in ihnen einen Raum erobert hat, der Platz bietet für Hoffnung oder Handlung.

Der Umstand, dass bei dieser Veranstaltung keine Person anwesend war, die sich in der Situation der erfundenen Figur »Little

Amal« befand, war befremdlich, ging es doch letztlich um genau diese Menschen. Sie konnten nicht an den Strand kommen, der Weg war zu weit und ihre Anwesenheit vielleicht auch zu gefährlich. Doch sie wussten, was passierte, die Information hatte sich unter den Geflüchteten über die »Community Refugee Kitchen«, mit denen »Good Chance« kooperierte, verbreitet.

Was kann performative Kunst bewirken? Ist ja eigentlich die Frage. Denn der »Walk with Amal« ist ein viermonatiges Theaterprojekt. Die Partizipanten sind Künstler. Theaterschaffende, Schauspielerinnen, Filmleute, Tänzerinnen, Puppenspieler, Lichtdesigner, Musiker und Orchester, Chöre und Kapellen und und und. Die mit ihrer Kunst versuchten, Missstände sichtbar zu machen und der Zivilgesellschaft auf emotionale, künstlerische Weise etwas zu geben, womit diese dann anstellen kann, was sie meint. Wir sind nicht die Entscheider.innen. Das können nur politische Lösungen sein. Kunst muss nicht, kann aber gesellschaftlich relevante Zustände, Umstände oder Situationen, politische Missstände abbilden oder reflektieren. Das ist, was hier geschah. Amal ist das Symbol einer minderjährigen Geflüchteten, die massive Zuneigung erhielt, weil sie eine Kunstfigur ist. Und sicherlich kann man immer noch mehr machen, kann man immer noch lauter und mehr werden, kann man immer noch differenzierter betrachten, kann man immer noch mehr unterstützend wirken – doch wessen Schulter ist es, die das trägt, welcher Kopf erdenkt es, welches Konto bezahlt, welche Personen unterstützen es? Es liegt zu viel Gewicht auf zu wenigen Schultern, und diese sollen es zusätzlich sein, die Hoffnung spenden für jene, die keine Hoffnung geben, sondern sie konsumieren wollen.

Ich erinnere mich, Mama, dass du in den 1970er Jahren mit deinen Schüler.innen in der Grundschule so lange den Stoff für eine Mathearbeit oder ein Diktat geübt hast, bis du sicher warst, dass alle es verstanden haben, erst dann hast du die Arbeit schreiben lassen und das Resultat waren Einsen, Zweien und maximal Dreien. Du hast deswegen Ärger bekommen von Lehrer- und Elternschaft, warum du keine Fünfen verteilen würdest. Und du hast ratlos gelacht und gesagt: Warum sollte ich das tun, sie können und wissen alles, und daher schreiben sie gute Zensuren. Du bist die paar Schritte mehr gegangen, um den Kindern ein Erfolgserlebnis zu geben, indem sie gute Noten schrieben, du wusstest, dass sie genau das motivieren würde und dass das Lob weiter hilft als die Rüge. Es ist ein Akt von Zugeneigtheit gewesen, du hast sie begleitet, bis sie wussten, was sie tun. Mich hat das bereits damals beeindruckt, und ich habe es nie vergessen. Act of kindness, sagt man im Englischen. Und es überfordert Menschen nicht, sich freundlich oder zugeneigt zu verhalten, oder? O Mensch, ich würde so gern mit dir jetzt darüber sprechen und erfahren, was du dazu zu sagen hast … Aber ich erzähle dir noch von einem letzten Projekt, das ich in Calais besucht habe.

Amal und die Crew setzten über auf die englische Insel, landeten in Folkestone an, schritten durch die Kirche von Canterbury, veranstalteten viel Trubel in London und erreichten schließlich Manchester. Wo anlässlich des »Internationalen Theaterfestivals« die Abschlussvorstellung gegeben wurde.

Ich blieb in Calais und machte mich auf den Weg zu dem ehemaligen Dschungel. Doch bevor ich davon berichte, was ich dort sah und fand (beispielsweise den Titel meines Buches), erzähle ich dir endlich, wie versprochen, von der Gemeinschaftsküche für Geflüchtete.

Die englische Organisation »Refugee Community Kitchen« oder auch »L'Auberge des Migrants« ist 2015 von vier englischen Frauen gegründet worden, mit der Absicht, Geflüchteten eine warme Mahlzeit pro Tag, frisch gekocht, anzubieten. Als ich in Calais war, hielten sich noch ungefähr 2000 fliehende Personen dort auf. 2000 Mahlzeiten also. Die Töpfe, die man dafür benötigt, sind dementsprechend riesig. 150 Kilo Reis. Der will erst mal gekocht werden. Die Kochlöffel sind eigentlich so groß wie eine Gartenschaufel, daher sind die Gasherde niedrig angebracht, so dass man mit der Schaufel in den gigantischen Töpfen rühren kann, damit der Reis nicht anbrennt. Die Küche liegt etwas außerhalb in einem Industrieviertel, eine Fabrikhalle, die in ihrer Stimmung ein wenig anmutet wie ein besetztes Haus. Ist es aber nicht, da ist alles legal und bezahlt. Humanitäre müssen alles superkorrekt machen, weil sie besonders kritisch unter die Lupe genommen werden von Regierungen und Munizipalitäten, aus unerfindlichem Grund. Das weiß man, also sind alle korrekt, auch wenn sie äußerlich nicht der bürgerlichen Vorstellung von Administratoren entsprechen.

Ich hatte mich verfahren, weil dieser Hafen Ausuferungen annimmt wie ein antik-griechisches Labyrinth und darüber hinaus Straßen abgesperrt waren, wovon selbst Google nichts wusste. (Ach so, Google kennst du nicht, ist wie eine Landkarte.) Also war ich quasi am Telefon auf einer Standschalte mit Tom, meinem Ansprechpartner, der es mir ermöglicht hatte, für einen Tag vorbeizukommen und über das Projekt zu lernen und als Volontärin in der Küche mitzuarbeiten. Er lotste mich durch die Unübersichtlichkeit dieser Region, bis zum Ziel, wo er bereits winkend auf der Straße stand.

»Do you see a guy in a blue shirt, waving? That's me«, sagte er durchs Telefon.

Ja, ich sah einen Typen im blauen T-Shirt und ging, ebenfalls winkend, auf ihn zu.

Toms Biographie war abenteuerlich. Wir saßen draußen an irgendwelchen zerdepperten Tischen und Stühlen, er drehte eine Zigarette nach der anderen und war wahnsinnig freundlich und offen und selbstverständlich in seinem Umgang mit mir, dass mir ganz warm ums Herz wurde.

»Wie bist du zur Kitchen gekommen?«, fragte ich ihn.

»I was a recovering drug addict, now I am the manager.« (Ich war ein rekonvaleszenter Drogenabhängiger, jetzt bin ich hier der Manager.)

Er sprach ganz frei über seine lange Zeit der Sucht, die ihn bis auf die Straße katapultiert hatte, und dass er dem Tod eigentlich nur knapp entkommen war. Er hat sich quasi wie Münchhausen an den eigenen Haaren aus der Scheiße gezogen. Und dann begann er, bei der Community Kitchen als Volontär zu arbeiten, um seinem ehemals aus den Fugen geratenen Leben vielleicht eine Art Sinn zu geben oder schlicht eine Aufgabe, einen Job zu haben, blieb und wurde schließlich der Manager.

Inzwischen ist die Organisation gewachsen, aus Frankreich, Deutschland, Spanien, Uruguay, der Schweiz, USA, Australien, Italien und so weiter kommen Menschen und arbeiten hier für eine Zeit als Volontäre. Drei Monate muss man wenigstens bleiben. Alle sind jung, fast alle sind weiß.

Gekocht wird vegan, würzig und scharf. Inspiriert von Rezepten aus dem Globalen Süden. Das Essen ist phantastisch, der Koch ein Chef, der keinen Bock mehr hatte auf haute cuisine. Die Küche ist sehr groß, das Lager für Lebensmittel noch größer, alles ist offen, und irgendwo zwischen Küche und Lager, neben Regalen, stand ein großer Tisch, an dem die Mitarbeiter.innen gemeinsam sitzen und essen, aus Geschirr, das bunt ist, zusammengewürfelt und genauso zerdeppert wie das Mobiliar draußen. Aber es hält durch, es weiß, dass es hier gebraucht wird.

Dann bekomme ich, gemeinsam mit anderen Neulingen, von einer resoluten runden Engländerin, eine kleine Einführung über das, was wir tun werden, außerdem über Hygiene- und Sicherheitsregeln und fange schließlich an, Kürbisse zu schnippeln in einer Gruppe junger Leute, die vermutlich alle meine Kinder sein könnten. Wir stehen um den Schneidetisch herum, unterhalten uns, und das Messer ist so stumpf, dass man die gewaltigen Kürbisse, die kistenweise neben dem Tisch stehen, genauso gut mit einem Löffel versuchen könnte zu durchteilen. Nach einer Stunde bereits schmerzt meine Hand, ich wechsle das Messer, das neue ist noch etwas unschärfer.

Als ich schließlich neugierig einmal an der Reihe der Kochtöpfe vorbeigehe, um hineinzusehen, an jedem zweiten Topf eine aufpassende Person, komme ich mit einer Frau ins Gespräch, wir sprechen Englisch, bis sie schließlich grinsend sagt: »Wir können übrigens auch Deutsch reden.« Juli. Sie ist schon lange hier, hat immer wieder verlängert.

»Wo wohnt ihr eigentlich?«, frage ich.

»Hier sind Unterkünfte für uns organisiert. Wir wohnen in WGs.«

Siehste, sag ich ja, an alles ist gedacht.

Ich schnipple weiter und stelle beglückt fest, dass endlich keine neuen Kisten kommen, sondern der Kürbishorizont zu sehen ist. Nur noch drei Kisten, zwei, eine letzte, der letzte Kürbis, fertig. Scheißmesser.

Du hattest auch zumeist unscharfe Messer zu Hause, Mama, erinnere ich mich unscharf, weil du vermutlich Angst hattest, dich zu schneiden. Oder wer auch immer das Messer benutzen würde, sich schneiden könnte. »Messer, Gabel, Schere, Licht, dürfen kleine Kinder nicht.« Das hast du tatsächlich zu mir gesagt. Ich durfte nicht mal Geschirr abtrocknen, weil ich etwas hätte zerschlagen können, ich durfte nur das von dir abgewaschene und von meiner Schwester abgetrocknete Geschirr wegpacken und träumte davon, einmal selber abwaschen zu dürfen, das machtest aber nur du, weil du fandest, das könne keiner sonst. Dann würden die Teller quietschen. Darum hattest du auch niemals eine Spülmaschine, wegen der quietschenden Teller, die sie gebiert. Bleibt die Frage: Was haben mein Bruder und mein Vater eigentlich in der Geschirrsäuberungszeit gemacht? Vermutlich Gitarre gespielt und ein Bild gemalt. Tja …

Ich suche Tom, um ihn über die Distribution des Essens zu befragen, und erfahre, dass genau das die Herausforderung ist und immer schwieriger wird. Früher hatten sie einen Ort, der bekannt war, an dem verteilt wurde, jetzt ist es verboten, auf öffentlichen Plätzen zu verteilen, es geht nur noch auf Privatgelände. Wechselnd. Man ist also auf die Gunst freundlicher Menschen angewiesen, in deren Garageneinfahrt man einen Tisch aufbauen kann, vielmehr den Bus hinstellt, aus dem heraus verteilt wird. Die Info, wo und wann dies vonstattengeht, läuft über Facebook oder Telefongruppen. Wenn man im Untergrund lebt, weiß man schneller, wie man sich zu informieren hat. Konspiration in der Parallelwelt ist alltäglich. Wir könnten da alle nicht mithalten. Wir sind wohlstandsverwöhnt, so heißt das wohl. Wir müssen keine Angst haben, unser Essen irgendwo abzuholen, abgesehen davon, dass man es sich ja heutzutage zumeist bringen lässt von Fahrradkurieren, die, zumindest in Berlin, zum allergrößten Teil aus Ländern des Globalen Südens kommen.

Ach so, Fahrradkuriere, weißt du nicht, was das ist, Mama, ist aber auch nicht so wichtig …

Ich wäre gern bei einer Distribution dabei gewesen, aber aufgrund dessen, dass die Situation so instabil und vulnerabel, geradewegs gefährlich ist und man sowohl die Geflüchteten als auch die freundlichen Privatmenschen nicht gefährden will, war es nicht möglich. Vorher hätte ich mich sowieso noch durch 5000 Kisten Kürbis schnippeln müssen, als Mutprobe.

Am späten Nachmittag, nach weiterem Kücheneinsatz, fahre ich ab, umarme Juli und Tom und bedanke mich für ihr Vertrauen, mir ein bisschen von ihrer Welt und Aufgabe gezeigt zu haben. Was machten wir ohne die Zivilgesellschaft??

Das weltweite Synonym für selbst gebaute Refugee Camps, die nicht zwingend in einem Wald errichtet werden, heißt »Dschungel«. In Arabisch bedeutet das Wort »Wald«, und interessanterweise ist das englische Wort »jungle« zurückzuführen zu dem aus dem Hindi stammenden Begriff »jangala(h)«, was »Ödland, Wildnis, menschenleere, unfruchtbare, wasserarme Gegend« bedeutet. Besser kann man die inoffiziellen Lager sowieso gar nicht beschreiben. Es ist also der richtige Ausdruck, auch wenn man bei Dschungel an den Amazonasregenwald denken möchte oder an irgendetwas, das fruchtbar und grün ist. Dschungelbuch zum Beispiel.

Rudyard Kipling stand ebenfalls bei uns im Bücherregal und ist der englische Autor des »Jungle books«, einem Band mit Erzählungen, herausgegeben im Jahr 1894. Offensichtlich hatte sich niemand in unserer Familie damit beschäftigt, dass Kipling ein großer Befürworter des Kolonialismus war. Oder, Mama? Vor allem die Geschichte über »Mowgli« fand international Verbreitung, ein Findelkind, das bei Tieren im indischen Dschungel aufwächst. »Mowgli muss lernen, dass die Gesetze der Natur hart sind und ein hohes Maß von Verantwortung fordern. Im Kampf mit den Kräften der Natur, mit den Tieren und mit den Menschen reift das Kind zum selbstbewussten Jugendlichen.« Mowgli war, wie Amal auch, ein Kind ohne Mutter.

Ja, es macht Sinn, dass die inoffiziellen Camps »Dschungel« heißen, denn die Bewohner.innen, gerade die minderjährigen, kämpfen mit vielerlei Kräften, vor allem menschengemachten Institutionen und Gesetzen … Sie alle werden sehr früh erwachsen. Müssen.

Und so fuhr ich an den Ort, an dem der ehemalige Dschungel von Calais gestanden hatte. Auch diesen Weg zu finden war trickreich, denn er liegt quasi im Einzugsgebiet des ausufernden Hafens. Ich fuhr über eine Autobahn, die über Kilometer und Kilometer hinweg, es nahm kein Ende, mit hohen, wirklich sehr hohen Zäunen und Mauern eingezäunt und eingemauert war. Die Zäune standen direkt hinter der Leitplanke, auf beiden Seiten selbstredend, und waren zusätzlich durch eine Querverankerung mit ihr, der Planke, verschraubt. Sie waren solide und äußerst gerade gebaut. Alle paar Meter waren Steinpfosten, oder vielleicht waren es auch Metallpfosten, einbetoniert, an denen das ganze Zaunkonstrukt befestigt war. Das untere Drittel war mit Wellblech bedeckt, und oben, wie allerorts zu finden, thronte der gerollte Stacheldraht, als Warnung oder grausame Krone. Um den gewickelten Stacheldraht in Position zu halten, waren Halterungen auf die Pfostenköpfe geschraubt, in denen das Stachelmetall lag, wie in offenen Armen.

Auch die Fußgängerüberführungen waren vollständig zugetackert mit Draht, so dass man von der Brücke nicht auf vorbeifahrende Autos hätte springen können, falls man das überhaupt in Erwägung zöge, aber die Drahterbauer hatten an alle Möglich- und Unmöglichkeiten gedacht. Die Autobahn war zu einer gigantischen Voliere geworden, wenn man es freundlich sagen möchte, man schaute aus dem Autofenster auf die Landschaft immer wie durch einen Spitzenvorhang, der die Sicht verschleierte. De facto aber war die Autobahn gesichert wie eine Festung – dahinter lag der Dschungel.

Die Idee jedoch war nicht, die Autos einzuzäunen, sondern Geflüchtete auszusperren, so dass sie nicht auf diese Straße gelängen, die Richtung Hafen, Richtung Ärmelkanal, Richtung England führt. Ich habe verbotenerweise während der Fahrt davon verwackelte Videos angefertigt, weil einem die Luft und die Sprache wegbleiben, angesichts dieser Endlosigkeit und Übermacht von Zäunen. Und da wurde mir klar, wie dieses Buch heißen muss. (Und später war ich erleichtert, dass vor mir noch niemand auf diese Idee für beispielsweise einen Gefängnisroman gekommen war.)

Der Dschungel im Jahre 2021 hatte sich in eine grüne unebene Landschaft verwandelt. Da war nichts mehr zu sehen von dem, was hier einst stattgefunden hatte. Weder vom Leben noch von der Zerstörung. Da lag weite huckelige Fläche, mit hohem Gras bewachsen an der eingezäunten Autobahn.

Zum Schluss, nachdem es mir gelungen war, eine Abfahrt zu finden, und ich dann weitertuckerte über irgendwelche Straßen, lief ich zu Fuß. Ein paar ostafrikanische Jungs spielten mit weißen Mädchen auf einem Schotterweg Fußball und grüßten, ich grüßte zurück, doch diesmal konnte ich leider meine Schüchternheit nicht überwinden, um sie anzusprechen, was ich bis heute sehr bedauere. In dieser Gegend wagte niemand mehr, ein Zelt aufzustellen oder gar eine kleine Konstruktion zu errichten, es war wie Tschernobyl. Wüsste man nicht, was hier geschehen ist, wie viele Biographien hier geschärft wurden, dass hier Theater gespielt worden war, Workshops gegeben, gemalt, gelernt, gebaut, gekocht, frisiert, überlebt wurde voll Sehnsucht nach einem anderen Ort, nach einem Ankommen, wüsste man nicht, dass hier immer wieder versucht wurde, die Zäune zu überklettern, um sich an Lastwagen zu kleben, man würde nur denken: Warum ist die Wiese so uneben?

Darunter lag, wie Kriegsschutt, das, was nicht sein darf, nicht sein sollte, was man weggemacht hatte mit Bulldozern. All der Matsch im Winter und der Staub im Sommer, den ich auf unzähligen Videos gesehen hatte, und vor allem all die Menschen, die hier im Übergang gelebt hatten – gone. Die Idee des demokratischen Staates hatte gewonnen.

Auf meiner Sightseeing-Route durch Calais war ich einmal eingekehrt in einem indischen Restaurant am betonierten Strand. Es tat mir gut, mich für einen Moment in einem indisch ausgestatteten Raum aufzuhalten. Nachdem ich gegessen hatte, lief ich weiter und passierte einen schmalen (geteerten) Fußweg, der zwischen zwei kleinen Handtuch-Grasflächen lag. In der Mitte dieses ein Meter breiten Weges spazierte einsam eine winzige grüne Raupe. Ich hielt an und hockte mich zu ihr hin und sagte: »Das ist ziemlich gefährlich, was du da machst, was, wenn einer der Skater über dich rüberbrettert?« Sie antwortete nicht, sie hatte sich erschrocken und krümmte sich zusammen. Ich wollte sie anheben, um sie auf die andere Seite zu tragen, realisierte jedoch, dass das nicht gehen würde, da sie sich am Untergrund festklammerte. Also suchte ich ein Blatt, damit sie daraufkrieche für den Transport. Als ich zurückkam, lag sie da, unverändert – bis auf einen winzigen

Tropfen Flüssigkeit, der nun hinter oder vor ihr zu sehen war. Sie hatte sich vor Angst in die Hose gemacht. Das dachte ich zumindest. Raupen scheiden jedoch keinen Urin aus, aber es war vermutlich Spucke, Oralsekret, das sie bei Gefahr herauswürgen. Sie und ich haben es geschafft, sie auf die sichere Seite zu bringen, wobei man auch nicht genau weiß, was bei Ankunft noch alles passieren kann. Und die Zukunft ist sowieso ungewiss. Mich hat dieses kleine Erlebnis erstaunlicherweise nachhaltig beschäftigt, da mir das kleine Wesen so leidtat, das sich nicht zu wehren wusste vor dem Riesen, der ich war, außer die Spucke zu verwenden, mit der sie sich sonst gegen Ameisen verteidigte. Natürlich, was sonst?! Sie hatte kein Wehrmachtsgeschütz dabei, und sie wusste auch nicht, dass ich ihr helfen wollte.

Wie geht es dir, Mama? Musst du los? Wir sind fast am Ende meiner Geschichte von Amal.

Sie war am 3. November 2021 in Manchester angekommen, und dort wäre der »Walk« eigentlich zu Ende gewesen, doch vom 31. Oktober bis 12. November fand der Klimagipfel, der COP26, im schottischen Glasgow statt, und Amal wurde eingeladen. Also machte ich mich auf nach Glasgow, um meine Freunde von »Good Chance« und Amal dort zu treffen.

Alle würden dort sein, sagte mir eine der Produzentinnen, Naomi Webb, die den »Walk with Amal« gemeinsam mit Stephen Daldry, David Lan und Tracey Seaward produziert hatte. Und so war es, es war ein herzliches Wiedersehen, und es berührte mich, dass sich alle bedankten, dass ich gekommen war, und stellten mich weiteren Kolleg.innen immer vor mit: »She is our German Ambassador.« (Sie ist unsere deutsche Botschafterin.) Was ja auch die Wahrheit war, und ich gebe zu, dass ich ein wenig stolz war, gemeinsam mit Künstler.innen wie Gilian Anderson, Ncuti Gatwa, Chiwetel Ejiofor, Jude Law oder auch meinem Freund, dem englischen Menschenrechtsanwalt Philippe Sands, als Ambassador auf der Webseite sichtbar zu sein.

In Glasgow war auch alles eingezäunt. Unglaublich. Was für ein Geschäft, die Zaunfabrikation. Die alte dunkle Stadt, die wie versunken und wiederaufgetaucht wirkte, war in Zonen eingeteilt. Blue Zone und Green Zone zum Beispiel. In die blaue Zone durften nur die Politiker, Lobbyisten und Aktivistinnen wie Luisa Neubauer oder Greta Thunberg hinein. (Greta wurde 2003 geboren, da warst du schon nicht mehr bei uns.) In die grüne Zone die Normalos. Die Stadt war gestopft voll mit Menschen und Veranstaltungen, Ausstellungen, Konferenzen und Gesprächs-Shows. Die Hotels waren pervers überteuert und Taxis niemals zu finden, aber es gab Leihräder, und damit bewegte ich mich von einer Veranstaltung zur nächsten.

Ich glaube, hier höre ich auf, dir zu erzählen, denn inzwischen weißt du ja, wie sich der »Walk with Amal« gestaltet. Und jetzt einzusteigen in die Klimakatastrophe, vor der die Welt steht und sich damit beschäftigen muss, es aber nur unzulänglich tut, das würde unseren Abend sprengen, da es ein neues, gigantisches Thema eröffnet, darüber können wir ja nächstes Mal sprechen.

»Good Chances« Arbeit geht weiter, 2024 werden sie beispielsweise ein Projekt zu 75 Jahre Kindertransport in Berlin gestalten. Und Amal zieht weiter um die Welt, von September bis November 2023 wird sie 10 000 Kilometer durch Amerika laufen!

Viel Glück für deinen weiteren Weg, liebe Amal.

Und viel Glück für dich, liebe Mama, welche Wege du auch immer gehst, ich liebe dich und bin immer mit dir in meinem Herzen. Danke, dass du mir zugehört hast.

Deine Tochter Katja

Fly with me

2016 wurde ein Netzwerk namens »Border violence monitoring network« gegründet, ein unabhängiges Netzwerk aus Nichtregierungsorganisationen und Vereinen, die in monatlichen Berichten die Gewalt, die an den Außengrenzen Europas stattfindet, dokumentieren. Unter »Augenzeugenberichte« (Testimonies) findet man auf ihrer Webseite (BVMN) über jeden Vorfall, der ihnen reportiert wird, Angaben zu Datum, Uhrzeit, Ort, Anzahl der involvierten Menschen, Beweisfotos und einen Text zum Tathergang.

Das machen Menschen, um eines Tages Beweise in der Hand zu haben, um sagen zu können: Das ist passiert, sage niemand, man habe es nicht gewusst, um zukünftig vielleicht sogar Menschen habhaft machen zu können. Auch in der Ukraine gibt es ein Netzwerk aus vornehmlich (Menschenrechts-)Anwälten, das Kriegsverbrechen dokumentiert. Vor dem ICC wird man diese nur vermutlich nicht einreichen können, da Russland nicht Mitglied ist, aber es gibt andere legale Möglichkeiten.

Und auch in Russland gibt es eine Anwältin, die präzise die juristischen Vorgänge bei Prozessen gegen politische Oppositionelle dokumentiert, die keine Chance hat, mit ihren juristischen Einwänden eine Änderung der unverhältnismäßigen Gefängnisstrafen herbeizuführen und in einem Interview, das ich hörte, gefragt wurde, ob sie das nicht frustrieren würde. Sie sagte, nein. Denn die Arbeit, die sie jetzt macht, ist für die Zukunft. In der Zukunft werden Menschen durch ihre Berichte nachvollziehen können, welche juristischen Absurditäten und Ungerechtigkeiten durchgesetzt wurden, und sie werden faktisch erkennen, welches System Präsident Putin errichtet hatte.

In Kent, südliches England, in Manston, um genau zu sein, wurde im Oktober 2022 aufgedeckt, dass die Situation in dem Übergangslager inhuman sei, 4500 Menschen würden sich an einem Ort aufhalten, der für 1600 Personen Platz hätte. Statt sich maximal 24 Stunden im Transfer aufzuhalten, würden Geflüchtete dort oftmals Wochen verbleiben. Sie dürfen nicht hinaus und Helfende nicht hinein. Vor dem Militärgeländе standen im November 2022 Protestierende, haben Papierflugzeuge gefaltet, auf denen Informationen über medizinische Versorgung und juristische Vorgangsweisen notiert waren, und ließen diese über den Zaun fliegen, in der Hoffnung, dass die Informationen die Geflüchteten erreichen würden.

Das Militärgeländе, in das die Menschen verbracht worden waren, war gesichert mit verrosteten alten Zäunen des 20. Jahrhunderts, die so aussahen, als würde man sich sofort eine Blutvergiftung holen, wenn man daran hängen bliebe und eine Wunde davontrüge. Aber wer weiß, so eine Blutvergiftung vermag einen aus dem Detention-Center-gleichen Lager in ein Krankenhaus bringen.

Eine gute Idee, diese Papierfalter! Absurd, zu solchen Maßnahmen greifen zu müssen im digitalen Zeitalter. Unbekannte winkten einander zu: Menschen standen am geschlossenen Fenster in der Manston-Einrichtung und winkten, Protestierende, die »shut down Manston« und »no justice, no peace« riefen, winkten zurück. Als läge zwischen ihnen die Berliner Mauer. Sie kennen sich nicht, sie sehen sich nicht einmal richtig scharf, man könnte sich auf offener Straße nicht wiedererkennen, aber das Winken ist hier das, was unterstützend wirkt, abgesehen von dem Papierflieger mit informativen Hinweisen in hoffentlich der entsprechenden Sprache.

Es ist immer das Gleiche: das Rufen, die selbst gemalten Transparente, die auch immer ein bisschen an Kindergarten erinnern, der gleiche Vorgang, dieselben Sätze, weil man auf die gleichen absurden und offensichtlichen Menschenrechtsbrüche hinweist, auf den Verstoß gegen geltendes Recht. Weil es eine Scheiße ist, dass Menschen ihr Land verlassen müssen. Man will sie eigentlich unentwegt davor warnen …

Irgendein »lunatic«, wie Nigel Farage, der Brexit-Künstler, sich äußerte, hat versucht, Manston abzufackeln mit einem selbst gebautem Sprengkörper. Das war im November 2022. »Lunatic« heißt so viel wie »Irrer« oder »Wahnsinniger« und impliziert auch immer ein bisschen den Versuch der Verharmlosung. Nicht nur in Deutschland, sondern auch in anderen Ländern versucht man, Camps, Lager, Baracken, Unterkünfte anzuzünden. Mit oder ohne Menschen darin, weil vermutlich das Problem von Flucht verschwindet, wenn man nur genügend dieser Unterbringungen in Flammen setzt.

Ich bin in Südengland gewesen, an der Küste, in einem Ort namens Folkestone, wo Menschen aus Calais ankommen. Habe dort die »Napier Barracks« besucht, ein Camp. Vielmehr stand ich davor und ging einmal um die Baracken herum, sie waren diszipliniert eingezäunt, und ich durfte nicht hinein, trotz guter Kontakte zu der lokalen humanitären Organisation »Napier Friends«. Ich durfte zwar nicht hinein, aber immerhin durften die dort Lebenden hinaus. Insofern war es kein Gefängnis. Es waren ehemalige Militär- oder Armeebaracken, die um 1900 gebaut wurden und seit 2020, nach fünfundzwanzigjährigem Leerstand, als Unterbringung für bis zu 350 Asylsuchende verwendet werden. 72 Tage kann man bleiben, dann wird man verlegt an einen anderen Ort, in eine andere Stadt, nach Kent zum Beispiel. Oder Leeds. Die Freunde der Napierbaracken sind im Camp und kümmern sich um Distribution von Tee, Obst, Decken, Schuhen u. Ä. Sie erklären, wie es administrativ weitergeht, begleiten bei der Bewältigung von Papierkram, bei rechtlichen Belangen, unter denen man sonst verwirrt zusammenbräche.

Da ich die Baracken nicht betreten durfte, was nur als Volontärin für Napier Friends möglich gewesen wäre, wofür man ein englisches polizeiliches Führungszeugnis gebraucht hätte, das ich nicht haben konnte, trafen wir uns außerhalb, trafen uns nebenan in einer Kirche, die schon lange ein Community-Center ist. Ein Multifunktionsort, Begegnungsstätte für kreative, humanitäre oder psychologische Angelegenheiten, was letztlich nicht so weit entfernt ist von der Job-Description einer Kirche.

Subsaharische Geflüchtete waren nicht zu unserem Treffen gekommen, sie wollten nicht oder trauten sich nicht. Sie sind von Frankreich über den Ärmelkanal in das englische Königreich gekommen, auf mir unverständliche Weise, partiell nach Dutzenden von Versuchen, nach Wochen und Monaten und Jahren. Immer wieder ein neuer Versuch, auf einen Laster zu springen, sich unter einem LKW festzutackern, auf eine der gigantischen Fähren zu kommen oder sogar mit einem Boot, einem Gummiboot, über den Ärmelkanal zu gelangen, durch das Wasser, das England vom europäischen Mutterkontinent trennt. Ein Gewässer, das kalt ist, grau und besonders unwirtlich und mit starker Strömung ausgestattet. Die Distanz von, sagen wir mal, Calais nach Folkestone beträgt 71 Kilometer.

Einmal habe ich in den BBC-News gesehen, dass eine Journalistin auf einem Schiff parallel zu einem kleinen Bootchen mit Todesmutigen darin schipperte und über die Distanz bei Wind und Gischt und Schaukelei ein Interview mit den Geflüchteten, von denen sie doch ganz offenkundig wusste, dass sie illegal sind, führte. Das Absurdeste jedoch an diesem Video war nicht, dass sie aufmunternde Fragen stellte wie »How are you?« oder »Wo wollen Sie hin?«, sondern dass die Geflüchteten auch noch ganz freundlich antworteten, während sie gleichzeitig versuchten, nicht die Konzentration und Navigation aus den Augen zu verlieren.

»Viel Glück«, rief die BBC-Frau mit dem Mikrophon hinüber.

»Thank you, Mam«, war die Antwort.

Dann drehte das Schiff ab und hinterließ große Wellen, auf denen das Gummiboot nur so schaukelte.

Wir saßen nun also in der Kirche, eine Runde von ausschließlich Männern, die, bis auf zwei Afghanen, kurdische Iraner waren. Es war April 2022.

Tja, wo sind die Frauen, fragt man sich. Frug ich mich. Wo sind eure Mütter, Töchter, Schwestern, Tanten, Cousinen, Freundinnen, Nachbarinnen, Kolleginnen?!

Sie sind zu Hause und halten die Stange. Und bald werden sie mit der Revolution beginnen! (Was man damals noch nicht wissen konnte.) Sie verlassen nicht das Land, sie krempeln es um. Sie wagen es. Sie träumen von Demokratie, von selbständiger Entscheidung, ein Kopftuch zu tragen oder nicht. Von Gleichberechtigung, freier Meinungsäußerung, von Chancengleichheit und Perspektiven. Sie suchen nicht in England ihr Glück, sie werden ihre Kopftücher verbrennen, und die übrig gebliebenen Männer werden sie dabei unterstützen.

Die iranische Runde in Folkestone war nicht besonders gesprächig, ich verstand das, die Situation war befremdlich, die Napier-Freunde hatten es gut gemeint und organisiert, allein ich war auf so eine große gesetzte Runde nicht vorbereitet gewesen.

Mit einem der Anwesenden blieb ich in Kontakt, er wollte Gitarrist werden, hatte als kurdischer Iraner nicht die Möglichkeit dazu, wie er mir sagte. Ich emailte ihm, und er schrieb zurück:

»Hi katja

How you dear?

How can I forget you?

Thanks for messaging me

Im good

Im in leeds now katja

Everything is good

How about you?

I hope everything be okey.«

Und später:

»Hopefully They give me my documents in few next days so I can

427

get a job, and about music I want to join a music academy to learn more and more. When I learn enough about theory I want to continue it in university.«

Dann brach die Revolution aus, und ich schrieb ihm erneut.

»One of my nearest friends get shot and there is 30 pieces bullet in her body. She's Pediatric specialist. Its a shame that a doctor get shot like that.«

Er hatte Glück, er war ins schöne Leeds verlegt worden, wo er einen Job fand als Konditor, türkisches Baklava anfertigte und eines Tages aus der Unterkunft in eine eigene Wohnung ziehen würde. Die Revolution zu Hause fand ohne ihn statt.

Die versteckten rechtsfreien Räume, sie sind überall zu finden, manchmal werden sie entdeckt, wie viele aber ohne Kenntnis der Öffentlichkeit existieren, vermögen wir nicht zu sagen. Wer weiß schon, wo sich in diesem Moment unterirdische Kammern, Käfige, Kerker, Räume, Höhlen, Gefängnisse, befinden, in denen lebendige Menschen kauern.

2001 wurde das Buch »Das Schweigen des Lichts« von Tahar Ben Jelloun veröffentlicht, das auf Augenzeugenberichten eines Inhaftierten im Kerker von Tazmamart, Marokko, basiert. Es ist, es war ein unterirdisches Gefängnis, das Mitte der 90er Jahre aufgelöst wurde. Doch wer überprüft das? Der Staat? War es nicht der Staat, der es eingerichtet hat? Und wenn es ein Privatgefängnis war, ist es dann nicht der Staat gewesen, der den Auftrag gegeben hat, das Gefängnis zu privatisieren? Ist somit nicht der Staat die größte Bedrohung für das Volk? Die eigenen Bürger.innen einzusperren an einen Ort des Grauens? Saßen da unten in Tazmamart Mörder, Vergewaltiger, Kinderschänder, Drogenringbosse, Waffenhändler, Folterer oder Menschenhändler? Oder Whistleblower, Andersdenkende, Oppositionelle, Migrantinnen und queere Menschen? Ich weiß es nicht.

»Was soll die Vernunft an jenem Ort, wo man uns begraben, vielmehr unter die Erde gebracht hat? Sie ließen uns ein Loch, gerade groß genug, um atmen zu können, damit wir lange genug lebten. (…) Der Tod war von einer raffinierten Langsamkeit, (…)

Wo waren wir? Wir waren angekommen, ohne dass wir etwas hätten sehen können. Die Nacht wurde uns zur Gefährtin, zum Territorium, zur Welt und zum Friedhof. Mein Überleben, meine Folter, meine Agonie waren mit dem Schleier der Nacht verwoben. (…) Die Nacht senkte sich nicht, wie man so schön sagt, sie war einfach da. (…) Sie war die Königin unserer Leiden, die sie uns immer wieder empfinden ließ, sollte es uns geglückt sein, nichts mehr zu fühlen, wie es einigen Gefolterten gelang, die sich durch eine starke Konzentration aus ihrem Körper herauskatapultierten und daher nicht mehr leiden mussten. Sie überließen den Folterern ihre Körper und begaben sich in ein Gebet oder einen inneren Rückzug.

Die Nacht war nicht mehr die Nacht, denn sie hatte keinen Tag mehr, keine Sterne, keinen Mond und keinen Himmel. Unsere Nacht war feucht, klebrig, schmutzig, verschimmelt. Wir waren die Nacht.« (Tahar Ben Jelloun, *»Das Schweigen des Lichts«*)

Was wir nicht wissen, existiert nicht …

Und doch ist es so, dass es da immer wieder irgendeine, irgendeinen gibt, der oder die aufmerksam ist und sieht und »Wolf« ruft. Vielleicht werden sie gehört, und andere gesellen sich hinzu als Schallverstärker. Ich bewundere diese Menschen und beargwöhne jene, die sagen: Das habe ich ja gar nicht gewusst.

Nachdem das »Good Chance Theatre« die Projekte »The Dschungel« und »Walk with Amal« durchgeführt hatte, gab es eine neue Idee für ein weiteres Projekt, das aufgrund der Wiedereroberung Afghanistans durch die Taliban erdacht und initiiert worden war.

Zur Erinnerung: Am 15. August 2021 erreichten und besetzten die Taliban Kabul. Die Regierungen waren überrascht, die Öffentlichkeit ebenfalls.

Ein paar Tage vorher hatten die Taliban Herat und Jallalabad eingenommen, rückten in Pick-ups auf die Hauptstadt vor. Die Karte

Afghanistans war rot. Rot stand für die von den Taliban eingenommenen Gebiete. In der Mitte der Landkarte war noch ein bisschen grau, für die nicht eingenommenen Gebiete; es war die Provinz Pandschir, die von Ahmad Massoud und seinen Mitstreitern eisern verteidigt wurde.

Auch Kabul war Anfang August auf der Landkarte noch grau. Doch am 15. August waren die Kämpfer angekommen, und afghanische Helfende von Regierungen, Menschenrechtsorganisationen, Künstler.innen und Journalist.innen, alle, die mit der sogenannten westlichen Welt kooperierten, zusammenarbeiteten, befreundet waren, standen unter Generalverdacht, waren auf Listen gesetzt und somit in Lebensgefahr. Wie karg und chaotisch dann die Evakuierungen durch Regierungen vor sich gingen, hat man sicherlich in lebhafter, erschütternder Erinnerung. Das Video von Menschen, die sich am Kabuler Flughafen von außen an abfliegende Flugzeuge zu klammern versuchten, in ernsthafter Absicht, so dem Land und Tod entfliehen zu können, und die dann von den großen Flugkörpern in der Luft abfielen wie reifes Obst, ging einmal um die Welt. Es erinnerte an die Aufnahmen der Menschen, die sich aus dem World Trade Center aus den oberen Stockwerken herabfallen ließen, vielleicht in der Hoffnung, auf mirakulöse Weise zu überleben oder zumindest eine andere Form des Todes zu finden als den durch Verbrennung.

Die Nichtregierungsorganisation »Leave noone behind« gründete blitzschnell die »Kabul Luftbrücke«, um selbsttätig und unter größter Geheimhaltung afghanische Menschen aus dem Land zu holen. Die Luftbrücke ist, da ich dies, Ende 2022, schreibe, noch immer aktiv.

Das »Good Chance Theatre« wollte ein Jahr nach dem »Fall of Kabul« eine Veranstaltung machen als solidarisches Zeichen mit Afghan.innen im In- und Ausland. Die Idee war: Drachen (Kites) fliegen zu lassen! Gemeinschaftlich in einer Gruppe aus Afghanen und Menschen des jeweiligen Landes, in dem das Projekt stattfinden würde. Konkret: Groß-Britannien, Deutschland, Frankreich, Spanien, Griechenland. Dafür hatte »Good Chance« Boxen zusammengestellt mit Material zum Drachenbau, das an die Gruppen verteilt wurde, so dass man gemeinsam unter der Anleitung der afghanischen Kollegen die Drachen würde basteln können, um sie später in einer Zeremonie fliegen zu lassen, wozu man viele Menschen einladen würde, um in Solidarität gemeinsam sichtbar zu werden.

Das Drachenfliegen hat eine lange Tradition in Afghanistan, Pakistan, Indien, und jedes Jahr im April sieht man nicht nur Kinder und Teenager auf den Dächern der Städte oder in den Landschaften der Länder ihre Drachen fliegen lassen.

Doch es geht hierbei nicht nur um das Fliegen. Das Spiel, die Herausforderung ist, mit dem Band, an dem der Drachen befestigt ist, die Fäden anderer Kites durchzuschneiden, um sie so vom Himmel zu holen. Schade eigentlich. Jedes Jahr passieren dabei tödliche Unfälle, da die Drachenläufer konzentriert ihren Blick in den Himmel lenken, so dass sie den Tritt vor sich manchmal übersehen und unter Umständen vom Dach stürzen.

Das Buch »Drachenläufer« (2003) von Khaled Hosseini (im Original: »The Kite Runner«) hat einmal die Welt im Sturm erobert und wurde von dem deutsch-schweizerischen Regisseur Marc Foster im Jahr 2007 verfilmt.

Die Tradition des Drachenfliegens ist unter der Herrschaft der Taliban verboten worden.

Darum also das neue Projekt von »Good Chance«. Ich wurde von ihnen kontaktet, da man einen deutschen Coproduzenten für die Gruppe in Berlin benötigte. Ich sagte, ohne zu zögern, zu und wir stellten das Projekt dem »Goethe Institut« vor.

»Good Chance Theatre« schrieb: »Am 20. August 2022, ein Jahr nach dem Einmarsch der Taliban in Kabul, werden ›Good Chance‹ und seine Partner Tausende von Menschen zusammenbringen, um afghanische Drachen zu bauen und fliegen zu lassen. In einer künstlerischen Veranstaltung, die Solidarität mit dem afghanischen Volk auf der ganzen Welt ausdrückt, an den einjährigen Jahrestag des Falls von Kabul erinnert, afghanische Kultur im Exil feiert und bewahrt und neu angekommene Afghan.innen mit lokalen Gemeinschaften und kulturellen und zivilgesellschaftlichen Gruppen verbinden soll.

Neben dem afghanischen Drachenfliegen werden die Teilnehmenden Poesie, Musik, afghanischen Tee und Süßigkeiten bei einer großen Feier genießen.

Drachen erweitern den menschlichen Geist. Sie versinnbildlichen Willkommenskultur, Solidarität und Hoffnung, sie bleiben durch einen einzigen Faden mit dem Boden verbunden, fliegen aber frei von den Grenzen, die das Land definieren. Als Verkörperung von Freiheit und Spiel repräsentieren Drachen auf der Bühne des Himmels sowohl Zusammengehörigkeit als auch unsere Unterschiede.«

Die Taliban marschierten ein mit Gewehren, Verboten, Limitierung, Unterdrückung, Menschenrechtsbrüchen und Gewalt und die Drachen sollten Freiheit statt Zensur, Bewegung statt Beschränkung verkörpern.

Und was dann geschah, war erstaunlich, denn der 20. August 2022 wurde zum größten internationalen Kite-Festival, das die Welt je gesehen hat.

Es fand an 47 Orten quer durch Europa statt. In Kopenhagen, Berlin, Calais, Paris, Barcelona, Gers (Frankreich), Ioannina (Griechenland). In London, Dover, Folkestone, Glasgow, Manchester, Bradford, Sheffield und vielen kleineren Orten Englands. 7500 Menschen ließen als Zeichen der Solidarität Drachen steigen, 500 Millionen Menschen wurden medial erreicht.

Die Experten für den Drachenbau an der Seite des Teams von »Good Chance« waren der afghanische Master-Kite-Maker Sanjar Qiam und der in London lebende Schauspieler und Filmemacher Elham Ehsas, dessen Kurzfilm »Our kind of love« von 2018 übrigens von meiner Tochter Paula Romy produziert wurde.

Elham sagte: »During my lifetime, my country's flag's colours have been painted, wiped, repainted then wiped again. 15 times. But we have always flown kites.«

So weit das Vorwort.

Nicht nur als Coproduzentin mache ich mich auf den Weg zu der Berliner Gruppe an dem Tag, an dem man gemeinsam die Drachen zu basteln gedachte.

»Nachbarschaft Moabit« gebe ich auf Google Maps ein. Mit dem Rad 23 Minuten. Los geht's. Sommer in Berlin. Im Kleid Fahrrad fahren ist super.

Dann find ich's natürlich nicht. Ich stehe ratlos vor Gleisen, Zügen, Brücken, Supermarkthinterhöfen und Parkplätzen. Menschenskind, wo sind sie? Da sehe ich über eine Kreuzung hinweg Philip, Head of Creative Development des »Good Chance Theatres«, der seit dem Brexit in Berlin lebt, wie er auf dem Bürgersteig stehend winkt, während er mir durch das Telefon ins Ohr schreit.

Angekommen.

Die afghanische Crowd hat bereits den ganzen Tag gewirbelt. Ungefähr 20 Menschen befinden sich in dem nachbarschaftlichen Raum Moabits. Frauen, Männer, Kinder, mit strahlenden Gesichtern und Farbfingern. Auch der Boden ist übersät mit Farbe.

Philip stellt mich vor, und ich mache einmal die Runde, um jeder und jedem die Hand zu reichen, die Namen aufzunehmen und zu erfahren, wer Englisch oder Deutsch oder beides oder beides nicht spricht. Farsi sprechen sie alle.

An der Wand hängen die bereits gebastelten und bemalten Kites. Einer hat ein Herz auf dem rechten Fleck, sprich der linken Seite. Ein anderer ist aus Plastik, und mir wird erklärt, dass man zwei Plastiktüten so lange mit einem Stein von beiden Seiten bearbeiten kann, bis das Plastik aneinander kleben bleibt, ohne dass Klebstoff verwendet werden muss. (Kann ja sein, dass kein Klebstoff zur Verfügung steht.)

Rashid tritt mit mir an die Ausstellungswand, sagt zu jedem Kite ein paar Worte, auf einem steht ein unfertiger Satz auf Englisch, der wohl vervollständigt: »I wish, I would … (be in Afghanistan)« heißen soll. Rashid nimmt schließlich den mit dem Herzen ab, betrachtet und dreht und wendet ihn und erklärt, dass sie in Afghanistan selbstredend andere Stäbe hätten, solche mit der richtigen Länge, hier nun hätten sie improvisieren müssen. Man sieht, wie die Bambusstäbe, um sie zu verlängern, mit Tesa zusammengeklebt wurden, wodurch das Biegen selbstredend schwieriger wurde. Diffizile Technik.

Homan ist Schauspieler. Er hat knallgrüne Augen. 2014 stand er im Nationaltheater Kabuls auf der Bühne, sie haben ein Musical gespielt, als Taliban einen Anschlag auf diese Spielstätte verübten. Sein Freund kam dabei ums Leben. Da wussten sie: Die Theatertruppe muss gehen, sie stehen ganz oben auf der Liste. Sie kontaktierten deutsche Theater, die sie kannten, weil sie dort bereits zu Vorstellungen eingeladen worden waren. In Indien warteten sie dann zwei Jahre auf das deutsche Konsulat, bis sie einreisen durften.

Nun studiert er Theaterregie an der renommierten Ernst-Busch-Schule in Berlin und ist bereits im zweiten Jahr.

»Oh, so you speak German?«

»Natürlich spreche ich Deutsch«, antwortet er in Deutsch.

Die Stärke der Menschen – oder was auch immer das ist – beeindruckt mich. Dass ihre Heiterkeit und Freundlichkeit nicht flöten gehen, während sie in einem fremden Land von vorn anfangen und trotzdem weitermachen, wo sie aufgehört haben. Die Vorbehalte, all die Bilder, die man sieht, von Tätern und Opfern, sie haben keine Überschneidungsmenge in der Begegnung mit einzelnen Menschen, die in diesem Fall zum Teil denselben Beruf haben wie ich.

Wir wissen nichts, wenn wir nichts wissen wollen.

Rashid zeigt, während wir noch vor den Kites stehen, auf eine energetische Frau neben ihm mit kräftigen Permanent-Make-up-Brauen, unter denen ihre warmen braunen Augen glitzern.

»This is my husband«, sagt er und lacht. »Ja das stimmt«, sagt sie und lacht ebenfalls, »das war ich aber auch schon in Kabul.« Das ist Mariam.

Und Rashid sagt: »Dieser Drachen ist für dich, er ist sehr gut geworden.«

Ich bin sprachlos.

Sie sind vor sieben Monaten in Berlin angekommen. Ich frage nicht nach der Geschichte ihrer Reise. »Wo wohnt ihr denn?«, frage ich stattdessen, »habt ihr schon eine Wohnung?«

»Nein, leider nicht«, sagen sie, und ein kleiner Schatten huscht über ihre Gesichter, »wir sind noch im Shelter.«

»Aber ihr könnt dort ein- und ausgehen, wie ihr wollt«, hoffe ich, die ich von Moria und Vial und Lipa geprägt wurde. »Jaaa, ja, ja, natürlich, wir können machen, was wir wollen.«

»Darf ich euch besuchen?«

»Natürlich, komm unbedingt, wir kochen. Kennst du Ashuk?«

Selbstverständlich kenne ich Ashuk, ich habe es in Moria zum ersten Mal gegessen.

Baran ist schon zehn Jahre in Deutschland. Sie war auch Schauspielerin, jetzt macht sie eine Ausbildung zur Veranstaltungsfachfrau. Sie will zukünftig Veranstaltungen machen, in denen die afghanische Kultur sich mit deutscher mischt. Ihr Deutsch ist fließend.

»I'm sorry«, sagt sie, »wir sprechen hier alle drei Sprachen durcheinander, sometimes it mixes.«

Sie organisiert mit Philip den Event, hat alles im Griff, überschaut alles, permanent das Telefon in der Hand. Sie ist Teil des »Good Chance«-Teams und wird für ihre Arbeit bezahlt, so wie alle, die dieses Projekt mit auf die Beine gestellt haben.

Die Veranstaltung wird in Kreuzberg auf dem Oranienplatz stattfinden. Vorher gibt es ein Get-together in der Flüchtlingskirche, in der 200 Menschen Platz haben, um sich auszutauschen, Tee zu trinken, afghanische Süßigkeiten zu essen und Musik zu hören. Anschließend geht's zum Drachenfliegen auf den Platz.

435

Dann war es so weit. Es war voll in der Kirche und vor allem sehr laut, und der Sauerstoff wurde knapp. Nachdem lange Reden gehalten worden waren, spielten schließlich zwei Musiker Tabla (zweiteilige Trommel) und Rubab (eine Laute, der Sitar verwandt), was das Nationalinstrument Afghanistans ist. Die Zuschauer flippten aus und schrien und applaudierten wie verrückt.

»Der Rubab-Spieler auf der Bühne ist eine Legende in Afghanistan«, erläuterte mir eine Frau aus dem Auswärtigen Amt, die als Kind von Afghanistan nach Deutschland kam, während ihr die Tränen in die Augen steigen. Er stammt aus einer Familie, wo sie seit Generationen Musiker sind. Ein paar Monate nach dem Einmarsch der Taliban gelang es ihm, das Land zu verlassen.

Am Tag vorher hatte ich bei einer Veranstaltung der Seenotrettungsorganisation »SOS Humanity« Aeham Ahmad kennengelernt, Pianist. Besser bekannt als: »Der Pianist in den Trümmern«. Er hatte im Geflüchtetenlager Jarmuk in Damaskus sein Klavier nach draußen neben die Trümmer geschoben und gespielt, und das Video ging viral. Jetzt lebt er in Kassel und gibt in ganz Deutschland Konzerte.

Oft sind es die Künstler und Künstlerinnen, die als Erste gehen. Gehen müssen. Gemeinsam mit den Oppositionellen und den Journalist.innen. Die erste Person, die die Taliban töteten, war der berühmteste Comedian Afghanistans, Kasha Zwan.

Diktatoren fürchten die Kunst. Daher versuchen sie, sie zu zensieren. Oder direkt abzuschaffen. Weil die Kunst im besten Fall in ihrem Wesen frei ist oder reflektiert oder einfach existiert. Weil vermutlich befürchtet wird, dass sie wahr spricht oder Impulse gibt, dass sie Menschen berührt und Mut verbreitet, dass Menschen durch sie verbunden werden zu einer möglichen Opposition.

2022 wurde in Russland eine junge Frau verhaftet, die ein leeres Transparent in die Höhe hielt. Das leere Papier als Zeichen der Opposition, es musste gar nichts mehr auf das Blatt geschrieben werden, die Haltung allein, die Anwesenheit in der Öffentlichkeit mit leerem Transparent genügte, um sie wegzuräumen. Auch Elena Andreevna Osipova wurde verhaftet, bildende Künstlerin, die 1945 geboren wurde und seit über 20 Jahren als Pazifistin mit künstlerischen Transparenten auf sich aufmerksam machte. Die Figuren, die sie malt und damit auf die Straße geht, machten die sechsundsiebzigjährige Frau wohl zu einer Gefahr für den russischen Staat, der keine Verbreitung anderer Wahrheiten und Inhalte gelten lassen möchte als die der eigenen Propaganda.

Es ist gefährlich, das Künstlerdasein. Es ist aber auch gefährlich, überhaupt geboren zu werden. Wenn in dem Land, in das du hineingeboren wurdest, Gewalt den Alltag bestimmt, dein Geschlecht dir zum Verhängnis wird oder deine Ethnie, dein Beruf, dein Familienhintergrund, dein Wohnort, deine Worte, Religion, Sexualität oder deine Kleidung und Frisur. Was bleibt da noch? Wie und was muss man sein, um richtig zu sein? Alles kann sich über Nacht verändern, und was gestern noch galt, ist heute obsolet, was gestern sicher war, ist morgen verloren. Warum Menschen auf diese Weise miteinander interagieren, kann man nicht verstehen, denn es gibt dafür keinen ersichtlichen Grund angesichts der planetarischen Grenzen, die im 21. Jahrhundert umfänglich sichtbar wurden, und dem vulnerablen Zustand der Erde, die in ihrem Wesen doch schön, reich und vielfältig ist, klug, nachsichtig und nachhaltig.

Woher nur dieser immer wiederkehrende Versuch der Auslöschung?

Der in Paris lebende haitianische Regisseur Raoul Peck, den man durch seinen vielfach ausgezeichneten Dokumentarfilm »I am not your negro« über den Schriftsteller James Baldwin vielleicht kennt, hat sich in einer vierteiligen Dokumentarserie »Exterminate all the brutes« mit den vielen Auslöschungen durch den Homo Sapiens über Jahrhunderte hinweg beschäftigt. Der Titel bezieht sich auf ein Zitat aus Joseph Conrads Buch »Heart of darkness«, das im Kongo spielt und dem US-Regisseur Frances Ford Coppola als Vorlage für den Vietnamkriegsfilm »Apocalypse now« diente. Exterminate all the brutes. Löscht die Barbaren aus. Wer sind die Barbaren? Wer bestimmt oder definiert dies? Als die Europäer im 15. Jahrhundert begannen, die sogenannte neue Welt zu erobern, die für die dort Lebenden gar nicht neu, sondern sehr alt war, wurden diese Menschen als Barbaren bezeichnet, die ausgelöscht werden sollten, da sie im Zivilisationsbegriff der Europäer als nicht zivilisiert galten.

Sie kannten kein Patriarchat. Das brachten die Kolonialherren mit. Sie kannten kein Gender. Sie beschützten die Erde, die Bäume, den Wald, das Feuer. Sie lebten in und mit der Natur. Andererseits hatten sie Städte gebaut, in denen 250 000 Menschen lebten; keine europäische Stadt, außer Paris, war zu der Zeit so groß. Sie glaubten an andere Götter als den christlichen, jüdischen oder muslimischen Gott und opferten ihren Göttern Tiere und Menschen auf Altären aus Gold. Und dann, eines Tages, segelten Männer aus Italien, Spanien, Portugal und dem Britischen Königreich heran, und der Albtraum begann.

Auf dem Oranienplatz in Berlin, wo die Drachen fliegen sollen, ist kein Wind. Vielleicht nicht grundsätzlich, aber heute jedenfalls nicht genug, damit die Kites sich allesamt leichtherzig im Himmel tummeln könnten. Es gelingt hin und wieder, aber am Ende ist es doch nur der Gedanke, mit dem wir uns hier auf dem Platz versammeln. Ich stelle mir Drachenläufer auf den hohen Dächern Kreuzbergs vor, wie sie an Schornsteinen und Satellitenschüsseln vorbei ihren Papierdrachen hinterherlaufen, als wäre hier Kabul.

Drachen. Fuchur, der Glücksdrache aus der »Unendlichen Geschichte«. Frau Mahlzahn, ein böser weiblicher Drache aus »Jim Knopf«, der sich später in einen Drachen der Weisheit verwandelt. Die Drachen in »Game of Thrones« oder bei »Harry Potter«. Der Drache scheint etwas Furchteinflößendes zu sein, befeuert durch Märchen, Sagen, Legenden. Und die Drachentöter, Siegfried zum Beispiel, die sind berühmt, warum eigentlich, weil sie Fabelwesen töten?

Die Drachenläufer fliegen über die Straßen Berlins, vereint mit ihren eckigen kleinen Papierfliegern, die mit Smileys oder Herzen bunt und ungelenk bemalt sind, sie fliegen, und der Wind trägt sie freundlich durch den Himmel über Berlin, als wären sie Mary Poppins. Stelle ich mir vor.

»Wie kann es sein, dass ich, der ich bin, bevor ich wurde, nicht war, und dass einmal ich, der ich bin, nicht mehr ›Der-ich-bin‹ sein werde?« (»Der Himmel über Berlin«, 1987, Regie Wim Wenders, Buch Peter Handke und Richard Reitlinger)

Doch hier fliegt kaum einer durch die Luft, nur wenigen Kites gelingt es und Menschen schon gar nicht, aber sie lassen sich die Laune trotzdem nicht verderben. Denn der Erfolg einer Aktion ist ja bereits durch die Existenz derselben gegeben. Die Meckerer sagen dann: Warum habt ihr es nicht soundso gemacht?! Und ich frage mich: Warum hast DU das nicht gemacht, du kleines Arschloch?

Überhaupt etwas zu versuchen kann schon etwas sein. Loszugehen und Gefährten zu suchen und zu finden, um gemeinsam etwas zu gestalten. So beginnt es. Es ist nicht jedermanns Sache, gleich einen Verein zu gründen oder ein Good Chance Theatre, aber keiner hindert einen daran, in demokratischen Ländern jedenfalls nicht, soweit ich weiß, mitzumachen und zu unterstützen oder sich solidarisch zu verhalten. Andererseits frage ich mich, warum wir begeistert sind, wenn 250000 Menschen demonstrieren, wenn es doch 250 Millionen sein sollten. Oder besser zweieinhalb Milliarden, was immer noch nur ein Drittel der Weltbevölkerung wäre. Aber es ist ein Anfang. Und die, die etwas versuchen, sollte man nicht dafür verachten, dass sie nur so wenige sind.

Amir (Namen geändert) hat auch einfach angefangen und einen Kurzfilm gedreht über die Bachaposh. Er ist auf dem Weg zum Filmemacher, stammt aus einem kleinen Dorf im Norden Afghanistans und hat fünf Brüder und fünf Schwestern, seine Eltern sind illiterat. Seine Mutter verbessert ihn, wenn er etwas schreibt, und er lacht sich kaputt und sagt: »Sie kann gar nicht lesen, sagt mir aber, dass ich etwas falsch geschrieben hätte.«

Bachaposh sind Mädchen, die von der Familie als Junge angezogen werden, damit sie das Haus verlassen, die Schwestern in die Schule begleiten oder arbeiten können. Oder einfach draußen spielen. Wie ein echter Mensch.

»Wir wussten als Kinder nicht den Unterschied zwischen Jungs und Mädchen«, sagte er zu mir. »Wir waren einfach Kinder. Niemand hat darüber nachgedacht, dass es Unterschiede geben könnte.« Bis irgendwann eine Mutter kam und die Bachaposh aus der Outdoor-Kindergruppe entfernte, hinein in die Indoor-Gebiete des Hauses, und man sie niemals wiedersah.

Interessant ist dabei vielleicht, dass sich auch in Europa Frauen als Männer verkleideten, um eine kleine Freiheit zu haben, da sie sich nur im Haus aufhalten durften. Sie zogen sich als Verkleidung Schuhe mit Absätzen an, die den Männern vorbehalten waren. High Heels sind also keine Erfindung für Frauen, sondern für Männer gewesen. Vielleicht damit sie größer wirkten, ein kleiner tragbarer Sockel sozusagen, um die eigene Größe zu verdeutlichen. Frauen zogen Hackenschuhe an, um als Mann durchzugehen. In Afghanistan ziehen junge Frauen die Gewänder von Männern an, um ebenfalls den Haushalt zu verlassen und eine kleine Freiheit zu haben. Alles dasselbe. Wer weiß das schon.

In Amirs Film geht es also um eine junge Frau, die sich als Mann verkleidet, um unerkannt mit ihrer Freundin das Land zu verlassen. Doch nur sie kommt an, ihre unverkleidete Freundin nicht. Warum diese sich nicht auch verkleidet hat, versteht man jetzt nicht, aber so ging die Geschichte nun mal. Afghanische Filme erzählen immer Dramen, Tragödien und enden meistens schlecht. (Wie auch Yasers Film »Dancing Bells«.) Sie scheinen das Gegenteil der Bollywood-Kultur zu sein, mit der Amir aufwuchs.

»Weißt du, Künstler in Afghanistan werden mit Fluch und Schande belegt. Kunst ist Sünde. Eine Frau, die Künstlerin ist, wird als Hure bezeichnet.« Er schaut über den Balkon in die Moabit'sche Nacht, in seiner neuen Heimat Berlin, nimmt einen Zug aus seiner selbst gedrehten Zigarette, die während unseres Gesprächs längst

ausgegangen ist, dann sagt er: »Die Situation der Frauen in Afghanistan ist katastrophal. In den Dörfern weiß man nichts über Rassismus, Sexismus oder Klassismus. Ich habe das auch alles erst hier
gelernt. Kinder haben mich gefragt: Was, wenn ich aus dem Dorf
gehe – hört dann die Welt auf?!«

Ein paar Monate später wurde es Frauen in Afghanistan verboten
zu studieren, und sie mussten die Universitäten verlassen.

Über »Fly with me« wurde europaweit und darüber hinaus berichtet. Daily Mirror, Evening Standard, The Times, Sky News, BBC
Radio 4, BBC World Service, Channel 4 News usw. usf. Sogar in China und Korea gab es Artikel.

Die Teilnehmenden hatten einen Bund geschlossen, man hat gemeinsam in den Himmel geschaut und für den Moment das Leben
gefeiert statt sein Überleben zu sichern.

Oder wie die ökologische Ökonomin Dr. Julia Steinberger auf die
Frage, wie wir dem Klimawandel begegnen können, sagt: »Wir müssen uns umeinander kümmern und aufeinander aufpassen, das ist,
was wir tun können.«

Die Hochzeit

Der Kreis schließt sich. Ich bin wieder dort, wo meine Reise begann. In Griechenland. Viel hat sich verändert, weil sich eben immer alles verändert und in Bewegung ist, solange es Leben gibt. Nicht mehr 23 000 oder 13 000, sondern 1200 Menschen leben noch in dem neuen Camp, das am Wasser liegend in der Dämmerung melancholisch glitzert, wenn man am Schloss von Mytilini steht und in die Ferne nach Norden schaut.

Douglas und Sonia feiern ihre Hochzeitsparty. Ein rauschendes vielsprachiges Fest mit Menschen aus 35 Nationen, die für die neuen Eheleute von überallher angereist kamen: ReFOCUS-Mitarbeiter aus Dänemark, der Schweiz, Deutschland, Georgien, Studierende aus Philadelphia, Athen, Lesbos, ehemalige Geflüchtete aus Afghanistan, Iran, Subsahara, NGO-Mitarbeiter aus Kanada und Griechenland, Freunde aus New York, Kansas und London und Familie aus Polen und den Vereinigten Staaten (krasser CO_2-Fußabdruck).

Die Hochzeitslocation lag in einer Bucht, wie sollte es auch anders sein. Grün angestrahlte Palmen standen wie Wächter zwischen Wasser und Outdoor-Restaurantfläche, auf der weiß gedeckte runde Tische um die Tanzfläche herumstanden. Schaute man über die Bucht, schaute man in verschiedene Abstufungen von Dunkelheit. Wir waren es, die für andere in der Ferne glitzerten und die damit etwas verbinden würden, eine Sehnsucht, eine melancholische Hoffnung, eine Erinnerung oder Solitude, etwas, das nicht unbedingt eine Überschneidungsmenge mit der Realität haben muss.

Für die Hochzeitszeremonie zitierten Aziz und Nazanin den persischen Poeten Rumi in Persisch und Englisch:

> *I was dead, I became alive,*
> *I was weeping, I became laughing.*
> *The power of love swept over my soul*
> *And I became everlasting power.*«

Aus der Bibel wurde in Polnisch und Englisch der Erste Korintherbrief über die Liebe gelesen:

> *»Die Liebe ist langmütig, die Liebe ist gütig.*
> *Sie ereifert sich nicht, sie prahlt nicht, sie bläht sich nicht auf.*
> *Sie handelt nicht ungehörig, sucht nicht ihren Vorteil, lässt sich*
> *nicht zum Zorn reizen, trägt das Böse nicht nach.*
> *Sie freut sich nicht über das Unrecht, sondern freut sich an der*
> *Wahrheit.*
> *Sie erträgt alles, glaubt alles, hofft alles, hält allem stand.*
> *Die Liebe hört niemals auf.*«

Zwei Frauen sangen a cappella mit den unverwechselbaren Stimmen, die man als »Bulgarian Voices« kennt, eine Technik der »open throats«, des offenen Halses, die kein Begleit-Orchester benötigen und deren Töne aus anderen Welten zu kommen scheinen.

Ein New Yorker Schuldirektor hielt eine Rede, in der er vom Schlemihl und vom Schlamassel sprach. Der Schlemihl ist eine Art Pechvogel, sagte er, der beispielsweise mit offenen Schuhbändern in das Kaffeehaus latscht, wo ihm ein Unglück, ein Schlamassel passiert, da er über seine Schnürsenkel stolpernd jemanden anrempelt, der beispielsweise gerade eine heiße Suppe durch das Kaffeehaus kellnert, die sich dann wiederum über des Schlemihls Hose ergießt – was für ein Schlamassel. Währenddessen betrachtet aus einer Ecke heraus »The Dupe«, der Tölpel, der sogenannte, das Geschehen, sieht und erkennt die Gesamtsituation, greift aber nicht ein.

Der Schuldirektor schlug nun in seiner Hochzeitsrede vor, eine weitere Person für derlei Situationen zu etablieren, der eine Aufgabe zugesprochen werden könnte, die es in dieser Erzählung bislang so nicht gibt. Eine Person, die wie der Dupe hellwach zuschaut, welch Schlamassel dem Schlemihl passiert, aber im Gegensatz zu ihm rechtzeitig die offenen Schnürsenkel bemerkt, die Suppe und einen möglichen Zusammenstoß kommen sieht – und eingreift. Präventiv dem Schlemihl die Schuhe zubindet.

»Das könnte ›The Doug‹ sein«, fand der Direktor, »denn das ist, was Douglas ja tatsächlich tut. Mit seiner ganzen Kraft und seinem Herzen setzt er sich ein und bindet Schnürsenkel, geht auf Menschen in Not zu, ist an ihrer Seite, ohne zu belehren, sondern um zu unterstützen oder Angebote und Vorschläge zu machen, und verliert dabei niemals den Humor. The Doug. Es gibt ihn. Wir brauchen ihn. Und zwar überall, wegen des überallen Schlamassels.«

Später tanzten wir wild und ausgelassen, allein, zu zweit, Frau und Mann, Mann und Mann, Frau und Frau, zu dritt, zu viert, im Kreis, in Kreisen. Und die Braut funkelte in ihrem strahlend weißen Kleid, in dem sie, trotz der Schleppe, tanzte wie Beyoncé.

Sonia und Doug machen weiter. Und sind weiterhin voll Energie, Ideen und Hoffnung, die auf einen überspringen, wenn man sich in ihrer Gegenwart aufhält. Immer mehr Menschen in und aus immer mehr Ländern schließen sich ihnen an, unterstützen sie, bringen Engagement und Expertise ein.

Sie drehen Filme. Erzählen Geschichten. Filme-Drehen geht nur im Team, ich weiß das, es ist mein Beruf. Teil ihres Teams sind Personen, die zu Flüchtlingen wurden. Oder zu Exilanten. ReFOCUS Media Labs bildet sie zu Filmschaffenden aus.

Drei Labs gibt es mittlerweile: Lesbos, Athen, Krakau. Eigentlich wollten sie eines in Berlin aufbauen, doch der Krieg in der Ukraine verhinderte das, es gab Handlungsbedarf, darum Krakau. Alles ist bereit, für die Berliner Zweigstelle, nur das Geld fehlt, um es in die Tat umzusetzen. »Es schmerzt uns, dass wir noch kein Lab in Berlin haben, denn viele unserer Studierenden sind inzwischen in Berlin oder Deutschland«, sagt Douglas. Auch in Amsterdam stehen Partner wie das Dokumentarfilmfestival »Movies that matter« bereit. Es ist wohl immer so, wenn man größer wird, werden die Probleme größer. Daher: Don't grow up, it's a trap.

Douglas und Sonia machen weiter. Und wenn eines Tages die Hoffnung erlöscht, dann gibt es da immer noch die Liebe.

The End.

Dankeschön

Ich möchte Oliver Vogel danken, meinem ehemaligen Lektor und heutigem Verleger der S. Fischer Verlage, dass er mich ermutigte weiterzuschreiben, nachdem mein erstes Sachbuch in einer Pandemie unterging.

Meinem Lektor Alexander Roesler möchte ich danken für seine Begeisterung und dass er in herausfordernden Zeiten vermutlich mehr an dieses Buch glaubte als ich selbst.

Ich danke meinem Literaturagenten Ertugrul Eren, der immer an meiner Seite ist, klug berät und mich hoffentlich niemals verlassen wird.

Ich danke meiner Filmagentin Selma Nielsen für ihre Zuneigung und dass sie mir drei Jahre lang die Zeit für dieses Buch zu organisieren half.

Ich danke all den Menschen, von denen ich in diesem Buch erzähle. Danke, dass ihr mit mir Zeit verbracht habt, dass wir zusammen gelacht und geweint haben, ihr mir unermüdlich eure Welt gezeigt und erklärt habt, danke für euer Vertrauen, mit mir zu sprechen, und für jede Umarmung. Ich hoffe, es geht euch gut, wo immer ihr auch seid.